MINISTÈRE DE L'INSTRUCTION PUBLIQUE

RECUEIL
D'ANCIENS INVENTAIRES

IMPRIMÉS SOUS LES AUSPICES DU COMITÉ DES TRAVAUX HISTORIQUES
ET SCIENTIFIQUES

SECTION D'ARCHÉOLOGIE

TOME I

INVENTAIRES DE NOTRE-DAME LA ROYALE DE MAUBUISSON
LEZ PONTOISE (1463-1738),
PUBLIÉS PAR M. A. DUTILLEUX.

INVENTAIRES ET DOCUMENTS RELATIFS AUX JOYAUX ET TAPISSERIES
DES PRINCES D'ORLÉANS-VALOIS (1389-1481),
PUBLIÉS PAR M. J. ROMAN.

INVENTAIRE DE BARBE D'AMBOISE, COMTESSE DE SEYSSEL
(1574-1575),
PUBLIÉ PAR M. LE COMTE MARC DE SEYSSEL-CRESSIEU.

INVENTAIRE D'UN JURISCONSULTE DE VALENCE
(1348),
PUBLIÉ PAR M. BRUN-DURAND.

PARIS
ERNEST LEROUX, ÉDITEUR
28, RUE BONAPARTE, 28

1896

RECUEIL

D'ANCIENS INVENTAIRES

TOME PREMIER

LE PUY-EN-VELAY — IMPRIMERIE R. MARCHESSOU.

MINISTÈRE DE L'INSTRUCTION PUBLIQUE

RECUEIL
D'ANCIENS INVENTAIRES

IMPRIMÉS SOUS LES AUSPICES DU COMITÉ DES TRAVAUX HISTORIQUES
ET SCIENTIFIQUES

SECTION D'ARCHÉOLOGIE

TOME I

INVENTAIRES DE NOTRE-DAME LA ROYALE DE MAUBUISSON
LEZ PONTOISE (1463-1738),
PUBLIÉS PAR M. A. DUTILLEUX.

INVENTAIRES ET DOCUMENTS RELATIFS AUX JOYAUX ET TAPISSERIES
DES PRINCES D'ORLÉANS-VALOIS (1389-1481),
PUBLIÉS PAR M. J. ROMAN.

INVENTAIRE DE BARBE D'AMBOISE, COMTESSE DE SEYSSEL
(1574-1575),
PUBLIÉ PAR M. LE COMTE MARC DE SEYSSEL-CRESSIEU.

INVENTAIRE D'UN JURISCONSULTE DE VALENCE
(1348),
PUBLIÉ PAR M. BRUN-DURAND.

PARIS
ERNEST LEROUX, ÉDITEUR
28, RUE BONAPARTE, 28

1896

INVENTAIRES

DE L'ABBAYE DE

NOTRE-DAME LA ROYALE

DITE MAUBUISSON LEZ PONTOISE

MM. Dutilleux et Depoin ont entrepris la publication du Cartulaire de l'abbaye de Maubuisson, près Pontoise, précédé de l'histoire de ce célèbre monastère (1). Parmi les documents conservés aux Archives de Seine-et-Oise, et qui n'ont pu prendre place dans la publication dont il s'agit, figure un Inventaire des biens de l'abbaye, datant de la seconde moitié du xve siècle. (Série H. fonds Maubuisson, carton 3o). Il a paru présenter assez d'intérêt pour prendre place dans la série des Inventaires imprimés par les soins du Ministère de l'Instruction publique.

L'abbaye de Notre-Dame la Royale au diocèse de Paris, fut fondée, non loin de Pontoise, en un lieu appelé Maubuisson, par la reine Blanche, mère de Saint-Louis. Les travaux, commencés en 1236, furent à peu près terminés en 1244, et le 26 juin de cette année, l'évêque de Paris, Guillaume d'Auvergne, vint consacrer l'église, en présence du Roi, de la Reine-mère, d'une foule considérable de grands seigneurs et de nobles dames.

---

(1) « L'Abbaye de Maubuisson (Notre-Dame la Royale). Histoire et Cartulaire, publiés d'après des documents entièrement inédits, par A. Dutilleux et J. Depoin. » Pontoise, Typogr. A. Páris, 1884-1891. — 5 fascicules parus.

Saint-Louis, qui s'était réservé dans l'enceinte même de l'abbaye une sorte de petit château qui subsistait encore au moment de la Révolution, y fit de fréquents séjours, ainsi que quelques-uns de ses successeurs. Le monastère fut presque toujours dirigé par des femmes du plus haut rang, quelques-unes même de lignée royale, parmi lesquelles on peut citer : Blanche d'Eu, Isabelle de Montmorency, Catherine d'Estouteville, Marie de Montmorency, Marie de Pisseleu, Angélique d'Estrées, Angélique Arnaud, Charlotte de Bourbon-Soissons, Catherine d'Orléans-Longueville, Louise Hollandine, Princesse palatine, etc.

Nombre de personnages illustres furent inhumés dans l'église ou dans le cloître; la fondatrice du monastère, la reine Blanche, reposait sous « un tombeau de cuivre, élevé de 2 pieds ou environ, représentant l'effigie de la Reine en ronde bosse, en habit et manteau de religieuse, avec une couronne sur la tête, soutenue par un ange de chaque côté ». On y voyait les tombes d'Alphonse de France, comte de Poitiers, frère de Saint-Louis, † 1271 — de Jean de Brienne, dit le prince d'Acre, † 1296 — de Robert II, comte d'Artois, neveu de Saint-Louis, † 1302 — de Mahaut, fille du précédent, † 1329. — Les entrailles de Charles IV, dit le Bel, † 1327, et celles de Jehanne d'Évreux, sa troisième femme, † 1370, y avaient été déposées. — Gabrielle d'Estrées, sœur de l'abbesse Angélique d'Estrées, avait été inhumée dans le chœur de Maubuisson, près de la chaire abbatiale. Son tombeau, portant son effigie en marbre blanc et en ronde bosse, est aujourd'hui au Musée de Laon. Quant aux autres monuments, ils ont presque entièrement disparu, à l'exception, peut-être, de quelques rares épaves conservées par A. Lenoir, lors de la création du Musée des Petits-Augustins.

L'abbaye, objet de la faveur de tant de rois, de princes et de personnes de qualité, ne tarda pas à réunir des biens considérables, qui vinrent s'ajouter à la dotation déjà importante de la reine Blanche : d'après la déclaration faite, le 19 juillet 1705, par l'abbesse, madame Hollandine, les revenus s'élevaient à 22,184 liv. 3 sous 6 den., et les charges, à 13,763 liv., de sorte que le revenu réel n'était guère que de 8,421 liv., « sur lesquelles il convient, dit la déclaration, de nourrir et entretenir cette grosse communauté, composée de madame l'Abbesse, de 44 religieuses de chœur, de 23 converses ou sœurs données, et les 16 domestiques, sans les survenans ».

LE TRÉSOR DE MAUBUISSON

Les biens mobiliers étaient non moins importants et le Trésor de l'église renfermait un grand nombre d'objets aussi précieux par la matière que par le travail qui l'avait mise en œuvre. Les anciens inventaires attestent la magnificence et la quantité de ces reliquaires, de ces châsses, de ces crosses, de ces mille objets servant au culte, dont plusieurs remontaient à l'époque de la fondation, et dont la perte est si regrettable aux yeux de l'artiste et de l'archéologue.

Lors de la prise de possession d'une nouvelle abbesse, un Inventaire très complet était dressé en présence d'un Supérieur de l'Ordre, et signé par la Communauté. Il est probable que cette utile formalité a existé dès le principe même de la fondation de l'abbaye; toutefois, le plus ancien Inventaire parvenu jusqu'à nous, et qui est conservé aux Archives de Seine-et-Oise, a été dressé, les 6 et 7 mai 1463, par l'abbé de Châlis, commissaire nommé à cet effet par l'abbé général de Citeaux, lors de la prise de possession de madame Marguerite Danès, abbesse élue, confirmée et installée peu de jours auparavant. Cet Inventaire est contenu en un petit cahier de papier fort, de 42 feuillets écrits à longues lignes, avec lettre initiale ornée d'entrelacs, d'une écriture assez nette et lisible. Le filigrane du papier porte l'écu de France aux trois fleurs de lys. — Les Archives possèdent un document analogue, dressé en 1529, au moment où madame Marie de Montmorency prit possession de l'abbaye. Ces deux Inventaires se complètent en quelque sorte l'un par l'autre; mais on voit qu'en 1529 bien des objets manquaient déjà dans le trésor du monastère.

Le premier chapitre des deux Inventaires comprend « la déclaration et désignation des joyaulx, reliques, aournemens et autres choses estans en l'office de la Secretainerie ».

Au nombre des plus précieux de ces objets on peut citer les suivants, dont le rédacteur de l'Inventaire faisait lui-même une mention spéciale :

Article premier. « Le très bel et riche sanctuaire d'argent doré en manière d'église, soustenu de 2 angels aussi d'argent doré », qui servait de reliquaire au Précieux Sang.

Art. 3. La croix d'or « esmaillée de cinq esmaulx de Limoges ».

Art. 6. Le reliquaire d'argent doré « auquel est enchassée une des costes Monseigneur Saint-Loys ». — Ce beau reliquaire, tout garni de perles et de pierres précieuses, avait été donné à Maubuisson, vers 1296, par Blanche d'Eu, deuxième abbesse, ainsi que le constatait l'inscription gravée sous les pieds de l'un des six lions qui supportaient cette remarquable pièce d'orfèvrerie :

> « Ce vessel
> dona Bla
> nche de Eu
> Priès pour
> li — »

Art. 8. Les émaux sur or qui décoraient le reliquaire d'argent doré des reliques de saint Paul et de sainte Catherine.

Art. 9. Le reliquaire « en manière de moustier », de saint Agapit.

Art. 13-14. Les images de Notre-Dame, aux armes de France, d'Ysabeau de Bavière et d'Évreux.

Art. 18. « Le beau joyau à porter *Corpus Domini*, de crystal, enchassé en argent doré. »

Art. 21. Un bras couvert d'argent, où étaient les reliques de Saint-Louis.

Art. 25. « Le reliquaire de cristal rond, enchassé d'argent, dedens lequel sont les escourgées (1) Monseigneur Saint-Loys, assis en un pied d'argent véré. »

---

(1) La *discipline* de Saint-Louis.—Voir à ce sujet « *Histoire de Saint-Louis par Jehan sire de Joinville,... sa vie et ses miracles.* » Paris, imp. royale,

Art. 35. « Un petit tableau, néellé au dos par dehors, ouquel a ung saint de plate painture et II homnes armez, dont l'un le décapite d'un cousteau. »

Art. 37. Le hanap de sainte Élisabeth « enchassé en platènes de vigneture d'argent bien doré ».

Art. 38. Un livre d'Évangiles couvert de plaques d'argent repoussé.

Art. 40. Un calice « tout d'or, d'ancienne façon ».

Art. 41. Un autre calice aux armes de mesdames d'Estouteville et de Montmorency, abbesses de Maubuisson.

Art. 50. « Ung pot d'argent doré esmaillé d'azur dedans et dehors, dont le gros du pot est en manière d'une nois, et dessus a une patenostre d'ambre, et l'ance est neellée. »

Art. 63. « Une crosse d'abbesse de cristal à iiij. pièces, dont les pommeaux sont de pierre de jaspre, liez d'argent doré poinçonné, et au crosson a ung *Agnus Dei* bien ouvré aussi de cristal. »

Art 64. Une autre crosse toute d'ivoire.

Art. 67. « Ung petit tuyau d'argent doré, ployé à l'un des bouts, servant pour faire boire les malades. »

Art. 71. « Ung autre hanap de madre, couvert, à pié d'argent doré dedens et dehors, et au-dessus a ung pommeau aussi d'argent doré, et par dedens au fons et au couvercle armoyé des armes de l'église. »

Quelques-unes des pièces du trésor de Maubuisson furent apportées à Versailles, au moment où, sous l'active direction du citoyen Fayolle, s'organisait en cette ville le « Muséum national » qui prit peu après le nom de « Musée de l'École française (1) ». Quatre ou cinq de ces objets font encore aujourd'hui partie du Musée municipal, trop peu connu, et installé, d'une manière bien insuffisante, dans les combles de la Bibliothèque communale.

1761, in-fol., p. 440 : « Et est à savoir que en ladite abéie du Lis sont les haires que Saint-Loys portoit endementières qu'il vivoit... »

(1) — Voir Dutilleux, *Notice sur le Muséum national et le Musée de l'École française à Versailles,* in-4°, Versailles, Imp. Cerf, 1887.

Voici l'indication et la description sommaire de ces rares épaves du trésor de Notre-Dame la Royale :

I. — Le hanap, dont le corps est formé d'une noix de coco (art. 50 ci-dessus), ainsi décrit dans un Inventaire de 1768 :

« Le Cocmart de Madame Blanche, seconde abbesse de céans, fait de l'écorce d'un fruit, garni de vermeil.. » — Le « vermeil » n'est, en réalité, que du cuivre doré ; mais l'élégance de la forme du vase et les nielles qui décorent le manche peuvent en faire remonter l'exécution aux premières années du xive siècle.

Sa hauteur totale est de 33 centimètres ; il mesure à la base, en diamètre, 11 centim. et demi ; la largeur de la panse est de 13 centim. ; la largeur à l'orifice est de 11 centim. Comme le disent les inventaires, « le gros du pot » est formé par une noix de coco d'une assez petite dimension, retenue par de minces bandes de métal niellées ; elle est sertie dans deux frises de métal découpées en fines dentelures également niellées ; le pied, séparé de la panse par une gorge arrondie, se termine par un évasement à six pans orné de moulures ; la partie supérieure est divisée, à peu près à moitié de sa hauteur, par une bague saillante entre deux filets moins accusés ; l'orifice s'élargit sensiblement en façon de bec de forme méplate ; le couvercle, qui affecte la figure d'un quart de cercle, est surmonté d'un morceau d'ambre, serti dans un ornement doré ; mais ce morceau d'ambre ne paraît pas s'être conservé dans toute son intégrité. Le couvercle est attaché par une griffe en argent et à charnière au manche fixé au milieu de la noix ; ce manche est également en métal doré, couvert, dans sa partie externe, d'une riche niellure représentant des rinceaux et des quatre-feuilles.

II. — L'autre vase (n° 71) est peut-être plus curieux encore, sinon par son exécution, du moins par la matière d'où est tiré le corps de la coupe. Il mesure 13 centimètres de hauteur et se compose, à proprement parler, de deux hémisphères juxtaposées, faites d'un bois excessivement mince et d'une grande légèreté. La partie inférieure repose sur un pied rond en métal doré, chargé de fines ciselures en forme de rinceaux ; le soubassement du pied est orné d'un cordon de perles repoussées. Sur le sommet du couvercle, on voit la trace de l'arrachement du bouton d'argent doré qui servait à le soulever. Le fond du couvercle et le fond de la coupe sont renforcés par une plaque d'argent en forme de disque, sur laquelle sont peintes, en émail translucide, les armes de l'abbaye : parti, au premier de Castille qui est de gueules au château à 3 tours d'argent, et au deuxième de France qui est d'azur à 3 fleurs de lys d'or, l'écu sommé d'une crosse d'or tournée à senestre, et entouré d'une légère guirlande de feuillage et de fleurs, bleues ou violettes, au cœur d'argent ; la lettre gothique ₥ posée sous l'écu.

Le catalogue du Cabinet de la Bibliothèque de Versailles décrit en ces termes l'objet qui nous occupe : « Coupe et couvercle *en bois d'érable,* avec pied en vermeil, donnés à l'abbaye de Maubuisson par la reine Blanche, XIIIe siècle. Le couvercle et la coupe présentent au fond les armes émaillées de l'abbaye. » L'attribution à la reine Blanche est douteuse ; au moins ne la rencontre-t-on dans aucun des Inventaires qui nous sont parvenus ; mais le caractère de l'objet permet d'en faire remonter l'origine à la fin du XIIIe ou plutôt au commencement du XIVe siècle ; il est d'ailleurs indiqué dans l'Inventaire de 1768 comme ayant appartenu à madame Blanche, deuxième abbesse de Maubuisson, morte en 1309.

III et IV. — Les deux crosses de cristal de roche conservées dans le Musée de Versailles ont-elles toutes deux appartenu à Maubuisson ? Telle est la première question qui se présente lorsqu'on recherche leur origine.

L'Inventaire de 1463 ne fait mention que d'une seule crosse de cristal, et la description qu'il en donne semblerait plutôt se rapporter à la crosse provenant, paraît-il, de l'abbaye du Lys : « Une crosse d'abbesse de cristal à IIII pièces, dont les pommeaux sont de pierre de jaspre, liez d'argent doré poinçonné et ou crosson a vng *Agnus Dei* bien ouvré, aussi de cristal. » En 1529, la description est différente : « Une crosse d'argent blanc semée de chardons, ayant le crosson en manière d'*Agnus*

Dei. » Mais dans l'intervalle de ces deux dates, madame de Dinteville avait fait refaire la « belle crosse » et reproduire en émail ses propres armoiries. C'est, du reste, dans ce dernier état qu'elle est parvenue jusqu'à nous.

On ne possède pas d'inventaire complet de l'abbaye entre 1529 et 1768; mais, à cette dernière époque, on retrouve, parmi les objets inventoriés, d'abord « la crosse d'argent dont le haut est de cristal de roche » et, en outre, « une crosse de vermeil ornée de cristaux et d'agathe ». Quelque sommaire que soit cette dernière indication, elle permet cependant de reconnaître, dans ses traits généraux, la crosse que l'on attribue généralement à l'abbaye du Lys.

Le récolemnt de 1790 mentionne également « une crosse en argent, garnie dans le haut d'un cristal » et « une autre crosse en cristal et verre, garnie en vermeil ». On les retrouve dans l'Inventaire de 1792 : « Une crosse de cristal d'abbesse, garnie d'argent, dans son étui de bois; une autre crosse de cristal, le bâton couvert d'une feuille d'argent, dans son étui de serge verte. » Elles sont encore mentionnées ensemble dans le récolement du 24 octobre 1793, qui précède leur enlèvement et leur transport à Versailles.

Il résulte de ce qui précède que, en 1463, Maubuisson ne possédait que l'une des deux crosses, probablement celle qui a été remaniée sous l'administration de madame de Dinteville; et que, à une époque que l'on ne saurait préciser, mais qui est antérieure à 1763, les deux crosses à volutes de cristal de roche se trouvaient réunies à Maubuisson. Par suite de quelles circonstances cette réunion eut-elle lieu ? c'est là un point que les documents que l'on a pu consulter n'ont pas permis d'éclaircir.

Quoi qu'il en soit, une tradition, contre laquelle rien ne prouve qu'il faille s'inscrire en faux, veut que l'une des deux crosses ait appartenu à l'abbaye du Lys; ce ne pouvait être celle sur laquelle madame de Dinteville a fait peindre ses armes; c'est donc celle qui a conservé en partie son ornementation du XIIIe siècle et qu'ont décrite et dessinée MM. Amédée Aufauvre et Ch. Fichot dans les « Monuments de Seine-et-Marne ». Paris 1858, in-f°. Elle a en outre été reproduite, ainsi que « la Crosse de Notre-Dame la Royale, dite Maubuisson », d'après les dessins du P. Arth. Martin, dans le tome IV des *Mélanges d'Archéologie, d'Histoire et de Littérature*, publiés par les auteurs de la *Monographie de la Cathédrale de Bourges*.

« La crosse abbatiale du Lys, du talon à la pomme d'appui de la volute, mesure 1 m. 43 cent. Elle consiste en un agencement de bois et de cristal, relié par des ornements de vermeil. La hampe se compose de huit tubes en cristal superposés, dont les joints sont réunis par des anneaux de pierre rouge opaque, à garniture de vermeil et maintenus par des câblures de fil métallique posées sur chacune de leurs six entailles. La hampe va grossissant de diamètre, du talon jusqu'à la pomme. Le cristal, lisse et circulaire jusqu'à la poignée, offre là des tailles à pans sous un anneau de pierre différent des autres par sa circonférence plus développée et par ses biseaux. Le bois que l'on distingue sous les tubes de cristal, est aujourd'hui couvert d'un papier d'azur fleurdelysé qui remplace évidemment une ancienne étoffe précieuse, vitrée en quelque façon par l'enveloppe. Les garnitures sont gravées les unes en carrés évidés, les autres en fleurons crucifères cerclés, et elles s'échancrent extérieurement en polylobes feuillagés. Des plates bandes à champs lisses près des découpures, et ornées d'une câblure près des anneaux, complètent, avec quelques variantes, l'ensemble des attaches. Le talon est couronné par une annelure à saillies ovoïdes. La pomme figure un chapiteau cylindrique dont la corbeilles, posant sur une astragale, est décorée alternativement de volutes et de palmettes au nombre égal de cinq. Au tailloir, le chanfrein est orné de gravures en fleurons crucifères, et la plinthe est figurée par un cordon de perles de métal entre deux câblures. La couronne qui se découpe au-dessus du chapiteau, sur la convexité de la pomme, ressemble beaucoup à un dessin de galerie. Sur des tiges en demi-cercles entrecroisés alternent en pointe neuf grosses feuilles frisées et maniérées, qui sont improprement qualifiées feuilles d'*ache* dans le catalogue de la Bibliothèque de Versailles, et neuf fleurs de lys. Au-dessus de la pomme et sur cette base couronnée s'élève une tour crénelée avec créneaux et merlons échancrés. Elle était flanquée, originairement, de six clochetons en pyramides et ouverts, à leur base, en niches avec pignons sur colonnes; il n'en reste plus que cinq aujourd'hui. Des figurines ciselées et rehaussées de noir remplissent les niches. A cette décoration succède la volute de la crosse. — Elle est en cristal comme la monture de la hampe, semée de cercles en creux, et elle finit en tête de serpent chimérique. La gueule du monstre s'ouvre symboliquement sur une croix à croisillons ovales qui protège l'*Agnus Dei*. Des lys sur pédoncules en crochets garnissent, au nombre de douze, l'extrados de la crosse. Des attaches fleuronnées relient le cristal à l'intrados et à l'extrados, et l'on retrouve, au cou du serpent et à ses oreilles, le même type d'orfèvrerie. Des entailles figurent la toison de l'agneau. Magré les réparations et les additions que la volute a subies, l'œuvre de l'artiste du XIIIe siècle apparaît dans tout son caractère original. »

Cette description, empruntée à l'ouvrage de MM. Aufauvre et Ch. Fichot, pouvait sans doute s'appliquer, avec quelques variantes, à la crosse de Maubuisson, avant que la décoration de celle-ci eût été presque complètement remaniée par les ordres de madame de Dinteville; la courte indication donnée par l'Inventaire de 1463 a beaucoup de rapports, en effet, avec les traits généraux de la crosse du Lys.

La crosse de Maubuisson est aujourd'hui moins haute que celle du Lys. Le catalogue de la Bibliothèque de Versailles la décrit ainsi qu'il suit : « La hampe est en argent soutenue (intérieurement) par une tige de fer. Trois cordons fleurdelysés serpentent dans toute sa hauteur. Entre les cordons sont semées des fleurs de chardons — trois anneaux en bosse les interrompent dans leur longueur. Le cercle saillant de ces anneaux offre, dessus et dessous, huit feuilles. Le talon, plus renflé que la hampe, est en cristal et porte deux fleurs de lys séparées par des feuilles frisées. La pomme, de même forme que les anneaux, est beaucoup plus grosse. Elle offre à sa base un cordon de perles. Au-dessus de la pomme s'élève une sorte d'édicule gothique dont le centre en cristal et à pans est recouvert de colonnettes en argent, surmontées de seize petits clochetons au-dessus desquels est une espèce de couronne à jour surmontée de quinze petites palmettes. Au-dessus, et à la base de la volute, se trouvent, de chaque côté, les armes d'Antoinette de Dinteville, abbesse de Maubuisson de 1488 à 1524. La volute de la crosse est en cristal; elle représente un *Agnus Dei* et un serpent, à peu près comme l'autre crosse. Douze ornements de métal, façonnés et saillants, ornent l'extrados. »

La crosse de Maubuisson fut encore raccommodée en 1652, ainsi que nous l'apprend un compte de cette même année : « A un orphèvre de Ponthoise, pour avoir racomodé la belle crosse, 10 liv. »

V. — Enfin, le Musée municipal de Versailles est en possession d'un « parement d'autel brodé en tapisserie sur un fond de jais blanc représentant l'Agneau sans tache », provenant également de Maubuisson. — Par une lettre datée du 5 ventôse an X (24 février 1802) et adressée au citoyen Garnier, préfet de Seine-et-Oise, Fayolle réclamait avec insistance ce parement d'autel, comme « étant d'un travail précieux ». Cette tapisserie, ornée de jayet blanc, doit dater du xviie siècle; c'est une œuvre de patience plutôt qu'une œuvre d'art, autant du moins qu'on en peut juger, car elle est placée très haut, au-dessus d'une porte, et le regard en embrasse difficilement le détail.

LA BIBLIOTHÈQUE DE MAUBUISSON

On trouve sous cette rubrique, dans l'Inventaire de 1463, d'abord les Missels au nombre de onze; l'Inventaire donne les premiers mots et les derniers de chaque livre; ce sont pour la plupart des « Missels à calendrier »; l'un, sur ses fermoirs d'argent, porte les armes de Madame Philippe de Paynel d'Hambye, cinquième abbesse, morte en 1390 ; d'autres ont des couvertures plus ou moins ornées.

Les « greels » ou graduels sont, comme les « séquenciers », au nombre de quatre ; les graduels sont « notés ».

Suivent les « antiphoniers pour le temps d'esté » et les « antiphoniers pour le temps diver ». Les « hympniers notés » ; les « lectionnaires » ; les « collectaires servant au cuer » ; les « martirologes, règles Saint-Benoist et us Saint-Bernard ».

Les « breviaires entiers » et les « breviaires de demy temps », sont nombreux : on en compte soixante-six ; quelques-uns ont de beaux « fermaus d'argent doré » et parfois émaillé ; l'un « a deux escussons armoyés d'aigles, une croix rouge parmy, qui sont les armes de Montmorency, et une pipe (tige de métal à laquelle s'attachent les sinets ou signaux du livre), aussi d'argent doré, à deux semblables escussons, en laquelle est escript : J'ay bien changé liesse en peine ».

On compte vingt-trois « collectaires ou journelz », la plupart ayant également des « fermaus » d'argent ou d'autre métal, avec des écussons armoriés, des figures ciselées ou repoussées.

Parmi les vingt-cinq « psaultiers, tant ceux qui servent au cuer comme autres », on doit une mention spéciale à celui qui est ainsi désigné : « Ung autre beau psaultier à kalendrier qui fut à la royne Blanche, hystorié, commançant au second feullet du psaultier (anima astiterunt) et finissant ou penultime (reclinatorium). — Un de ces « psaultiers », indiqué comme « très beau », est dit « glosé de la glose du maistre de sentences » (c'est-à-dire contenant le Commentaire de Pierre Lombard). — Plusieurs de ces livres étaient « hystoriés » d'un nombre plus ou moins considérable d' « hystoires » ou de miniatures peintes sur vélin.

Les « Heures de Nostre-Dame » sont moins nombreuses ; on en compte seulement huit exemplaires, « avec plusieurs oraisons ou autres besongnes ».

Cinquante-quatre volumes sont inventoriés sous ce titre : « Autres livres trouvez tant en la librairie que autre part en ladite abbaye, appartenant à icelle. » A de très rares exceptions près, on n'y rencontre que des livres religieux, des ouvrages de théologie ou d'ascétisme : la Bible et les Évangiles sont classés au premier rang; il y a une Bible avec l'interprétation des noms hébreux; plusieurs sont des Bibles « métrifiées ». Viennent ensuite les œuvres de saint Augustin, les vies des Saints, des Confesseurs et des Vierges, la légende dorée; les homélies de saint Grégoire; les œuvres de saint Bernard; celles d'Isidore de Séville; la somme de saint Thomas; le livre des louanges de Notre-Dame; la vie de sainte Élisabeth; « un livre de compot en lettre de forme bien escript; — la Somme le Roy; — l'Orologe de Sapience; — le Purgatoire Saint-Patrice; — les Miracles Nostre-Dame, métrifié; — le livre de Mellibée, aussi métrifié; — la légende Radegundis; — l'Eschelle de contemplation »; et quelques autres volumes, en prose ou en vers, parmi lesquels « ung aultre livre bien escript nommé Vegèce « *de re militari* ».

Ici se trouve encore un volume provenant de la reine Blanche; il est ainsi décrit : « Item ung autre joly livre bien escript qui fut à la Royne Blanche, commançant ou premier feullet (precepit Dominus discipulis) et ou second (facilius) et finissant ou penultime (ut aliquid movi). »

Les livres de Maubuisson ne furent pas compris dans la vente aux enchères ordonnées par le Directoire du district de Pontoise. Suivant les vues de l'Assemblée Nationale, les livres des maisons religieuses devaient être réunis pour former, au chef-lieu de chaque département, la Bibliothèque de « l'École centrale ».

Ceux de Maubuisson furent transportés à Pontoise, où on les inventoria assez exactement; il existe aux Archives de Seine-et-Oise la copie d'un fragment de catalogue dressé le 20 fructidor an II (6 septembre 1794) par trois commissaires, les sieurs Gautrin, Delacour et Fontaine; ce catalogue qui devait comprendre 4,536 volumes sous 2,599 numéros, offre quelques lumières sur ce que pouvait être la bibliothèque d'un couvent de femmes au moment de la Révolution; le rapprochement qu'on en peut faire avec les indications fournies par l'Inventaire de 1463 donne lieu à quelques observations caractéristiques. Au xve siècle, à de rares exceptions près, on ne rencontre que des ouvrages de piété ou de théologie. En 1793, on trouve, indépendamment de ces ouvrages, des œuvres de littérature, d'histoire, de sciences, de jurisprudence, de médecine, un livre contre les jésuites, des pamphlets sur les célébrités de l'époque, et jusqu'à des romans et non des plus moraux. — Quant aux manuscrits dont l'Inventaire de 1463 signalait l'importance, la plupart sans doute ont déjà été dispersés ou détruits : le catalogue de 1793 mentionne en bloc ce qu'il en reste sous cette désignation assez dédaigneuse : « Quantité de Breviaria, Processionalia, Psalteria, etc. »

Que sont devenus les ouvrages qui composaient la bibliothèque de Maubuisson ? Sont-ils, comme la plupart des livres destinés primitivement à « l'École centrale », parvenus soit à la Bibliothèque communale de Versailles, soit à celle du Lycée ou de l'École normale primaire, ou de l'École militaire de Saint-Cyr, établissements entre lesquels ces livres ont dû être répartis ? Les recherches qui ont été faites à ce sujet n'ont pas abouti et il paraît bien difficile, sinon impossible, de se rendre compte de ceux de ces ouvrages qui sont conservés.

A la date du 8 septembre 1792 « l'an IVe de la liberté et le Ier de l'égalité », le Conseil général du district de Pontoise prit une délibération, ordonnant, en exécution de la loi du 17 août précédent, de « procéder au récollement ou à la description, ainsi qu'à la pesée de tout ce qui se trouvera en argenterie, vases, reliquaires, ornemens de chapelle et d'église, appelés des ecclésiastiques pour déposer les reliques en tels lieux qu'il conviendra, faire renfermer lad. argenterie dans des caisses ou malles sous cordes scellées du cachet du district, employer fournitures, voitures en nombre suffisant pour le transport et enlèvement ; faire effectuer ledit transport sous bonne et suffisante escorte, s'il y a lieu, en l'une des salles de la municipalité de Pontoise, ou du trésor en l'église Saint-Maclou dud. Pontoise ;

établir, constituer gardien à la conservation jusqu'à l'hôtel des Monnoies de Paris, arrêter les états du nombre des journaliers employés, du prix de leurs salaires et voitures, et du tout en faire et dresser procès-verbal ».

Avant d'envoyer à la Monnaie de Paris les pièces d'argenterie et d'orfèvrerie de Maubuisson, on songea, peu de temps après leur arrivée à Pontoise, à enlever les perles et les pierres fines qui ornaient quelques-uns de ces objets. Cette opération fut faite, en présence des commissaires du district et de la municipalité de Pontoise, le 9 novembre 1792, par le sieur Pionnier, orfèvre en cette ville. Le procès-verbal dressé en cette occasion, constate la reconnaissance et l'enlèvement de quatre-vingt-six perles fines et de cent quatre-vingt-douze pierres fines de diverses couleurs et grosseurs.

Enfin les objets précieux et l'argenterie furent dirigés sur Paris. Un premier envoi, de beaucoup le plus important, eut lieu le 23 novembre 1792; deux autres envois suivirent, l'un le 2 juillet 1793, l'autre le 16 vendémiaire an IV (8 octobre 1795).

Ces trois expéditions comprennent tout ce qui était or, vermeil ou argent.

Le poids de l'argent monte à 1,029 marcs 5 onces 6 gros, représentant en numération décimale 257 kilog. 434 grammes, qui auraient, au cours actuel, une valeur approximative de 53,940 francs 14 centimes.

Le vermeil compte pour 138 marcs 7 onces 5 gros, soit, en poids actuel, 34 kilog. 744 gram., d'une valeur de 8,686 francs.

L'or compte pour 15 marcs 7 onces 5 gros, représentant 3 kilog. 994 gram. qui auraient, au cours actuel, une valeur de 12,596 fr.

La valeur des objets précieux provenant de Maubuisson et convertis en lingots représente donc environ 75,232 francs qui, en tenant compte de la dépréciation, depuis cette époque, de l'or et de l'argent, ne vaudraient pas moins, aujourd'hui, d'une centaine de mille francs; mais la plupart de ces objets étaient plus remarquables encore par leur travail et leur valeur comme œuvres d'art. Les arts et l'industrie artistique eussent retiré de leur conservation un bien autre prix que celui que l'État en a obtenu en les jetant à la fonte.

Les objets en métaux précieux ne furent pas seuls sacrifiés : des fragments de la tombe en cuivre de la reine Blanche, les chandeliers grands et petits, le chandelier pascal, les bénitiers, encensiers, etc., subirent le même sort, ainsi que les « cuivres de cuisine », les plombs provenant des cercueils, les quatre cloches, les trois clochettes et les fontaines de l'abbaye.

A. Dutilleux,
Correspondant du Ministère
de l'Instruction publique et des Beaux-Arts

INVENTAIRE DE 1463

INVENTAIRE DES BIENS, TANT JOYAULX, RELIQUES, VAISSELLE, AOURNEMENS, LIVRES, QUE AUTRES BIENS ET CHOSES APPARTENANT A L'ABBAYE ET MONASTÈRE DE NOSTRE-DAME-LA-ROYAL, DICTE DE MAUBUISSON LEZ PONTOISE, DE L'ORDRE DE CISTEAUX, OU DIOCÈSE DE PARIS, FAIT PAR L'ORDONNANCE ET COMMANDEMENT DE NOSTRE TRÈS REVEREND PÈRE EN DIEU MONSEIGNEUR L'ABBÉ DE CISTEAUX, PÈRE ABBÉ ET VISITEUR SANS MOÏEN DE LAD. ABBAYE DE MAUBUISSON, PAR L'ABBÉ DE CHAALIZ, COMMISSAIRE DEPPUTÉ DE PAR LUY, LES vj^e ET vij^e JOURS DU MOIS DE MAY, L'AN MIL CCCC SOIXANTE TROIS, ET PAR ICELLUY COMMIS ET DEPPUTÉ, BAILLEZ A VÉNÉRABLE ET HONNORABLE DAME MARGUERITE DANÈS, ABBESSE ESLEUE, CONFERMÉE ET INSTALLÉE DE LAD. ABBAYE DE MAUBUISSON.

Et premièrement, sensuit la declaration et designation des joyaulx, reliques, aournemens et autres choses estans en l'office de la Secretainerie :

1. Et premièrement, ung très bel et riche sainctuaire d'argent doré, en manière d'église, adorné des deux pars en chascun costé d'un saphir entre quatre perles; lequel est soustenu de deux angelz aussi d'argent doré, environ de demy pié et ung tour de hault, agenoilliez sur ung pié d'argent doré, assis sur quatre léons dorez; dedens lequel a, ainsi que entour est escript, du très précieux sang Nostre Seigneur Jhesu-Crist.

2. Item, une grant croix d'argent doré, de deux grans piez de

hault ou environ, à ung beau grant crucifix d'argent doré eslevé, sans le pié sur lequel elle est assise, qui est de laton doré, armoyé de fleurs de liz et de castellez; soubz le crucifix de laquelle a grande partie de la vraye croix, et plusieurs autres reliques; les quatre boutz de lad. croix adornés de plusieurs pierres de grant monstre.

3. Item, une autre d'or, ouvrant à charnières, garnie de fine pierrerie, de ung pié de hault ou environ, vignetée, où a plusieurs pierres, esmaillée de cincq esmaulx de Limoges, celluy du milieu environné de quatre perles; en laquelle fault la vigneture de derrière d'un des bras de lad. croix, en laquelle a de vraye croix; assise sur ung pié d'argent doré, assiz led. pié sur quatre petiz léons.

4. Item, une autre croix d'or, tout plain, de ung pié de hault ou environ, bien pesante; soubz le crucifix de laquelle, qui est aussi d'or eslevé, a de la vraye croix, et à chascun bout de lad. croix, ou cousté du crucifix, a ung saphir entre trois perles, et en l'autre cousté a ung Agnus Dei ou milieu en esmailleure; et soubz les autres quatre esmaulx dud. cousté a plusieurs reliques assises sur ung pié d'argent qui n'est pas adjusté à lad. croix, esmaillé de six cercles, en chascun desquelz a deux ymages figurez.

5. Item, une autre croix de demy pié de hault ou environ, vignetée, dont le milieu est sans vigneture, ouquel a ung crucifix figuré, soubz lequel a de la vraye croix, assise sur ung pié d'argent rond néellé, enfonssé par desoubz pour mectre reliques.

6. Item, ung reliquiaire d'argent doré, ouquel est enchassé une des costes monseigneur Saint Loys, sur lequel a trois ymages, l'un plus grant que les autres; c'est assavoir monseigneur Saint Loys et ses deux filz, assis sur ung pié d'argent doré, led. pié porté sur six léons d'argent doré, où il y a plusieurs pierres enchassées en or, excepté les couronnes des troys ymages; au pié duquel fault deux pierres.

7. Item, ung aultre reliquiaire d'argent blanc, sur lequel a ung ymage de Virge d'argent doré; dedens lequel est le chief d'une Virge.

8. Item, ung aultre reliquiaire d'argent doré, dedens lequel a des reliques de saint Pol et du chief saincte Katherine, soustenu à deux ymages de saint Pol barbu, tenant une espée en sa main et saincte Katherine tenant une roue esmaillée d'azur, assis sur ung pié tout d'argent doré; led. pié porté sur quatre léons aussi d'argent doré, armoyé des armes de France et d'Évreux ; et tiennent ung joly tableau d'or, carré, garny de pierres fines à six grosses perles; et est le doulx (1) dud. tableau esmaillié d'azur et semé à fleurs de liz, à deux ymages paintes de saint Pol et saincte Katherine, et y a dedens escript, en ung costé dud. tableau: « *de ossibus beati Pauli apostoli* », et de l'autre costé : « *de capite beate Katherine* ».

9. Item, ung autre reliquiaire d'argent doré en manière de moustier, ouquel a des os « *Agapiti et Prejecti, martirum* », soustenu de deux ymages d'argent dorez, assis sur ung pié de laton doré, ouquel a plusieurs pilliers et ung joly clochier au dessus; au bout duquel a ung crucifix aussi d'argent doré.

10. Item, ung ymage de la Magdelène, aussi d'argent doré, d'un pié et demy de hault ou environ, tenant en une main ung livre, et en l'autre ung reliquiaire où sont de ses reliques, assis sur ung pié d'argent doré, armoyé et esmaillé d'azur, semé d'escussons armoyés de croix blanches et de barres ; led. pié assis sur trois petiz serpens.

11. Item, ung petit ange d'argent doré, ouquel fault une èle, de plus de demy pié de hault à tout son pié, assis sur trois serènes, et tout d'argent doré dedens et dehors, tenant une espine de la saincte couronne Nostre Seigneur, en manière d'une petite châsse ronde de cristal, garnye d'argent doré.

12. Item, ung ymage de Nostre Dame d'argent doré, de ung pié de hault ou environ à tout son pié aussi d'argent doré, tenant son filz; couronnée elle et sond. filz de couronnes d'or garnies de perles et de fines pierres, ayant sur la poictrine une pierre vermeille et deux vertes; tenant en sa main une fleur de liz de fin

---

(1) Le dos.

or, garnie de sept perles et ung saphir persé; et au doz est escript quelles reliques il y a dedens.

13. Item, ung autre ymage de Nostre Dame, d'argent doré, plus petit; lequel ymage de Nostre Dame est couronné tant seullement, tenant une pomme en l'une de ses mains, et en l'autre son enfant; et ou pié sont les armes de France et de la royne Ysabeau de Bavières.

14. Item, ung autre ymage de Nostre Dame, de madre, sans paincture et argent, tenant en sa main ung liz à feulles blanches et tige verte, assis sur ung pié d'argent doré, soustenu de quatre petiz angelz, dont les deux tiennent deux petiz chandeliers et les autres deux ensenciers; tout sur led. pié armoyé des armes de France et d'Évreux.

15. Item, ung ymage d'evesque, crossé et mitré, avecques son pié d'argent doré, armoyé des armes d'Avagor (1), lequel tient ung reliquiaire ouquel a des ossemens de monseigneur saint Guillaume, arcevesque de Bourges et septiesme abbé de Chaaliz, de demy pié et ung tour de hault ou environ.

16. Item, ung autre ymage d'evesque, mitré, sans crosse, aussi d'argent doré, tenant ung reliquiaire en sa main, ouquel a du doy de monseigneur saint Esloy, à tout ung pié d'argent doré, à l'entour ouquel a six escussons armoyés des armes de Montmorency.

17. Item, ung beau joyau de l'Adnunciation Nostre Dame, à troys ymages, c'est assavoir : de Nostre Dame, tenant son livre, saint Gabriel et une abbesse tenant sa crosse, et ung joly pot à tout ung liz et une couverture sur quatre petiz pilliers, assis sur ung pié, ou milieu duquel pardevant sont les armes de Hembuye; et est tout entièrement d'argent doré, dehors et dedens, excepté le dessoubz qui est d'argent blanc; et en la poictrine Nostre Dame a ung joly fermeillet à trois esmeraudes et trois perles et ou milieu d'icelles a ung rubis.

---

(1) Avaugour, famille originaire de Bretagne, qui avait fait des dons importants à l'abbaye de Maubuisson.

18. Item, ung autre beau joyau à porter *Corpus Domini*, de cristal, enchassé en argent doré, sur lequel a une petite croix et ung crucifix d'or eslevé, ouquel a quatre pierres. Led. joyau a ung chappeau de pierres et perles, sur lequel a manière d'un saphir, et est soustenu de trois petiz angeloz agenoilliez sur ung pié d'argent doré, porté sur six petiz marmosés d'argent doré, où il y a plusieurs pierres et une vigneture entour, et sont toutes les enchasseures desd. pierres d'or (en marge : et il fault une pierre ou pié don seullement est l'enchasseure.)

19. Item, ung autre joyau en manière de reliquiaire à porter *Corpus Domini*, donné par le roy Charles VIIme, d'argent doré, dont le pié et la verge sur quoy est le rond où il y a cristal est tourné ; sur lequel rond a une croix sans crucifix, en manière d'un estre (1).

20. Item, une couppe à porter *Corpus Domini* aux malades, d'argent doré, tarny dedens ; en laquelle a une petite boistelete avec son couvercle d'or tenant à lad. couppe, armoyé au pommeau des armes de France, de Castelle, et ung léon rampant ; et au dessus d'icelle couppe a une petite croix et crucifix d'argent doré eslevé.

21. Item, ung bras couvert d'argent, en la main duquel par dehors a une relique de Saint Loys.

22. Item, ung reliquiaire d'argent doré, à IIII piez aussi d'argent doré, nommé ung philiatière, à ung petit clochier, ouquel a des reliques de saint Cosme et Damien ; et au dessoubz en cristal a plusieurs reliques d'autres sains ; esmaillé led. reliquiaire aux deux boutz de saint Cosme et saint Damien, garny de perles et de pierres (en marge : ouquel fault deux pierres et ung siège).

23. Item, ung autre reliquiaire d'argent doré, à IIII piez aussi d'argent doré, nommé ung philiatière, fait en manière de clochier, sans esmailleure ; dedens lequel a *de cruce domini et panno quem habuit in cruce*, et autres reliques de plusieurs autres sains et sainctes ; et à l'un des boutz est l'image saint

---

(1) Maison, maisonnette (Du Cange).

Pierre tenant une clef, à placte painture, et d'autre costé l'image saint Pol.

24. Item, ung autre plus petit philliatière d'argent doré, sans clochier, aux deux boutz néellé, ouquel a plusieurs reliques, soustenu sur quatre petiz piez.

25. Item, ung reliquaire de cristal rond, enchassé en argent, dedens lequel sont les escourgées (1) monseigneur Saint Loys, assis sur ung pié d'argent veré.

26. Item, ung autre reliquaire de cristal rond, aussi enchassé en argent, sur ung pié d'argent tout doré, esmaillé à trois escussons et à ung aigle de sable, ouquel a des reliques de saint Thomas et saint Augustin.

27. Item, ung autre reliquaire de cristal rond, plus gros que les précédens, enchassé bien legièrement en argent veré, dedens lequel a plusieurs reliques. [En marge : *Vacat.*]

28. Item, ung autre reliquaire d'argent veré, ouquel soubz cristal a plusieurs reliques. [En marge : *Vacat.*]

29. Item, ung autre maindre reliquaire d'argent doré, assis sur trois piez d'argent, une petite croisète au bout d'en hault, ouquel a soubz cristal plusieurs reliques et ung grant dent. [En marge : *Vacat.*]

30. Item, deux autres petiz reliquaires d'argent véré, en façon de clochier, esquelz soubz cristal a aussi des reliques.

31. Item, ung tableau qui ouvre des deux costés, couvert de plataines d'argent doré, ou milieu duquel par dedens a ung crucifix doré, et ès costés les ymages de Nostre Dame et saint Jehan, soubz lesquelz sont ymages de Roy et de Royne, d'argent dorez, dont la vigneture d'entour led. tableau est de fin or.

32. Item, ung autre tableau maindre, couvert de plateines d'argent doré, ouquel a plusieurs reliques de plusieurs sains escripz esd. plateines.

33. Item, ung autre petit tableau couvert de plateines d'argent, dedens lequel a plusieurs reliques, entre lesquelles sont fleurs de

---

(1) Voy. ci-dessus la note de la p. 4.

liz entremeslées, qui ouvre de deux costés, à une Annunciation pardessus néellée.

34. Item, ung autre petit tableau couvert de platenes d'argent, fait par dedens à losenges, où sont plusieurs reliques de plusieurs sains et sainctes; et par dehors d'un costé est la figure d'un crucifix, saint Jehan et Nostre Dame, et de l'autre costé l'Annunciation.

35. Item, ung autre petit tableau, néellé au doz par dehors, ouquel a ung saint de plate painture et deux hommes armez, dont l'un le décapite d'un cousteau, et de l'autre costé soubz cristal sont contenues plusieurs reliques. [En marge : *Vacat.*]

36. Item, ung autre petit tableau d'argent doré par dedens, ouquel a ung ymage de saint Bernard et de ses reliques, en façon d'un petit tabernacle, pendant à ung petit anelet d'argent.

37. Item, le hanap saincte Elizabeth, enchassé en platenes de vigneture d'argent bien doré, ouquel a plusieurs pierres et perles, saint à l'entour, tant en hault que en bas; et est la vigneture où lesd. pierres sont enchassées de fin or.

38. Item, ung livre d'ewangilles, couvert de platenes d'argent, ouquel a ou costé ung crucifix, Nostre Dame et saint Jehan, eslevez, d'argent doré tarny; et de l'autre costé a une Majesté pomponnée, sans élévation.

39. Item, ung grant calice d'argent esmaillé, en la platène duquel par dehors est figurée l'Asumption, et par dehors (*sic*) du Jugement; et entour led. calice par dehors en hault est depuis l'Annunciation jusques à la Resurrection, et par bas autre esmailleure à ymages d'angelz et archangelz, et ung crucifix.

40. Item, ung autre calice, tout d'or, d'ancienne façon, sur le pié duquel a une petite croix sans esmailleure, et aussi sur la plateine une main en croix sans esmailleure. [En marge : *Vacat.*]

41. Item, ung autre calice greigneur, d'argent doré, esmaillé en la plateine de bleu à une Majesté; et en la plateine sont les armes d'Estouteville soubz le crucifix esmaillé en bleu, et celles de Estouteville et de Montmorency ensemble, et d'un costé et d'autre du crucifix.

42. Item, deux autres calices d'argent dorez, en la plateine de l'un desquelz a ung *Agnus* esmaillé, et ou pié ung crucifix, Nostre Dame et saint Jehan esmaillé; et en la plateine de l'autre est Jhesu-Crist tenant le jugement, et ou pié ung crucifix esmaillé. (En marge : il s'en fault ung.)

43. Item, ung autre calice d'argent doré d'ancienne façon, sur la plateine duquel a ung *Agnus Dei* sans esmailleure, et sur le pié ung ymage de crucifix, de Nostre Dame et saint Jehan, sans esmailleure.

44. Item, une couppe d'argent doré, esmaillée au fons par dedens, servant pour communier les religieuses. [En marge: *Vacat*.]

45. Item, deux platz d'argent vérez pour église, à deux esmaulx ou fons, dorez l'un d'un Crucifix et l'autre d'une Assumption.

46. Item, deux buretes d'argent dorées, sans ances, à mectre vin et eaue pour église. [En marge : *Vacat*.]

47. Item, encores deux autres buretes, sans ances, aussi d'argent dorées, à mectre vin et eaue pour église. [En marge: *Vacat*.]

48. Item, une autre plus grande burecte d'argent dorée, dedens et dehors, esmaillée à ymages tout entour, à mectre eaue, et est très belle et riche.

49. Item, deux autres burectes d'argent blanc, aussi pour servir à l'autel. [En marge: *Vacat*.]

50. Item, ung pot d'argent doré, esmaillé d'azur dedens et dehors, dont le gros du pot est en manière d'une nois; et dessus a une patenostre d'ambre, et l'ance néellée.

51. Item, une grande paix d'argent, esmaillée d'azur à ung crucifix et à trois ymages eslevez et dorez entour; en laquelle est escript que dame Marie de Paris la donna.

52. Item, une autre paix d'argent doré par dedens, entour de laquelle est escript « *dame Ysabeau de Dueil donna ceste paix en l'onneur de la benoiste Magdalène* ».

53. Item, deux autres paix d'argent dorées, à ymages de crucifix, Nostre Dame et saint Jehan, dorez et non eslevés.

54. Item, ung ensencier d'argent blanc, d'ancienne façon, à trois petites tourelles entour.

55. Item, ung autre ensencier d'argent doré, à six tourelles, armoyé des armes d'Avagor et d'autres, par bas et par hault armoyé et esmaillé.

56. Item, une nef d'argent doré, avecques la cuillier aussi d'argent doré, à mectre ensens, armoyé des armes d'Avagor et d'autres, à deux escussons dessus.

57. Item, une autre nef d'argent tout blanc, véré, à mectre ensens, à deux escussons dessus semez à petiz besans d'or; et au travers a une barre d'azur.

58. Item, le fremail d'une chappe d'argent véré de devant, esmaillé aux armes d'Avagor et d'autres, à trois ymages d'argent dorez, l'un de Saint Loys qui est ou milieu, l'autre d'un ange, et l'autre d'une religieuse, tout d'argent.

59. Item, ung autre fermail d'argent doré, auquel fault le pommeau d'en hault, poinçonné ès deux costés de l'Adnunciation de plate painture.

60. Item, ung autre fermail de semblable façon, aussi d'argent doré, à deux pommeaux, et d'un des costés a une Annunciation et de l'autre saint Pierre et saint Pol, de plate painture.

61. Item, ung autre fermail d'argent doré, véré et esmaillé de bleu, à ymages de l'Adnunciation eslevez et dorez, et ung pot de liz ou milieu.

62. Item, ung autre fermail d'argent doré, esmaillé à Jhesu-Crist tenant sa croix et à la Madaglène, et ung arbre entre deux; et alentour armoyé de sept escussons d'une façon de croix blanches et de barres.

63. Item, une crosse d'abbesse de cristal à iiii pièces, dont les pommeaux sont de pierre de jaspre liez d'argent doré, poinçonné; et ou crosson a ung *Agnus Dei* bien ouvré, aussi de cristal.

64. Item, une autre crosse toute d'ivuyre.

65. Item, ung reliquiaire de laton desdoré, assis sur quatre petiz léons en manière d'église, à iiii pilliers seullement et une haulte tourelle ou milieu, en forme de clochier, ouquel a reliques de plusieurs sains.

66. Item, sept grans chandeliers de cuyvre, chacun de quatre

piez de hault, ou environ, pour servir à l'église, d'une mesme façon.

67. Item, ung petit tuyau d'argent doré, ployé à l'un des boutz, servant pour faire boire les malades.

VAISSELLE D'ARGENT

68. Premièrement, ung hanap couvert, d'argent doré, ou fons duquel et de la couverture par dedans a une fleur bleue en manière d'une fleur de bourrache, toute poinçonnée par dehors.

69. Item, ung autre hanap d'argent doré, de mandre poix, ou fons duquel a ung chappeau de fleurs violètes et celle du milieu bleue, tout poinçonné par dehors, et ou fons de la couverture a une encolie bleue.

70. Item, ung autre hanap à pié, à trois petiz chiens au pié, couvert d'argent tout doré et esmaillé au fons, armoyé aux armes de l'église.

71. Item, ung autre hanap de madre couvert, à pié d'argent doré dedens et dehors, et au dessus a ung pommeau aussi d'argent doré, et par dedens au fons et au couvercle armoyé des armes de l'église.

72. Item, ung gobelet d'argent doré couvert, esmaillé au fons par dedens où il y a ung léon, et par dehors esmaillé à rondeaux, entre lesquelz a hommes sauvaiges, dont le champ est d'azur; et au dessus a manière d'un petit chasteau, sur lequel chasteau a une beste sauvaige.

73. Item, une petite aiguière d'argent dorée par dehors, à doubles biberons, et a dessus vne frèze [frise] dorée.

74. Item, six tasses d'argent vérées et martelées au fons du poinçon de Paris, chacune de marc et demy, signé au fons K.

75. Item, ung pot d'argent véré et goderonné, dudict poinçon, signé au fons K.

76. Item, huit cuilliers d'argent couppées au bout, signé aud. bout K.

AOURNEMENS D'ÉGLISE, ET PREMIÈREMENT PAREMENS D'AUTEL

77. Et premièrement, ung beau riche parement pour le bas du grant et maistre autel dud. lieu, à ouvrage de haulte lisse, à doubles ymages, où sont au dessus l'Adnunciation, la Nativité, le Couronnement Nostre Dame, les trois Roys et leurs serviteurs, et au dessoubz la Présentation de Jhesu-Crist à Syméon, Jhesu-Crist ou temple entre les docteurs, le Baptissement Jhesu-Crist, Jhesus qui chasse les marchans hors du temple, l'entrée de Jhesu-Crist en Jherusalem; et en l'un des boutz dud. drap saint Mathieu, saint Marc, saint Dominique, saint Loys de Marceille et saint Pierre le martir, et en l'autre bout saint Jehan l'euvangeliste, saint Luc, saint François, saint Thomas d'Aquin et saint Anthoine de Pade.

78. Item, ung autre parement pareil pour le dessus dud. maistre autel, à pareil ouvraige et ymaiges, excepté l'addition des boutz du précédent; tous lesd. deux paremens doublez de cendal vermeil.

79. Item, ung autre parement pour le bas dud. autel, à ymages de broderie, tout d'or de Chippre, sur ung drap de samit blanc; ouquel sont les ymages de saint Andry et saint Pierre, l'Adnunciation, la Salutation saincte Elizabeth, le Couronnement Nostre Dame, les trois Roys, la Présentation Jhesu-Crist à saint Syméon, saint Jehan l'euvangeliste et saint Pol.

80. Item, le pareil parement pour le dessus dud. grant autel, ouquel sont les hystoires de la Prinse Jhesu-Crist ou jardin, Jhesu-Crist à l'atache, Jhesu-Crist portant la croix, Jhesu-Crist ou tombeau, les trois Maries ou sepulchre, la Madaglène à Jhesu-Crist; tous lesd. deux paremens doublés de toille blanche.

81. Item, ung autre parement pour le bas dud. maistre autel, brodé sur toille blanche d'or de Chippre, ouquel a trois ymages, c'est assavoir: Nostre Dame ou milieu, et à chacun bout ung ange.

82. Item, ung autre parement pareil pour le dessus dud. autel, ouquel a trois ymages, c'est assavoir : Jhesu-Crist en la croix ou milieu, et à l'un des boutz Nostre Dame et à l'autre saint Jehan ; tous lesd. deux paremens doublés de toille vermeille.

83. Item, ung autre parement pour le bas dud. maistre autel, de velours pers, semé de fleurs de liz d'or de Chippre en brodeure.

84. Item, l'autre pareil pour le dessus dud. autel, doublé de toille vermeille.

85. Item, ung epistolier de pareil drap.

86. Item, ung grant drap de velours pers, semé de fleurs de liz, pareil aud. parement, en manière de couverture.

87. Item, ung autre parement pour le bas dud. grant autel, de velours vermeil, semé de fleurons ou besans d'or de Chippre, aux armes de France et d'Angleterre.

88. Item, le parement pour le dessus dud. maistre autel, tout pareil, tout doublé de toille perse.

89. Item, l'epistolier est de velours vermeil, tout plain, sans autre chose.

90. Item, ung autre parement pour le bas du maistre et grant autel, de drap d'or vermeil, d'ancienne façon, à ymages de Nostre Dame tenant son enfant en giron, d'or de Luques, tout sangle (1).

91. Item, le parement pour le dessus, pareil, tout sangle.

92. Item, ung autre pareil parement pour ung des petiz autels, doublé de toille perse.

93. Item, ung parement de drap d'or, à faulcons, doublé de toille perse, pour le bas du grant autel.

94. Item, ung parement pareil, pour le hault dud. autel.

95. Item, ung parement pour le hault du grant autel, et ung autre pour le bas, de drap de soye d'ancienne façon, figuré d'*Agnus Dei*. [En marge : usé.]

96. Item, ung autre petit parement d'autel, de pareil drap et pareille façon.

---

(1) Dans le sens de simple, non double (voir Littré).

97. Item, ung parement pour le hault du grand autel et ung autre pour le bas, de drap d'or d'ancienne façon, sur soye verte, à lyons et oyseaux d'or de Lucques, tout sanglé.

98. Item, ung autre vielz petit parement pour le bas d'un autel, d'ancienne façon, sur soye verte, figuré d'archiers demy homme et demy beste, d'or bien usé.

99. Item, ung autre petit parement d'autel, d'ancienne façon, de drap d'or sur soye verte, figuré de petiz aigles, doublé de toille verte.

100. Item, ung autre parement de drap d'or, tout batu en or, taillé de feulles d'or, doublé de toille perse.

101. Item, ung autre petit parement, tout pareil en tout, et semblable doubleure.

102. Item, ung autre petit parement de broderie, d'ancienne façon, où sont figurez les mistères de l'Incarnacion, doublé de toille perse.

103. Item, ung autre petit parement de drap d'or taillé, doublé de toille perse, bien ancien.

104. Item, ung autre parement d'autel, de drap d'or taillé sur soye verte, figuré à bestes et oiseaux, doublé de toille perse.

105. Item, ung parement pour le hault d'un petiz autelz et ung autre pour le bas, tout pareil, de drap de soye blanc, figuré à papegaulx vers et rosètes vermeilles, tout doublé de toille perse.

106. Item, ung autre parement pour le hault d'un des petiz autelz, et ung autre pour le bas, tous pareilz, de drap de soye cendre, d'ancienne façon, à ymages d'evesques d'or de Lucques, bien ancien, doublé de toille perse.

107. Item, ung parement pour le hault d'un des petiz autelz et ung autre pour le bas, tout de pareil drap d'or, d'ancienne façon, à bestes, ouquel a losenges vermeilles.

108. Item, ung autre parement pour le bas dud. autel, de drap d'or, d'ancienne façon, sur soye perse, figuré à griffons d'or, doublé de toille verte.

109. Item, ung petit parement de soye à fleurs de liz d'or, bien usé, doublé de toille verte.

110. Item, ung autre parement de soye violet de drap d'or, d'ancienne façon, à bestes d'or de Lucques, tout sangle.

111. Item, ung autre parement de drap d'or de taille sur soye perse, pour le hault d'un autel, et ung pour le bas, figuré à faulcons, doublé de toille perse.

112. Item, ung autre parement d'autel sangle, de drap d'or sur violet bien destaint, figuré à grans griffons.

113. Item, ung autre parement d'autel, à ouvraige de cordelette et ymages d'ancienne façon, de la Nativité saint Jehan, Nativité Nostre Seigneur, et plusieurs autres hystoires, brodé (bordé?) aux deux costés et en hault de samit vert.

114. Item, le parement pour le bas d'un autel, de drap d'or de Lucques, semé d'estoilles et rouses vermeilles.

115. Item, le pareil parement pour le dessus dud. autel.

116. Item, ung autre parement pour le hault et bas d'un autel, de velours ramé [ou rainé?], brochié d'or, doublé de toille perse.

117. Item, deux paremens d'autel, c'est assavoir pour le hault et le bas d'autel, de satin bleu, figuré de vermeil et blanc.

118. Item, ung parement d'epistolier, de drap d'or bien deffiguré, à bestes et roindeaux, d'ancienne façon, doublé de toille perse.

119. Item, ung autre parement d'epistolier, de drap d'or sur soye blanche, à feulles de chesne d'or taillé, doublé de toille jaune.

120. Item, ung autre parement pour le bas d'un autel, de drap d'or, en soye blanche, figuré de bestes d'or et de léons bleuz, doublé de cendal bien dérompu.

121. Item, deux autres paremens, c'est assavoir pour le hault et le bas d'autel, avec le parement de la nappe d'autel, tout de dyapré noir, à piés et à testes d'or, doublés de cendal vermeil, qui ont bon mestier de réparation.

DRAPS D'OR ET DE SOYE

122. Premièrement, ung beau drap d'or pers à angelz, de deux

pièces cousues ensemble, à petites estoilles d'or de Lucques, tenant les ungs des ensenciers, les autres la croix, et les autres la lance.

123. Item, ung autre beau drap d'or pers, de deux pièces cousues ensemble.

124. Item, ung autre grant drap d'or taillé vermeil.

125. Item, ung autre drap d'or vermeil, à biches et à griffons d'or.

126. Item, ung grant drap d'or contenant plusieurs pièces cousues ensemble, que l'on met sur la grant cage de fer qui est ou cuer des Dames, fait de barres de diverses couleurs.

127. Item, une pièce de drap d'or vermeil, figuré à paons et oiseaux d'or de Lucques.

128. Item, une autre pièce de drap d'or vermeil, tout simple.

129. Item, deux grandes pièces de drap d'or, pareil vermeil, tout simple.

130. Item, une autre pièce de drap d'or violet, figuré à rondeaux de bleu et de blanc.

131. Item, ung autre drap d'or, barré de blanc, vermeil et bleu, à feulles d'or de Lucques.

132. Item, ung autre drap d'or, barré de violet, figuré de la Nativité, à ymages d'or de Lucques.

133. Item, ung autre drap d'or, plus vermeil que violet, figuré à rondeaux et serpens d'or de Lucques.

134. Item, ung autre drap d'or violet, figuré à léons couronnés, tout d'or de Lucques.

135. Item, une pièce de drap d'or taillé entier sur soye blanche, à faulcons d'or, contenant six aulnes ou environ.

136. Item, une pièce de drap d'or sur soye vermeille, à faulcons d'or, contenant deux aulnes ou environ.

137. Item, ung grant drap d'or de deux pièces, en l'une desquelles sont figurez paons et autres bestes d'or de Lucques, et en l'autre sont feulles, aussi d'or de Lucques.

138. Item, ung grant drap d'or vermeil, en forme de poile,

figuré à moutons et feulles d'or, brodé tout entour de cendal bleu à fleurs de liz.

139. Item, ung autre poile de drap d'or de taille, à oyseaux d'or sur soye vert, bordé de vielz cendal.

140. Item, ung autre drap de soye blanche, tout sengle, contenant trois aulnes ou environ.

141. Item, ung vielz poile de drap d'or de taille, à barres vertes, bordé de vielz cendal à fleurs de liz.

CUSTODES DE SOYE.

142. Premièrement, deux custodes de cendal blanc, où sont quatre angelz, et ez boutz de cendal vermeil, pour servir entour led. maistre autel.

143. Item, deux autres custodes pour led. autel, de cendal vermeil et jaune.

144. Item, deux autres custodes pour led. autel, de cendal violet, barré et brodé au bas et hault de cendal vermeil.

145. Item, deux autres grandes custodes de soye blanche, barrées d'or de Lucques, brodées hault et bas de cendal vermeil.

146. Item, deux autres petites custodes de cendal vert, aux armes de Montmorency.

CHAPPES.

147. Premièrement, deux chappes de drap de soye blanche, figurées de rondeaux d'or de Lucques, et esquelx rondeaux a léons figurez d'or, doublés de cendal vermeil; garnies l'une au chappiteau de deux pommeaux d'argent doré, et l'autre a seullement ung pommeau embas.

148. Item, une autre chappe de satin bleu, figurée à oyseaulx d'or de Chippre, à feulles de fil d'argent, garnie au chappiteau de deux pommeaux esmaillés.

149. Item, une autre chappe de drap de velours pers, à fleurs de liz d'or, garnie au chappiteau de deux pommeaux d'argent doré.

150. Item, une chappe de drap d'or, d'ancienne façon, figurée à grans griffons d'or de Chippre, sangle, en laquelle a ung fermail à chappe d'argent néellé.

151. Item, une chappe de soye d'ancienne façon, à ymages de Roys et Prophètes, brodée par embas de taffetas vert.

152. Item, une autre chappe de gros drap d'or pers, à bestes et oyseaux d'or taillé, doublée de toille violète, au chappiteau de laquelle a deux pommeaux de laton.

153. Item, deux autres chappes de drap d'or, en soye blanche, figurées de bestes et de léons bleuz, doublés de cendal bien dérompu.

154. Item, une autre chappe en laquelle a ung pommeau d'argent doré, de dyapre noir, à piés et à testes d'or, doublé de cendal vermeil, qui a bon mestier de réparation.

CHASSUBLES.

155. Premièrement, une chasuble, tunique et dalmatique, de soye blanche, figurée de rondeaux d'or de Lucques, esquelz rondeaux a léons figurez dud. or de Lucques, doublé de cendal vermeil; que on a accoustumé de mectre le jour de Pasques.

156. Item, une autre chasuble, tunique et dalmatique, de drap de soye vert, semé d'estoilles d'or de Lucques; la chasuble doublé de cendal vermeil, et la tunique et dalmatique doublés de toille jaune, pour l'Ascension.

157. Item, une chasuble, tunique et dalmatique, tout de samit vert, doublé de samit vermeil, et pour servir à deux costés.

158. Item, une chasuble, tunique et dalmatique de drap bleu, semé de fleurs de liz d'or de Lucques, doublés de cendal violet.

159. Item, une chasuble, tunique et dalmatique de drap d'or pers, figuré à bestes et oyseaux d'or de Lucques taillé, doublés de cendal vermeil.

160. Item, une chasuble de drap de soye vermeil, à rondeaux, griffons et estoilles d'or de Lucques, doublé de cendal pers.

161. Item, une tunique et dalmatique à losenges, aigles et oyseaux d'or de Chippre, doublés de cendal jaune.

162. Item, une chasuble, tunique et dalmatique de couleur violète plus que vermeille, à losenges, aigles et oyseaux d'or de Lucques, doublés de cendal vert.

163. Item, une chasuble de satin vermeil, brodé de liépars et serpens volans d'or de Chippre, doublé de cendal vert.

164. Item, une chasuble de samit bleu, figurée de blanc et de vermeil.

165. Item, une chasuble de drap d'or, à papegaulx, doublé de cendal pers.

166. Item, une chasuble de velours ramé [ou rainé?], brochié d'or, doublé de cendal jaune.

167. Item, une chasuble de satin bleu, fig'rée de vermeil et blanc.

168. Item, une chasuble, tunique et dalmatique, tout de drap d'or vermeil, figurez de grans fleurs d'or, doublés de cendal bleu.

169. Item, une chasuble, tunique et dalmatique, tout de samit violet, sans doubleure.

170. Item, une chasuble, tunique et dalmatique, tout de drap d'or, en soye blanche, figuré de bestes d'or et de léons bleuz, tout doublé de cendal bien dérompu.

171. Item, une chasuble, tunique et dalmatique de dyapré blanc, à piés et testes d'or, la chasuble doublé de toille perse, et les tunique et dalmatique doublés de cendal vermeil, bien dessiré et dérompu.

172. Item, une chasuble, tunique et dalmatique de samit jaune, tout sangle.

173. Item, une chasuble, tunique et dalmatique de gros drap d'or noir, à bestes et oyseaux d'or de Lucques entaillé, doublé de toille violète.

174. Item, une chasuble, tunique et dalmatique, tout de dyapré noir, à pié et à testes d'or, et tout doublé de cendal vermeil, qui ont bon mestier de réparation.

175. Item, une chasuble bien usée, de drap d'or sur soye

violète, figurée à bestes et oyseaux d'or de Lucques, doublés de cendal vert, bien dérompu.

176. Item, une petite cotte simple et ung manteau sangle pareil, de drap de soye violet, figuré de pers, à paons et autres bestes d'or de Chippre.

COUSSINS ET CARREAUX TANT DE DRAP D'OR COMME DE SOYE.

177. Et premièrement, ung coussin à mectre soubz le livre, de satin pers, figuré, semé de fleurs de liz et les quatre euvangelistes, tout d'or de Chippre.

178. Item, ung autre coussin de drap d'or, fait à l'esguille, par losenges.

179. Item, ung autre coussin de livre, de point fait à l'esguille d'un costé, et de l'autre de soye vert sur bleu, figuré à plumes d'autruce.

180. Item, trois grans carreaux de velours vermeil d'un costé et d'autre, ung chacun desquelz d'un costé sont semez de besans d'or.

181. Item, trois autres grans carreaux de drap d'or, bien espoices, qui servent aux chaires des presbtres.

182. Item, ung autre petit carreau à servir au livre des presbtres, fait de point d'aiguille, à bestes et oyseaux, et doublé de velours vermeil.

ESTUYZ ET BOURSES POUR MECTRE CORPORAULX.

183. Premièrement, ung bel estuyt à corporaulx, de velours vermeil, semé de fleurs de liz d'or, et au fons doublé de cendal vert.

184. Item, ung autre estuyt bel et riche, à corporaulx, de drap de soye vermeille, figuré à rousètes d'or de Chippre, doublé ou fons de cendal bleu.

185. Item, une bourse à corporaulz de drap pers figuré, semé de fleurs de liz.

186. Item, une autre bourse de drap de soye blanche et feulles d'or, dessus laquelle a une Annunciation.

187. Item, deux autres bourses de diverses sortes.

NAPPES DE SOYE SERVANT DE COUVERTURE POUR LES AUTELZ.

188. Premièrement, une nappe qui sert de couverture pour le grant autel, de dyapré blanc, à piés et testes d'or, dont les boutz sont de cendal vermeil.

189. Item, une autre nappe pour led. grant autel, de soye blanche, barrée de barres blanches, vermeilles, vertes et violètes.

190. Item, une autre nappe de soye violète, à barres de soye jaune et blanche.

191. Item, une nappe de soye, barrée au long de vert et de gris.

192. Item, six nappes d'autel, parrées et frangées.

193. Item, une autre nappe de soye, barrée au travers de vert et de gris.

194. Item, xiiii nappes d'autel, non parées ne frangées.

195. Item, xl aubes et xxiiii amitz, que bons que mauvaiz.

196. Item, trois suppreliz (surplis), telz quelz.

LIVRES D'ÉGLISE

Les livres d'église étaient, d'après l'Inventaire de 1463, au nombre de 172. Il a paru inutile de reproduire des descriptions souvent identiques; on a cru devoir se borner à transcrire celles qui commencent chaque série, ainsi que celles qui présentent quelque particularité intéressante.

MESSELZ [au nombre de 11].

197. Premièrement, ung beau grant messel à kalendier, ouquel n'a que ung vielz fermaut de laton, commençant au second feul-

let : *in gentibus domine,* et finissant ou penultime : *petia mea.*

198. Item, ung très bel et riche petit messel à kalendier, du volume d'un petit bréviaire, très bien escript, à deux fermaus d'argent armoyez des armes de Hembuye (1), commençant ou second feullet : *populus Syon,* et finissant ou penultime : *ser habetis,* et est pour l'usaige de l'abbesse; couvert de cendal tanné.

199. Item, ung autre messel, aussi petit, à kalendier, de l'office de la secretainerie, à deux fermaus d'argent doré, esmaillez de deux fleurs *ne me oublies mie,* commançant ou second feullet : *et regrediebatur,* et finissant ou penultime : *in agro quem.*

200. Item, ung autre petit messel à kalendier, à ung fermaut d'argent doré et esmaillé à fleurs de liz, commançant ou second feullet : *versi qui te,* et finissant ou penultime : *jomeract.*

201. Item, ung livre plat, où sont les quatre Passions Nostre Seigneur, commençant ou second feullet : *accesserunt ad Jhesum,* et finissant ou pénultime : *sabbato erat.*

Gréelz [au nombre de 4].

202. Premièrement, ung gréel noté, tout complet, commançant ou second feullet : *intende,* et finissant ou penultime : *pari forma.*

Séquenciers [au nombre de 4].

203. Premièrement, ung séquencier commençant ou second feullet de Noel : *goga meminit,* et finissant ou penultime : *letemur.*

Antiphoniers pour le temps d'esté [au nombre de 10].

204. Premièrement, ung antiphonier d'esté, noté, où com-

---

(1) Lisez Hambye.— Madame Philippe de Paynel d'Hambye fut la sixième abbesse de Maubuisson (1362-1391).

mancement duquel est le service du sacrement, et en la fin le service de Saint Loys et de saincte Anne; commançant ou second feullet de Pasques: *jumentum credat illis,* et finissant ou penultime des hympnes : *genitus ab ore.*

205. Item, ung autre antiphonier d'esté, noté, ou commancement duquel est l'ystoire Saint Loys, commançant ou second feullet de Pasques : *dicens quem,* et finissant ou penultime : *gentis.*

Autres antiphoniers pour le temps d'iver [au nombre de 7].

206. Premièrement, ung autre grant et bel antiphonier pour le temps d'iver, commançant ou second feullet : *qui sedes,* et finissant ou penultime ès cantiques : *bona valde aliud canticum.*

Hympniers notez [au nombre de 3].

207. Premièrement, ung hympnier noté, commançant ou second feullet : *cuique culpa solvitur,* et finissant ou penultime : *felix.*

Lectionaires [au nombre de 3].

208. Premièrement, ung livre de lectons des dimenches d'esté, commançant ou second feullet : *quo propheta,* et finissant ou penultime : *non desit et R.*

Collectaires servant ou cuer [au nombre de 2].

209. Premièrement, ung collectaire de cuer, commançant ou second feullet desd. collectes : *extita,* et finissant ou penultime : *in cuique manu.*

Martirologes. Rigles saint Benoist et us saint Bernard
[au nombre de 6].

210. Premièrement, ung martirologe commançant ou second feullet : *et septingentis feminis*, et finissant ou penultime : *non est Rex*.

211. Item, ung autre martirologe d'ancienne lettre bien vielle, commançant ou second feullet : *galatie sanctorum*, et finissant ou penultime : *quarum observa*.

212. Item, ung autre livre en parchemin, couvert de blanc, contenant la règle saint Benoist et les us saint Bernard; et ou commancement a ung kalendier d'estrange façon, commançant ou second feullet : *propter febres*, et finissant ou penultime entre les chappitres de la rigle : *de oratorio monasterii*.

Bréviaires entiers [au nombre de 8].

213. Et premièrement, ung très beau bréviaire à kalendier et psaultier de toute l'année, à deux fermaus d'argent doré, commançant ou second feullet dud. bréviaire : *veniet in te*, et finissant ou penultime feullet : *ait illis*.

Autres bréviaires servant en cueur, aussi de tout l'an
[au nombre de 3].

214. Premièrement, ung bréviaire de tout l'an, à kalendier et psaultier sans note, commançant ou second feullet du psaultier : *conturbata sunt*, et finissant ou penultime : *gentium sana*, servant en cuer.

Autres bréviaires de demy temps, servans semblablement en cuer [au nombre de 3].

215. Premièrement, ung demy bréviaire d'esté, noté et à kalendier, commançant ou second feullet : *jam surrexit*, et finissant ou penultime : *quod audistis*, servant en cuer.

Autres bréviaires, chacun de demy temps, ayans leurs pareilz [au nombre de 42].

216. Et premièrement, ung très beau bréviaire d'iver, à kalendier et psaultier, commançant ou second feullet dud. bréviaire : *rum non cognosco*, et finissant ou penultime : *eterne illum*, à deux beaux fermaus d'argent doré, à deux escussons armoyés d'aigles, une croix rouge parmy, qui sont les armes de Montmorency et une pipe aussi d'argent doré à deux semblables escussons, en laquelle est escript : « *j'ay bien changé liesse en peine.* »

217. Item, ung autre bréviaire d'esté, de maindre volume, à kalendier et psaultier, à deux fermaus d'argent doré, esmailliéz d'un K d'azur, commançant ou second feullet du bréviaire : *testas eterna*, et finissant ou penultime en l'ystoire saincte Anne : *donemur celicis*; et sont lesd. deux bréviaires pour l'usaige de l'abbesse.

218. Item, ung autre bréviaire de demy temps, d'iver, à kalendier et psaultier, garny de deux fermaus d'argent doré, armoyés des armes de Heuqueville, commançant ou second feullet : *tra vestra deserta*, et finissant ou penultime feullet : *tremens*.

219. Item, ung autre, de demy temps d'este, son pareil, à kalendier et psaultier, et fermaut d'argent doré, armoyé des armes dessus dictes, commençant ou second feullet dud. bréviaire : *gis laudi*, et finissant ou penultime : *pietate dormitio*.

220. Item, ung autre demy bréviaire d'iver, à kalendier et

psaultier, à deux fermaus d'argent doré, à deux ymages l'un de saint Jehan et l'autre de saint Loys, commançant ou second feullet du bréviaire: *aufferetur*, et finissant ou penultime: *potens verax*.

AUTRES DEMYZ BRÉVIAIRES NON PAREILZ, TANT D'IVER COMME D'ESTÉ
[au nombre de 10].

221. Et premièrement, ung demy bréviaire d'iver, qui n'a point de pareil, à kalendier et psaultier, et commançant ou second feullet du bréviaire : *tam Joseph*, et finissant ou penultime : *justus ejus*.

COLLECTAIRES OU JOURNELZ [au nombre de 23].

222. Et premièrement, ung très beau collectaire ou jornal de tout l'an, à kalendier et psaultier, à deux fermaus d'argent doré, à deux escussons esmaillés et armoyés aux armes de Hembuye, commançant ou second feullet du collectaire : *cum dominus*, et finissant ou penultime : *commemoratio fiat de sancto*.

223. Item, ung autre beau collectaire, de tout l'an, à kalendier et psaultier, à deux très beaux fermaus d'argent doré, esmailliez à deux ymages, c'est assavoir Nostre Dame et saincte Katherine, commançant ou second feullet du collectaire : *Domine deus virtutum*, et finissant ou penultime feullet : *O virginum sacer*.

224. Item, ung autre collecteur ou journal de tout l'an, à kalendier et psaultier, à deux fermaus d'argent doré, esmailliez de l'Adnunciation, commançant ou second feullet du collectaire : *mine in beneplacito*, et finissant ou penultime : *de deux chauderonnées descorché et*.

225. Item, ung autre collectaire de tout l'an, à kalendier et psaultier, à deux fermaus d'argent doré, esmailliez à deux ymages, commançant ou second feullet du collectaire : *medio templi sui*, et finissant ou penultime *relinquens titulum sancti*.

226. Item, ung autre collectaire de tout l'an, à kalendier et psaultier, à deux fermaus d'argent doré, esmailliez aus armes de Rouy, commançant ou second feullet du collectaire : *Christus filius tuus*, et finissant ou penultime feullet : *fiat commemoratio de dominica.*

PSAULTIERS, TANT CEUX QUI SERVENT OU CUER COMME AUTRES
[au nombre de 25].

227. Et premièrement, ung psaultier de cuer, à kalendier, commançant ou second feullet : *stidium est sal*, et finissant ou penultime : *sive letentur per.*

228. Item, ung autre beau psaultier, à kalendier, qui fut à la royne Blanche, hystorié, commançant ou second feullet du psaultier : *anima astiterunt*, et finissant ou penultime : *reclinatorium.*

229. Item, ung autre groz psaultier, en grosse lettre, à kalendier, ouquel a deux hystoires ou commencement, commançant ou second feullet : *super Syon*, et finissant ou penultime : *et parcere suscipe.*

230. Item, ung autre très beau psaultier, glosé de la glose du maistre des sentences, commançant ou second feullet en glose, en la première coulombe : *infelix qui abiit in consilio*, et ou penultime, en la derrière coulombe, finist en texte : *in psalterio et cythara*, et en glose : *considerata juxta usum.*

231. Item, ung autre psaultier ouquel y a kalendier ou commancement, et après xxx belles hystoires, à deux fermaus d'argent doré, commançant ou second feullet dud. psaultier : *furore tuo*, et finissant ou penultime : *celesti auxilii.*

232. Item, ung autre beau psaultier à kalendier, à xvi hystoires d'or et aussi à deux fermaus d'argent doré, commançant ou second feullet : *dominus dixit*, et finissant ou penultime : *omni benedictione.*

HEURES DE NOSTRE DAME [au nombre de 8].

233. Et premièrement, unes petites heures de Nostre Dame,

avec plusieurs oroisons, commançant ou second feullet : *inde venturus judicare,* et finissant ou pénultime feullet : *in adjutorium meum.*

234. Item, unes autres heures de Nostre Dame, avec plusieurs oroisons, commançant ou second feullet, en lettre rouge en françois : *et apres luy priés,* et finissant ou penultime feullet : *de savourer une plaisance.*

235. Item, unes autres heures de Nostre Dame, avec plusieurs autres besongnes, commançant ou second feullet du livre : *retrorsum,* et finissant ou pénultime : *a souffrir.*

AUTRES LIVRES TROUVEZ TANT EN LA LIBRAIRIE QUE AUTRE PART EN LAD. ABBAYE, APPARTENANT A ICELLE [au nombre de 54].

236. Et premièrement, une moult belle Bible en quatre volumes, desquelz le premier contient Genesim, Exodum, Leviticum, Libros numeri, Deuteronomii, Josue, Judicum, Ruth, Jeremiani, Tronorum et Baruc, et commence ou second feullet en la première coulombe : *totum quisque esse potest,* et finissant ou penultime, en la derrenière coulombe : *in gentibus non ascen.*

237. Item, le second desd. quatre volumes contient : Libros regum, Paralipomenon, Parabolas Salomonis, Ecclesiastes, Cantica canticorum, Sapientia, et Ecclesiastici libros, et commence, etc.

238. Item, le tiers desd. quatre volumes contient Libros Thobie, Judith, Hester, Neemie, Machabeorum, Ezechielis, Danielis, duodecim minorum prophetarum, et Ysaye, et commence, etc.

239. Item, le quart desd. quatre volumes contient les quatre Euvangelistes, les Eppitres *super actus apostolorum,* Jacobi, Petri, Johannis, Jude, Appocalipsis, et Job, et commence, etc.

240. Item, une autre Bible complette, avec les interprétations des noms hébreux ou commancement, postillée et glosée en la marge, commançant ou second feullet du texte, en la première coulombe, etc.

241. Item, une autre Bible métrifiée, commançant, etc.

242. Item, ung autre volume contenant la Bible métrifiée, commançant, etc.

243. Item, ung autre volume de la Bible glosé, contenant les Actes des Appostres, les Canoniques et l'Apocalipse saint Jehan, tout glosé.

244. Item, ung autre petit volume de livre, contenant plusieurs hystoires de la Bible, et a ung kalendier ou commancement.

245. Item, ung autre petit livre d'interprétation des difficiles dictions de la Bible.

246. Item, la première partie saint Augustin sur le psaultier, glosé jusques à *miserere*.

247. Item, l'autre partie dud. monsgr saint Augustin sur le psaultier, depuis le LIme pseaulme jusques au LXXIme pseaulme.

248. Item, ung autre livre nommé : *Liber confessionum beati Augustini*.

249. Item, ung livre qui est appellé : *Summa confessorum*, très bel. [En marge : « Maistre Denis Leharpeur l'a devers luy. » Cette note a été biffée.]

250. Item, ung livre nommé : *De vitis beatorum patrum*.

251. Item, ung livre intitulé : *De nataliciis seu passionibus sanctorum martirum, confessorum atque virginum a kalendis januarii usque ad kalendas februarii*.

252. Item, une Légende dorée des sains.

253. Item, ung autre livre contenant la Vie de plusieurs sains.

254. Item, ung autre livre de petit volume, contenant les Vies de plusieurs sains, dont la première est la Vie monsgr saint Guillaume, VIIme abbé de Chaaliz, et depuis arcevesque de Bourges.

255. Item, ung livre des Omélies saint Grégoire.

256. Item, ung autre beau livre des Omélies saint Grégoire.

257. Item, la première partie des Morales monsgr saint Grégoire sur Job.

258. Item, le Dyalogue saint Grégoire.

259. Item, *Bernardus in canticis canticorum*. [En marge : rayé depuis. « Led. maistre Denis l'a devers luy comme il a confessé. »]

260. Item, ung autre livre bien escript, nommé Vegèce, *de re militari*.

261. Item, ung autre livre, nommé *Somma de virtutibus*.

262. Item, ung autre petit livre contenant un traictié intitulé : *Martini episcopi de quatuor virtutibus*, et contient aussi le traictié de maistre Hugues *de Claustro*.

263. Item, ung livre nommé *Ysidorus de summo bono*.

264. Item, ung autre livre *de muliere chananea*, commançant ou second feullet : *adimpletur in novo*, et finissant ou penultime : *tunc sanctus presul*; et y sont plusieurs sermons intitulez : *Sermo dompni Odonis monachi cantuarie in honore sancte crucis*.

265. Item, ung livre qui contient l'exposition de l'Ave Maria, avecques autres louenges de la Vierge Marie.

266. Item, ung livre en parchemin, contenant la Vie saincte Barbe et son service.

267. Item, ung autre joly livre bien escript, qui fut à la royne Blanche, commançant ou premier feullet : *precepit dominus discipulis*, et ou second : *facilius*, et finissant ou pénultime : *ut aliquid movi*.

268. Item, ung autre petit livre des Louenges de Nostre Dame, intitulé : *Incipit de beata Virgine Maria libellus totus ex dictis auctenticis contextus Jeronimus, in sermone de Assumptione beate Marie*.

269. Item, ung autre petit livre contenant la Vie saincte Elisabeth, et y a ou commancement en note : *gaudeat*.

270. Item, ung autre petit livre sans note, qui touttefois a esté fait pour noter, sans commancement et sans fin.

271. Item, ung Doctrinal glosé.

272. Item, ung livre de compot, en lettre de forme, bien escript, en façon d'un bréviaire, ou commancement duquel a ung kalendier, et après plusieurs diverses tables, après *Us saint Bernard*, après plusieurs offices notés, et ou milieu ung kalendier de sauvaige façon.

273. Item, ung autre très beau livre en françois, très bien et richement hystorié, que on appelle la *Somme le Roy*.

274. Item, ung volume en parchemin, en françois, contenant les dix commandemens de la loy, les douze articles de la foy, et autres choses.

275. Item, ung autre volume en papier, aussi en françois, que on appelle l'*Orologe de Sapience*.

276. Item, ung autre beau livre, en françois, en manière de bréviaire, que on appelle le *Purgatoire saint Patrice*.

277. Item, ung autre volume, aussi en parchemin, que on appelle la *Somme le Roy*.

278. Item, ung autre volume, aussi en parchemin, de celle mesme matière.

279. Item, ung autre volume, en françois, et en parchemin, métrifié, contenant les *Miracles Nostre Dame*.

280. Item, ung cayer en parchemin, aussi métrifié, en françois; et à la fin est le *Livre de Mellibée*.

281. Item, ung autre volume en parchemin, contenant la *Légende Radegundis* en latin, et plusieurs autres choses tout en françois, escript de belle lettre de forme.

282. Item, ung autre volume, aussi en françois et en parchemin.

283. Item, ung autre volume, en papier, contenant l'*Eschelle de Contemplacion*.

284. Item, ung autre volume, en manière de bréviaire, en parchemin et en françois.

285. Item, ung autre maindre volume, aussi en françois et en parchemin.

286. Item, ung autre petit volume, aussi en parchemin et en françois.

287. Item, ung autre petit volume, en forme de journal, aussi en parchemin et en françois.

288. Item, ung autre joly petit volume, en latin, où il y a plusieurs hystoires et la Passion *egressus Jhesus*, en françois, les *Meditacions saint Bernard* et la *Saincte Abbaye*, tout en françois.

289. Item, ung autre petit volume, en parchemin et latin, contenant la *Passion saincte Katherine*.

s'ensuyvent cy après les ustensilles dud. hostel.
LINGE.

290. Premièrement, sept nappes de lin ouvrées, qui sont bonnes et longues, excepté l'une desd. nappes qui est bien courte.

291. Item, cincq autres nappes de lin ouvrées, fort usées et trouées.

292. Item, une pièce de nappes de lin ouvrée, qui contient neuf aulnes ou environ, toute neufve, qui ne servit oncques.

293. Item, dix autres nappes de chanvre, bien grosses, pour servir à tous les jours, quasi toutes neufves.

294. Item, onze touailles de lin, bien deliéez et bien ouvrées.

295. Item, sept touailles de chanvre, assez grosses, pour servir à tous les jours, quasi toutes neufves.

296. Item, cincq serviètes de lin, ouvrées, quasi toutes neufves.

297. Item, cincq drap de lin, chacun de trois lez, de quoy en l'un desd. draps a ung lé qui est tout troué.

298. Item, deux autres draps de lin, de deux lez et demy.

299. Item, onze paires de draps de chanvre, de deux lez, pour servir à tous les jours.

300. Item, cincq paires de draps de chanvre, chacun de lé et demy, servant ordinairement; desquelz il y en a de bien usés.

301. Item, quatre couvrechiefz de lin, quasi tout neufz.

302. Item, six petiz oreilliers entayés.

303. Item, deux autres grans oreilliers, qui ne sont point entayés.

304. Item, trois grans litz de trois lez; de quoy les deux sont entayés de tayes neufves, et l'autre d'une vieille taye.

305. Item, onze autres litz, chacun de deux letz, telz quelz.

306. Item, deux autres litz estans en l'ostel de Maubuisson, à Paris, dont l'un est grant, et l'autre est une couchète.

307. Item, une couverture de drap vermeil, de troiz lez, ou environ.

308. Item, une autre couverture de drap bleu, de troiz lez.

309. Item, une autre couverture de sarge vermeille, fort usée, où est figurée la Chastellenne du Vergier.

310. Item, une autre couverture bleue, de deux lez ou environ, fort usée, estant en leurdit hostel, à Paris.

311. Item, sept autres couvertures de tiretenne blanche, quasi toutes neufves.

312. Item, une autre couverture de drap gris, de deux lez et demy.

313. Item, une coistepoincte de quatre lez, de toille blanche ouvrée, à demyes losenges.

314. Item, trois autres coistepointes, l'une de quatre lez et les deux autres de deux lez, ouvrées à commun ouvraige.

315. Item, six tappiz pour mectre sur les bans, tous neufs, et douze carreaux, les ungs figurez à divers personnaiges et les autres à arbres et à fleurs.

316. Item, ung ciel blanc de chanvre, sans custodes, servant en la chambre de Berneval.

317. Item, ung autre ciel de soye blanche, avec trois custodes, aussi de soye, servant en la chambre de l'abbesse.

318. Item, outour la couchète de lad. chambre a deux custodes blanches de chanvre.

319. Item, ung autre ciel bleu, de toille tainte et deux custodes.

320. Item, ung autre ciel vermeil, sans custodes, estant à Paris en leurdit hostel.

321. Item, deux douzaines d'escuelles d'estain, treze platz, deux grans quartes d'estain, trois pintes et deux choppines de potain.

322. Item, huit grans chandeliers et six autres moiens, tout de cuivre.

323. Item, huit bacins, les quatre servans pour laver mains et les autres quatre pour barbeier, avec deux chauffètes de cuyvre.

324. Item, quatre chaudières, l'une grande tenant six seaux de eaue ou environ, l'autre de deux, l'autre d'un et demy, et l'autre d'un seau seullement.

325. Item, une grande poille d'arain, de quatre ou cincq seaux de eaue ou environ.

326. Item, trois autres poilles d'arain, à quehues de fer, dont l'une tient ung seau de eaue ou environ, et les deux autres sont moiennes.

327. Item, deux poilles de fer pour faire frictures, l'une grande et l'autre petite.

328. Item, deux leschefrites de fer, l'une grande et l'autre petite.

329. Item, deux grans broches de fer pour faire roust.

330. Item, fut trouvé en la cuisine du couvent une grant marmite d'arain, ung pot de cuivre, une poille de fer à quehue, et une autre poille d'arain, aussi a quehue, ung chaudron tenant ung seau de eaue et demy ou environ, ung grant bacin, et une chauffète à deux biberons, une broche de fer et une leschefrite.

BESTAIL.

Item, led. septiesme jour dud. mois de may mil quatre cens soixante trois, ouquel jour fut fait et parfait ce présent inventaire, furent trouvez oudit lieu de Maubuisson, les choses qui s'ensuyvent :

331. Premièrement, dix-neuf vaches.

332. Item, vingt autres bestes, tant beufz que bouveaux, genisses que veaux.

333. Item, trente-trois grans pourceaulx, tant truyes que vers.

334. Item, six autres petiz cochons.

335. Item, onze vings grans bestes blanches, tant moutons que brebiz et aigneaux de l'année passée.

336. Item, soixante-sèze aigneaulx de ceste présente année.

337. Item, six chevaulx faisans le labour.

338. Item, vingt quehues de vin vermeil et ung muy de vin claret, tout vin nouveau de ceste présente année.

CY APRÈS s'ensuyt le nombre et en brieufve substance le contenu des privilèges des sains pères de Rome et autres lettres et chartes principales appartenant a l'église de Nostre-Dame-la-Royal lez Pontoise, autrement dicte de Maubuisson.

339. Et premièrement, il y a xv bulles ou lettres en parchemin, saines et entières, scellées en plonc pendant à cordeau de soye jaune et vermeille, données par nostre saint père Pape Innocent, le quart de ce nom.

340. La première qui est la plus grande des autres contient commant le pape veult que tout ce que ou temps passé a esté donné aux Religieuses dudit lieu, elles en joyssent plainement, etc.

[Ce titre comprend 44 bulles, plus 6 pièces qui s'y rapportent.
On n'a pas cru devoir transcrire les pages de l'Inventaire de 1463, contenant l'indication des principaux Titres du Monastère, parce que ces documents, dont les originaux existent, pour la plus grande partie, dans les Archives départementales de Seine-et-Oise, doivent être imprimés *in extenso* dans le « *Cartulaire de Maubuisson* », actuellement en cours de publication. On s'est donc borné à donner ci-après les têtes de chapitre de la description sommaire rédigée par l'abbé de Chaalis.]

Autres déclaracion des lettres et chartes des roys et roynes de France, empereurs et autres princes et seigneurs et plusieurs autres personnes.

341. Premièrement, en y a trois sellées de cire vert, pendant en soye de diverses couleurs, de la royne Blanche, mère de monseigneur Saint Loys, la première contenant la donnacion du fons de l'église et de tous les ediffices contenuz en la cloison de Maubuisson, etc.

[Suit l'analyse des 2 autres lettres ou chartes, de 22 chartes de Saint Louis, de plusieurs données par les rois Charles, Philippe, etc. de France, Henri, roi d'Angleterre, par la comtesse de Mâcon, par Marguerite de Beaumont, comtesse d'Antioche, etc. = Titres passés devant la chancellerie de Pontoise, etc.]

s'ensuyvent les lettres du trésor de paris.

342. Premièrement, y est une lettre séellée en cire vert, pendant à laz de soye vermeille et verte, faisant mention de deux cens livres tous les ans que la blanche Abbesse acheta de Guido de Cromères, chevalier, pour deux mil livres qu'elle en donna, et commande le roy Phelipe à ses trésoriers de Paris que sans difficulté ilz la paient.

[Suit l'analyse de 22 titres concernant les sommes dues à Maubuisson sur le trésor du Roi à Paris.]

des chapelles.

343. Premièrement, une lettre séellée en cire vert, pendant à laz de soye verte et vermeille, par laquelle Phelippe, roy de France, apreuve la fondacion d'une chappelle que fist Marguerite, royne de France, à l'église de Maubuisson, pour xx liv. estre prises sur la prévosté de Pontoise.

[Suit l'analyse de 15 titres concernant la fondation et la dotation des chapelles dans le monastère de Maubuisson.]

Et Nous, frère Pierre, abbé de Chaaliz, dessusdict, comme commissaire depputé de par nostredict très révérend père en Dieu Monseigneur de Cisteaux, père abbé visiteur et réformateur, sans moyen, de lad. église de Maubuisson, avons, les jours, mois et an dessusdiz, veues et manuelement tenues les choses cy dessus déclairées et baillé par inventaire à lad. abbesse, luy en deffendant quelque aliénacion, vendicion ou transport; et avons tripliqué cedit présent inventaire, et d'iceluy nostredit seigneur de Cisteaux en a ung double, lad. abbesse ung autre, et le couvent dud. monastère de Maubuisson ung autre. Fait ès presences et assistences de lad. abbesse, de dame Guillemete Danye, prieuse et secrestaire dud. lieu, de damp Vincent de Chalon, religieux de Cisteaux, bachelier en théologie et célerier du colliège de saint Bernard à Paris, de damp Robert de Thorigny, célerier de Chaaliz, de Jehan Martin, nostre serviteur, et de plusieurs autres; tesmoing nostre seing manuel cy mis, ledit septiesmé jour de may dud. an mil IIIIe soixante-trois.

[Signé avec paraphe :] P. ABBAS CHAROLI.

ADDITIONS

A L'INVENTAIRE DE 1463

TIRÉES DE

L'INVENTAIRE DE 1529

JOYAULX ET RELIQUES.

[Après le petit tuyau d'argent doré pour faire boire les malades, viennent les articles suivants:]

344. Item, une amatiste à grant couvercle d'argent doré, à cristal rond dessus et ung petit crucefix dessous, pour porter le *Corpus Domini*, à pied d'argent armoié des armes de La Roche.

345. Item, ung grant calice d'argent doré, ayant le pied et couppe à soleilz et fleurs de liz, et autour de la pomme les douze Apostres en esmail, armoié des armes de madame d'Étouteville.

346. Item, ung autre calice plus petit, en la platine duquel a ung Dieu tenant le Jugement et ung saint Michel, et entour de la pomme les douze Apostres en esmail, et au pied ung Crucifiement.

347. Item, deux buyrettes d'argent dorées, de plus de demy pied de hault, esmaillées de bleu.

348. Item, deux petites buyrettes d'argent doré, à solleil eslevé de mesmes, le grant calice d'argent doré.

349. Item, une grant buyrette d'argent doré, à façon d'esguiaire.

350. Item, une autre buyrette d'argent doré, couverte, armoyée et escripte des armes et nom de Maubuisson.

351. Item, une paix fermant en bouëtte, le tout d'argent, où a une Nostre Dame de Pitié esmaillée.

352. Item, deux couppes d'argent blanc, pour la communion des religieuses.

353. Item, une nef de corail, enchassée en argent, à deux petites bestes aux costés.

354. Item, une petite croix d'ivire (ivoire), enchassée, en argent doré, où sont d'un costé les quatre Evangelistes.

355. Item, ung plat d'argent doré, semé de fleurs dedens et de marmousetz, où est Sanson, esmaillé dedens.

356. Item, ung gobelet d'argent, couvert de mesme, ouvré en sorte de châsse.

357. Item, ung sainct Estienne d'argent doré, ouquel a ung chapiteau d'argent et une médale d'or où est sculpté la face Nostre Seigneur, à grand pied d'argent doré, armoyé des armes de feue madame d'Étouteville.

358. Item, une coquille d'escrinne de perles, couverte d'argent.

359. Item, une grand couronne à cinq fleurs de liz eslevées, dont les quatre ont sur le hault chacune une perle.

360. Item, une autre petite couronne dorée, à sept fleurs de liz, ayans sept boutons d'argent blanc dessus.

361. Item, une autre couronne petite, à grosses pierres.

362. Item, une crosse d'argent blanc, semée de chardons, ayant le crosson en manière d'un *Agnus Dei*.

ARGENT MONNOYÉ ET VAISSELLE D'ARGENT AVEC LES BAGUES.

363. Premièrement. Escus soleil............ trois.
Ducatz............... ung.
Salutz............... ung.
Argent monnoyé...... treize solz tourn.

VAISSELLE D'ARGENT.

364. Couppe.................................. une.
365. Esguières............................... deux.
366. Une boyette à mectre dragée, avec une cuillier à manger dragée........................
367. Tasses.................................. deux.
368. Sallières............................... deux.
369. Gobbeletz.............................. cinq.
370. Cuylliers.............................. dix-huit.
371. Item, ung demy seinct d'argent.
372. Item, sept aigneaulx d'or.
373. Item, six petites bagues d'or, avec vne pièce de licorne.
374. Item, une petite boyette d'argent.
375. Item, une belle branche de corail rouge.
376. Item, une paire de patenostre de agattes.
377. Item, deux autres patenostres de cornelines.
378. Item, ung gros dizain de calcidoyne.
379. Item, une cinquanteyne de calcidoynes.
380. Item, une petite croix d'or, garnye de rubis et diament, à laquelle pendent trois perles de la valleur de cent cinquante escus ou envyron.

....

LINGE ET AUTRES UTENSILLES DE L'HOSTEL DE MAUBUISSON.

381. Premièrement, en nappes de lin, tant grandes que menues, a esté trouvé trois douzaines.
382. Item, en serviettes de lin, treize douzaines et une.
383. Draptz à litz, grans et deliez, cinq paires.
384. Draptz à litz communs, trente-neuf paires.

385. Grosses nappes, vingt-six.
386. Grosses serviettes, envyron huit douzaines.
387. Longières ouvrées, deux douzaines et demy.
388. Litz et couches, trente-ung.
389. Oreilliers, cinq.
390. Grosses longières en buffetz, une douzaine.
391. Item, quatre grosses petites nappes pour la petite table de la sale de Madame.

BESTAIL BLANC ET AULTRE.

392. Premièrement, en brebis, moutons et aigneaulx, deux cens soixante.
393. Item, tant en vaiches que veaulx a esté trouvé au monastère, vingt-deux vaiches, quatre veaulx et ung thoureau.
394. Item, en bouvillons et génisses estans aux isles, quatorze pièces et deux vaiches, et un thoreau pour tuer.
395. Item, en pourceaulx, soixante-quinze, dont il y en a quatorze en gresse, quarante-ung de grans et vingt petiz cochons.
396. Item, en chevaulx de charroys, neuf en comprenant celluy du procureur.
397. Item, trois chièvres et ung bocq.
398. Item, tant en oyes que oysons, quatre douzaines.
399. Item, en canars, trois douzaines et demye.
400. Item, en poulles et poussins, envyron huit douzaines.

INVENTAIRE DE 1768

Inventaire des effets de la sacristie, fait en l'an mil sept cent soixante huit, par l'ordre de madame Gabriel Venture de Pontevèse, vingt-huitième abbesse de nostre monastère de Notre-Dame la Royale, ditte de Maubuisson lès Pontoise.

RELIQUES ET RELIQUAIRES.

401. Une croix d'or enrichie de perles, qui renferme trois morceaux de la vraie croix, sur un pied de vermeil.

402. Une petite croix de vermeil, où il y a un morceau de vraye croix; on la porte aux malades quand on leur donne l'Extrême-Onction.

403. Un petit reliquaire de cristal, orné de vermeil, qui renferme quelques esquilles de vraye croix.

404. Un grand croix de vermeil sur un pied quarré, garnie de reliques.

405. Un petit ange de vermeil, qui tient un vase de cristal, dans lequel est une épine de la couronne de Nostre Seigneur Jesus-Christ.

406. Un grand reliquaire fait en châsse, soutenu de deux anges, sur un pied, le tout de vermeil, renfermant du sang miraculeux; la petite maison où il est placé est toute d'or, et les deux portes enrichies de perles et de pierres précieuses.

407. Un reliquaire de vermeil, garni de perles et de pierres précieuses, contenant une côte de Saint-Louis; sa figure est au dessus.

408. Deux saintes Vierges de vermeil, dans lesquelles il y a des reliques.

409. Un reliquaire de vermeil fait en façon d'église, soutenus

par deux saints, contenant des reliques de saint Prix et d'autres saints.

410. Un petit livre enrichi de perles et pierres précieuses, soutenus par saint Paul et sainte Catherine, où il y a de leurs reliques; le tout de vermeil, sur un pied de cuivre doré.

411. Un reliquaire en façon de clocher, de vermeil, garni de perles et pierres précieuses, soutenus par saint Cosme et saint Damien, en argent, contenant de leurs reliques et d'autres saints.

412. Une médaille de notre Seigneur et de saint Paul, au dessous de laquelle est la figure de saint Étienne, sur un pied où il y a de ses reliques; le tout de vermeil.

413. La figure de saint Christophle sur un pied de vermeil, où il y a de ses reliques.

414. Deux espèces de cassette d'argent, l'une ornée en vermeil; dans chacune desquelles il y a un chef des compagnes de sainte Ursule.

415. Une figure de saint Nicolas, dont la mittre est enrichie de perles et pierres précieuses, portant sa relique.

416. Un bras d'argent, où il y a un doigt de Saint Louis.

417. L'Annonciation en vermeil, sur le pied de laquelle il y a une relique de saint Sébastien.

418. Un reliquaire de cristal, dans lequel une petite boëte renferme quelques chaînons de la discipline de Saint Louis.

419. Un reliquaire de cristal, sur un pied de vermeil, où il y a une petite fiole qui contient des reliques.

420. Une petite châsse de cristal, à quatre pieds de vermeil, où il y a des reliques de saint Nicolas, Denis, Magdeleine et Marguerite; où est aussi pendu une petite fiolle et une médaille d'une pierre rare.

421. Deux reliquaires en forme de livre, pleins de reliques; les noms des saints y sont gravés.

422. Un petit reliquaire de cristal, fait en clocher, sur un pied d'argent, où sont des reliques de saint André.

423. Deux petits reliquaires de cristal, garnis de vermeil; dans

l'un il y a des reliques de saint Ambroise et dans l'autre de saint Charles.

424. Deux châsses couvertes de velours rouge; dans l'une une relique de saint Boniface et dans l'autre des saints Nerée et Achillée.

425. Une petite relique de sainte Thérèse, dans un philagrame d'argent.

426. Une châsse de bois doré, pleine de reliques, exposée toute l'année dans le petit chœur.

427. Deux châsses de bois doré, au haut du grand autel; celle du côté de l'Evangile est pleine de reliques des compagnes de sainte Ursule, et celle du côté de l'Epitre contient un bras de saint Prix et un bras de saint Agapit.

428. Deux châsses de bois doré, au dessus des portes de la sacristie; dans l'une des reliques de saint Hiacinthe et dans l'autre de sainte Claire.

L'ARGENTERIE.

429. Un soleil de vermeil, orné de trente-huit perles fines et d'une pierre violette fine.

430. Un grand ciboire de vermeil, qui est toujours dans le tabernacle.

431. Un petit ciboire d'argent, pour porter le bon Dieu aux malades.

432. Un moyen calice de vermeil.

433. Un grand calice d'argent et un moyen.

434. Une plaque de vermeil pour la communion.

435. Deux boëtes d'argent pour les hosties.

436. Une croix de vermeil.

437. Une grande croix d'argent, quatre grands chandeliers, deux moyens et deux plus petits.

438. Un bénitier d'argent, une coquille et une petite cuillière.

439. Deux encensoirs d'argent, la navette de vermeil, et une petite cuillière d'argent.

440. Une lampe d'argent ciselée.

441. Un grand bassin et une éguière d'argent.
442. Un petit bassin et une petite éguière d'argent.
443. Un flacon d'argent pour mettre le vin.
444. Trois paires de burettes d'argent.
445. Une paix d'argent garnie de pierres fausses.
446. Une clef de tabernacle d'argent.
447. Une crosse de vermeil, ornée de cristeaux et d'agathes.
448. Une crosse d'argent, dont le haut est de cristal de roche.
449. Deux vases d'argent pour les saintes huiles.
450. Une couronne de vermeil de la reine Blanche, ornée de quelques pierreries.
451. Une petite courrone de vermeil des enfans de Saint Louis.
452. Une Sainte Vierge de bois prétieux, sur un pied de vermeil porté par quatre anges.
453. Deux moyens tableaux, surmontés de deux plus petits, garnis de philagrames d'argent, avec quatre bras d'argent façonnés.
454. Une plaque d'argent en forme de chapelle, sur laquelle il y a un Christ de vermeil, la Sainte Vierge et saint Jean l'Evangéliste, ornée de quelques pierreries.
455. Un Christ d'argent, sur une croix d'ébeine.
456. Deux petits chandeliers de vermeil, ornés d'agathes.
457. Deux petits bras d'argent.
458. Deux très petits chandeliers d'argent.
459. Quatre petits pots d'argent, dont il y en a deux garnis de turquoises.
460. Deux flambeaux de vermeil.
461. Le cocmart de Madame Blanche, seconde abbesse de céans, fait de l'écorce d'un fruit, garnis de vermeil, et sa coupe d'un bois rare garnie de même.
462. Deux flambeaux de tombac (1), deux argentés avec les mouchettes, et un petit bougeoir.
463. Quatre grands bras de cuivre dorés, deux moyens et deux petits de cuivre.

---

(1) Alliage de cuivre et de zinc (Littré).

LES PAREMENS.

464. Deux paremens de jay, brodés en chenille.
465. Un de drap d'or garnis de point d'Espagne.
466. Un de tissu d'or, avec des personnages.
467. Un de satin cramoisy, à fleur d'or.
468. Un de velour noir, les orfrois de moire d'argent.
469. Un de damas vert.
470. Un de damas rouge.
471. Un de damas blanc, à fleur de diférentes couleurs.
472. Un de damas violet, avec des bandes à fleurs.
473. Un de damas blanc, avec des bandes à fleurs.
474. Un vieux de velour noir, les croix de moire blanche.

GRANDS ORNEMENS.

475. Un de moire d'argent, brodé en chenille.
476. Un de drap d'or, garni de point d'Espagne.
477. Un de drap d'argent, les orfrois de drap d'or.
478. Un autre de drap d'argent, à grands galonds d'or.
479. Un de damas cramoisy, à fleur d'or.
480. Un de velour rouge ciselé, à fond d'or.
481. Un de velour noir, les orfrois de moire d'argent.
482. Un de damas violet, avec des orfrois de couleur à fleurs.
483. Un de damas blanc des Indes, avec des orfrois verd et or.

LES CHASUBLES DES BASSES MESSES DES GRANDES FÊTES.

484. Une de moire d'argent, un orfrois de drap d'argent à fleurs.
485. Une de drap d'argent, un orfrois de clinquant à fleur.
486. Une de satin blanc de Turquie à fleur et or.
487. Une de damas blanc, un orfrois de couleur et or.
488. Une de moire, couleur de cerise et argent.
489. Une de gros de Tours, couleur de cerise, brodée en argent.
490. Une de damas verd, à fleur et or.
491. Une de gros de Tours verd, brodée en or et argent.

492. Une de velour ciselé violet.
493. Une de velour noir.
494. Une de poulx de soie noir, orfrois de satin blanc.

LES PETITS ORNEMENS.

495. Un de damas blanc.
496. Un de damas cramoisy.
497. Un de moire verte.
498. Un de damas noir et blanc.

LES SIMPLES CHASUBLES.

499. Deux blanches.
500. Deux rouges.
501. Trois vertes.
502. Deux violettes.
503. Deux noires.
504. A chaque ornement il y a un epistolier, une écharpe de sous-diacre, un petit dais, et une écharpe pour la grille de communion.
505. Un tour de dais pour le Saint Sacrement, de moire d'argent à fleur rouge.
506. Un tour de chaire de prédicateur, de damas sur fil, fond rouge.
507. Un autre violet et blanc, fil et laine.
508. Un drap mortuaire de satin blanc, la croix de ras de saint Maur noir.
509. Un autre de serge blanche et noir.

CHAPES.

510. Une blanche brodée en chenille.
511. Une de drap d'argent à fleurs.
512. Une de satin des Indes cramoisy, à fleurs d'or.
513. Deux chapes de damas rouge.
514. Une de tabis violet.
515. Une de satin blanc à fleurs.
516. Une de velour noir et une de damas noir.

LE LINGE.

517. Trois douzaines d'aubes à dentelles.
518. Trois douzaines d'aubes unies.
519. Six surplis de batiste, dont il y en a un à dentelle.
520. Dix surplis unis pour le sacristin, et cinq à dentelle.
521. Cinq surplis unis pour des enfans, et deux à dentelle.
522. Quarante douzaines d'amicts.
523. Douze tabliers d'autel.
524. Deux douzaines de corporeaux.
525. Deux douzaines de palles.
526. Onze napes à dentelles pour la table des burettes, deux damassées et une ouvrée.
527. Neuf napes à dentelles, pour la grille de communion.
528. Quarante douzaines de purificatoires.
529. Douze douzaines de lavabo.
530. Une douzaine de napes de dessus du maître-autel.
531. Quatre en second.
532. Trois de dessous.
533. Six napes de dessus de l'autel de saint Michel.
534. Quatre en second.
535. Trois de dessous.
536. Une douzaine de napes pour les deux crédences.
537. Cinq tapis de futaine, pour le maître-autel.
538. Quatre, pour l'autel de saint Michel.
539. Dix tapis pour les deux crédences.
540. Deux tapis pour l'escabot du bénitier.
541. Quatre pour les enterremens.
542. Deux toiles de coton pour les bancs.
543. Quatorze tours de paremens complets.
544. Tours de chasubles, de tuniques et d'étolles, le double des ornemens.
545. Deux grands draps damassés pour le vendredy saint et une grande nape pour le maître-autel.

546. Deux grandes napes et une petite pour le lavement des pieds, et huit petits tabliers.

547. Une douzaine et demie de coëfes de calice, et autant pour les patènes.

548. Une douzaine de belles ceintures et deux douzaines de communes.

549. Huit napes de communion pour le dehors, et une pour les noviceries.

550. Six serviettes fines pour les noviceries.

551. Trois douzaines de mouchoirs pour les prédicateurs et les prêtres.

552. Dix envelopes pour passer les ornemens.

553. Quatre douzaines d'essuis-mains pour la sacristie du dehors.

EFFETS D'OR ET DE VERMEIL LÉGUÉS A CETTE ABBAYE PAR FEU MESSIRE CHARLES-JOACHIM COLBERT DE CROISSY, ÉVÊQUE DE MONTPELLIER, ET REÇUS EN BON ÉTAT SANS AUCUN FRAIS, LE VINGT-SEPTIÈME JUIN MIL SEPT CENT TRENTE-HUIT.

554. 9 marcs, 4 onces, 6 gros. = Un grand et magnifique calice avec sa patène, l'un et l'autre d'or massif, et dont la façon surpasse la matière, de l'ouvrage de M. Germain, orfèvre du Roy, échevin de la ville de Paris.

555. 5 m. 1 onc. = Un autre beau calice de vermeil et sa patène.

556. 6 m. 5 onc. = Deux burettes avec une cuvette.

557. {Une boëte pour les hosties.
558. 4 marcs {Un flacon pour le vin.
559. {Une clochette.

560. 23 m. 2 onc. 1 gr. = Un buyre avec un grand bassin.

561. 30 marcs = Une grande croix.

562. 15 m. 6 onc. = Six grands chandeliers.

563. 18 marcs. = Une belle crosse.

TABLE ALPHABÉTIQUE

Nota. — Les noms propres sont imprimés en petites capitales ; les noms de lieux, les titres de livres ou les devises en italiques. — Les chiffres renvoyent aux n°ˢ des articles de l'inventaire, à moins qu'ils soient précédés d'un p. (page) (1).

A

Abbesse (Image d') tenant sa crosse, n° 17.
Agathes, n° 456.
Agneaux d'or, n° 372.
Agnus Dei (Drap de soie figuré d'), n° 95.
— émaillé sur une croix, n° 4.
— sur un calice, n°ˢ 42, 43.
— sur une crosse, n° 362.
Aigles d'or sur étoffes, n°ˢ 161, 162.
Aiguières d'argent, n°ˢ 365, 441, 442.
— d'argent doré, à doubles biberons, n° 73.
Aiguille (Ouvrage fait à l'), n°ˢ 178, 179, 182.
Alphonse, comte de Poitiers ; sa tombe, p. 2.
Améthyste, n° 344.
Amicts, n°ˢ 195, 522.
Ancienne façon (Joyaux dits d'), n°ˢ 40, 43, 54.
— (Parements et ornements dits d'), n°ˢ 90, 95, 97, 98, 99, 102, 106, 107, 108, 113, 118, 150, 151.
Ancienne lettre (Livre d'), n° 211.
Ancolie bleue, n° 69.

Angelz (Draps d'or pers à), n° 122.
Anges agenouillés sur le pied d'un joyau, n° 18.
— d'argent doré tenant une châsse, n°ˢ 1, 11.
— de vermeil tenant un vase de cristal, n° 405.
— en broderie, n°ˢ 81, 142.
— et archanges sur un calice, n° 39.
— tenant des chandeliers et des encensoirs, n° 14.
Annonciation, n°ˢ 33, 34, 39, 61, 186, 224.
— de plate peinture, n°ˢ 59, 60.
— en broderie, n°ˢ 77, 79.
— en vermeil, n° 417.
— (L'), joyau de trois figures, n° 17.
Antiphoniers de Maubuisson, p. 12, n°ˢ 204, 205, 206.
Apôtres (Les douze), émail, n°ˢ 345, 346.
Archiers demi hommes et demi bestes (Drap figuré d'), n° 98.
Archives de Seine-et-Oise, p. 1, 3, 13, n° 340.
Argent monnayé : écus, ducats, saluts, n° 363.
Armes d'Angleterre, n° 87.

---

(1) Cette table a été rédigée par M. J. Guiffrey.

TABLE ALPHABÉTIQUE

Armes d'Avaugour, n°ˢ 15, 55, 56, 58.
— de Castille, p. 7, n° 20.
— de Mme de Dinteville, p. 8, 11.
— de Mme d'Estouteville, p. 5, n°ˢ 41, 345, 357.
— d'Évreux, p. 4, n°ˢ 8, 14.
— de France, p. 4, 7, n°ˢ 8, 13, 14, 20, 87.
— de Hambuye, n°ˢ 17, 198, 222.
— de Heuqueville, n°ˢ 218, 219.
— de La Roche, n° 344.
— de l'abbaye de Maubuisson, p. 7, n°ˢ 70, 71, 350.
— de Mme de Montmorency, p. 5, 12, n°ˢ 16, 41, 146, 216.
— de Mme de Paynel d'Hambye, p. 12.
— de Rouy, n° 226.
— d'Ysabeau de Bavière, p. 4, n° 13.
ARNAUD (Angélique), abbesse de Maubuisson, p. 2.
ARTOIS (Le comte et la comtesse d').
— Voy. Robert II, Mahaut.
Ascension (Ornements pour l'), n° 156.
Assomption (L'), n°ˢ 39, 45.
Aubes, n°ˢ 195, 517, 518.
AUFAUVRE (M. Amédée), p. 8, 10.
Autruche (Etoffe figurée de plumes d'), n° 179.

B

Bagues d'or, n° 373.
Bassins et aiguières d'argent, n°ˢ 441, 442.
— pour laver les mains, n° 323.
BEAUMONT (Marguerite de), comtesse d'Antioche, n° 341 note.
Bénitier d'argent, coquille et cuiller, n° 438.
Bernardus in canticis canticorum, n° 259.
Berneval (Chambre de), n° 316.
Besans ou fleurons d'or sur une étoffe, n°ˢ 87, 180.

Bestes (Drap d'or à) et lions bleus, n°ˢ 120, 153, 170.
— (Drap d'or à) et oiseaux d'or taillé, n°ˢ 152, 159.
— (Drap d'or à) et rondeaux, n° 118.
— (Etoffe figurée à) et oiseaux, n°ˢ 104, 107, 110, 173, 175, 182.
Bétail de Maubuisson, n°ˢ 331-338, 392-400.
Bibles de Maubuisson, p. 13, n°ˢ 236-245.
— métrifiées, n°ˢ 241, 242.
Bibliothèque de Maubuisson, p. 11-14.
Biches (Drap d'or à) et griffons, n° 125.
BLANCHE DE CASTILLE, mère de saint Louis, fonde l'abbaye de Maubuisson, p. 1.
— (Chartes de), n° 341.
— (Couronne de), n° 450.
— (Livres de), p. 12, 13, n°ˢ 228, 267.
— (Tombeau en cuivre de), p. 2, 16.
BLANCHE (Le coquemart de Mme), abbesse de Maubuisson, p. 6, 7, n°ˢ 50, 461.
Boite pour dragées, avec cuiller, n° 366.
Boîtes pour les hosties, n°ˢ 435, 557.
Bougeoir, n° 462.
BOURBON-SOISSONS (Charlotte de), abbesse de Maubuisson, p. 2.
Bourges (Archevêque de). — Voy. SAINT GUILLAUME.
Bourrache (Fleur de), n° 68.
Bourses pour mettre corporaux. — Voy. Etuis.
Boyette d'argent, n° 374.
Bras (Reliquaire en forme de), p. 4, n°ˢ 21, 416, 457.
Bras de cuivre doré, n° 463.
Bréviaires de Maubuisson, p. 12, n°ˢ 213-221, 272, 284.
BRIENNE (Jean de); sa tombe, p. 2.

Broches de fer, nos 329, 330.
Broderie (Ouvrages de); nos 79, 80, 81, 82, 83, 90, 151.
Buire et bassin en vermeil, n° 560.
Bulles pontificales, nos 339, 340.
Burettes d'argent, nos 46, 47, 48, 49, 347, 348, 349, 350, 444, 556.

C

Cage de fer au chœur des Dames, dans l'église, n° 126.
Calcédoine, nos 378, 379.
Calice armorié, p. 5, n° 41.
— d'argent émaillé ou doré, nos 39, 41, 42, 43, 345, 346, 432, 433, 555.
— d'or, p. 5, nos 4, 40.
— d'or, fait par Germain, n° 554
Canards, n° 399.
Carreaux. — Voy. Coussins.
Cartulaire de Maubuisson, p. 50.
Cassettes d'argent, n° 414.
Ceintures, n° 548.
Cendal, n° 120.
— blanc, n° 142.
— bleu, nos 168, 184.
— jaune, n° 166.
— pers, n° 165.
— tanné, n° 198.
— vermeil, nos 121, 143, 144, 145, 147, 155, 156, 171, 174, 188.
— vert, nos 146, 162, 163, 183.
— violet, nos 144, 158.
Chaalis (L'abbé de), p. 3, 17, 51. 52. — Voy. Saint Guillaume.
Chaires des prêtres (Coussins pour les), n° 181.
Chandeliers d'argent, nos 437, 458.
— de cuivre, nos 66, 322.
— de vermeil, nos 456, 562.
Chapeau de fleurs violettes, n° 69.
Chappes, nos 147-154, 510-516.
Chardons (Crosse semée de), p. 7, 10, n° 362.
Charles IV dit le Bel, p. 2.

Charles VII (Joyau donné par le roi), n° 19.
Chartes et titres de Maubuisson, nos 339-343.
Châsse couverte de velours rouge, n° 424.
Châsses de bois doré, nos 426, 427, 428.
— de cristal, n° 420.
Chasubles, tuniques et dalmatiques, nos 155-175, 499-504.
Châtelaine du Vergier, figurée sur une couverture, n° 309.
Chaudières, n° 324.
Chauffète à deux biberons, n° 330.
Chenille (Broderie de), nos 464, 475, 510.
Chevaux de labour et de charrois, nos 337, 396.
Chèvres et boucs, n° 397.
Chiens formant pieds, n° 70.
Chipre (Or de), nos 79, 81, 83, 87, 150, 161, 163, 176, 177, 184.
Christ de vermeil ou d'argent, n° 454, 455. — Voy. Jésus-Christ, Notre Seigneur.
Ciboire de vermeil ou d'argent, nos 430, 431.
Ciels et custodes, nos 316-320.
Citeaux (Abbé de), p. 17, 51.
Clef de tabernacle d'argent, n° 446.
Clochette en vermeil, n° 559.
Coiffes de calices, n° 547.
Colbert de Croissy (Legs fait à l'abbaye de Maubuisson par Charles-Joachim), évêque de Montpellier, nos 554-563.
Collectaires de Maubuisson, p. 12, nos 209, 222-226.
Commandements de la loi (Les dix), etc., n° 274.
Compot (Livre de), p. 13, n° 272.
Coquemart de Mme Blanche, p. 6, nos 50, 461.
Coquille d'escrinne de perles, n° 358.

Corail (Branche de), n° 375. — Voy. Nef.
Cornaline (Patenôtres de), n° 377.
Corporaux, n° 524. — Voy. Etuis.
Cotte simple et manteau sangle pareil, n° 176.
Coupe, n° 364.
— à communier les Religieuses, n°ˢ 44, 352.
— à porter *Corpus Domini* aux malades, n° 20.
— en bois d'érable, p. 7.
Couronnes à fleurs de lis, n°ˢ 359, 360.
— à grosses pierres, n° 361.
— de vermeil, n°ˢ 450, 451.
Courtepointes, n°ˢ 313, 314.
Coussins et carreaux, n°ˢ 177-182.
Couvertures de drap de diverses couleurs, n°ˢ 307-312.
Couvrechiefs de lin, n° 301.
Croix (Relique de la sainte), n°ˢ 23, 401, 402, 403.
— d'ivoire, n° 354.
— d'or, de vermeil, ou d'argent doré, n°ˢ 2, 3, 4, 5, 380, 401, 402, 404, 436, 437, 561.
— d'or à cinq émaux de Limoges, p. 4, n° 3.
— sans crucifix en manière d'un estre, n° 19.
CROMÈRES (Guido de), chevalier, n° 342.
Crosse abbatiale du Lys, sa description, p. 9, 10.
— abbatiale de Maubuisson, p. 7, 8, 10, 11.
— d'argent semée de chardons, n° 362.
— de cristal avec un *Agnus Dei*, p. 5, 7, 8, 9, 10, 11, n° 63.
— d'ivoire, p. 5, n° 64.
Crosses d'argent et de vermeil, n°ˢ 447, 448, 563.
Crucifix d'or ou d'argent doré, n°ˢ 2, 4, 5, 9, 18, 20, 31, 39, 41, 42, 45, 51, 344, 346.
Crucifix entre Notre Dame et saint Jean, n°ˢ 31, 34, 38, 42, 43, 53, 82.
Cuillers d'argent, n° 370.
— d'argent marquées d'un K, n° 76.
Custodes, n°ˢ 142-146, 316-320.

D

Dais pour le Saint Sacrement, n° 505.
Dalmatiques. — Voy. Chasubles.
Damas blanc à fleurs, n°ˢ 471, 473, 483, 487, 495.
— cramoisi, n°ˢ 479, 496.
— noir, n° 516.
— noir et blanc, n° 498.
— rouge, n°ˢ 470, 506, 513.
— vert, n° 469
— violet, n°ˢ 472, 482.
DANÈS (Marguerite), abbesse de Maubuisson, p. 3, 17.
DANYE (Guillemete), prieure et secrétaire de Maubuisson, p. 52.
DE CLAUSTRO (Traité de maître Hugues), n° 262.
DELACOUR (Le sʳ), p. 13.
Demi seinct d'argent, n° 371.
De muliere Chananea, n° 264.
De nataliciis seu passionibus sanctorum martirum, etc., n° 251.
De summo bono, n° 263.
Devises, p. 12, n° 216.
De vitiis beatorum patrum, n° 250.
Diamant, n° 380.
Diapré blanc à piés et testes d'or, n° 188
— noir à piés et testes d'or, n°ˢ 121, 154, 174.
DINTEVILLE (Antoinette de), abbesse de Maubuisson, p. 8, 10, 11.
Doctrinal glosé, n° 271.
Drap d'argent, n°ˢ 477, 478, 484, 485, 511.
— d'or, n°ˢ 93, 97, 99, 100, 107,

108, 110, 112, 114, 118, 119, 120, 122-141, 150, 152, 153, 159, 165, 168, 170, 175, 178, 181, 465, 476, 477.
Drap d'or noir, à bêtes et oiseaux d'or de Lucques, n° 172.
— d'or taillé, n°ˢ 103, 111, 152.
— de soie, n° 95.
— pers figuré, n° 185.
Draps damassés pour le Vendredi Saint, n° 545.
— de lin et de chanvre, n°ˢ 297-300, 383, 384.
— mortuaires, n°ˢ 508, 509.

E

Ebène (Croix d'), n° 455.
Echelle (L') de contemplation, p. 13, n° 283.
Ecuelles et plats d'étain, n° 321.
Email translucide, p. 7.
Emaux, p. 4, 5, 12, n°ˢ 4, 8, 10, 22, 26, 39, 41, 42, 44, 45, 48, 50, 51, 55, 61, 62, 70, 72, 199, 200, 217, 222, 223, 224, 225, 226, 345, 346, 347, 351, 355.
— de Limoges, n° 3.
— sur or, p. 4, n° 8.
Emeraudes, n° 17.
Encens (Nefs à mettre), n°ˢ 56, 57.
Encensoirs d'argent, n°ˢ 54, 55, 439.
Enveloppes pour les ornements, n° 552.
Epines de la Sainte Couronne, reliques, n°ˢ 11, 405.
Epistolier pour l'autel, n°ˢ 85, 89, 118, 119, 504.
Erable (Coupe en bois d'), p. 7.
Escourgées du roi Saint Louis, p. 4, n° 25.
Espagne (Point d'), n°ˢ 465, 476.
Essuie-mains, n° 552.
Estouteville (Catherine d') abbesse de Maubuisson, p. 2, 5.

Estrées (Angélique d'), abbesse de Maubuisson, p. 2.
— (Gabrielle d'); sa tombe, p. 2.
Etoiles (Drap semé d') et de roses vermeilles, n°ˢ 114, 156, 160.
Etuis ou bourses pour mettre corporaux, n° 183-187.
Eu (Blanche d'), abbesse de Maubuisson, p. 2 ; ses dons à l'abbaye, p. 4, 7.
Evangelistes (Les quatre), n° 354.
— (Coussin orné des quatre), n° 177.
Evangile couvert de plaques d'argent, p. 5, n° 38.
Evangiles de Maubuisson, p. 13.
Evêques (Images d') n°ˢ 15, 16.
— (Drap de soie à images d'), d'or de Luques, n° 106.
Evreux (Jehanne d'), femme de Charles IV, p. 2. — Voy. Armes.
Exposition de l'Ave Maria et louanges de la Vierge, n° 265.

F

Faucons (Drap d'or figuré à), n°ˢ 93, 111, 135, 136.
Fayolle, créateur du musée de Versailles, p. 5, 11.
Fermails ou fermaillets, n°ˢ 17, 58, 59, 60, 61, 62, 150.
Fermoirs de livres, p. 11, 12, n°ˢ 199, 200, 213, 216, 217, 218, 219, 220, 222, 223, 224, 225, 226, 232.
Feuilles de chesne d'or taillé (Drap d'or à), n° 119.
Feuilles d'or, n° 186.
Fichot (M. Charles), p. 9, 10.
Filigrane d'argent, n° 425.
Flacons pour le vin, n°ˢ 443, 558.
Flambeaux de vermeil, n° 460.
Fleurs de lis, n°ˢ 2, 8, 33, 83, 86, 109, 149, 158, 177, 183, 185, 200, 359, 360.

Fleurs d'or (Drap d'or figuré de), n° 168.
FONTAINE (Le s'), p. 13.

G

GARNIER (M.), préfet de Seine-et-Oise, p. 11.
GAUTIER (Le s'), p. 13.
GERMAIN (Thomas), orfèvre du Roi, n° 554.
Gobelet ouvré en forme de châsse, n° 356.
Gobelets d'argent, n°' 72, 369.
Goderonné (Pot d'argent), n° 75.
Graduels de Maubuisson, p. 12, n° 202.
Griffons (Drap d'or figuré à), n°' 108, 112, 125, 150, 160.
Gros de Tours, n°' 489, 491.
GUILLAUME D'AUVERGNE, évêque de Paris, p. 1.

H

HAMBUYE (Armes de). — Voy. Armes.
Hanap de madre, p. 5, n° 71.
— de sainte Élisabeth, p. 5, n° 37.
Hanaps d'argent doré, n°' 68, 69, 70.
Haute lisse (Ouvrage de), n° 77.
HEUQUEVILLE (Armes de). — Voy. Armes.
Heures de Notre Dame, p. 12, n°' 233-235.
HOLLANDINE (Louise), abbesse de Maubuisson, p. 2.
Hommes et bestes sauvages, n° 72.
HUGUES, son traité de Claustro, n° 262.
Hympniers de Maubuisson, p. 12, n° 207.

I

Images d'argent doré, n°' 9, 12, 13, 15, 16.

Images de madre, n° 14.
— émaillées, n°' 223, 224, 225, 226.
Indes (Damas blanc des), n° 483.
Inscriptions sur des joyaux, n°' 8, 9, 23, 52.
— sur des livres, n° 216.
ISIDORE DE SÉVILLE (Œuvres d'), p. 13.
Ivoire. — Voy. Croix.

J

Jaspe ou jaspre (Pierre de), n° 63.
J'ay bien changé liesse en peine, devise, p, 12, n° 216.
Jais (Parements de), n° 464.
JÉSUS-CHRIST présenté à Siméon, n°' 77, 79.
— au temple, n° 77.
— (Baptême de), n° 77.
— chassant les marchands, n° 77.
— entrant à Jérusalem, n° 77.
— au jardin, n° 80.
— à l'attache, n° 80.
— portant la croix, n° 80.
— au tombeau, n° 80.
— et la Madeleine, n°' 62, 80.
JOINVILLE; son histoire de saint Louis, p. 4, note.
Journal de tout l'an. — Voy. Collectaires.
Joyau de cristal à porter Corpus Domini, p. 4, n°' 18, 19. — Voy. Coupe.
Jugement (Le), n°' 39, 42, 346.

K

K, au fond de tasses et d'un pot, n°' 74, 75, 76.
K émaillés sur fermoirs de livres, n° 217.

L

Lampe d'argent, n° 440.
Laon (Musée de), p. 2.

La Roche (Armes de). — Voy. Armes.
Laton doré, n°ˢ 2, 9.
Lavabos, n° 529.
Léchefrites de fer, n°ˢ 328, 330.
Lectionnaires de Maubuisson, p. 12, n° 208.
Légende dorée (La), p. 13, n° 252.
Leharpeur (M° Denis), n°ˢ 249, 259.
Lenoir (Alexandre). — Voy. Musée des Petits-Augustins.
Lettre de forme, n° 281.
Licorne (Pièce de), n° 373.
Liépars et serpens volans, n° 163.
Limoges (Emaux de). — Voy. Emaux.
Lions (Draps de soie à), n°ˢ 97, 134, 147, 153, 155.
— servant de pieds, n°ˢ 1, 3, 6, 8, 65.
Lits, n°ˢ 304, 305, 306, 388.
Livres d'église, n°ˢ 197-235.
— divers, n°ˢ 236-289.
Lombard (Pierre), p. 12.
Longières, n°ˢ 387, 390.
Louanges de Notre Dame, n° 268.
Lucques (Or de), n°ˢ 90, 97, 106, 110, 114, 122, 126, 131, 132, 133, 134, 137, 145, 147, 148, 155, 156, 158, 159, 160, 162, 173, 175.
Lys (Abbaye du), p. 7, 8, 9, 10.

M

M, lettre gothique sur un vase, p. 7.
Madeleine (Image et reliques de la), n° 10. — Voy. Jésus-Christ.
Madre (Hanap de), p. 5, n° 71.
— (Image de), n° 14.
Mahaut, comtesse d'Artois; sa tombe, p. 2.
Maître des sentences (Le), n° 230.
Majesté pomponnée sur la couverture d'un livre, n° 38.
Marguerite, reine de France, n° 343.
Marie de Paris, donatrice à l'abbaye de Maubuisson, n° 51.

Maries (Les trois) au Sépulcre, n° 80.
Marmite d'airain, n° 330.
Marmousets d'argent doré formant pieds, n° 18.
Martin (Le P. Arthur), p. 9.
Martin (Jean), p. 52.
Martini episcopi de quatuor virtutibus, n° 262.
Martiroleges de Maubuisson, p. 12, n°ˢ 210, 211, 212.
Maubuisson (Abbesses de), p. 2.
— (Bibliothèque de), p. 11-14.
— (Cartulaire de), p. 1.
— (Dons à l'abbaye de), p. 7.
— (Fonte de l'orfèvrerie de), p. 15.
— (Hôtel de), à Paris, n° 306.
— (Inventaires de), p. 3, 7, 8, 10, 13.
— (Revenus de), p. 2.
— (Trésor de), p. 3-11.
Moire d'argent, n°ˢ 468, 475, 484, 488, 505.
— blanche, n° 474.
— verte, n° 497.
Médaille de Notre Seigneur et de saint Paul, n° 412.
— d'une pierre rare, n° 420.
Mélanges d'archéologie, d'histoire et de littérature, par les PP. Cahier et Martin, p. 9.
Mélibée (Le livre de), p. 13, n° 280.
Miracles (Les) de Notre Dame. — Voy. Notre Dame.
Missels à calendrier, p. 11, n°ˢ 197, 198, 199, 200.
Monnaie (Orfèvrerie de Maubuisson fondue à la), p. 15.
Montmorency (Isabelle de), abbesse de Maubuisson, p. 2.
— (Marie de), abbesse, p. 2, 3, 5.
Monuments de Seine-et-Marne, par A. Aufauvre et Ch. Fichot, p. 9, 10.
Mouchettes, n° 462.
Mouchoirs pour les prédicateurs et les prêtres, n° 551.

Moutons, brebis et agneaux, n° 335, 336, 392.
— (Drap d'or figuré à) et feuilles d'or, n° 138.
Musée des Petits-Augustins, p. 2.

N

Nappes à dentelles, n°⁸ 526, 527.
— d'autel, n°⁸ 530-536, 545.
— de communion, n° 549.
— de lin et de chanvre pour les autels, n°⁸ 290-293, 381, 385, 395.
— de soie pour autels, n°⁸ 188-194.
— pour le lavement des pieds, n° 546.
Nativité (La), n° 77.
— en broderie, n°⁸ 113, 132.
Nef de corail, n° 353.
Nefs à mettre encens, n°⁸ 56, 57.
Ne me oublies mie (Fleurs de), n° 199.
Néellure, p. 5, 6, n°⁸ 5, 24, 33, 35, 50, 150.
Noix de coco (Vase formé d'une), p. 6.
Notre Dame (Couronnement de), n°⁸ 77, 79.
— (Images de), p. 4, n°⁸ 12, 13, 31, 223.
— (Images de), de broderie, n°⁸ 81, 90.
— (Image de), de madre, n° 14.
— de Pitié, émaillée, n° 351.
— (Livre des louanges de), p. 13.
— (Livre des Miracles de), p. 13, n° 279.
Notre Seigneur, médaille, n°⁸ 357, 412.
— (Sang de). — Voy. Sang.

O

Oies et oisons, n° 398.
Oiseaux d'or de Chipre ou de Lucques, n°⁸ 148, 161, 162.
Oreillers, n°⁸ 302, 303, 389.

Orfrois, n°⁸ 468, 477, 481, 482, 483, 484, 485, 487, 494.
ORLÉANS-LONGUEVILLE (Catherine d'), abbesse de Maubuisson, p. 2.
Ornements. — Voy. Paremens.
Orologe (L') *de Sapience*, p. 13, n° 275.

P

Paix d'argent émaillée ou dorée, n°⁸ 51, 52, 53, 351, 445.
Palatine (La princesse), abbesse de Maubuisson, p. 2.
Palles, n° 525.
Paons (Drap à) et oiseaux d'or de Lucques, 127, 137, 176.
Papegaulx (Drap à), n°⁸ 105, 165.
Pâques (Ornements pour le jour de), n° 155.
Parements d'autel historiés de broderies, p. 11, n°⁸ 77-121.
— et ornements de drap d'or, de satin, de damas, de velours, n°⁸ 464-483.
Paris (Évêque de). — Voy. GUILLAUME D'AUVERGNE.
— (Orfèvrerie au poinçon de), n°⁸ 74, 75.
Passion (La), n° 288.
Passions (Les quatre) *de Nostre Seigneur*, n° 201.
Patenostres d'ambre, n° 50.
— de cornaline et de calcédoine, n°⁸ 377, 378, 379.
PAYNEL D'HAMBYE (Mᵐᵉ Philippe de), abbesse de Maubuisson, p. 12, n° 198, note.
Perles, n°⁸ 1, 3, 4, 8, 12, 18, 22, 37, 359, 380, 401, 406, 407, 411, 415, 429.
Philiatère (Reliquaire nommé), n°⁸ 22, 23, 24.
PHILIPPE, roi de France, n°⁸ 342, 343.

PIONNIER, orfèvre de Pontoise, p. 15.
Pipe de livre d'argent doré, n°⁸ 12, 216.
PISSELEU (Marie de), abbesse de Maubuisson, p. 2.
Plaque en forme de chapelle, n° 454.
— pour la communion, n° 434.
Plate peinture (Images et tableaux de), p. 5, n°⁸ 23, 35, 59, 60.
Platenes d'argent couvrant un tableau, n°⁸ 31, 32, 33, 34.
— d'argent couvrant un livre, n° 38.
Plats d'argent doré où est représenté Samson, n° 355.
— d'argent véré, n° 45.
Poele (Drap d'or en forme de), n° 138, 139, 141.
Poeles d'airain et de fer, n°⁸ 325, 326, 327, 330.
Poinçonné (Argent doré), n°⁸ 63, 69.
Poitiers (Comte de). — Voy. ALPHONSE, p. 2.
Pontoise (Chancellerie de), n° 341, note.
— (Livres de Maubuisson portés à), p. 13, 14.
— (Orfèvre de), p. 11, 15.
Pot d'argent doré en manière d'une noix, p. 5, 6, n° 50.
— d'argent véré et goderonné au poinçon de Paris, n° 75.
Pots d'argent garnis de turquoises, n° 459.
Poules et poussins, n° 400.
Poult de soie noir, n° 494.
Pourceaux et cochons, n°⁸ 333, 334, 395.
Précieux Sang, relique, p. 4.
Psautiers, p. 12, n°⁸ 213, 214, 216-232, 246, 247.
Purificatoires, n° 528.

Q

Quartes, pintes et chopines d'étain, n° 321.

R

Radegundis (La légende), p. 13, n° 281.
Ras de Saint-Maur, n° 508.
Règles de saint Benoît et de saint Bernard, p. 12.
Reliquaire en forme de châsse, n° 406.
— en forme d'église, n° 65.
— en forme de livre, n° 421.
— en forme de moustier, p. 4, n° 9.
Reliquaires d'argent doré, véré, blanc, p. 4, n°⁸ 6, 7, 8, 9, 10, 15, 16, 22, 23, 28, 29, 30.
— de cristal, p. 4, n°⁸ 25, 26, 27, 403, 418, 419, 422, 423.
— de vermeil, n°⁸ 407, 409, 411.
Reliques diverses, n°⁸ 2, 4, 5, 12, 22, 23, 24, 27, 28, 29, 32, 33, 34, 35, 65, 404, 408, 409, 419, 421, 426.
Résurrection (La), n° 39.
ROBERT II, comte d'Artois; sa tombe, p. 2.
Roi (Images de) et de Reine, n° 31.
Rois (Les trois), broderie, n°⁸ 77, 79.
— (Chappe à images de) et prophètes, n° 151.
Rondeaux (Drap d'or figuré à) n°⁸ 130, 132.
— (Gobelet émaillé à), n° 72.
— d'or de Lucques, n°⁸ 147, 155, 160.
— Voy. Bestes.
Rousètes d'or de Chipre (Étoffe figurée à), n° 184.
Rouy (Armes de). — Voy. Armes.
Rubis, n°⁸ 17, 380.

S

SAINT ACHILLÉE (Reliques de), n° 424.
SAINT AGAPIT (Reliques de), p. 4, n°⁸ 9, 427.

Saint Ambroise (Reliques de), n° 423.
Saint André (Reliques de), n° 422
—, broderie, n° 79.
Saint Antoine de Padoue, n° 77.
Saint Augustin (Confessions de), n° 248.
— (Œuvres de), p. 13.
— (Livre de) sur le Psautier, n°ˢ 246, 247.
— (Reliques de), n° 26.
Saint Benoit (Règle de), p. 12, n° 212.
Saint Bernard (Collège de), à Paris, p. 52.
— (Image et reliques de), n° 36.
— (Méditations de), n° 288.
— (Œuvres de), p. 13. — Voy. *Bernardus in canticis.*
— (Us de), p. 12, n°ˢ 212, 273.
Saint Boniface (Reliques de), n° 424.
Saint Charles (Reliques de), n° 423.
Saint Christophe (Figure et reliques de), n° 413.
Saint Cosme et Damien (Images et reliques de), n°ˢ 22, 411.
Saint-Cyr (École militaire de), p. 14.
Saint Denis (Reliques de), n° 420.
Saint Dominique, n° 77.
Saint Éloi (Doigt de), relique, n° 16.
Saint Étienne (Figure et reliques de), n° 412.
—, image d'argent doré, n° 357.
Saint François, n° 77.
Saint Grégoire (Dialogue de), n° 258.
— (Homélies de), p. 13; n°ˢ 255, 256.
— (Morales de) sur Job, n°ˢ 257.
Saint Guillaume (Reliques de), archevêque de Bourges et abbé de Chaalis, n° 15.
— (Vie de), n° 254.
Saint Hyacinthe (Reliques de), n° 428.
Saint Jean (Image de), n° 220.
— (Nativité de), broderie, n° 113.
Saint Jean l'Évangéliste, n°ˢ 77, 79.

Saint Jean et la Vierge, n° 454. — Voy. Crucifix entre Notre Dame et saint Jean.
Saint Louis, p. 1, 2, n° 341.
— (Chaînons de la discipline de), n° 418.
— (Côte de), relique, p. 4, n°ˢ 6, 407.
— (Couronne des enfants de), n° 451.
— (Doigt de), n° 416.
— (Escourgées de), p. 4, n° 25.
— (Histoire de), n° 205.
— (Image de), n°ˢ 58, 220.
— (Reliques de), p. 4, n° 21.
— (Service de), n° 204.
— et ses fils, petites images, n° 6.
Saint Louis de Marseille, n° 77.
Saint Luc, n° 77.
Saint Maclou (Église de), à Pontoise, p. 14.
Saint Marc, n° 77.
Saint Mathieu, n° 77.
Saint Michel, n° 346.
— (Autel de), n°ˢ 533, 538.
Saint Nerée (Reliques de), n° 424.
Saint Nicolas (Reliques de), n°ˢ 415. 420.
Saint Patrice (Le purgatoire de), p. 13, n° 276.
Saint Paul, n°ˢ 8, 79, 410.
— (Médaille de), n° 412.
— (Reliques de), p. 4, n°ˢ 8, 410.
—, image de plate peinture, n°ˢ 23, 60.
Saint Pierre, broderie, n° 79.
—, image de plate peinture, n°ˢ 23, 60.
Saint Pierre le martyr, n° 77.
Saint Prix (Reliques de), n°ˢ 9, 427.
Saint Sébastien (Reliques de), n° 417.
Saint Thomas (Reliques de), n° 26.
Saint Thomas d'Aquin, n° 77.
— (Somme de), p. 13.
Sainte Abbaye (La), n° 288.
Sainte Anne (Histoire de), n° 217.
— (Service de), n° 204.

Sainte Barbe (Vie et service de), n° 266.
Sainte Catherine (Images de), n°ˢ 8, 223, 410.
— (Passion de), n° 289.
— (Reliques de), p. 4, n°ˢ 8, 410.
Sainte Claire (Reliques de), n° 428.
Sainte Elisabeth (Hanap de), p. 5, n° 37.
— (Salutation de), n° 79.
— (Vie de), p. 13, n° 269.
Sainte Madeleine (Reliques de), n° 420.
Sainte Marguerite (Reliques de), n° 420.
Sainte Thérèse (Reliques de), n° 425.
Sainte Ursule (Reliques des compagnes de), n°ˢ 414, 427.
Salières d'argent, n° 368.
Samit (Drap de) blanc, n° 79.
— bleu, n° 164.
— jaune, n° 172.
— vermeil, n° 157.
— vert, n°ˢ 113, 157.
— violet, n° 169.
Samson représenté sur un plat, n° 355.
Sanctuaire d'argent doré en manière d'église, p. 4, n° 1.
Sang de Notre Seigneur, relique, n° 1.
— miraculeux, relique, n° 406.
Sangle [dans le sens de simple], n°ˢ 90, 91, 97, 110, 112, 140, 150, 172, 176.
Saphirs, n°ˢ 1, 4, 18.
— percés, n° 12.
Satin blanc de Turquie à fleurs, n° 486.
Séquenciers de Maubuisson, p. 12; n° 203.
Serènes servant de support, n° 11.
Serge blanche et noire, n° 509.
Serpens servant de pieds, n° 10.
— volans. — Voy. Liépars.
Satin blanc, n° 508.

Satin blanc à fleurs, n° 515.
— bleu, n°ˢ 117, 148, 167.
— cramoisi, n° 467.
— des Indes à fleurs d'or, n° 512.
— pers, n° 177.
Serviettes, n° 550.
— de lin, n°ˢ 382, 386.
Soie barrée de deux couleurs, n°ˢ 189, 191, 193
— blanche, n°ˢ 186, 189.
— vermeille, n° 183.
— verte sur bleu, n° 179.
— violette, n° 190.
Soleil de vermeil, n° 429.
— sur des burettes, n° 348.
Somme le Roy (La), p. 13, n°ˢ 273, 277, 278.
Summa Confessorum, n° 249.
Summa de virtutibus, n° 261.
Surplis, n°ˢ 196, 519, 520, 521.

T

Tabis violet, n° 514.
Tableau d'argent doré, n° 36.
— de plate peinture, p. 5, n° 35.
Tableau ouvrant de deux côtés, couvert de plataines d'argent doré, n°ˢ 31, 32, 33, 34.
Tableaux garnis de filigranes d'argent, n° 453.
Tabliers d'autel, n° 523.
— pour le lavement des pieds, n° 546.
Tapis de bancs, n° 315.
— de futaine, n°ˢ 537-541.
Tasses d'argent, n° 367.
— d'argent au poinçon de Paris, n°ˢ 74, 75.
Toiles de coton pour les bancs, n° 542.
Tombac (Flambeaux de), avec mouchettes et bougeoir, n° 462.
Touailles et serviettes de lin, n°ˢ 294, 295, 296, 382, 386.
Tour de chaire du prédicateur, n° 506.

Tours (Gros de). — Voy. Gros.
THORIGNY (Robert de), célerier de Chaalis, p. 52.
Tours de chasubles, de tuniques et d'étoles, n° 544.
— de parements complets, n° 543.
Tuniques. — Voy. Chasubles.
Turquie (Satin de), n° 486.
Turquoises, n° 459.
Tuyau d'argent doré pour faire boire les malades, p. 5, n° 67.

V

Vaches, bœufs, veaux et génisses, n°ˢ 331, 332, 393, 394.
Vases d'argent pour les saintes huiles, n° 449.
VÉGÈCE, *De re militari*, p. 13, n° 260.
Velours ciselé violet, n° 492.
— noir, n°ˢ 468, 474, 481, 493, 516.
— pers, n°ˢ 83, 86, 149.
— ramé broché d'or, n°ˢ 116, 166.
— rouge ciselé, n° 480.
— vermeil, n°ˢ 87, 89, 180, 182, 183.
VENTURE DE PONTEVÈSE (Dame Gabriel), 28ᵉ abbesse de Maubuisson, p. 57.

Véré (Argent), n°ˢ 25, 27, 28, 45, 57, 58, 61, 74, 75.
Versailles (Bibliothèque de), p. 7, 10, 14.
— (Musée municipal de), p. 5, 7, 11.
Vierge (Chef d'une), relique, n° 7.
— (Image de), n° 7.
— de bois précieux porté par quatre anges, n° 452.
— et saint Jean, n° 454.
Vierges de vermeil, servant de reliquaires, n° 408.
Vies des saints, des confesseurs et des vierges, p. 13, n°ˢ 253, 254.
Vignetures, p. 5, n°ˢ 2, 5, 18, 31, 37.
Vin (Pièces de), n° 338.
VINCENT DE CHALON, religieux de Cîteaux, p. 52.

Y

YSABEAU DE BAVIÈRE. — Voy. Armes.
YSABEAU DE DEUIL; donation à l'abbaye de Maubuisson, n° 52.
YSIDORUS, *de summo bono*, n° 263.

INVENTAIRES ET DOCUMENTS

RELATIFS AUX JOYAUX ET TAPISSERIES

DES PRINCES D'ORLÉANS-VALOIS.

1389-1481.

INVENTAIRES ET DOCUMENTS

RELATIFS AUX JOYAUX ET TAPISSERIES

DES PRINCES D'ORLÉANS-VALOIS.

1389-1481.

Louis Ier, Charles et Louis II, ducs d'Orléans-Valois, tiennent le premier rang, à la fin du XIVe et au XVe siècle, parmi les princes du sang royal, à côté des ducs d'Anjou, de Berri et de Bourgogne, avec lesquels ils rivalisèrent de luxe et d'influence. Louis Ier, d'abord duc de Touraine, créé duc d'Orléans après la mort de Philippe, son oncle, était un prince séduisant, généreux, lettré; il passait pour le seigneur le plus magnifique de la cour fastueuse de Charles VI et déployait en toute circonstance un luxe inouï. Sa Maison, montée sur un pied égal à celle du Roi, se composait de tout un monde de chambellans, de gentilshommes et de serviteurs; aux grands jours de cérémonie, ils entouraient leur maître, revêtus de somptueuses livrées semblables de forme et de couleur, faites des étoffes les plus riches et surchargées de broderies d'or et d'argent. Les écuries du duc étaient pleines de chevaux de prix; il entretenait un nombreux équipage de chasse, et des tailleurs, des orfèvres, des brodeurs, des fourreurs, des armuriers, des fourbisseurs, etc., attachés spécialement à son service et travaillant presque pour lui seul, portaient le titre de ses valets de chambre. Cette prodigalité insensée permet de deviner quel luxe le duc d'Orléans, Valentine de Milan, sa femme et leurs enfants, devaient étaler sur leur personne. En effet, l'étoffe de leurs vêtements de cérémonie disparaissait sous les pierres fines et les broderies; une multitude de joyaux précieux, soit par leur matière, soit par l'art qui l'avait mise en œuvre, remplissaient leurs coffres; leur vaisselle était d'or ou de vermeil incrusté de pierreries, et les tentures les plus riches ornaient les murs de leurs palais.

Charles d'Orléans, plus connu peut-être par ses gracieuses poésies et par sa longue captivité en Angleterre, que par son titre de prince, soutint, l'honneur de sa maison, mais avec plus d'ordre et de mesure. Il avait trouvé, après l'assassinat de son père, son héritage obéré de dettes immenses, auxquelles il ne put faire honneur qu'en vendant ou en engageant beaucoup des joyaux ou des objets précieux qui faisaient partie de sa succession.

Louis II, qui monta, en 1498, sur le trône de France sous le nom de Louis XII, vivait à une époque où la mode était beaucoup moins aux riches vêtements et au luxe extérieur; sa maison, réglée avec ordre et économie, ne rappelait que de fort loin celle de son grand-père.

Des inventaires complets du mobilier des ducs d'Anjou et de Berri sont venus jusqu'à nous; nous n'avons rien de semblable pour les ducs d'Orléans-Valois; mais il existe un certain nombre de documents qui peuvent suppléer en partie à la perte des inventaires généraux. Je veux parler des pièces de comptabilité conservées jadis dans la chambre des comptes de Blois et transférées dans celle de Paris, lors de la réunion du comté de Blois à la couronne. Les archives anciennes de la chambre des comptes de Paris furent l'objet, à la fin du siècle dernier, d'aliénations inintelligentes et multipliées; on les considérait alors comme des parchemins inutiles (1). Cette dilapidation, que l'on ne saurait trop déplorer, donna naissance à deux collections célèbres, dont le sort a été bien différent.

Six cents quintaux de ces prétendus rebuts de la chambre des comptes, acquis par le littérateur Beaumarchais, furent revendus

---

(1) De Boislisle, *Chambre des comptes*, introduction.

par lui, en 1784 ou 1785, à la Bibliothèque du roi, au prix de soixante mille livres (1). Les documents provenant de cette source ont été répartis dans le fonds si précieux des *Pièces originales du Cabinet des titres*. La portion la plus intéressante de ceux qui proviennent de l'ancienne chambre des comptes de Blois, a été reliée en quatorze volumes in-folio sous la rubrique *Orléans* (2), lors du classement dernièrement fait par M. Ulysse Robert. Ils renferment toute une série de comptes des trésoriers d'Orléans, Jean Poulain, Godefroy Lefèvre, Pierre Rémer, Macé Héron, Raoul du Refuge, etc., et des comptes d'orfèvres, de brodeurs, de tailleurs, de fourreurs, de fourbisseurs, de marchands d'étoffes, de marchands de chevaux, de cordonniers, d'apothicaires, de parcheminiers, etc. A ces comptes sont jointes une foule de quittances, de pièces de comptabilité et quelques inventaires partiels dressés par ordre des ducs d'Orléans. Un grand nombre de documents du même genre et de la même provenance n'ont pas pris place dans les volumes cotés Orléans, mais ont été répartis dans les autres volumes de la collection des *Pièces originales* dans les dossiers de diverses familles qui ont leur place dans cet immense recueil.

Une autre partie des archives de la chambre des comptes de Blois est entrée dans la célèbre collection Joursanvault, vendue dans de très mauvaises conditions aux enchères publiques, en 1838, et dont le catalogue a été dressé la même année avec ordre et méthode par M. de Gaulle (3). Les documents relatifs aux princes d'Orléans-Valois y sont fort nombreux et répartis, suivant leur contenu, dans les divers articles de ce volumineux catalogue (4) ; une bonne partie fut acquise en bloc par la liste

---

(1) Delisle, *Cabinet des manuscrits*, t. I, p. 551.

(2) Ces volumes sont compris sous les numéros 2151 à 2164. Il en a paru un court inventaire dans le Cabinet historique (1877, t. XXIII, p. 236).

(3) *Catalogue analytique de archives de M. le baron de Joursanvault, contenant une précieuse collection des manuscrits, chartes et documents originaux au nombre de plus de quatre-vingt mille.* Paris, Téchener, 1838. in-8°, 2 vol. de xiv-373 et 298 p.

(4) Voici les numéros du catalogue Joursanvault qui contiennent sur les ducs d'Orléans le plus de documents relatifs à leur vie privée, à leurs

civile, déposés dans la bibliothèque du Louvre et ils n'existent plus aujourd'hui, ayant été détruits dans le funeste embrasement qui réduisit en cendres, au mois de mai 1871, tant de beaux livres et de manuscrits précieux. Le catalogue de Téchener est le seul souvenir qui en reste.

Si ces deux collections avaient été réunies, elles eussent formé un ensemble tel que l'on aurait pu connaître, pour ainsi dire jour par jour, la vie privée et publique des princes d'Orléans-Valois (1).

Maintenant surtout qu'une grande partie des documents rela-

---

dépenses, à leur trésor : *Pièces d'un ordre général* (du n° 519 au n° 591); *costumes* (592 à 649); *jeux, tournois* (651 à 658); *armes et équipements* (660 à 678); *chasse et pêche* (683 à 703); *meubles* (710 à 727); *orfèvrerie, joyaux* (730 à 787); *tapisseries* (790 à 795); *usages singuliers* (799 à 810); *beaux-arts* (8 , à 825); *histoire littéraire* (831 à 854); *médecine* (860 à 869); *industrie* (874 à 876); *finances* (879 à 880); *commerce, monnaies* (900 à 921). Les documents suivants auraient présenté un grand intérêt pour la publication que j'entreprends : Rôle des joyaux donnés en étrennes par Valentine de Milan le 1ᵉʳ janvier 1383; état de l'argenterie mise entre les mains du garde de la vaisselle, 1392-1395; rôle des joyaux donnés en étrennes par Valentine de Milan le 1ᵉʳ janvier 1394; compte de l'orfèvre Hans Karast de novembre 1394 à mai 1395; inventaire des joyaux et vaisselle d'or et d'argent garnie de pierrerie donnée en garde à Jean Poulain dans le château de Coucy le 28 février 1404; Inventaire des joyaux envoyés par le duc d'Orléans à Blois le 7 juillet 1408. Plus un grand nombre de comptes généraux de la maison de ce prince du mois de mai 1389 au mois de janvier 1404.

(1) La vie et la famille de ces princes est beaucoup moins bien connue qu'on ne le croit généralement ; en voici une preuve. Le P. Anselme, les auteurs de l'*Art de vérifier les dates*, Moréri, écrivent que le fils aîné de Louis d'Orléans fut Charles, né le 26 mai 1391 ; le Religieux de Saint-Denis dit au contraire que, dès 1390, il avait eu un fils nommé Philippe; M. Champollion, à son tour, écrit qu'en 1390 il lui naquit une fille morte au berceau. Or, rien de tout cela n'est exact : le premier né de Louis d'Orléans fut un fils, nommé Louis comme son père; il vint au monde vers le mois de mai 1390; les frais de la gésine de sa mère, dont les comptes existent encore dans les Pièces originales du Cabinet des titres (2152, n° 97), coûtèrent près de 500,000 francs à la puissance actuelle de l'argent; il vécut jusqu'au mois de juin 1395. Le nom de ce petit prince ignoré paraît plus de cent fois dans les comptes des ducs d'Orléans. Il en est de même de sa fille aînée née en 1401 ; le P. Anselme et les autres généalogistes ne connaissent ni son nom ni l'époque de sa mort. Elle se nommait Jeanne et vivait encore en 1415. Ces exemples doivent démontrer sans doute que la généalogie de cette branche de la maison de France est à refaire ou, tout au moins, à compléter.

tifs à cette famille ont été détruits, il serait sans doute à désirer que toutes les pièces intéressantes contenues dans les quatorze volumes du dossier d'Orléans-Valois de la Bibliothèque nationale pussent être publiées ; elles renferment, en effet, une foule de curieux renseignements, non seulement pour l'histoire des princes dont il s'agit, mais même pour l'histoire générale de la France. On y trouve, par exemple, l'indication de missions diplomatiques nombreuses en Allemagne, à Avignon, en Hainault, etc., des projets d'expéditions avortées, des ordres de fortifier et de munir des villes et châteaux, de lever des impôts, etc. A un point de vue différent, les comptes des ducs d'Orléans fournissent un grand nombre de détails précieux sur la forme et le prix des joyaux, sur l'émaillerie, la tapisserie, sur la valeur et la provenance des étoffes de soie et de laine, sur les fourrures en usage au xve siècle, sur la coupe et l'ornementation des vêtements.

Forcé de me restreindre dans le choix des documents que je dois publier, j'ai négligé les comptes généraux de la maison des ducs d'Orléans-Valois qui pourront donner lieu à une intéressante publication spéciale ; j'ai laissé également de côté les comptes des cordonniers, des apothicaires, de l'écurie, de la vénerie, etc., tous ceux, en un mot, qui ne portent point sur des choses pouvant, à cause de leur valeur intrinsèque ou de leur ornementation, être classés au nombre des joyaux ou des objets d'art. Je me suis attaché à reproduire intégralement les comptes et les inventaires des bijoux, de la vaisselle, des broderies et des tapisseries. J'ai dû me contenter, pour ceux des tailleurs, des fourreurs et des marchands d'étoffes, qui sont fort nombreux, d'en publier un seul de chacun d'eux, celui qui m'a paru présenter le plus d'intérêt ; les autres répètent, en effet, à satiété les mêmes formules et les mêmes descriptions, et je n'ai pas cru utile d'encombrer cette publication de redites. J'ai du reste utilisé la plupart des documents que j'étais contraint de laisser de côté, dans les notes jointes aux textes que je publie ; j'ai fait également de nombreux emprunts, pour les annotations, au Catalogue Joursanvault.

Les documents relatifs aux princes d'Orléans-Valois, qui font l'objet de la présente publication, ont été jusqu'ici utilisés pour la composition de deux ouvrages de valeur très différente. Le premier en date est le livre de M. A. Champollion-Figeac intitulé : *Louis et Charles d'Orléans, leur influence sur les arts, la littérature et l'esprit de leur siècle, d'après les documents originaux et les peintures des manuscrits* (Paris, 1844, in-8º). M. Champollion a eu entre les mains les manuscrits que je publie aujourd'hui; mais il n'en a ni toujours compris le sens, ni même exactement lu le texte; il est fort loin, à mon avis, d'en avoir tiré tout le parti qu'il pouvait en tirer. Le second auteur qui s'est servi de ces documents, est M. Léopold Delisle dans son remarquable travail sur le *Cabinet des manuscrits de la Bibliothèque nationale*. Il a extrait des comptes des princes d'Orléans-Valois de la Bibliothèque nationale, avec le soin et l'exactitude qui lui sont habituels, toutes les mentions relatives à la bibliothèque de ces princes, dont une grande partie est venue enrichir notre dépôt national. Toutes ces mentions ont été transcrites dans le volume I de l'ouvrage de M. Delisle, de la page 98 à la page 108.

J. ROMAN.

I. — 1389, 28 janvier.

1. Loys, fils de Roy de France, Duc de Touraine, conte de Valois et de Beaumont, à Jehan Poulain (1), nostre varlet de chambre, commis et ordonné de par nous recevoir les deniers de nos finances, salut : Nous voulons et vous mandons expressément que, ces lettres veues, vous baillés et délivrés des deniers

---

(1) Ce personnage était, en 1346, écuyer des déduits du roi, en 1382, trésorier général du duc d'Orléans, charge qu'il conserva au moins jusqu'en 1408. Il était mort en 1420, comme l'indique une quittance de Jeanne, sa veuve. Son sceau porte des armoiries parlantes : une tête de poulain (B. N. Cab. des titres, Pièces orig., 2359, nº 52991, de 2 à 48).

de nosdictes finances à Denis Mariette (1), changeur à Paris, la somme de cent unze frans, trois sols, nuef deniers tournois, que nous lui devons pour ung hanap couvert et une aiguière d'argent dorés tous plains, pesant ensamble cinq mars, une once, au fuer de nuef frans dix sols tournois le marq ; lesquelx hanap et aguière nous avons donnés, à Saint-Oyn, à madame Katherine, femme de messire Robin de Bauchien (2), le jour de leurs noces, et pour ung autre hanap couvert et une esguière vermeulx (3) d'argent dorés, hachiés (4), pesans ensamble six mars deux onces d'argent, au pois de dix frans le marc, et furent donnés audit lieu de Saint-Oyn à la femme de Jehannet d'Estouteville le josne (5), lesquelx firent leurs noces, avec les dessusdits, le xxve jour de janvier.

Item, bailliez et délivrez desdis deniers à Lonnequin, marde chevaux à Paris, la somme de cinquante deux frans pour aquenée baye qu'il nous a délivrée à Saint-Oyn le xxvie jour udit janvier, laquelle haquenée nous avons donnée à madame du Boulay (6).

---

(1) Denis Mariette surnommé Denisot, d'abord changeur et orfèvre à Paris (1388), puis valet de chambre du duc d'Orléans (1390), son argentier (1399), enfin secrétaire et auditeur de ses comptes (1403-1418). Ce prince l'employa pour négocier l'achat de la terre de Coucy. Son sceau ne porte aucune armoirie, mais seulement la première lettre de son nom (B. N. Cab. des titres, Pièces orig., 1852, n° 42774, de 1 à 29 ; 2049, n° 46713, 5 ; 2359, n° 52991, 21).

(2) Robert Beauchien, dit Robin, chevalier, chambellan du roi, capitaine d'une compagnie de neuf écuyers et trois archers, paraît dans des actes et revues de 1388 à 1390 (B. N. Cab. des titres, 215, n° 4870, de 2 à 9). Ses armoiries, reproduites sur son sceau, sont un semé d'étoiles, à trois fasces ; l'écu est timbré d'un heaume surmonté d'une tête de chien.

(3) D'après l'explication assez vraisemblable de tous les glossaires vermeulx signifie : de vermeil ; mais alors notre texte contient un pléonasme puisque nous y lisons : vermeulx d'argent doré ; du reste on trouve également vermeil doré.

(4) Gravé au trait ou en hachures ; généralement on garnissait les creux d'un niellage noir pour faire ressortir le dessin.

(5) Jean d'Estouteville, grand bouteillier de France, fils de Robert et de Marguerite de Montmorency ; il épousa Marguerite d'Harcourt et mourut en 1436 en Angleterre, après une longue captivité. Il avait été fait prisonnier à Harfleur.

(6) Nous trouvons cités, dans les papiers des d'Orléans, plusieurs person-

Item, avec ce délivrez la somme de dix frans aux varlets du seigneur de la Riviére (1) qui ont amené audit Saint-Oyn et gardé illec les chevaux de joustes pour nous (2).

---

nages de ce nom : Jean de Boulay, sergent à pied en 1405; Massot du Boullay, vicomte d'Auge, puis d'Avranches (1406-1412); Gérard du Boulay, chambellan du duc d'Orléans en 1402; peut-être la personne à laquelle est donnée une haquenée est-elle Marguerite de Trie, femme de Hue de Boulay, chevalier, capitaine de la garde du corps du roi, commandant à sept chevaliers et à quatorze écuyers dans une revue de 1378, capitaine de Nogent (1389) et chambellan du roi, mort avant 1395. Son sceau, qui est un charmant petit objet d'art, représente un lion heaumé ayant autour du cou une draperie sur laquelle sont les armoiries des Boulay : un lion, le champ semé de billettes (B. N. Cab. des titres, Pièces orig., 447, n° 10092, de 4 à 35).

(1) Un seigneur nommé Jacques de la Rivière était chambellan du duc d'Orléans en 1403 (B. N. Cab. des titres, Pièces orig., 2155, n° 313); peut-être cependant s'agit-il ici de Bureau de la Rivière, chambellan de Charles V et de Charles VI, ministre de ce dernier, fils de Jean de la Rivière et d'Isabeau d'Augerant, qui épousa Marguerite, dame d'Auneau, et mourut en 1400.

(2) On trouve, dans les comptes des ducs d'Orléans, un très grand nombre de mentions de cadeaux d'orfèvrerie faits par eux à leurs amis, aux gens de leur maison ou aux souverains. Voici l'indication de quelques-uns :

Une esguière et un gobelet d'argent dorés donnés à l'enfant du chancelier d'Orléans, dont le duc est parrain, et acquis de Richard le Breton, orfèvre, pour 64 l. 13 s. (Compte de Poulain de mars 1389, Pièces orig., 2152, n° 92);

Des vaisseaux d'argent donnés à Montaigu, secrétaire du roi, et à sa sœur, le jour de leurs noces, achetés de Simon de Dammartin, orfèvre, pour 517 l. 10 s. t. (*ibid.* juillet 1390, *ibid.*; 102).

Un hanap et une aiguière d'argent doré achetés du même pour 63 l. 12 s. 6 d. t. et donnés à la fille de Jehan de Vaudetar le jour de ses noces (*ibid.* janvier 1390, *ibid.* 111);

Un fermail d'or garni de trois saphirs, trois grosses perles et un balais au milieu, donné à la châsse de Mgr Saint Loys à la fête de Saint-Denis, en 1392 (Catal. Joursanvault, t. I, p. 120);

Un joyau d'or, en manière de chef de sainte Catherine, tenu par deux Anges d'or, garni de balais, de saphirs et de perles, donné à notre saint Père le Pape en 1395 (*ibid.*, p. 123);

Un molinet d'or à une perle d'Orient donnée à Janson, queux du duc, le jour de ses noces, et acquis de Jehan l'Essayeur, orfèvre, pour 110 s. t. (Compte de Gaillard, de février 1456, Pièces orig., 2159, n° 660);

Une fleur de diamant et un anneau d'or émaillé de noir donné par le duc à maître Aignin Viole, son conseiller et avocat, le jour de ses noces, acquis de Jean l'Essayeur pour 28 écus d'or (*ibid.* juin 1456, Pièces orig., 2169, n° 666);

Un anneau d'or à un rubis émaillé de gris, que le duc a donné à Jamet

Et, par rapportant ces présentes et quittances desdis Denis Mariette et Lonnequin, c'est assavoir d'iceluy Denis de ladicte somme de cent unze frans, trois sols, nuef deniers tournois, et dudit Lonnequin de cinquante deux frans, nous voulons que de toutes lesdictes sommes par vous ainsi baillées et délivrées demoriés quitte et deschargé plainement partout où il appartiendra, nonobstant ordonnances, mandemens ou défenses contraires.

Donné à Paris le xxviiie jour dudit mois de janvier l'an de grace mil CCC IIII^{xx} et VIII.

Par Monseigneur le Duc,
Tierry.

B. N. Cabinet des titres, Pièces orig., au mot Mariette, vol. 1853, n° 42774, 4.

II. — 1389, 29 décembre.

Loys, fils de Roy de France, duc de Touraine, conte de Valois et de Beaumont, à Jehan Poulain, nostre varlet de chambre, garde de noz finances, salut : Nous voulons et vous mandons que, ces lettres veues, vous, des deniers de nosdites finances, baillez et délivrez à Jehan de Rone, orfevre, demourant à Thoulouse, la somme de trois cens quatre vins huit frans que nous lui devons pour les causes qui s'ensuyvent. C'est assavoir :

3. Pour un gros dyamant, ou priz de vii^{xx} frans, que nous avons fait porter à Madame la Royne.

4. Item, vi^{xx} frans pour un autre dyamant que nous avons envoyé à nostre très chiére et très amée compaigne.

Hubelin pour fiancer sa femme, acquis de Jean l'Essayeur pour 4 écus 1/2 (*ibid.* août 1457, *ibid.* 668);

Un anneau d'or à un écusson de diamant que le duc donna à Guillaume de Vesville pour également fiancer sa femme, acheté du même pour 8 écus d'or (*ibid*).

Les superbes dons faits par le duc d'Orléans à la chasse de saint Louis sont relatés par la Chronique du Religieux de Saint-Denis (*Documents inédits*, édition Bellaguet, t. II, p. 37).

5. Item, xxxvi frans pour un autre dyamant que nous avons donné à nostre cousine la contesse d'Eu (1).

6. Item, xxx frans pour un rubiz que nous avons donné à belle cousine de Dreux (2).

7. Item, xii frans pour un saphir que nous avons donné à la dame de Bauchien (3).

8. Item, xxviii frans pour un dyamant que semblablement nous avons donné à la dame de la Ferté-Bernart (4).

9. Item, pour un dyamant ou priz de xx frans que nous avons retenu par devers nous.

Et, par rapportant ces présentes et recognoissance sur ce dudit orfévre, vous ferés descharge de ladicte somme de iii^c iiii^{xx} et viii frans partout où il appartiendra, nonobstant ordonnances, mandemens ou défenses contraires. Donné à Thoulouse le xxixe jour de décembre l'an de grâce mil CCC IIII^{xx} et neuf.

     Par Monseigneur le Duc,
      Tierry.

B. N. Cab. des titres, Pièces orig., vol. 2152, n° 84 (Orléans, t. II).

III. — 1390, 10 février.

10. Nous, Valentine des Viscontes de Milan, duchesse de Touraine, comtesse de Valoys et Beaumont, cognoissons avoir eu et reçeu de nostre amé Jehan Poulain, vallet de chambre de Monseigneur et commis à recevoir et garder ses finances, huit escus-

---

(1) Isabelle de Melun, dame de Dreux, femme de Jean d'Artois, comte d'Eu. Elle mourut en 1389. Il ne peut s'agir ici de Marie de Berri, sa belle-fille, qui se maria en 1392, le 27 janvier.
(2) Marguerite de Bourbon, fille de Pierre, duc de Bourbon, et d'Isabelle de Valois, qui épousa, le 4 mai 1368, Arnaud-Amanieu d'Albret, comte de Dreux, grand chambellan de France, mort en 1401.
(3) Il a été déjà question précédemment de Catherine, femme de Robert de Beauchien, mariée le 25 janvier 1388 à Saint-Ouen.
(4) Jeanne de Châtillon, dame de Rosoy, femme de Pierre de Craon, seigneur de la Ferté-Bernard. Elle était fille de Gaucher de Châtillon et de Marie de Coucy.

sons de broderie des armes de mondit Seigneur et de nous, et trois custodes (1) en satin vermeil pour nostre oratoire, lesquelx huit escussons et III custodes avions faict apporter de Lombardie, et avoient de par mondict Seigneur esté baillés en garde audict Poulain, et les avons par devers vous. En tesmoing de ce que nous avons fait mettre nostre scel à ces présentes lettres. Donné à Paris le xe jour de fevrier l'an de grace mil CCC IIII^{xx} et neuf.

Par Madame la Duchesse,
Bontier.

B. N. Cab. des titres, Pièces orig., vol. 2152, n° 86 (Orléans, t. II).

IV. — 1390, 15 avril.

11. Loys, fils de Roy de France, duc de Touraine, conte de Valois et Beaumont, à nostre amé varlet de chambre, Jehan Poulain, commis de par nous à recevoir et garder nos finances, salut : Comme nous, ayens fait acheter de Manuel de la Mer, marchant de Jennes, un chapel (2) d'or, garny de pierreries et de perles, le pris et la somme de trois mille frans d'or, et lequel chapel nous avons donné à notre très chière et très amée compaigne la Duchesse, si vous mandons que icelle somme de III mil frans d'or vous paiés, baillés et délivrés audit Manuel, ou à son certain commandement, des deniers de nosdites finances, sans délay, ou contredit aucun, et, par rapportant les présentes

---

(1) Rideaux que l'on tirait autour de l'autel et surtout devant le tabernacle pour en cacher la vue au public.

(2) Ce joyau n'était évidemment pas un chapeau, une coiffure ordinaire, mais une couronne ducale; sa haute valeur nous le prouve. En effet, trois mille frans d'or représentent environ cinquante mille francs en valeur intrinsèque et environ trois cent mille à la puissance actuelle de l'argent. On trouve à la p. 121 du vol. 1 du Catalogue de la collection Joursanvault l'indication d'un autre chapel donné à Valentine de Milan par son époux, désigné de façon suivante : *un chapel d'or, à fleurs de genêts, orné de huit diamens et huit rubis*. Un troisième chapel d'or, fait pour le duc d'Orléans, en 1391, par Jean du Vivier, orfèvre du Roi, est indiqué dans une quittance de ce dernier (B. N. Cab. des titres, Pièces orig., 3034, n° 67220, 5).

et lettres de quittance sur ce, nous voulons ladite somme estre allouée en vos comptes et rabatue de vostre recepte sans difficulté aucune par ceulx à qui il appartiendra, nonobstant ordonnance, mandement et défenses à ce contraires. Donné à Paris le xiie jour d'avril, l'an de grace mil CCC IIII^{xx} et dys.

Par mondit Seigneur le Duc.
Bontier.

B. N. Cab. des titres, Pièces orig., vol. 2152, n° 95 (Orléans, t. II).

V. — 1390, 16 mai.

12. Loys, fils de roy de France, duc de Touraine, conte de Valois et de Beaumont, à nostre amé Varlet de chambre Jehan Poulain, commis de par nous recevoir et garder les deniers de nos finances, salut : Nous voulons et vous mandons que, tantost ces lettres leues, vous, des deniers de nosdictes finances, paiez, baillez et délivrez à Richart le Breton, orfèvre demourant à Paris, la somme de six vins dix frans, en quoy nous lui sommes tenuz pour un grant hanap couvert et une esguière d'argent vermelz doré pesans ensemble xiii^m, que nous avons fait prendre et acheter de lui, chacun marc dix frans valent ladicte somme, lesquielx hanap et esguière nous avons donné à nostre amé aumosnier maistre Raoul de Justines (1) à sa première et nouvelle messe. Et nous voulons que, par rapportant ces présentes avec quictances dudit orfèvre, ladicte somme de vi^{xx}x francs ainsy paiée estre allouée en voz comptes et rabatue de vostre recepte par ceulx à qui il appartiendra senz aucun contredit, nonobstant

---

(1) Je n'ai trouvé aucun renseignement sur cet Aumônier du duc d'Orléans dont le nom paraît cependant une seconde fois dans les pièces des ducs d'Orléans (B. N. Cab. des titres, Pièces orig., 2152 n° 182). Dans le Catalogue Joursanvault (p. 82) nous trouvons la mention d'un gobelet donné par le Duc au frère de Pierre du Saillant son Écuyer, quand il chanta sa première messe. Ce frère se nommait Guillaume et était, en 1412, Prieur de Nontron, comme nous l'apprend un autre document (B. N. Cab. des titres, Pièces orig., 2606, n° 58009, 38).

quelconques ordonnances, mandemens ou deffenses à ce contraires. Donné à Paris le xvie jour de may l'an de grace mil CCC IIII^{xx} et dix.

Par Monseigneur le Duc,

Tierry (2).

B. N. Cab. des titres, Pièces orig., 505, n° 11432, 3.

VI. — 1390, 4 juillet.

Ce sont les parties que Jehan Vorin, fourbisseur, a baillié et livré a Boniface (1) et Enguerren, escuiers d'escuierie monsieur le Duc de Touraine, pour et ou nom de mondit Seigneur, depuis le xiie jour de jullet l'an mil CCC IIII^{xx} et dix jusques......

13. Premièrement, deux paires de harnois de jambes, c'est assavoir, grèves, cuisses (2), avambras, gardebras (3), un bacinet et iiii fers. Pour tout ce fourbir et netoier............. xxxii s.

14. Item, pour fourbir un beaume et iii paire de harnoiz pour les joustes, que on fist quant Montagu (4) se maria, excepté un avambras. Pour netoier tout ce... xxiii s.

15. Item, pour un rochèz (5) et vi rondelles (6). Pour

---

(1) C'est le même personnage que nous verrons nommé, plus loin, Boniface de Mores.

(2) La grève était l'armure qui défendait la jambe, du genou au pied, ou jambière; le cuissot ou cuissard défendait la jambe du genou à l'aine ; entre les deux était la genouillère, qui permettait à la jambe de se plier.

(3) L'avant-bras garantissait le bras du gantelet au coude, et le garde-bras ou arrière-bras du coude à l'épaule; entre les deux était la cubitière, enveloppant le coude.

(4) Jean de Montagu, vidame de Laon, fils de Girard de Montagu et de Biette Cassinel. Il fut conseiller, chambellan du roi, grand maître de France et surintendant des finances. Accusé de concussions et de crimes par le duc de Bourgogne et le roi de Navarre, il eut la tête tranchée aux Halles en 1409. Il avait épousé Jaqueline de la Grange. Son fils Charles avait épousé Catherine d'Albret et fut tué à Azincourt. C'est plutôt du fils que du père qu'il s'agit dans ce document.

(5) Le rochet est la lance de tournois ou courtoise terminée par un fer cylindrique et plat.

(6) Les rondelles étaient des plaques cylindriques appliquées par des rivets sur les parties faibles et particulièrement les jointures des armures.

tout ce netoier............................... XII s.

16. Item, despuis pour II petites espées de Bordeaux et une de Behaingne (1). Pour tout ce nétoier et fourbir... VIII s.

17. Item, pour II heaumes et III mains d'acier (2) pour la jouste, pour III avambras et III garde-bras et deux gaingne-pain (3). Pour tout ce................ XXXII s.

18. Item, pour VIII espées et III dagues. Pour les fourbir et netoier................................... XXI s.

19. Item, III haches et une darde d'acier (4). Pour tout ce netoier................................. XXIIII s.

20. Item, pour une arbaleste d'acier, fourbir et netoier... IIII s.

21. Item, pour V fers d'arsiguaie (5) fourbir....... XII s.

22. Item, pour VII lons fers de lance, III pièces de harnoiz de jambes, grèves et cuissoz, III paires de gantelèz, III paires d'avambras, une paire gardebras et un sollier d'acier (6). Pour tout ce netoier et fourbir.... XLIIII s.

23. Item, pour II dagues fourbir.................. II s.

24. Item, pour une espée de Bahangne; pour la garnir toute de neuf............................. V s.

25. Item, deux espées de Bordeaux quant Monseigneur ala en Lombardie (7), dont l'une est de parement (8), dont les pommeaux des II espées sont gravés et garniz de nuef, et a l'en mise en l'une IIII ausnes de foustanelle (9) pour la (10) pongnée. Pour tout ce. XVIII s.

---

(1) De Bohême.

(2) La main d'acier était le gantelet en acier articulé, par opposition au gantelet en mailles.

(3) Le gagne-pain était une épée de tournois non affilée.

(4) La darde était un trait d'arc ou d'arbalète.

(5) Ce mot ne se retrouve pas dans les glossaires.

(6) Armure du pied ou solleret.

(7) En 1389.

(8) De parade.

(9) Il s'agit d'un revêtement de futanelle, peau souple dont on entourait la garde de l'épée.

(10) Ces mots sont deux fois répétés dans la pièce originale.

26. Item, pour Jheaume (1) aus noces messire Guillaume de Namur (2), II mains d'acier, II paire d'avambraz et II paire de gardebraz et VII rondelles. Pour tout ce .... XXXVI s.

27. Item, pour une espée de Passou (3), avoir mis une croix et un pomeau tout de nuef et ycelle mesme fourbir autrefoiz et fait un fourreau. Pour ce .... XII s.

28. Item, pour Jheaume, pour la jouxte aux relevailles Madame de Touraine, pour II mains d'acier et II paires d'avambraz et gardebraz et v rondelles. Pour ce .... XXX s.

29. Item pour une espée de Passo fourbir et mettre I fourreau... IIII s.

Somme de ces parties.......... XX l. t.

Nous, Boniface et Enguerren, Escuiers d'Escurie de mondit Seigneur, certiffions avoir reçeu pour mondit Seigneur les parties contenues en ce roolle. En tesmoing nous avons mis à ce dit roolle nos seaulx, le IIIIe jour de juing CCC IIII^{xx} et XI.

B. N. Cab. des titres, 2152, n° 101 (Orléans, II).

VII. — 1390, 21 août.

30. Loys, fils de roy de France, duc de Touraine, comte de Valois et de Beaumont, à notre amé varlet de chambre Jehan Poulain, commis de par nous reçevoir et garder les deniers de nos finan-

---

(1) Ce personnage, dont le nom indique un méridional, ne reparaît pas dans les comptes d'Orléans. Peut-être était-ce un jouteur célèbre par sa force et son agilité ou encore un jouteur grotesque dont les tours servaient d'intermède aux combats plus sérieux.

(2) Guillaume II, comte de Namur, fils de Guillaume Ier et de Catherine de Savoie, dame de Vaud; il épousa successivement Marie de Bar et Jeanne d'Harcourt et mourut sans postérité en 1418. C'est de son premier mariage qu'il s'agit dans ce document.

(3) L'épée de Passou ou de Passo est certainement une arme fabriquée à Passau en Allemagne.

ces, salut : Comme nous soions tenus à Guillemin Arrode (1), orfévre demourant à Paris, en la somme de soixante frans d'or pour un hanap à couvescle et une aiguière d'argent vermeulx dorés, pesans ensemble vi marcs d'argent au feur de x sous le marc valant ladite somme, lequel hanap et aiguière nous avons fait prendre et acheter de lui ledit pris, et les avons fait donner à notre commère la femme de Jehan Tarenne (2), dont nagaires, avons fait tenir sur fons l'enfant en nostre non ; nous vous mandons que la somme lx frans d'or dessus dite, vous, des deniers de nos dites finances, paiez, baillez et délivrez audit Guillaume Arrode, et par rapportant ces présentes avec quittance sinée dudit orfevre, nous voulons ladite somme être alouée en vos comptes et rabatue de votre recepte par tout ou il appartiendra sans contest aucun, non obstant quelconques ordonnances, mandemens ou deffenses contraires. Donné Saint-Germain en Laye le xxie jour d'aoust l'an de grace mil CCC III^{xx} et dix.

Par Monseigneur le duc :
GILET.

B. N. Cab. des titres, pièces orig. t. 106, n° 2192, 3.

VIII. — 1391, 6 novembre.

Nous Valentine, duchesse de Touraine, contesse de Valois et de Beaumont, certiffions avoir eu de Jehan Poulain, varlet de chambre de Monseigneur et garde de ses finances, la vaisselle d'argent dont la déclaration s'ensuit, laquelle vaisselle nous avons par ledict Jehan faict bailler et délivrer à notre trés chiére

---

(1) Une pièce suivante porte le sceau de l'orfévre Guillaume Arrode dont voici la description : GVILLE. ARODE. Ecu semé d'étoiles, une bande chargée de quatre roses brochant sur le tout.

(2) Ce personnage était changeur, orfèvre et bourgeois de Paris ; il vivait encore en 1411. Il avait pour sceau une intaille antique représentant une tête laurée d'Empereur. Un de ses parents, nommé Simon Tarenne, était, en 1415, conseiller et trésorier-général du duc de Berri (B. N. Cab. des titres, Pièces orig., 2797, n° 26141, de 2 à 26).

et bien amée la dame de Mauronvillé (1), pour le faict de Loys notre trés chier et bien amé fils.

31. Et premiérement deux grans pos d'argent blant, de la veisselle de Paris, signés à noz armes ; pesans douze mars.

32. Item, cinq tasses d'argent blanches, aux armes de mon Seigneur ; pesans cinq mars, une once, deux estellins.

33. Item, six escuelles d'argent blanches aux armes d'Arragon ; pesans onze mars, sept onces.

34. Item, une esguière d'argent vérée (2), en façon de chaufferette (3) à nozdictes armes ; pesans deux mars et de mi.

En tesmoing de ce nous avons fait mettre noste scel à ces lettres.

Donné à Paris, le VIe jour de novembre l'an de grace mil trois cens quatre vins et onze.

Par madame la Duchesse,
Baraut.

B. N. Cab. des titres, Pièces orig., vol. 2152, n° 134 (Orléans, t. II).

---

(1) La dame de Mauronvillé est peut-être la femme de Simon de Moranvillers ou Morainvillers, écuyer tranchant et panetier du Duc d'Orléans, en 1403, puis bailli de Chartres et de Mantes en 1413 et 1415 (B. N. Cab. des titres, Pièces orig., 2041, n° 46608, 4, 10 et 11 ; 2155, n° 313). Cette dame était attachée au service de Louis d'Orléans, fils aîné du Duc, demeuré inconnu au Père Anselme, aux auteurs de l'*Art de vérifier les dates*, et que le Religieux de Saint Denis nomme mal à propos Philippe. Né avant mai 1390, ainsi que le prouve le compte de gésine de la Duchesse donné à cette occasion par Poulain (*ibid.*, 2153, n° 97), il mourut avant juin 1395. C'est, en effet, à cette époque que son nom ne se retrouve plus dans les comptes des trésoriers du duc d'Orléans.

(2) L'explication la plus probable de cette expression a été donnée par M. de Laborde ; il pense qu'un vase d'argent *véré* était doré sur certaines de ses parties. Nous verrons cependant dans des documents, entre autres dans l'Inventaire de 1481, le terme de *pots d'argent blanc vérés tout à plain*, probablement entièrement dorés, ce qui correspondrait à ce que l'on appelle aujourd'hui du *vermeil*.

(3) Cette aiguière ne ressemblait en rien à une chaufferette à chauffer les pieds, mais à une chaufferette à chauffer les mains, sorte de brasero de métal, placé sur une table et dans lequel on entretenait un feu doux sous la cendre. Cette aiguière devait donc avoir une large ouverture et ressembler plutôt à une buire qu'à une aiguière au col allongé.

IX. — 1392, janvier.

Cy après sont escriptes les parties de joyaulx et autres choses que Madame la Duchesse de Touraine a fait prendre et acheter de Jehan Tarenne pour les estraines de l'an IIII^{xx} et onze.

35. Premièrement, pour le Roy, un gros diamant fin, quarré, du pris de.................... II^c xx fr.

36. Item, un annel à un safir, pour la nourisse de Madame Isabel (1), du pris de............................. vi fr.

37. Item, pour la nourisse de Madame Jehanne (2) un annel à 1 balay, du pris de............................. vii fr.

38. Item, pour la femme de chambre de la Royne, un annel à 1 safir, du pris de............................. iiii fr.

39. Item, ii anneaulx pour les barsarresses (3) des deux filles du Roy, à chascune un annel où il y a un balay, du pris de vi frans la pièce, vallent............. xii fr.

40. Item, pour les iii filles qui sont avesques lesdites filles du Roy, iii anneaulx de ii frans la pièce; vallent............. vi fr.

41. Item, iii autres anneaulx d'or à ii petites perles, un balay ou millieu, pour les ii femmes de chambre des filles

---

(1) Isabelle, fille de Charles VI, née en 1389, épouse de Richard II, roi d'Angleterre, puis de Charles, duc d'Orléans, en 1406, morte le 13 septembre 1409.

(2) Jeanne, sœur de la précédente, née en 1391, mariée à Jean duc de Bretagne; morte en 1433.

(3) Les berceuses des deux princesses précédentes.

du Roy et à la mère de la Folle (1), chascune un annel du prix de II frans; vallent.................................... vi fr.

42. Item, II autres anneaulx à II perles pour la lavandière et pour l'ouvrière de la Royne, à II frans la pièce; vallent... IIII fr.

43. Item, VIII verges pour faire à sa voulenté, du pris tout de.................... IIII fr.

Somme des parties dessus dites.... II^c LXXIX fr.

Vaisselle d'argent dorée prise et achetée dudit Jehan Tarenne par madite Dame de Touraine.

44. Premièrement, un gobelet couvert, poinçonné (2), pesant II^m, v esterl., à IX fr. et demi le marc; vault............................... XIX fr. X s. p.

45. Item, autre gobelet couvert, hachié, pesant II^m, XII est. ob. (3) à IX fr. le marc; vault............................... XVIII fr. XI s. III d. p.

46. Item, un autre gobelet couvert, goderonné (4), pesant II^m, II est. ob. à IX frans le marc; vault................ XVIII fr. II s. III d. p.

47. Item, un autre gobelet couvert,

---

(1) Cette Folle est probablement celle qui paraît jusqu'en 1416 dans les comptes du duc d'Orléans, sous le nom de Coquinette et fut remplacée par des Folles nommées Belon, puis Marguerite. Les comptes des ducs d'Orléans mentionnent plusieurs cadeaux faits soit aux pères, soit aux mères de ces Folles. La Folle nommée Marguerite fut vendue par son père moyennant six écus d'or, et un Gentilhomme, qui l'avait procurée, fut gratifié en outre de deux écus d'or. Coquinette avait à son service une femme de chambre nommée Margot la Pidouye (B. N. Cab. des titres, Pièces orig., 2153, n° 223 — 2159, n° 653 — 2160, n° 677).

(2) Orné d'un dessin en creux exécuté à l'aide d'un poinçon.

(3) Ces deux lettres (le b. est barré) signifient obole. Il faut entendre par là que le poids dépassait légèrement le chiffre indiqué. Dans le cas présent le gobelet pesait, 2 marcs, 2 esterlins et une légère fraction en plus.

(4) Orné sur ses bords du dessin en relief bien connu et encore en usage, sous le nom de godron.

goderonné, pesant ɪᵐ, à ɪx frans le marc ;
vault.................................... xvɪɪɪ fr.

48. Item, un autre gobelet couvert,
hachié, pesant, ɪᵐ, vɪɪ onces, x estellins,
à ɪx frans le marc; vault............... xvɪɪ fr. ɪx s. p.

49. Item, un autre gobelet doré, lyé de
serreaux (1), pesant x estellins, à ɪx frans
le marc; vault......................... xvɪɪɪ fr. ɪx s. p.

50. Item, un autre pareil, pesant ɪɪᵐ,
xɪɪ est. ob., à ɪx frans le marc ; vault... xvɪɪɪ fr. xɪ s. ɪɪɪ d. p.

51. Item, un autre gobelet couvert,
pesant ɪɪᵐ, xvɪɪ est. ob., à ɪx frans vɪɪɪ s. p.
le marc, vault......................... xɪx fr.

52. Item un autre gobelet hachié, pe-
sant ɪᵐ, ɪɪɪɪᵒ, x est., à ɪx fr. le marc ; vault. xɪɪɪɪ fr. xɪɪ d. p.

53. Item un autre gobelet doré, couvert, poinçonné, pesant ɪɪᵐ, vɪɪ est. ob., à
ɪx fr. le marc; vault.................. xvɪɪɪ fr. vɪ s. ɪx d. p.

    Somme de ladicte vesselle...... ɪxˣˣ, fr. vɪɪ s. vɪ d. p.
    Somme toute des parties devant dictes. ɪɪɪɪᶜ xlɪx fr. vɪɪ s. v d. p.

Par Madame la Duchesse
Bontier.

B. N. Cab. des titres, Pièces orig., 2152, n° 144 (Orléans, II).

X. — 1392, 3 février.

54. Loys, fils de Roy de France, duc de Touraine, conte de Valois et de Beaumont, à nostre amé varlet de chambre Jehan Poulain, commis de par nous à recevoir et garder les deniers de nos finances, salut : Nous voulons et vous mandons que des deniers de nosdictes finances vous payés, baillés et délivrés à

---

(1) Ce gobelet était probablement orné de plusieurs cercles ou serraux ciselés.

Jehan de Clarcy (1), nostre brodeur et varlet de chambre, la somme de quatre cens trente trois frans pour la façon brodeure et l'or d'un pavillon de six couleurs (2) tout raché (3) d'or, lequel pavillon ledict brodeur a ja pieça fait pour nous. Et par rapportant ces présentes et quittance de nostredit varlet de chambre de ladicte somme de III^c xxx III frans, ycelle sera alloée en vos comptes et rebatue de vostre recepte partout où il appartiendra sans contredit, nonobstant quelconques ordenances, mandemens ou défenses à ce contraires.

Donné à Paris le IIIe jour de fevrier, l'an de grace mil CCC IIII^{xx} et onze.

Par monseigneur le Duc,
H. Guingant.

B. N. Cab. des titres, Pièces orig., vol 769, n° 17541.

XI. — 1394, 4 avril.

55. Sachent tuit que Robert le Seneschal (4), escuier et échan-

---

(1) Ce brodeur vécut au moins jusqu'en 1410; son nom est écrit tantôt Clarey, tantôt Clarcy, tantôt Clercy.

(2) Ce pavillon ou dais était probablement destiné à surmonter le fauteuil du duc ou de la duchesse d'Orléans ; c'est ce que prouvent son prix élevé et la richesse de ses broderies. Il faut remarquer en outre qu'il était composé de six couleurs variées et c'était le nombre de couleurs que Louis d'Orléans avait adopté pour sa livrée; nous verrons plus loin à chaque pas dans les comptes des tailleurs, brodeurs et fourreurs, ces mots : *les six couleurs de Monseigneur, les six couleurs comme les porte Monseigneur.* Le seul moyen que l'on puisse employer maintenant pour savoir quelles étaient ces couleurs, est de recourir aux manuscrits exécutés pour Louis d'Orléans, les peintres ayant souvent orné des couleurs de celui auquel était destiné le manuscrit, les meubles, les pavillons et les tentures représentées dans les miniatures qu'ils exécutaient. Mes recherches ont été vaines, les manuscrits connus pour avoir appartenu à Louis d'Orléans (B. N. mss. franç., 810, 811) étant exécutés en grisaille. M. Champollion, dans son ouvrage sur Louis et Charles d'Orléans, avance que ces couleurs étaient le rouge, le bleu, le blanc, le gris, le vert et le noir, mais il n'en donne aucune preuve.

(3) Ce mot, de même que *rachié*, signifie rayé; nous trouverons également *raie*, écrit *rache* et *rachie*.

(4) Robert le Sénéchal, nommé également Robin, d'abord échanson du duc d'Orléans et écuyer (1393-1394), était, en 1403, écuyer maître d'hôtel

çon de monseigneur le duc d'Orliens, certiffie avoir eu et receu de Jehan Baie, marchant et bourgeois de Paris, huit hanaps de madre (1) et quatre cailliés (2), lesquel ont, dès le xixe jour d'ottobre dernier passé, esté par moy prins et achetés de lui pour mondit Seigneur la somme de trente six frans d'or, si comme il peult apparoir par les lettres de mondit seigneur le Duc, sur ce faictes et données ledict jour. Tesmoing mon séel mis à ceste certiffication le IIIe jour d'avril l'an mil CCC IIII^{xx} et XIII.

B. N. Cab. des titres, Pièces orig., vol. 26,026, n° 1976.

---

et capitaine de la Ferté-Bernard. Il vivait encore en 1405. Son sceau représente un oiseau perché au haut d'un buisson pyramidal (B. N. Cab. des titres, Pièces orig., 2685, n° 59572, de 2 à 17). Ses armoiries sont deux jumelles en bande, à un lambel, l'écu supporté par des loups et timbré d'un heaume cimé d'une tiare (*ibid.*, 26,026 n° 1976).

(1) Des textes assez nombreux cités par M. de Laborde et d'autres textes découverts depuis par M. E. Molinier (Arch. nat. Trés. des ch. 146, n° 111, 1394) tendent à démontrer que le madre était du bois, contrairement à l'opinion de M. Douët-d'Arcq qui voulait y voir une pierre dans le genre de l'onyx. Mais je ne saurais être de l'avis de M. Laborde qui avance que le madre était toujours une matière sans valeur tirant uniquement son prix de celui de sa monture ; dans le texte précédent nous voyons, en effet, douze pièces estimées trente six francs d'or, c'est-à-dire trois francs d'or par objet, ou 250 ou 300 francs à la puissance actuelle de l'argent. Ce prix est supérieur à celui d'un vulgaire vase de bois. Il faut donc supposer que le madre acquérait de la valeur soit à cause de la rareté du bois que l'on choisissait parfois pour le travailler, soit à cause des ornements sculptés sur le corps du vase.

(2) Le callier était une tasse sans anse et à large ouverture, généralement en matière de peu de valeur. Ils étaient faits de telle sorte que, de même que certaines tasses japonaises, on pouvait en mettre plusieurs l'un dans l'autre, ou se servir des plus grands comme de couvercle pour les plus petits.

XII. — 1393, 27 mai; 1394. 21 janvier.

CE SONT LES PARTIES D'ORFAVERIE FAITES POUR MONSEIGNEUR LE DUC D'ORLÉANS PAR HANCE KARAST (1), ORFÈVRE D'ICELUI SEIGNEUR, DEPUIS LE XXVIIe JOUR DE MAY CCC IIII^{xx} XIII PAR LA MANIÈRE CY-APRÈS DÉCLARÉE :

56. Premièrement, ledit xxviie jour de may, pour l'or d'un boillon (2) mis en hault en un des cousteaux de mondit seigneur ouquel avoit taillé une arballeste (3) et fu baillié à Boniface de Morès (4), escuier de corps de Monseigneur; et poise ledit or, v esterlins à xxi karat, au pris de lx frans le marc, valent...................... xxxvii s. vi d. t.

Item, pour la façon................. xx s. t.

57. Item, le derrenier jour de may dessus-dit, pour la garnison d'une arballeste d'argent dorée, baillée à Perrin Pillot (5), tailleur et varlet de chambre de mondit Seigneur

---

(1) Hans Karast, nommé souvent dans les manuscrits des d'Orléans Hance Croist, était probablement, comme l'indique son nom, allemand d'origine. Il fut le fournisseur du duc d'Orléans au moins jusqu'en 1403.

(2) Bouton destiné à maintenir la soie du couteau dans le manche.

(3) L'arbalète, que nous verrons reparaître à satiété dans les documents suivants, était l'un des emblèmes adoptés par le duc Louis d'Orléans, de même que Charles VI avait choisi la branche de genêt et le duc de Bourgogne la fleur de marguerite. Lui, ses enfants et tous les gens de sa maison le portaient sur la manche gauche de leur vêtement, en drap, en broderie plus ou moins riche, ou en argent et en or.

(4) Boniface de Morès, nommé aussi de Moret et Morey, fut d'abord, en 1389, écuyer d'écurie du duc d'Orléans, puis écuyer de corps du même prince et du roi de France. Son sceau porte un écu à la bande bretessée, timbré d'une tête de femme de face placée dans une rose épanouie (B. N. Cab. des titres, Pièces orig., 1160, n° 26431, 59; 2049, n° 46713, de 3 à 17).

(5) Pierre ou Perrin Pillot, tailleur et valet de chambre de Louis d'Orléans, vivait encore en 1417. Il avait acquis les fiefs de Perreux et de Cheramy à Nogent-sur-Marne et ne laissa qu'une fille qui épousa Jean de la Fontaine. Son sceau représente un arbre auquel grimpe un singe et auquel est suspendu son écu chargé d'une orle de croisettes.

pour ycelle envoier devers mondit Seigneur
à Abbeville; pesant xiiii esterlins d'argent,
au pris de vi fr. vii s. le marc, valent.....   viii s. t.

58. Item, le xe jour de juing, pour la garnison de iii arballestes, ii dorées et une blanche, pour ycelles mettre és robes de la livrée de la bande vert (1); pesant iii onces ii esterlins et ob, valent.......................   l s. v. d. t.

Item, pour la doreure desdites iii arballestes dorées.........................   lx s. t.

Item, pour façon desdites iii arballestes.   lx s. t.

59. Item, ledit x^e jour de juing, pour ii bacins (2) pour une boutonneure (3) d'or, mise en une houppellande courte de veluau noir, pour mondit Seigneur, pesant v esterlins et i ferlin (4) d'or à xxi karat; au pris de lx s. le marc valent..................... xxxix s. iiii d. ob. t.

Item, pour la façon desdits ii bacins.....   xx s. t.

60. Item, le xxe dudit mois de juing, pour iii esterlins et ob. d'or de xxi karat emploié et mis à avoir refait, plus qui n'y avoit, un materaz de perles (5) audit pris de lx fr. le marc, valent..................... xxix s. ii. d. t.

Item, pour la façon dudit materaz.......   lx s. t.

61. Item, pour viii cosses (6) nuesves et les

---

(1) La Maison du duc d'Orléans était généralement vêtue de vert avec une arbalète sur la manche gauche et les six couleurs du duc sur la manche droite, ou en bande sur le corps du vêtement. Voir plus loin le compte de Perrin Pillot.

(2) Le mot *bacin* est ici équivalent de sonnette. On en suspendait aux boutonnières et aux ceintures.

(3) Rangée de boutons. On en trouve des matières les plus précieuses, d'or, de perles et de pierres fines.

(4) *Ferlin*, le quart d'un denier.

(5) Un matelas de perles me semble devoir être un semis de perles très rapprochées, cousues sur le tissu d'une étoffe doublée de fourrures.

(6) Il s'agit de cosses de genêt, emblème adopté par saint Louis qui avait

rives (1) mises en une des saintures d'or de Monseigneur, où le mot *Monseigneur de Bourbon* estoit fait de perles, pesant xi esterlins d'or de xxi karat, audit pris de lx frans le marc, valent.................... IIII fr. II s. VI d. t.

Item, pour la façon..................... LX s. t.

62. Item, ledit jour pour une noiz à arballeste (2), d'or, en laquelle a un ruby, pesant VII esterlins d'or à xxi karat, audit pris de LX frans le marc, valent.................... LVIII s. IIII d. t.

Item, pour la façon..................... XL s. t.

63. Item, le xxvie jour dudit mois de juing, pour la garnison d'une arballeste, pesant I once, II esterlins d'or à xxi karat, audit pris de LX s. le marc, valent.................... VIII f. V s. t.

Item, pour la façon..................... IIII l. t.

64. Item, le ve jour de juillet ensuivant CCC IIII^{xx} XIII, pour une sainture d'or pour Monseigneur, rivée sur un tissu neuf, en laquelle a IIII neusves fermeures (3), pesant VIII esterlins à xxi karat, audit pris de LX fr. le marc, valent.................... III fr.

Item, pour la façon de ladite sainture... XX s. t.

Item, pour le tissu d'icelle sainture..... III fr. VII s. VI d. t.

---

fondé un Ordre de Chevalerie, dont le collier était orné de ce fruit; il exista jusque sous Charles VII.

(1) Clous destinés à maintenir sur une courroie de cuir les plaques de métal qui ornaient la ceinture; leur tête, parfois très ornée, faisait saillie à l'extérieur et ils étaient rivés à l'intérieur.

(2) La noix de l'arbalète était la petite pièce plate et circulaire en acier, munie d'un crochet et d'une coche, sur laquelle venait s'accrocher la corde de l'arbalète quand elle était armée; une verge d'acier, s'enfonçant dans la coche, rendait la noix immobile jusqu'à ce que l'arbalétrier touchât la gachette. Alors la verge s'abaissait, la noix tournait sur elle-même et la flèche partait, chassée par la corde. Dans le Catalogue Joursanvault on trouve la mention d'un rubis acheté par le duc d'Orléans pour faire une noix d'arbalète à sa devise (t. I, p. 121; 1393).

(3) Boucles.

65. Item, pour deux arrests, (1) et troys bacins d'or, pour une boutonneure, assise en une des houppellandes de Monseigneur, de noir d'Angleterre, fourrée de menu vair, pesant 1 once ix esterlins ob. d'or à xxi karat, au pois de lx frans le marc, valent.......... xi fr. 1 s. iii d. t.

Item, pour la façon.................. vi l. t.

66. Item, le xie jour dudit mois de juillet, pour une arballeste d'or, qui poise, rebattu le cuir qui est dedens (2), iii onces, vii esterlins d'or, assise en une houppellande de drap de Damas, fourrée de veluau velu, audit pris de lx fr. le marc, valent................ xxvii fr.

Item, pour la façon de ladite arballeste.. xv l. t.

67. Item, le dit jour pour la garnison de ii arballestes, l'une d'or pour mectre en une houppelande bastarde de drap de Damas, fourrée de veluau velu (3), pesant une once, iiii esterlins à lx fr. le marc, valent ix fr., et l'autre d'argent dorée pour Monsieur de Bueil (4), pesant xiiii esterlins et ob. d'argent, au pris de vi fr. vii s. p., valent, pour tout ce xi s. viii d. t.; pour ce, pour or et argent................................. ix fr. xi s. viii d. t.

Item, pour la doreure de ladite arballeste d'argent et façon desdites ii arballestes..... c s. t.

68. Item, ledit jour, nuef aguillettes à

---

(1) L'ardillon d'une boucle.

(2) La présence du cuir dans cette arbalète démontre qu'elle n'était pas composée d'un simple métal repoussé, mais de fils d'or tissés ou brodés.

(3) Le velours était à poil long ou court, et on le nommait suivant le cas, *veluau velu* ou *veluau rez*.

(4) Jean de Bueil, seigneur dudit lieu, grand maître des arbalétriers de France, chambellan du duc d'Orléans en 1390 (Bibl. N. Cab. des titres, Pièces orig., 2153, n° 106); il était fils de Jean de Bueil et fut tué à la bataille d'Azincourt.

xviii bouz d'or (1) pour lassier le pourpoint
Monseigneur, pesant 1 once demi, au pris de
lx frans le marc, valent....................... vii fr. x s. t.

Item, pour la façon................... xl s. t.

69. Item, le ve jour d'aoust, pour xxiiii xii^{nes}
d'aguillettes, dont les bouz d'icelles poisent
1^m vi onces et demie d'argent, et sont lesdites
aguillettes pour mettre ès robes des paiges
de Monseigneur, au pris de vi frans, vii s. p.
le marc, valent............................. xi fr. xiii s, 1 d. ob. t.

Item, pour la façon desdictes xxiiii xii^{nes}
d'aguillettes................................ vi l. t.

70. Item, le viiie jour dudit mois d'aoust,
pour la garnison d'une arballeste d'argent
dorée, pesant une once vii esterlins, pour
mettre en la houppelande messire Phelippe
de Florigny (2), au pris de vi fr. vii s. le
marc, valent............................... xiii s. viii d. t.

Item, pour la doreure et façon de ladite
arbaleste.................................. xl s. t.

71. Item, le xviie dudit mois d'aoust, pour
la garnison d'une dague pour mondit Seigneur, tant pour le manche comme pour la
gaigne (3), pesant iiii^c v esterlins ob. d'or au
pris de lx frans le marc, valent........... xxxii fr.

Item, pour une pièce d'yvoire, dont le manche a esté fait............................. xxv s. t.

---

(1) Ces aiguillettes, aux bouts d'or ou d'argent, servaient à rattacher le pourpoint aux chausses.

(2) Philippe de Florigny, Flourigny ou Fleurigny, chevalier, était premier chambellan du duc d'Orléans, en 1388, il fut chambellan du roi en 1394, châtelain d'Yèvres en Gâtinais (1404) et souverain maître enquêteur des eaux et forêts du duc d'Orléans. Il vivait encore en 1408. Son fils, ou au moins son parent, Jean de Florigny lui succéda comme châtelain d'Yèvres. Son sceau représente un lion. (B. N. Cab. des titres, Pièces orig., 1168, n° 26613, de 2 à 68; 2850, n° 63311, 2).

(3) Gaine, fourreau.

Item, pour la lumelle (1) de ladite dague et le petit coutelet avec la façon dudit manche... xx s. t.
Item, pour la gaigne........................ ii s. vi d. t.
Item, pour façon de la garnison d'icelle dague.. xii s. t.

72. Item, le xxvie dudit mois d'aoust, pour la garnison de deux arballestes d'argent dorées, pesans ii° xvi esterlins et ob., au pris de vi fr. vii s. le marc, lesquelles ont esté assises, l'une en une gibecière de satin noir pour Monseigneur, et l'autre en la robe du sire de Cousant (2); pour ce............. xliiii s. t.
Item, pour l'or et la façon desdites deux arballestes.. lx s. t.

73. Item, le penultième dudit mois d'aoust, pour la garnison d'une arballeste, un bacin et un arrest d'or, pesant i once xvii esterlins, baillés à Perrin Pillot pour asseoir sur une houppellande de genestes (3) de Monseigneur, au pris de lx pour le marc, valent.. xiii fr. xvii s. vi d. t.
Item, pour la façon de ladicte arballeste, bacin et arrest d'or....................... vi l. t.

74. Item, xxixe d'ottobré pour deux garnisons d'or pour mettre en deux des espées (4) de mondit Seigneur, pesant v onces d'or à lx fr. le marc, valent.......................... xxxviii fr. x s. t.

---

(1) J'avais d'abord pensé, contrairement à l'opinion de M. de Laborde, que la *lumelle* ou l'*alumelle* était la garde d'une épée ou d'un couteau, mais ce mot a été employé jusqu'au xviiie siècle dans le sens de lame, d'estoc. On le trouve, avec l'orthographe *allemelle* et dans un sens obscène, dans une épigramme de J.-B. Rousseau, trop libre pour pouvoir être citée. (Livre IV, épigr. ix.)
(2) Guy de Cousan était échanson et grand chambellan du roi de France.
(3) Houppelande ornée de fleurs ou de branches de genêt, devise du Roi.
(4) Ces garnitures étaient destinées sans doute à la poignée ou à la gaine de ces armes.

Item, pour la façon et déchet d'or desdittes deux garnisons.................... vii l. t.

Item, pour les courraies............... xx d. t.

Item, pour tailler le trou de l'une desdites espées ou est escript YLET (1) et pour ycelles fourbir........................ v s. t.

75. Item, le derrenier jour d'ottobre ensuivant, pour la garnison de iiii arbalestes d'or, pesans tout ensemble ii° xv esterlins, lesquelles ont esté baillées à Jehan de Clarey, brodeur d'icelui Seigneur, pour asseoir en une houppellande, Monseigneur d'escallate vermaille, fourrée de martres subelines (2); au pris de lx fr. le marc, valent. xx fr. xii s. vi d. p.

Item, le derrenier d'ottobre, pour un arrest d'or pour Monseigneur, pesant xvii esterlins d'or, au pris de lx frans le marc, valent. vi fr. vii s. vi d. t.

Item, pour la façon desdictes iiii arballestes et dudit arrest.................. xvi l. t.

76. Item, le xe jour de novembre, pour vi colliers d'or avec vi campanes (3) pour mettre és robes de frize noire de la livrée de Monseigneur, pesans xvii esterlins et ob. d'or, à lx frans le marc, valent.......... vi fr. xi s. iii d. t.

Item, pour la façon d'iceulx............ lx s. t.

77. Item, pour trente colliers et trente cam-

---

(1) C'est-à-dire que l'une de ces deux épées avait une gouttière à jour dans laquelle on avait ménagé le mot *Ylet*. Ce mot, que nous verrons cité à plusieurs reprises comme une des devises habituelles du duc d'Orléans, est tantôt écrit *Ylet*, tantôt *Ilet*, tantôt *Il est* (voy. 92), ce qui donne le sens.

(2) La fourrure de martre était fort rare, mais la martre zibeline, que l'on écrivait tantôt *sébeline*, tantôt *subeline*, était d'une suprême rareté et était réservée aux grands personnages, tandis que la martre de Prusse, de moindre valeur, était employée par des seigneurs moins opulents. Je renvoie pour ce qui concerne les fourrures au compte de Thomassin Pottier, fourreur du duc d'Orléans.

(3) Clochettes.

panes d'argent dorées et xxvi semblables d'argent blanc, pesans vi onces, ix esterlins d'argent, qui valent audit pris de vi s. t. vii s. le marc.................................... v fr. v s. t.

Item, pour la façon et doreure desdiz trente colliers et façon des xxvi blancs; pour tout.. xii l. t.

78. Item, le xviiie jour de novembre, pour quarante colliers, xx dorés et vint blans, pour mettre ès dictes robes de frize, pesans iiii onces xix esterlins d'argent à vi frans vii s. le marc, valent..................... iiii fr.

Item, pour la doreure desdits xx colliers.
Item, pour la façon desdis xl............ viii l. t.

79. Item, le xxviie jour de novembre, pour une once vii esterlins d'or, mis par ledit Hance en une dague pour Monseigneur; à lx frans le marc, valent................... x fr. ii s. t.

Item, pour l'ivoire dudit manche, et pour la façon d'icelui manche.................

Item, pour la façon de la garnison du manche.. c s. t.

80. Item, le iiiie jour de décembre, pour deux colliers d'or à deux dandains (1) pour les robes de Messeigneurs les ducs de Bourgoigne et de Bourbon (2), pesant vi ester-

---

(1) Les dandains étaient de petites clochettes.
(2) La mode de se faire des cadeaux de beaux vêtements, ornés de broderies à la devise de celui qui faisait cette libéralité, était très répandue à la cour de Charles VI, et les princes y paraissaient vêtus de robes semblables en signe d'amitié. D'autres fois, les broderies représentaient sur les houppelandes les emblèmes de plusieurs princes alliés, comme nous en verrons bientôt des exemples. Un compte du tailleur Perrin Pillot nous apprend que, le 28 octobre 1393, le duc Louis d'Orléans, distribua à la fois cent seize houppelandes de frise noire *pour une livrée qu'il a fait à plusieurs chevaliers et escuiers, en chacune desquelles a vi bandes, entretaillées à viz, des six couleurs de Monseigneur, et sur l'une des manches de chacune houppelande a un*

lins ob. d'or à LX frans le marc, valent..... XLVIII s. x d. t.
    Item, pour la façon................... XVI s. t.
    81. Item, pour XII colliers d'argent doréz, pesans une once XIII esterlins, valent...... XXVI s. t. et ob. t.
    82. Item, le XIIIIe jour dudit mois, pour un bout mis sur le manche d'un coutel pour Monseigneur; poise plus que celui qui y estoit, IX esterlins avec la boutereule (1) d'ambas, valent......................... LXVII s. VI d. t.
    Item, pour la façon desdis XII colliers et dudit bout............................. L s. t,
    83. Item, pour une sainture d'or pour mondit Seigneur, à II boucles, pesans IIII onces, XVIII esterlins, valent............... XXXVI fr. XV s. t.
    Item, pour la façon de ladite sainture... IX l. t.
    Item, pour le tissu..................... XXIIII s. t.
    84. Item, ledit jour, pour un collier d'or pesant V esterlins, baillié par ledit Hance à Perrin Pillot, pour mectre en la robe d'escarlate vermaille, fourrée de martres sébelines, pour Monseigneur de Bourgoigne, à LX fr. le marc, valent.................... I fr. XIIII s. t.
    Item, pour la façon.................... XVI s. t.
    85. Item, ce jour, pour IX XII^{nes} d'aguillettes livrées par ledit Hance à Perrin Pilot, pour mectre en une houppellande de drap de damas noir, fourrée de martres sébelines, pour Monseigneur, pesans IIII onces, XIII esterlins d'or, à LX frans le marc, valent..... XXVII fr. XII s. t.

---

loup de broderie. La liste des personnes auxquelles fut faite cette libéralité commence par le Roi, les ducs de Bourgogne, de Bourbon, le Connétable et les plus brillants seigneurs de la Cour de France (B. N. Cab. des titres, Pièces orig., 2152, n° 167).

(1) La bouterolle est la petite gaine métallique qui termine par le bas le fourreau d'une épée ou d'un couteau.

86. Item, le xviii?? ??r de décembre, pour la garnison d'une arballeste d'or pour mettre en une houppelande bastarde (1) de drap de Damas noir, fourrée de mertre sébeline, pesant une once viii esterlins ; à lx frans le marc, valent........................... x fr. xiii s. ix d. t.
Item pour la façon de ladite garnison.... iiii l. t.
87. Item, ce jour, un arrest d'or, pesant xv esterlins d'or ; valent audit pris........ v fr. xii s. vi d. t.
Item, pour la façon dudit arrest........ xxiiii s. t.
88. Item, le xxe jour de décembre, pour v onces et ob. de boux d'or, xvii xii^{nes} et demie d'aguillettes carrées, torses, bailliées par ledit Hance à Perrin Pillot pour mectre en la houppellande Monseigneur, de drap de damas longue, fourrée de martres sébelines ; à lx frans le marc, valent........... xxxvii fr. xiii s. ix d.
89. Item, le xxiie jour dudit mois, pour v onces et ob. d'or pour autres aguillettes, et y en y ot xvi xii^{nes} et demie, livré audit Pillot pour mectre en ladite houppellande ; au pris de lx frans le marc, valent......... xxvii fr. x s. t.
90. Item, le xxiiie jour de décembre, pour une sainture d'un laz (2) de soye noire ront à deux boucles rondes et un petit mordant (3) d'or, pesant ledit or une once ii esterlins et

---

(1) Nous trouvons trois sortes de houppelandes indiquées dans nos documents, la houppelande longue, celle à mi-cuisse et la bâtarde. Cette troisième était d'une longueur intermédiaire entre les deux autres ; elle descendait aux genoux.
(2) Pour lacs, lacet de ruban.
(3) Le mordant, très différent de la boucle et de l'ardillon de la ceinture, était une pièce de métal pendue au bout de la ceinture qui dépassait la boucle. Cette partie de la ceinture, longue de quelques centimètres seulement chez les hommes, atteignait parfois le bas de la robe chez les femmes. Cependant le mot *mordant* a été employé par quelques rédacteurs comme synonyme de boucle.

ob. d'or ; à lx frans le marc, valent........ viii fr. i s. ix d. t.
Item pour la façon de laditte sainture bail-
liée ce jour à Godeffroy (1) et pour le laz
d'icelle sainture...................... c s. t.

91. Item, ce jour pour xiiii xii^{nes} d'abouz (2)
d'aguillettes d'or quarrées torses, livrées
par ledit Hance à Perrin Pillot pour mettre
à la grant houppellande devant dicte, pesans
iii onces xix esterlins et ob. d'or à lx frans
le marc, valent........................ xxix fr. xvi s. iiii d. t.

92. Item, le xxiiiie jour de décembre pour
xii xii^{nes} d'aguillettes, pesans iii onces xii esterlins, livrées par ledit Hance à Perrin Pillot, à lx frans le marc, valent............ xxvii f.

93. Item, ce jour pour un arrest garny de
v grosses perles et au bout d'un gros dyament, poinçonné à loups et d'ILET (3), livré
par ledit Hance audit Perrin, poisent tout
ensemble v onces, v esterlins et ob., dont il
fault rabattre, pour l'acier et dyamant, ix

---

(1) Ce personnage, nommé Godefroy Le Fèvre, avait été d'abord attaché en qualité d'apothicaire, puis de garde des deniers, à l'ancien duc d'Orléans, oncle de Louis, duc de Touraine, puis d'Orléans. Il entra dans la maison de ce dernier pour y faire le même office ; ses appointements étaient de 10 livres tournois par mois (B. N. Cabinet des titres, Pièces orig., 2154, n°s 246-261 ; 2582, n°s 57247-55).

(2) Les mots *about* et *bout* ont la même signification.

(3) Cet article indique bien quel était l'emploi de l'*arrêt* ou ardillon. La pièce principale était en acier, mais garnie d'or et ornée de pierres précieu-ses. Nous avons déjà vu paraître dans un article de ce compte (75) la devise *Ilet* ; quant au loup il avait été adopté pour emblème par Louis d'Orléans, ainsi que le porc-épic, que son petit-fils Louis XII rendit encore plus célèbre. Nous verrons le loup paraître comme motif d'ornement dans beau-coup d'articles des comptes suivants. Un beau sceau de 1406 de la châtel-lenie de Coucy représente d'un côté le château lui-même avec une poterne ouverte dans une terrasse sur laquelle est un écusson des d'Orléans ; cet écusson est soutenu par un loup accroupi tandis qu'un porc-épic est placé en travers de la porte. Le revers représente le même écu des d'Orléans timbré d'une tête de loup (B. N. Cabinet des titres, Pièces orig.)

esterlins; demeure iiii onces xvi esterlins, à
lx frans le marc, valent.................... xxxvi f.
Item, pour la façon dudit arrest........ xii f.

94. Item, ce jour, pour une petite pièce
de maille (1) d'or et deux campanes, pour
alongier une sainture des plates (2) de Monseigneur, pesant iiii onces un esterlin d'or
à lx frans le marc, valent................ xxx fr. vii s. vii. d. t.

Item, le xxve jour dudit mois, pour iiii pièces à largir les plates, ou il y a vi^c viii clouz, poisent ii onces xviii esterlins d'or; à lx frans le marc.................................... xxi fr. xv s. t.

95. Item, pour alongier le baudrier pour le hainselin(3) de Monseigneur, ii onces iii ob. d'or et y avoit iii clochettes, et le demourant en petiz cloux; à lx frans le marc, valent. xv fr. v s. vii d. ob. t.

96. Item, pour la façon des choses dessus dittes servans aux plattes et au hainsselin.. xx l. t.

97. Item, pour les annelès d'or pour le collier de la bonne martre (4) Monseigneur, pesant xviii esterlins d'or, à lx frans le marc, valent................................. iiii fr. x s. t.

Item, pour ceulx d'argent mis en cedit collier, pesans xii esterlins d'argent; à xi fr. x s. t. le marc, valent .... x s. t.

Item, pour la façon desdiz annelès d'argent et d'or....................... xl s. t.

98. Item, pour xviii xii^{nes} d'aguillettes

---

(1) Tissu de petits anneaux d'or entrant l'un dans l'autre; la cotte de mailles était un vêtement de guerre fait d'une étoffe pareille, mais d'acier.

(2) *Saintures de plates*, ceinture métallique.

(3) Le *haincelin* était une tunique serrée à la taille par une ceinture, un vêtement de voyage et non une sorte de houppelande, comme le pense M. Viollet le Duc.

(4) Le collier de la bonne martre était celui que le duc portait avec son vêtement doublé de la fourrure de martre la plus précieuse.

quarrées torses, petites, et III grans aguillettes pesans V onces d'or; à LX frans le marc, valent.................................... XXXVII fr. X s. t.

99. Item, pour la garnison d'une arballeste, pesant une once XII esterlins et ob.; à LX frans le marc, valent.................... XIII fr.

Item, pour la façon de ladite garnison.. IIII l. t.

100. Item, pour XII bouz d'aguillettes, VIII torses et IIII rondes, pesans VII esterlins et ob.; à LX frans le marc, valent.......... LVI s. IIII d. t.

101. Item, le XXVIII° jour de décembre, pour deux saintures sur tissus blans en façon de passe-rose esmailléz de rouge cler, et fleurs de jannettes, et de viretons parmi (1), pesans lesdittes deux saintures XIII onces XIIII esterlins d'or, sans les tissus; à LX frans le marc, valent............................ CXIII fr. V s. t.

Item, pour les deux tissus desdittes deux saintures........................... III fr.

Item, pour la façon desdittes deux saintures................................ LXX fr.

102. Item, pour deux petites boucles pour fermer un collier, pour le pourpoint de Monseigneur, pesans XII esterlins; à LX frans le marc, valent............................ III fr. X s. t.

Item, pour la façon desdittes deux boucles................................. XL s. t.

Item, pour le tissu ....

---

(1) Ces ceintures composées de plaques de métal rivées sur une étoffe blanche, étaient recouvertes d'émail représentant des roses trémières de couleur rouge clair, des fleurs de narcisse, nommées encore dans certaines contrées *jeannettes*, et de pointes de flèches triangulaires ou viretons; c'était un assez singulier assemblage. Le catalogue Joursanvault (t. I p. 127) fait mention de deux riches ceintures appartenant en 1400 au duc d'Orléans; elles étaient *d'or à gros boillons d'où pendaient des descoupures en manière de maille de haubergeon et une sonnette*. Elles étaient destinées à être portées sur deux haincelins.

103. Item, le xve jour de janvier, pour douze douzaines et une aiguillet d'or, livrées à Pilot, torses, pesans ii onces xviii esterlins; à lx frans le marc, valent............ xxi fr. xv s. t.

104. Item, ce jour, xiiii xii^{es} d'aguillettes, pesans iii onces et demie d'or; à lx frans le marc, valent.................................. xxvi fr. v s. t.

105. Item, pour iii douzaines et demie d'aguillettes, de quoy il y avoit deux longues et quatre grosses et les autres pareilles aux dessus dictes, pesans ii onces vii esterlins d'or; à lx frans le marc.............. xvii fr. xii s. vi d. t.

106. Item, pour la façon de cent dix sept douzaines et une aiguillette, contenues cy dessus en plusieurs parties, faictes pour le jaques (1) de Monseigneur et pour les houppellandes dessus dittes; à xiiii s. tourn. pour la façon de chacune douzaine, valent. lxxii fr. v s. t.

107. Item, pour une petite chesne d'or, ou on a fait X Y Z (2) et feuilles esmaillées de blanc et de rouge cler, pesant viii esterlins d'or; à lx frans le marc, valent........ iii fr.

Item, pour la façon..... .... xl s. t.

108. Item, samedi ensieuvant, pour un cornet d'or où en a fait deux bendes entour et cinq chesnons, un touet tors, une boucle et un mordant à liiii besans appellés cloz, plaz, esmaillés de rouge cler, (3), pesans un

---

(1) Le jacques était un pourpoint collant que l'on revêtait par dessus une cotte de mailles.

(2) Après avoir pris des modèles dans le monde des fleurs et des animaux, la fantaisie des orfèvres du xive siècle allait jusqu'à emprunter des motifs de décoration aux lettres de l'alphabet, abstraction faite de leur sens.

(3) Ce cornet était renforcé par deux bandes d'or qui en faisaient le tour et auxquelles étaient attachées cinq chaînettes (probablement deux du côté le plus mince et trois du plus large) rattachées à une chaîne d'or en forme

marc vii esterlins et ob. d'or à lxvi frans le
marc, valent.................................. lxvi fr. xii s. vi d. t.

Item, pour la façon................... xxvi l. t.

Item, pour le tissu .... xxviii s. t.

109. Item le xxie jour de janvier, pour quatre colliers iii blans et un doré, pesans x esterlins d'argent, livrés par ledit Hance à Perrin Pillot....................... vi s. vi d. t.

Item pour l'or; pour la façon .... xx s. t.

110. Item, pour une sainture d'or en laquelle a viii^{xx} viii perles, pesant icelle sainture iii^m i^o iii^c d'or à xxi karat, laquelle ledit Hance a faicte toute de neuf, et poise plus vi onces et ob. d'or que celui que on lui a baillé, et vault mielx l'or iiii frans pour chascun marc que le vielx; valent lesdictes vi onces et ob. au pris de lx fr. le marc, xlv fr. iii s. t. x d. t.

Item, pour l'amendement de ii^m ii^c et ob. d'or vault audit pris de lx frans pour marc viii fr.; pour tout .... liii fr. iii s. t.

Item, pour la façon de la dicte sainture.. iiii^{xx} f. t.

Somme toute des parties cy dessus contenues....................... xiiii^cxxv t. viii s. xi. d. t.

Loys.

B. N. Cab. des titres, Pièces orig., vol. 2153, n° 169 (Orléans, t. III).

---

de corde (*touet*). A cette chaîne, soit qu'elle fut passée en diagonale de l'épaule au côté, soit qu'elle fût en forme de ceinture, étaient pendus 54 disques d'or nommés besans fermés. Dans le compte de Poulain de septembre 1390 nous trouvons un cor mentionné dans les termes suivants : *Item, pour la garniture d'un cor d'Angleterre que Billy a apporté de Senliz à Paris, pour or, argent et façon, avec un laz de soie pour pendre ledit cor, par commandement de bouche de mondit Seigneur,* vii *frans* xv s. t. (B. N. Pièces orig., 2153 n° 106).

XIII. — 1393, 24 novembre.

111. Sachent tuit que je, Jehan du Vivier (1), orfèvre et varlet de chambre du Roy nostre sire, confesse avoir eu et receu de monseigneur le duc d'Orliens, par les mains de Godeffroy le Fevre, varlet de chambre et appoticaire de mondit seigneur d'Orliens, la somme de vint et une livres, dix huit sols, quatre deniers parisis, qui deubs m'estoient pour l'or et la façon d'un colier d'or en façon d'un cercle, garni de quatre cosses de fin or, pendens, esmaillés de vert et de blanc, tout pesant deux onces quatre esterlins et un ferlin d'or à xxi carat, qui valent pour l'avantage de l'or fin desdictes quatres cosses, xiii l. ii s. iiii d. p. ; et pour la façon dudict collier, et pour esmailler lesdictes cosses et pour déchet d'or, pour tout ce viii l. xvi s. p. (2). Lesquelles parties font ladicte somme de xxi l. xviii s. iiii d. parisis ; de laquelle somme je me tien pour content et en quicte mondict seigneur d'Orliens, ledict Godeffroy et tous autres à qui quittances en peuvent appartenir. Tesmoing mon scel et seing manuel mis en ceste quictance le xxiiiie jour de novembre l'an mil CCC IIII[xx] et treize.

B. N. Cab des titres, Pièces orig., vol 26026, n° 1924.

---

(1) Ce Jean du Vivier fut l'un des orfèvres parisiens les plus renommés de son temps ; son nom paraît souvent dans les comptes royaux, ainsi que celui d'Hennequin du Vivier, qui semble avoir été son père et orfèvre comme lui. Il fut successivement orfèvre de Charles V et de Charles VI (Douët d'Arcq, *Nouveaux comptes de l'Argenterie*, p. 186 n° 271. — Labarte, *Inventaire de Charles V*, p. 12 note). Il travailla souvent pour le duc d'Orléans. On le trouve mentionné dans les comptes de Poulain, de décembre 1390 et de février et mars 1391 (B. N. Cab. des titres, Pièces orig., 2152, n°° 108 et 157), et il fit pour lui une couronne d'or, une dague également d'or et d'autres joyaux (*ibid.*, 3034, n° 67220, 3, 5 et 6). Son sceau, suspendu à la quittance que je publie, représente son écu bandé de six pièces.

(2) Du Vivier fit pour Charles VI un bijou du même genre désigné dans sa quittance datée de 1390 sous le titre d'une *ceinture d'or double, serrée à deux costés, à colliers de cosses de l'Ordre du Roi*. Le prix de ce joyau était de 403 livres (B. N. Cab. des titres, Pièces orig., 3034, n° 67220, 2).

XIV. — 1394, 7 février ; 1394, 9 novembre.

Ce sont les parties d'orfaverie, tant d'or comme d'argent, que Hance Croist, orfevre et varlet de chambre de monseigneur le duc d'Orliens, a faittes et livrées pour mondit seigneur le Duc depuis le VIIe jour de fevrier CCC IIII^{xx} et XIII, jusque au IXe jour de novembre l'an MCCC IIII^{xx} et XIIII.

112. Ledit VIe jour de février CCC IIII^{xx} XIII, pour huit arrestz pour les boutonneures des jacques du Roy nostre Sire et de mondict Seigneur; quinze coliers avec quinze campanes torses pour les leups et quinze bacines pour les arondes (1) et quatre bous d'aguillettes, tout pour lesdiz jaques; pesans tout ensemble VI onces XV esterlins d'or; à LX frans le marc, valent.................................... L fr. XII s. VI d. t.

Item, pour la façon des choses dessus dites.. XVI fr.

113. Item, pour un annel d'or fin à un ruby, qui fu donné à Monseigneur de Berry, pesant VIII esterlins d'or, à LXVI frans X s. t. le marc, vault............................... III fr. II s. VI d. t.

Item, pour la façon d'icellui annel...... II fr.

114. Item, pour XII boucles et XII mordans esmaillés de noir, pour mettre ès deux jaques dessus diz, pesans II onces IIII esterlins d'argent, qui valent, à VI fr. X s. t. pour marc.............................. XXXVIII s. IX d. t.

Item, pour le tissu...................... VII s. VI d. t.

Item, pour la façon desdictes boucles et mordans................................ II fr.

---

(1) Ce vêtement était orné de loups qui avaient des colliers d'or auxquels étaient pendues des clochettes, et de petites hirondelles dans un nid en forme de bassin. Nous retrouverons plus loin des houppelandes avec cette même ornementation.

115. Item, pour une sainture à armes (1), qui poise plus qu'elle ne fesoit, une once vi esterlins d'argent; valent à vi x s. t. pour marc.............................. xxi s. iii d. t.
 Item, pour le tissu de ladicte sainture... xii s. vi d. t.
 Item pour la façon et doreure.......... i fr.
116. Item, pour un porc espy d'argent blanc pour la capeline (2) de mondit Seigneur pesant vii onces vi esterlins d'argent; valent à vi fr. x s. t. pour marc........... v fr. xvii s. vi d. t.
 Item, pour la façon d'icellui............ xv fr.
117. Le xviie jour de mars ensuivant, pour un bracelet de mondit seigneur le Duc, ouquel on a fait une pièce neufve au-dessus; le conte pesant une once d'argent plus que le viéz; à vi fr. x s. t. valent............. xvi s. iii d. t.
 Item, pour la façon.................... i fr.
118. Le xxe jour dudit mois de mars pour le bon bracelet de mondit Seigneur, ouquel a un dyament ou rondeau (3), où on a fait la pièce du goute (4) toute neufve, pesant plus une once, cinq esterlins d'argent que le viéz; vault à vi fr. x s. t. le marc.......... xx s. iiii d. t.
119. Item, pour mettre ledit diament en un autre châton, i esterlin et maille d'or; vault, à lx frans le marc................. xi s. iii d. t.
 Item, pour la façon dudit dyament, le mettre en œuvre, et reffaire le bracelet..... i fr.

---

(1) Ornée d'un écusson armorié ou peut-être encore destinée à soutenir une arme épée ou poignard.
(2) Vêtement composé d'une pèlerine et d'un capuchon.
(3) Aucun glossaire ne donne le sens de ce mot qui me paraît devoir signifier la partie la plus large du bracelet et la plus ornée.
(4) Peut-être le mot *goute* est-il mal écrit et faudrait-il lire *couté* : la *pièce du couté* d'un bracelet se comprendrait, tandis que j'ignore ce que peut signifier la *pièce du goute*.

120. Item, pour la garnison d'une espée pour mondit Seigneur, pesant une once xvi esterlins et ob. d'argent qui valent audit pris. . xxx s. t.

Item, pour la façon, pour or et pour la doreure.................................. ii tr.

121. Item pour ii gosses (1) pour un colier d'or qui pendent au bout d'icellui et sont esmaillées l'une de blanc et l'autre de vert, pesant ix esterlins d'or fin; vault, à lxvi fr. x s. t. le marc........................ lxxvii s. vi d. t.

Item, pour deux gosses plattes qui estoient cheuttes dudit colier, et une chaène à pendre la cheville (2) qui ferme ledit colier, et ii viretons qui ont esté faiz tous neufs, tous pesans viii esterlins et maille d'or; à lx fr. le marc, valent .... lviii s. ix d. t.

Item, pour la façon desdites gosses, une chayne et ii viretons.................. iiii fr.

122. Item, pour une cloche et une chayne faicte de la sainture d'arrests (3) de mondit Seigneur, pesant vi esterlins d'or; à lx frans le marc; valent................ xlv s. t.

Item, pour la façon................... ii fr.

123. Item pour un bracelet fait tout neuf pour ledit Seigneur dès le vi^e jour de ce présent mois de mars, pesant iii marcs, une once, v esterlins. Item, a esté miz oudit bracelet un grant balay (4) et viii autres pesans

---

(1) Cosses de genêt.

(2) Petite cheville de sûreté retenue par une chaînette, comme on en porte encore aux bijoux de prix, outre le ressort ordinaire.

(3) Le sens de cette expression est assez obscur. S'agit-il d'une ceinture remarquable par une boucle très ornée, ou qui aurait sur son pourtour plusieurs boucles placées pour le seul ornement?

(4) Rubis balais ou rose clair; c'était l'un des plus estimés au moyen âge, époque où l'on faisait plus de cas du rubis que du diamant.

avec l'or ɪɪɪ onces xv esterlins dont il fault rabattre pour le grant balay xɪɪ esterlins et un ferlin ; ainsi demeure qu'il y a oudit bracelet ɪɪɪ onces ɪɪɪ esterlins d'or ; à ʟx frans le marc valent xxɪɪɪ fr. vɪɪɪ s. p., et ɪɪ marcs v onces et demie d'argent, qui valent, à vɪ fr. x s. t. le marc, xvɪɪ fr. xvɪ s. vɪɪɪ d. t. : pour tout.. xʟɪ fr. vɪ s. vɪɪɪ d. t.

   Item, pour caindre (1) ledit grant balay..   xx s. t.
   Item, pour la façon dudit bracelet.......   xvɪ fr.

124. Item, pour la garnison d'un coustel à manche de madre, une once vɪɪɪ esterlins d'or, à ʟx frans le marc valent.............   x fr. x s. t.

   Item pour la façon d'icelle garnison.....   ɪɪɪ l.

125. Item, pour la garnison du pommeau d'une espée ou il y a esmaillé un loup d'un costé et de l'autre ɪ porc espy, tout pesant vɪɪɪ once xɪɪɪ esterlins et ob. d'or ; à ʟx frans le marc, valent................................   xɪɪ l. xɪ s. ɪɪɪ d. t.

   Item, pour la façon....................   ɪɪɪɪ fr.

126. Le vendredi xxɪɪɪɪ^e jour d'avril ensuivant, pour ɪɪ^c ʟxxɪ coliers d'or à sonnettes (2), pesant ensemble ɪɪ mars ɪɪ onces xvɪɪ esterlins d'or pour mettre en une houpelande longue de satin noir rachée, à loups espergniéz (3) ; à ʟx frans le marc, valent...   vɪɪ^{xx} l. vɪɪ s. vɪ d. t.

   Item, pour la façon....................   xʟ fr.

127. Item, le mardi v^e jour de may ensuivant ɪɪɪɪ^{xx}xɪɪɪɪ, pour une sainture d'or à vɪ

---

(1) Le mettre dans une armature en métal ; en termes techniques le monter.

(2) Ce vêtement était orné de 271 petits loups, devise du duc d'Orléans, dont chacun avait un petit collier doré et une petite sonnette.

(3) Ces *épargnés* avaient été sans doute ménagés par le brodeur qui avait couvert tout autour l'étoffe de broderies, tandis que les loups demeuraient de la couleur du fond.

couleurs à bous tenus (1), à II boucles, pesant un marc VII onces VIII esterlins et ob., et dont est à rabattre pour le tyssu XVIII esterlins et ob.; demeure pour l'or un marc VI onces et demie; à LXIIII frans le marc, valent.................................... CXVI l. t.

Item, pour la façon.................... XL fr.

128. Le lundi XIe jour dudit moys de may, pour XXXII crampons (2) d'or pour mettre en VII jaques de veluau noir pour mondit Seigneur.

Item, un arrest et x petiz coliers pour mettre en une houpelande longue de satin noir rachée d'or; tout pesant un marc XVII esterlins et demi; à LX frans le marc, valent... LXVI fr. VIII s. IX d. t.

129. Le XIIIe jour dudit mois de may ensuivant, XVI autres crampons d'or avec une chayne d'or pour lasser (3) ledit jaques, pesant ensemble v onces XVII esterlins et ob. d'or; à LX frans le marc, valent...... XLIII fr. XVIII s. X d. t.

Item, pour la façon de tous les crampons et autres choses dessus dictes............ XX fr.

130. Le XVIe jour dudit mois de may pour une sainture d'un cor (4) à dandins d'or, pesans, rabatu le tixu, I marc VII onces IX esterlins; à LX frans le marc, vault...... CXV l. XVII s. VI d.

Item, pour le tixu qu'il a paié.......... II fr.

Item, pour ledit cor qu'il a achetté et

---

(1) J'ignore s'il faut lire à bouts retenus ou à bouts minces.

(2) Ces crampons sont des agrafes.

(3) Ce système de fermeture est extrêmement simple; il se compose d'une double chaînette ou d'un double lacet passant par deux rangées d'agrafes et s'accrochant alternativement sur chaque rangée de manière à les serrer l'une contre l'autre.

(4) Ceinture à laquelle était suspendu un petit cor orné de clochettes et probablement destiné à être un simple ornement.

paié .... xvii s. vi d. t.

Item, pour la façon de laditte sainture... xx fr.

131. Le xxᵉ jour dudit mois pour ii crampons d'or pour mettre en un jaques pour Monseigneur, pesans vi esterlins; à lx frans le marc valent (1)....................... ii fr. v. s. t.

132. Item, pour une sainture gresle (2) d'or à campanes que Monseigneur a donnée au Roy dès le jour de Pasques fleuries CCC IIII××XIII, en laquelle sainture a viii neufves campanes et les pointes neufves nécessaires pour river laditte sainture, sur un tixu neuf, et poise xviii esterlins d'or; à lx frans le marc, vault................. vi fr. xv d. t.

Item, pour la façon des campanes et pour la river sur le neuf tixu .... vi fr.

Item, pour le tixu que ledit Hance a paié. xxx s. t.

133. Item, pour le signet (3) d'or de mondit Seigneur ou il a taillé un leu et un port espy, pesant viii esterlins d'or fin, vault ... lxv s. t.

Item, pour la façon.................... iiii fr.

134. Item, pour la garnison d'un coutel à manche de noire corne torse, en façon d'une espée, et est la housse d'or dedens le creux (4) et deux esmaulx dedens le pommel (5), l'un d'un loup et l'autre d'un porc-

---

(1) Cette première partie de ce compte se trouve dans les Pièces originales du Cabinet des titres de la Bibl. Nation., vol. 2153, n° 189 (Orléans, t. III).

(2) Ceinture mince.

(3) Petite tige de métal à laquelle étaient attachés les cordonnets destinés à marquer les pages d'un livre; on la nommait également *pippe*, comme l'a fort bien démontré M. de Laborde.

(4) Le sens du mot *housse* qui signifiait d'abord une couverture finit par dégénérer; on l'applique à toute espèce de garniture et d'ornement; ainsi dans l'article auquel renvoie cette note la housse était un ornement d'or appliqué dans la gouttière de cette arme.

(5) Pommeau; il était évidemment plat et circulaire de manière à pouvoir être orné d'émaux de deux côtés.

espy; pesant tout ensemble iiii onces xvii
esterlins et ob. d'or; à lx frans le marc,
vault.................................... xxxvi l. xi s. iii d. t.
    Item, pour la façon.................... viii fr.

    135. Le samedi, veille de Pasques, pour la
clef d'une arbaleste (1), pour une houppelande vermeille de Monseigneur, où il y a
iiii arbalestes, pesant ladicte clef iii esterlins
et ob. d'or; vault, à lx frans le marc...... xxvi s. iii d. t.
    Item, pour la façon.................... demi fr.

    136. Item, pour refaire le rondeau neuf du
bracelet de Monseigneur au dyament, où est
entrée une once vi esterlins d'argent oultre
le viéz argent; vault, à vi fr. x s. t. le
marc..................................... xxi s. ob. t.
    Item, pour la façon.................... i fr.

    Item, pour le boullon du rondeau, qui a
esté fait neuf pour ce que le viéz estoit
perdu, qui poise ii esterlins et ob. d'or fin,
vault..................................... xx s. t.
    Item, pour la façon.................... v s. t.

    137. Le xxviie jour de may CCC IIII^{xx},
XIIII pour ii arrests d'or pour mectre en ii
houppelandes de camelot vermeil fourrées
de menu ver (2), l'une pour le Roy et l'autre
pour mondit Seigneur, pesant xvii esterlins;
à lx frans le marc, valent................ vi l. vii s. vi d. t.
    Item, pour la façon.................... iii fr.

    138. Item, pour le jaques de Monseigneur
fermant à crampons, ix^{xx} iii bous de esguillettes d'or, pesans ensemble xiii onces

---

    (1) La clef de l'arbalète était la manivelle avec laquelle on opérait une traction sur la corde pour l'armer.

    (2) Fourrure blanche et grise composée de dos et de ventres de vairs placés alternativement.

vii esterlins d'or pour mettre oudit jaques;
lx frans le marc........................... c l. ii s. vi d. t.
   Item, pour la façon................... xviii fr.

139. Le iie jour de juing ensemble pour xxvi bouz d'aguillettes d'or torses, une chaesnette d'or pour pendre une espée à mettre au costé, et x petiz bacins pour y mettre rondéles qui seront en un nic (1); et sont les xxvi bouz dessus diz pour fermer un pourpoint de Monseigneur; à lx frans le marc, valent................ xi l. ii s. vi d. t.
   Item, pour la façon................... iiii fr.

140. Item, pour un colier d'un leu d'argent qui a esté baillé à messère Phelippe de Florigny pour mettre en un jaques; pesant v esterlins; vault, à vi fr. x s. t. le marc.... iiii s. ii d. t.
   Item, pour or et façon................ i fr.

141. Item, vi xii^{nes} d'aguillettes d'argent et xvii coliers d'argent pour loups, à mettre en une houpelande d'escarlate vermeille pour Loys, monseigneur; pesant v onces et demie; à vi frans et demi le marc, valent......... iiii fr. iii s. vi d.
   Item, pour la façon................... iii fr.

142. Item, vi douzaines d'esguillettes d'argent pour mettre en une houpelande de drap de damaz, pour ledit Loys, monseigneur, pesant iiii onces viii esterlins; à vi fr. x s. le marc, valent............................ iii fr. xi s. iii d. t.
   Item, pour la façon................... ii fr.

143. Item, pour un vireton d'or à mettre ou colier d'or de Monseigneur, pesant ii esterlins maille d'or....................... xviii s. ix d. t.

---

(1) Nous avons déjà vu plus haut un article presque identique; il s'agit ici de petites hirondelles, brodées dans un nid en forme de bassin d'argent.

Item, pour la façon..................... 	ɪ fr.

144. Item, le xᵉ jour de septembre pour ɪɪ viretons d'or pour mettre au colier de Monseigneur, pesant vɪɪ esterlins d'or; valent..................... 	ɪɪ fr. xɪɪ s. vɪ d. t.

Item, pour la façon..................... 	ɪɪ fr.

145. Item, un boillon esmaillé de rouge clerc pour mettre ou bracelet de Monseigneur; pour ce, pour or, argent et façon.. 	ɪ fr.

146. Item, pour ɪɪ boulons d'or fin esmailléz de vɪ couleurs, pesant ɪɪ esterlins, émaillé d'or fin, pour mettre ou bracelet de Monseigneur où le diament est; valent.... 	xxvɪɪɪ s. ɪx d. t.

Item, pour la façon..................... 	ɪ fr.

147. Item pour une esguillette d'or qui poise un esterlin, pour lacier un pourpoint pour Monseigneur..................... 	vɪɪ s. vɪ d.

148. Item pour xɪɪɪ esguillettes d'or, qui poisent xɪɪɪ esterlins, pour lassier un des pourpoins de Monseigneur..................... 	ɪɪɪɪ l. xvɪɪ s. v. d. t.

Item, pour la façon desdictes xɪɪɪ aiguillettes..................... 	ɪ fr. et demi

149. Item, le vɪɪɪᵉ jour d'ottobre ɪɪɪxxXIV, fu livré par ledit Hance Karat un mordant et ɪɪɪ fermeures (1) avec quatre petiz clos tout d'or, pour mettre en une courroye de l'une des espées de Monseigneur; tout pesant ensemble xv esterlins d'or; à ʟx frans le marc, valent..................... 	v fr. xɪɪ s. vɪ d. t.

Item pour la façon desdiz mordant, fermeures et cloz..................... 	ɪɪ fr.

150. Le xxvɪᵉ jour dudit mois d'ottobre

---

(1) Ce mot ne paraît pas devoir désigner un objet différent d'une boucle ou d'une agrafe, si nous nous rapportons aux mots *fermail* et *fermoir* qui en sont dérivés.

fu livré par ledit Hance ii coliers d'or pour mectre en deux houpelandes de veluau noir fourrées de bièvres (1); et ont esté assis lesdiz coliers sur ii bestes appelléez tigres; pesans ensemble xv esterlins et maille d'or; à lx frans le marc, valent.................. v fr. xii s. vi d. t.

Item, pour iiii cosses de geneste pour les deux coliers dessuz diz; pesans iiii esterlins d'or; à lx frans le marc valent......... xxx s. t.

Item pour la façon desdiz ii coliers et iiii cosses............................. iiii fr.

151. Le xxixe jour dudit mois fu livré par ledit Hance iii^c esguillettes d'or avec le fil pour les river, pour mettre en deux houppelandes pour Monseigneur, l'une longue et l'autre courte, de veluau noir à loups rachéz, pesans ensemble lesdictes esguillettes ii^m une once xviii esterlins d'or; à lx frans le marc, valent................. vi^{xx} fr. v s. t.

Item, pour la façon desdictes esguillettes qui font xxv xii^{nes}...................... xxiiii fr.

152. Item, fu livré pour ledit Hance lvi coliers d'or à lvi dandins Teurs (2), pour mettre ès loups desdictes houppelandes; pesant ensemble iiii onces ix esterlins et maille d'or; à lx frans le marc, valent..... xxxiii fr. vii s. vi d. t.

Item, pour la façon desdiz coliers et dandins............................... xii fr.

153. Item, ledit jour fu livré par ledit Hance la garnison d'une arbaleste d'or

---

(1) La bièvre était une fourrure de loutre très fine et fort rare. Quelques auteurs attribuent le nom donné à la rivière de Bièvre à l'abondance des loutres qui fréquentaient ses bords.

(2) Clochettes turques. Cette épithète se donnait évidemment à des clochettes d'une forme particulière mais qu'il n'est plus possible de déterminer aujourd'hui.

pour l'une desdictes houpelandes; ladicte
garnison pesant une once et un esterlin
d'or; à lx frans le marc, vault............ vii fr. xvii s. vi d. t.

Item, pour la façon de ladicte garnison
d'arbaleste............................ v fr.

154. Le .v^e jour de novembre ensuivant, fu livré par ledit Hance vi^{xx} bouz d'esguillettes d'or pour mettre en une houpelande de drap de damaz fourrée de martres sébelines pour Monseigneur; pesant vii xii esterlins; à lx frans le marc, valent......... lxii l.

Item, pour la façon desdictes vi^{xx} xviii esguillettes qui font xi xii^{nes} et mi esguillettes. x fr.

155. Le ixe jour dudit mois de novembre, fu livré par ledit Hance xxiiii crampons d'or pour mettre sur ladicte houppelande autour de l'assiette (1) des manches; pesans ensemble vi onces xvi esterlins d'or, à lx frans le marc, valent.................. xl fr.

Item, pour la façon desdiz xxiiii crampons. x fr.

156. Item, fut livré par ledit Hance un marc d'or pour faire une sainture que mondit Seigneur lui ordonna faire pour monsieur de Viezpont (2); pour ce, pour ledit or à lx francs le marc, vault................ lx fr.

Item, pour la façon de ladicte sainture.. xxiiii fr.

Item, pour le tissu d'icelle sainture...... xviii l. p.

157. Item, baillé par ledit Hance à mondit Seigneur un petit dyament, lequel est en un

---

(1) L'assiette des manches est ce que l'on nomme aujourd'hui l'entournure.

(2) Yves de Vieuxpont, chevalier, baron de Neufbourg, Courville et Villepreux, chambellan du duc d'Orléans, fut tué à la bataille d'Azincourt. Il était fils de Jean de Vieuxpont et de Jeanne de Vendôme et avait épousé en 1400 Blanche de Harcourt.

annel plat q'icellui Seigneur porte; pour ce.   vi fr. xv s. t.

158. Item, baillé par ledit Hance vi onces et demie d'argent pour une dague et une sainture pour Loys, monseigneur, qui valent..........................   v fr. vii s. vi d.

Item, pour la façon et pour le tissu de ladicte sainture.......................   vii fr.

SOMME TOUTE des présentes cy-dessus escriptes............... xiiii^c xli l. x s. viii d. ob. t.

Sur quoy ledit Hance a receu les parties d'or et d'argent en la manière qui ensuit :

159. C'est assavoir, le xxie jour de mars l'an mil CCC IIII^{xx} et XIII, un cent de campanes d'or par la main Jehan de Clercy, brodeur, pesans ensemble v onces viii esterlins, qui estoient à Monseigneur ; à lx frans le marc valent........................   vl fr. x s. t.

160. Item, le xxvie jour dudit mois de mars IIII^{xx} et XIII, par la main de Godefroy le Fevre, deux bous d'une chesne faiz en manière de maille de haubergon (1) avec le fermail (2), tous donné à Monseigneur par monsieur de Berry ; pesans lesdiz deux bous et ledit fermail un marc vi onces xvi esterlins

---

(1) Le haubergon était un pourpoint de mailles de fer serré à la taille et fendu sur les épaules. Par assimilation on nomma une broderie en mailles d'haubergon celle qui était composée de petits anneaux entrelacés, comme l'étoffe de fer dont était faite cette cuirasse.

(2) Agrafe en deux parties destinée à réunir les deux côtés d'un vêtement. Ce qui le distinguait de l'agrafe ordinaire, c'était sa dimention et surtout la richesse de son ornementation. Dans le compte de Poulain de décembre 1390, il est fait mention d'un fermail d'or garni de pierreries acheté avec quelques autres objets de Simon de Dampmartin, orfèvre à Paris, pour 341 francs. Dans un autre compte du même de février et mars 1391 on lit : *A Jean Tarenne, changeur et bourgeois de Paris, qui deubs lui estoient pour un fermaillet d'or, garni d'un gros saphir,* iii *balleys et* ix *perles,* iiii^{xx} *francs.. pour donner... au Roy nostre sire, ledit fermaillet* (B. N. Pièces orig., 2152, n°s 108 et 157).

et ob., à LXVI frans le marc valent.......... VI^{xx} l. x s. t.

161. Item, le premier jour de may CCC
IIII^{xx} et XIIII, dudit Godeffroy l'or d'une
hoppellande ; c'est assavoir : un bassin, un
v et plusieurs fleurs de gennettes et de gosses ; une arbaleste avec l'or de l'arest que
Harmen (1) fist ; et aussi l'or d'un bonnel-
let (2) ; tout pesant ensemble III^m du tout
net ; à LX frans le marc, valent.......... IX^{xx} fr.

162. Item de Godeffroy le Fèvre pour
tourner et convertir à faire bous d'aiguillettes d'or pour mettre en une houppellande de satin noir pour Monseigneur et
aussi XXIIII crampons pris cy dessus en despence................................. VI^{xx} fr.

163. Item, le VIIIe jour de novembre
IIII^{xx} et XIIII par la main de Hue le Plastrier (3), varlet de garde robe de Monseigneur, plusieurs bous d'aguillettes d'or qui
estoient en une hoppellande de drap damas
noir, fourrée de martres sébelines ; tout
pesant ensemble VIII onces IV esterlins ; dont
ledit Hance a délivré III arrests avec la garnison d'une arbaleste pour mettre en une

---

(1) M. de Laborde cite, à l'article *Diamant* de son Glossaire, un Hermann renommé en 1407, parmi les joalliers parisiens, pour son habileté à tailler cette pierre précieuse. Un Jean Harmant était en 1405 maître de la chambre aux deniers du roi (B. N. Cab. des titres, Pièces orig., 1486, n° 33595, 2). Peut-être était-ce le même personnage, car cette sorte de cumul n'avait rien d'insolite au XVe siècle.

(2) Je crois à une erreur du scribe et que ce mot doit se lire *bourrelet* ; c'était une torsade souvent ornée d'orfèvrerie et de pierres fines, qui surmontait le casque et sur laquelle reposait le cimier. Nous en verrons des exemples dans le cours de ce travail.

(3) Ce Hue ou Huet le Plastrier continua à remplir auprès de Charles d'Orléans les fonctions qu'il remplissait dans la maison de son père ; il était encore valet de la garde-robe en 1411 (B. N. Cab. des titres, Pièces orig., 2298, n° 51978, 2).

autre houppelande pour mondict Seigneur ;
pesant ensemble deux onces xvi esterlins.
Pour cecy, pour le demeurant, v onces xiii
esterlins d'or; à xl frans le marc.......... lxii l. vii s. vi d. t.

164. Item, le iiie jour de décembre CCC
IIII^{xx} et XIIII, fut baillé audit Hance par
la main dudit Hue le Plastrier plusieurs
bous d'aiguillettes avec la garnison d'une
arbaleste, tout pesant ensemble six onces
et demi, en ce comprins le déchet qui monte
demie once; et avoient esté prins en une
hoppelande à my jambe de drap de damas
noir, fourrée de martres sébelines; au pris
de lx frans le marc, valent .... xlviii l. xv s. d.

Somme .... v^c liiii l. ii s. vi d. t.

Demeure qu'il est deu audit Hance viii^c iiii^{xx} vii l. viii s.
ii d. ob. t.

Le compte fu fait avecques ledit Hance du commandement
de bouche de mondit seigneur le Duc, le xxe jour de décembre
l'an mil CCC IIII^{xx} et quatorze, par moy.

GUINGUANT (1) et moy POULAIN (2).

---

(1) Hugues de Guinguant ou Guingamp fut d'abord clerc et secrétaire du Roi en 1385, puis il fut conseiller du Roi et du duc d'Orléans, en leur Chambre des comptes, garde des chartes du duc (1391-1403), enfin auditeur des comptes (1406). Il reçut en 1394 deux cents francs de récompense pour avoir surveillé la construction de la chapelle des Célestins que Louis d'Orléans faisait construire. Son écu était à un chevron hochant sur un aigle et cantonné de mouchetures d'hermine (B. N. Cab. des titres, Pièces orig., 1448, n° 32835, de 4 à 22).

(2) Cette seconde partie de ce compte existe dans les Pièces originales du Cabinet des titres de la Bibliothèque Nationale, vol. 2153, n° 186 (Orléans, t. III). Voir la note 1 de la page 122.

XV. — 1394, 7 février; 1395, 31 janvier.

CE SONT LES PARTIES DE PLUSIEURS ETOFFES ET FAÇONS DE BRODEURE FAITTES, BAILLÉES ET LIVRÉES PAR JEHAN DE CLAREY, BRODEUR ET VARLET DE CHAMBRE DE MONSEIGNEUR LE DUC D'ORLIENS, PAR LE COMMANDEMENT ET ORDONNANCE DE MONDICT SEIGNEUR, TANT POUR LUY COMME POUR LOYS ET CHARLES, MESSEIGNEURS SES ENFANS, COMME POUR PLUSIEURS AUTRES PERSONNES. C'EST ASSAVOIR DEPUIS LE VIe JOUR DE FEVRIER L'AN MIL CCC IIII^{xx} ET XIII JUSQUES AU DERRENIER JOUR DE JANVIER L'AN MIL CCC IIII^{xx} ET QUINZE.

165. Premièrement, le vi^e jour de fevrier l'an mil CCC IIII^{xx} et XIII, une longue hoppellande de satin noir toute rachiée d'or cousue de soye noire, à loups espergnéz et fourméz du champ, et les vi couleurs de Monseigneur à vis (1) devant et derrière, toute de brodeure par dessus le rachié (2), et sur la manche senestre d'icelle hoppellande une grant arbaleste de brodeure d'or et de perles par dessus le rachié; pour or, soye et pour paine d'icelle hoppelande.............. II^c LXXVI fr. VI s. t.

166. Item, pour mondit Seigneur, un petit pourpoint de satin noir et est la gorgerette de maille d'argent de Chippre (3) et descoupeures d'or de brodeure en manière de haubergon, et sur la manche senestre d'icellui pourpoint une petite arbaleste de brodeure; pour or, soye et paine...... VII fr.

---

(1) C'est-à-dire que six bandes d'étoffes de couleurs différentes formaient devant et derrière ce vêtement autant de spirales qui se compénétraient.

(2) Cette indication démontre quel était le luxe de ces vêtements dont on brodait d'or même les parties qui devaient être cachées par des ornements taillés dans d'autres étoffes.

(3) L'argent de Chypre était doré et filé en minces filaments, soit cylindriques, soit applatis, dont on se servait pour broder.

167. Item, le ix⁰ jour d'avril ensuivant pour mondict Seigneur sur la manche d'une hoppellande de gros de Moustiervillier (1) en laquelle les vi bendes de Monseigneur sont, une arbaleste de brodeure; pour or, soye et paine.............................. iiii fr. x s. t.

168. Item, le xi⁰ jour dudit mois d'avril pour mondict Seigneur, une arbaleste pareille mis en la hoppelande de gros de Moustiervillier pareille à celle de devant; pour or, soye et pour paine.................. v fr.

169. Item, celui jour pour Loys, monseigneur, une hoppellande d'escarlate vermeille à une arbaleste de brodeure sur la manche ; pour or, soye et pour paine. . . . iii fr.

170. Item, pour ledit Loys, monseigneur, celui jour, en la pate (2) de deux chapperons d'escarlate, de mesmes laditte hoppellande, un leup en l'un et en l'autre IL EST (3) et le bout des cornettes (4) d'iceulx chapperons de mesmes ; pour argent, soye et paine xxviii s. p. valent................. xxxv s. t.

171. Item, le xv⁰ jour dudit mois d'avril pour mondit Seigneur, une arbaleste au

---

(1) M. Francisque Michel, dans son ouvrage si plein de recherches sur la fabrication des étoffes d'or et de soie au moyen âge, ne signale pas cette manufacture de Moutiervillers. Si le mot *gros* avait au xiv⁰ siècle le même sens qu'aujourd'hui, on fabriquait dans cette ville des étoffes de soie. Nous trouverons cependant plus loin les produits de Moutiervillers classés sous le nom de vert brun et de gris brun parmi les étoffes de laine. Ce mot *gros* a pu signifier drap épais.

(2) La patte du chaperon était une bande d'étoffe, simple ou double, attachée sur le côté de la forme de cette coiffure; elle faisait le tour du haut de la poitrine et des épaules et retombait sur le devant.

(3) Nous avons vu ce mot écrit *Illet* et *Yllet*.

(4) La cornette du chaperon était une sorte d'aigrette d'étoffe qui se dressait en éventail sur le devant de cette coiffure ; ce mot dérivait sans doute de *corne*.

costé d'un jaques de veluau noir, ouquel jaques les vi couleurs de mondit Seigneur sont entaillées; pour or, soye et paine..... viii fr.

172. Item, le viie jour de may l'an mil CCC IIII^xx et XIIII, un grant leup sur la manche d'un jaques de veluau noir, lequel jaques Monseigneur donna à messire Phelippe de Florigny; pour or, soye et paine xl s. p., valent.................. l s. t.

173. Item, le vie jour dudit mois, en une hoppelande à demie jambe, d'escarlate vermeille, où sont les vi couleurs de Monseigneur, une grant arbaleste de brodeure, sur le costé senestre; pour or, soye et paine... x fr.

174. Item, le xvie jour dudit mois, pour le Roy et pour Monseigneur, deux hoppellandes longues de camelot en graine (1), à colet assis (2), et y sont les vi couleurs de mondit Seigneur entaillées (3); en chascune d'icelles hoppellandes une grant arbaleste de brodeure sur le costé senestre, et sur la manche destre un i d'arondes (4) de brodeure, et l'assiette des manches ouvrée de petiz viretons de brodeure et maille de brodeure en l'assiette desdites manches; pour

---

(1) Le camelot ou camelin était une étoffe granulée qui, d'après M. Francisque Michel, se fabriquait beaucoup à Bruxelles. Son nom indique que primitivement elle était faite de poil de chameau; la trame en était de poil de chèvre. Les mots *en graine* ont aussi le sens d'écarlate.

(2) Les houppelandes étaient généralement à collet droit, remontant jusqu'aux oreilles, mais, à la fin du xive siècle, la mode fut aux collets rabattus que l'on nomme collets assis.

(3) Cette expression signifie que ces bandes de couleurs n'étaient pas cousues sur le vêtement une fois terminé mais qu'elles en faisaient partie intégrante. C'est le contre-pied de celle que nous avons vue plus haut : *faite par dessus le rachié*.

(4) Avec la liaison de la consonne finale sur la voyelle initiale du mot suivant, la prononciation donne le vrai sens : *un nid d'arondes*.

soye, or et paine................. xlviii fr.

175. Item, le xxvie jour dudit mois de may, pour Loys, monseigneur, une hoppellande d'escarlate vermeille, en laquelle a vi bendes entaillées des vi couleurs de Monseigneur et une arbaleste sur la manche; pour argent, soye et paine............ iii fr.

176. Item, celui jour pour ledit Loys, monseigneur, un leup au costé senestre d'une hoppelande de satin noir, en laquelle hoppellande les vi couleurs de Monseigneur sont entaillées; pour argent, soye et paine. iii fr.

177. Item, pour ledit Loys, monseigneur, deux chapperons ouvréz de un leup, l'un et l'autre, et de IL EST, et le bout de la cornette d'iceulx chapperons, en une petite arbaleste et l'autre d'un leup et IL EST; pour argent, soye et paine xxiiii s. p., valent.......... xxvii s. vii d. t.

178. Item, le iiie jour de juillet ensuivant pour mondit Seigneur, une longue hoppellande de noir d'Angleterre (1) fourrée (2) de veluau noir velu à un poil de satin noir (3) sur le costé senestre, rachié d'or, cousu de noire soye et leups espergnez, et sur la manche destre d'icelle hoppellande une arbaleste de perles, et dessoubz les bras de rachié d'or

---

(1) D'après M. Francisque Michel, c'était surtout dans les étoffes moirées que l'Angleterre excellait; cependant nous voyons citer le satin noir de Londres. Dans le compte du tailleur Perrin Pillot; nous trouvons aussi le vert d'Angleterre (B. N. Cab. des titres, Pièces orig., 2153, n° 167).

(2) Fourrée a ici le même sens que doublée.

(3) Il faut évidemment lire, au lieu de *poil*, *pail* qui a la même signification que pal. C'est un emprunt fait, comme le giron, aux pièces d'armoiries. Le pal est une bande d'égale largeur sur toute sa hauteur et perpendiculaire. Ce mot s'écrit quelquefois *pel*. Le mot *pallé* désigne, comme nous le verrons plus loin, un vêtement composé de bandes égales et perpendiculaires de couleurs diverses.

et une arbaleste espergné ; pour or, soye et paine.................................. LIIII fr.

179. Item, cellui jour, pour mondit Seigneur, une hoppellande de veluau cramoisy à bas poil, fourrée de veluau velu blanc, et y sont les VI bendes de mondit Seigneur entaillées, et sur la manche destre a troys arbalestes, la première de brodeure, la seconde de perles et l'autre de boulons (1) d'or, et au costé senestre en bas a un bien grant leup de brodeure dont le colier est d'or ; pour or, soye et paine................ XXVIII fr.

180. Item, celui jour, à Jehan Mauduit (2), tailleur du Roi nostre sire, deux gorgerettes de maille d'argent, de brodeure et de couppeures d'or, pour mettre en deux pourpoins pour mondit Seigneur, qui viennent devers le Roy ; pour or, soye et paine................ X fr.

181. Item, celui jour, pour mondit Seigneur, une longue houppellande de veluau cramoisy à colet assis et VI bendes entaillées des couleurs de mondit Seigneur ; et y a une grant arbaleste de brodeure d'or et de perles au costé senestre d'icelle et sémée de grosses perles par dessus ; pour or, soye et paine. XVIII fr.

Item, celui jour, pour mondit Seigneur, une courte hoppellande de satin noir toute rachiée d'or, cousue de noire soye à loups espergnéz et fourmés, pareille de la première hoppellande, et une arbaleste sur la

---

(1) Clous.

(2) Ce tailleur du Roi fut aussi au service du duc d'Orléans dont il était valet de chambre et tailleur de robes en 1409. Il reçut cette année-là une somme de 1,314 fr. pour le paiement de plusieurs pièces de son métier (B. n. Cab. des titres, Pièces orig., 1892, n° 43611, 2).

manche dessus; pour or, soye et paine . . . ix^{xx} fr.

182. Item, celui jour, pour mondit Seigneur, une courte hoppellande de cramoisy vermeil, fourrée de satin blanc et à une bende des vi couleurs de mondit Seigneur et de leups de brodeure rempans contre mont (1) devant, et une bende devers derriére pareillement, en la maniére que le dit Seigneur porte ses vi couleurs entretaillées, et une arbaleste d'or et de perles sur la manche senestre d'icelle hoppellande; pour or, soye et paine. . . . . xxii fr.

183. Item, celui jour, pour mondit Seigneur, une hoppellande batarde de drap de damas noir à colet assis et à vi bendes entretaillées à viz des couleurs de mondit Seigneur, et en ycelle hoppellande a une brodeure (2) de leups de brodeure par dessoubz et aux manches pareillement et au colet; pour or, soye et paine. . . . . xxvi fr.

184. Item, celui jour, pour Monseigneur, une autre hoppellande batarde de veluau noir pometé à coton (3), fourrée de satin noir, et les vi bendes entretaillées des couleurs que mondit Seigneur porte, et une arbaleste sur la manche senestre; pour or, soye et paine. . . . . v fr.

185. Item, pour Loys, monseigneur, une chambre (4) de satin bleu en laquelle a un

---

(1) C'est-à-dire rampants de bas en haut.
(2) Erreur probable du scribe qui eut dû écrire *bordure*.
(3) Le velours pometé était frisé et moutonneux au lieu d'être ras, c'est-à-dire à poils longs et tombants. A *coton* doit vouloir dire à côtes, en relief (n° 223).
(4) Le mot chambre est synonyme de garniture de lit, qui se composait,

grant compas (1) d'argent de Chippre de brodeure et est ledit compas si grant qu'il contient la plus grant partie du dossier et dedens ycelui compas a un grant escu de brodeure des armes de mondit Seigneur; et le contrefons (2) du compas de satin noir, dyapré d'argent de Chipre, cousu de noire pour le obscurcir (3); et celui du ciel semblable et pareillement ouvré de celui dessus.................................... cx fr.

186. Item, celui jour, pour mondit Seigneur, un mantel long de veluau cramoisy à vi bendes entretaillées des couleurs que mondit Seigneur porte, et une grant arbaleste d'or de brodeure et de perles; et est la garnison d'icelle arbaleste d'orfaverie d'or........ xxiiii fr.

187. Item, celui jour, pour mondit Seigneur, une gorgerette de maille et un petit pourpoint de satin vermeil, ouquel les vi couleurs de Monseigneur estoient entretaillés; pour or, soye et paine.......... iiii fr. x s. t.

Item, celui jour, pour mondit Seigneur, deux gorgerettes de maille pareille de celles de devant, pour mettre en deux pourpoins de satin noir, et deux petites arbalestes pour mettre sur les deux manches d'iceulx deux pourpoins; pour or, soye et paine....... ix fr.

188. Item, celui jour, pour un ban-

---

lorsqu'elle était complète, de huit rideaux, un ciel, deux couvertures, un dossier pour cacher le traversin et quatre tapis de pied.
(1) Contour ou bordure en cercle.
(2) Je n'ai trouvé ce mot dans aucun glossaire; il me paraît pouvoir s'appliquer à une étoffe sur laquelle aurait été brodée la bordure, qui aurait été différente de couleur de celle du fonds et brodée d'argent doré.
(3) C'est-à-dire que les ombres étaient indiquées à l'aide d'une broderie noire; il devait probablement y avoir *de noire soie*.

quier (1) qui fut fait pour le voyage d'Avignon, pour lequel banquier ledit Clerey fist douze grans escuçons de veluau azur et les fleurs de lis de brodeure des armes de mondit Seigneur; pour or, soye et paine d'iceulx escuçons.................. xxiiii fr.

189. Item, le xxiie jour de juillet dessus dit, pour le Roy et pour mondit Seigneur, deux hoppellandes longues de noir d'Angleterre à colet assis de gerons (2), et les bendes de Monseigneur, entretaillées à viz, des couleurs que Monseigneur porte; en chacune d'icelles hoppellandes une grant arbaleste de brodeure sur le costé senestre; pour chascune d'icelles arbalestes........... xxvii fr.

190. Item, le xxe jour de septembre, une longue hoppellande de noir d'Angleterre, pour Loys, monseigneur, une arbaleste de brodeure sur la manche senestre; pour or, soye et paine...................... L s. t.

191. Item, celui jour, pour ledit Loys, monseigneur, deux poignèz (3) ouvréz l'un de leups et l'autre de IL ET; et un chapperon, une petite arbaleste en la pate; et, au bout de la cornette de l'un des costéz, un leup, et de l'autre, IL ET; pour argent, soye et paine...................... LV s. t.

---

(1) Tapis que l'on mettait sur le dossier des bancs à s'asseoir. Sur ce voyage à Avignon on peut consulter le Religieux de Saint-Denis (t. III, p. 123).

(2) Le giron est en terme de blason une pièce triangulaire qui ne paraît dans les écussons qu'assemblée en nombre pair. Le colet de ce vêtement était donc terminé par des pointes retombant sur la poitrine et les épaules.

(3) Les extrémités des manches de la houppelande pouvaient faire l'office de mitaines et couvrir les mains; on les doublait de fourrures, on les ornait de broderies, et on pouvait au besoin les détacher des manches. On les nommait *poignets*.

192. Item, le xii d'octobre ensuivant, pour le Roy et pour Monseigneur, deux hoppellandes batardes de veluau noir à colet assis, et a en chascune sur le costé une grant arbaleste entretaillée (1) de satin noir et fourmée d'or de brodeure, et sur la manche de chascune un tygre de brodeure d'or nué (2); pour or, soye et paine....... xvi fr.

193. Item, le xii° jour de novembre ensuivant, pour Monseigneur, une longue hoppellande de drap de damas noir à colet assis et à vi bendes entretaillées des couleurs de mondit Seigneur et aguillettes d'or par dessoubs les manches (3), et faictes devant et derriére et aux assiettes et aux colèz à crampons d'or, et maille de brodeure entour les assiettes des manches dessoubs les crampons, et une arbaleste de perles sur la manche senestre, et ont fourré laditte hoppellande de martres sébelines; pour or, soye et paine .... xiiii fr.

194. Item, celui jour, pour monseigneur le duc de Bourbon, une longue hoppellande de drap de damaz noir que Monseigneur lui donna, en laquelle a sur le costé senestre (4) une grant arbaleste........... xii fr.

---

(1) C'est-à-dire non appliquée sur le vêtement mais cousue dans une ouverture ménagée à cet effet.

(2) Les broderies d'or nué ou nébulé étaient celles dans lesquelles les fils métalliques n'étaient pas tissés ou placés régulièrement, mais suivaient les contours irréguliers d'une broderie de manière à produire un chatoiement.

(3) Les manches de ce vêtement étaient sans doute ouvertes par dessous sur toute leur longueur, et les deux côtés en étaient rattachés par des lacets terminés par des aiguillettes d'or.

(4) Les quatre mots précédents sont répétés deux fois dans le manuscrit original.

195. Item, le xxᵉ jour de novembre, pour Loys, monseigneur, une hoppellande d'escarlate vermeille en laquelle les vi coulleurs de Monseigneur sont entaillées, et une arbaleste sur la manche; pour argent, soye et paine.................................... iii fr.

196. Item, celui jour, pour ledit Loys, monseigneur, au bout de la cornette d'un chapperon de mesmes laditte hoppellande, un leup; pour argent, soye et paine....... x s. t.

197. Item, le derrenier jour de décembre, pour le Roy et pour Monseigneur, deux longues hoppellandes de drap de damas noir à colet assis, et vi bendes entaillées des vi coulleurs de mondit Seigneur, et à franges et aguillettes d'or par dessoubz et aux fentes, et aux manches et au colet, et, entour les assiettes des manches, esmaillé de brodeure en manière de haubergon et crampons d'or d'orfaverie, et sur le costé un tygre sur une roche se mirant en une fontaine, et sur les manches de chascune une arbaleste d'or et de perles; pour chascune d'icelles hoppellandes xxvii frans, valent .... liii fr.

198. Item, celui jour, autour de deux manches d'une hoppellande de Fleurence (1), maille de haubergon, faicte de brodeure et camprons (2) d'or, d'orfaverie et sont les vi couleurs de mondit Seigneur entaillées; pour or, soye et paine................. v fr.

---

(1) Taffetas de soie légère qu'on a commencé à fabriquer à Florence. L'étoffe et le nom existent encore.
(2) Erreur du scribe pour crampons, agrafe.

199. Item, pour une gorgerette délivrée à Jehan Mauduit, pareilles à celles cy-dessus escriptes..................... IIII fr. x s.

200. Item, celui jour, pour Loys, monseigneur, une longue hoppellande de drap de damaz cramoisy à un pail entaillé sur le costé senestre de satin blanc, et est rachié tout le pel d'argent et leups espergniéz, et a sur la manche senestre arbaleste de brodeure ; pour argent, soye et paine...... XIX fr.

201. Item, celui jour, pour ledit Loys, monseigneur, une paire de poignèz, ouvréz envers et endroit de petits leups et de ILET; pour argent, soye et paine............ III s. t.

202. Item, le ve jour de janvier, pour messire Regnault de Raye, un leup sur la manche d'une hoppellande de drap de damas, laquelle mondit Seigneur lui a donnée ; pour or, soye et paine.......... XXX s. t.

203. Item, pour mondit Seigneur, le xe jour dudit mois de janvier, une gorgerette de maille décoppée d'or de Chippre, et cette gorgerette mise en un pourpoint de drap de damas; pour or, soye et paine........... IIII fr. x s. t.

204. Item, le xxe jour dudit mois de janvier, pour Loys, monseigneur, une hoppellande d'escarlate vermeille, frangée partout, et bouz d'aguillettes d'argent, l'une des manches prenant à l'autre costé du corps, tout rachié d'argent et leups espergnéz en la racheure ; pour argent, soye et paine...... XXVI fr.

205. Item, pour ledit Loys, monseigneur, un chapperon doublé d'escarlate, de mesmes laditte hoppelande, une arbaleste en la pate et au bout de la cornette ILET, et un

leup de l'autre costé ; pour argent, soye et paine.................................... xxx st.

206. Item, le xxe jour de fevrier, un jaques de veluau noir pour le Roy, aux vi couleurs de Monseigneur, et y a une arbaleste au costé, de brodeure; pour or, soye et paine. x fr.

207. Item, pour mondit Seigneur, un jaques pareil d'iceluy.................. x fr.

208. Item, pour mondit Seigneur, en un jaques de drap de damas noir aux vi couleurs, mailles de haubergon de brodeure mises entour les assiettes des manches, et, au dessus du haubergon, à crampons d'or d'orfaverie; pour or, soye et paine.......... v fr.

209. Item, le xxiiiie jour de fevrier, pour Jehan Cagent, eschançon de monseigneur de Bourgoigne, une longue hoppellande de drap de damas noir, sur la manche d'icelle un leup de brodeure, que mondit Seigneur lui donna................................. xxvii s. vi d. t.

210. Item, le xxviiie jour dudit mois, pour le Roy, pour Monseigneur deux longues hoppellandes de noir d'Angleterre à colet assis et à vi bendes entretaillées, et en chascune d'icelles une grant arbaleste de veluau entretaillée, fourmée et aprestée d'or de brodeure; pour or, soye et paine........ x fr.

211. Item, le ve jour de mars, pour Monseigneur, une hoppellande bastarde de frise (1) noire à colet assis et à vi bendes entaillées, et une arbaleste de veluau noir entaillée sur le costé senestre, fourmée d'or de

---

(1) La frise était une étoffe de laine non croisée et frisée sur l'une de ses faces qui se fabriquait surtout en Angleterre.

brodeure et aprestée; pour or, soye et paine. — iii fr.

212. Item, le xxviii° jour dudit mois, pour Loys, monseigneur, une longue hoppellande de drap de damas vert aux vi couleurs de Monseigneur entaillées, de satin, en devenant larges par bas; icelluy satin rachié d'argent des couleurs de mondit Seigneur et leups espargnés de double champ (1); pour argent, soye et paine..... — xxi fr.

213. Item, celui jour, pour le dit Loys, monseigneur, deux poignèz de drap de damas de mesmes la ditte hoppellande, ouvréz autour du poing de leups et de ILET; pour argent, soye et paine................ — iiii fr.

214. Item, celui jour, pour ledit Loys, monseigneur, deux chapperons, ouvréz en la pate chacun ou costé d'une petite arbaleste, et le bout de la cornette en chacun un leup; pour argent, soye et paine................ — xxxv fr.

215. Item, délivré audit Jehan Mauduit, deux gorgerettes pareilles aux dessus dictes. — x fr.

216. Item, le x° jour d'avril, pour Monseigneur, une hoppellande de veluau noir figuré à arondes vers (2) et y sont les vi couleurs de mondit Seigneur entaillées à viz, et en la manche senestre de satin noir toute rachiée de brodeure et y a loups, ours et

---

(1) Cette expression signifie peut-être que l'on avait donné de l'épaisseur à ces loups ménagés par le brodeur à l'aide de l'application d'une découpure de même étoffe que le fond de la houppelande.

(2) Le velours figuré était une étoffe à poil ras sur laquelle des ornements, fleurs ou animaux, étaient représentés à l'aide d'une plus grande épaisseur de la partie velue de l'étoffe. Ces ornements étaient parfois d'une couleur différente de celle du fond; c'est ainsi que nous voyons dans cet article des hirondelles vertes sur un velours noir. On trouve aussi dans les inventaires du satin figuré.

marguerites (1) ouvrées parmy comme tissu parmy l'or ; pour or, soye et paine........ LVII fr.

217. Item, celui jour, pour monseigneur de Berry et monseigneur de Bourgogne, deux hoppellandes pareilles d'icelle, que Monseigneur leur a données.............. CXIIII fr.

218. Item, celui jour, pour Monseigneur, une longue hoppellande de drap de damas cramoisy, à colet assis et aux VI bendes de Monseigneur entaillées, et est la moitié de la manche destre de drap de damas violet, et y a IIII arbalestes de dessus de brodeure, les deux de perles ; pour or, soye et paine..... X fr.

219. Item, celui jour, pour monseigneur de Fère (2), une hoppellande semblable de celle de devant que Monseigneur lui donna, excepté que les quatre arbalestes estoient toutes de broderie sanz perles; pour or, soye et paine........................ VIII fr.

220. Item, celui jour, pour mondit Seigneur, deux gorgerettes semblables d'icelles de devant pour deux petiz pourpoins de satin noir ; pour or, soye et paine........ X fr.

221. Item, ce dit jour, pour Monseigneur, une longue hoppellande palée au long de veloux vert velu et de satin vert, autant d'un comme d'autre, et est le satin vert tout rachié d'or sengle (3) cousu de vert, et en la

---

(1) L'ours était la devise du duc de Berry, la marguerite celle du duc de Bourgogne; unis au loup d'Orléans, ils réunissaient sur un même vêtement les emblèmes de ces trois princes, qui s'habillaient de même en signe de bonne intelligence.

(2) Gaucher de Châtillon, seigneur de Fère, vicomte de Blagny, fils de Guy de Châtillon et de Marie de Lorraine ; il épousa Jeanne de Coucy, vendit en 1394 la terre de Fère au duc d'Orléans et mourut en 1404.

(3) Probablement d'or simple *(de singulus)*; nous trouverons plus loin de nombreux exemples de ce mot pris dans ce sens.

cheine (1) espergniéz leups et ours et marguerites des ɪɪɪ devises de Monseigneur et de Berry et de Bourgoigne..............

222. Item, deux semblables hoppellandes d'icelle, lesquelles Monseigneur donna à messeigneurs de Berry et de Bourgoigne; pour tout les dictes hoppellandes.........   ɪɪɪɪ^c ʟxxɪɪɪɪ l. t.

223. Item, le xxe jour d'avril, pour Loys, monseigneur, une longue hoppellande de vert gay (2) de Brucelles, fourrée de satin vermeil, brodée de leups de brodeure par le bort des manches et parmy les fentes devant et derriére et au colet; pour argent, soye et paine............................   xxɪɪ fr.

224. Item, pour ledit Loys, monseigneur, les poignés de la petite cote (3) de vert gay, de mesmes ladicte hoppellande de satin vermeil, brodée de leups de broderie par le bort des manches et parmy les fentes devant et derrière et au colet; pour argent, soye et paine ....   ɪɪɪ fr.

225. Item, celui jour, pour Charles, Monseigneur, une longue hoppellande d'escarlate vermeille d'Angleterre et une arbaleste de brodeure sur la manche senestre; pour argent, soye et paine..................   ʟ s. t.

226. Item, le xxe jour de juing, pour Loys, monseigneur, une longue hoppellande de satin en graigne (4), doublé de satin noir,

---

(1) La chaîne d'une houppelande, était probablement l'une des coutures de ce vêtement.

(2) Vert gai est la même chose que vert clair.

(3) La petite cotte, autrement nommée cotte hardie, était une tunique serrée à la taille, à courtes manches et sans capuchon.

(4) M. Douët d'Arcq a démontré dans le glossaire qui accompagne les premiers comptes de l'Argenterie du roi, que les étoffes *teintes de graine*

fraingée par tout sur le costé senestre, et à
un leu de brodeure...........................   iiii fr.

227. Item, pour Charles, monseigneur,
une pareille; pour ce l s. t. Et pour deux
chapperons pareulx (1), à chacun ou bout
de la cornette une petite arbaleste; pour ce
xx st. Pour ce, pour tout.................   vii fr. x s. t.

228. Item, le premier jour d'aoust, une
longue hoppellande de drap de damas à
colet assis, aux vi couleurs de Monseigneur,
boutonnée devant et une grant arbaleste de
brodeure sur le costé senestre ; pour soye
et pour paine ....   xiiii fr.

229. Item, le ix⁰ jour dudit mois, pour
Monseigneur, une hoppellande à my jambe,
de noir d'Angleterre cottonné (2), faite à
gérons et les vi couleurs de mondit Seigneur
entaillées à viz et une arbaleste de brodeure
sur la manche destre; pour or, soye et paine.   iiii fr.

230. Item, celui jour, pour mondit Seigneur, une hoppellande de satin noir à collet
assis, les vi coulleurs de mondit Seigneur
entaillées de drap de couppe (3), et une grant
arbaleste de brodeure sur le costé senestre ;
pour soye et paine.........................   xiiii fr.

étaient écarlates, et que la *demi graine* était de l'écarlate moins franche de couleur, mêlée avec d'autres teintes. Ce qui vient confirmer l'opinion de M. Douët d'Arcq c'est que la couleur des étoffes *en graine* ou *en graigne* n'est jamais autrement indiquée. Du reste, on lit encore dans les *Aventures de* D'Assoucy datant du milieu du dix-septième siècle: *le bout de son nez teint en grêne,* c'est-à-dire rubicond, ce qui ne laisse aucun doute subsister sur la couleur (édit. de 1858, p. 80).

(1) Pareils.
(2) Peut-être à raies en saillie, à coton (voir n° 181).
(3) Ces mots sont tantôt réunis, tantôt séparés; quand ils sont réunis, il n'y a pas de difficulté, il s'agit de drap *découppé*; lorsqu'ils sont séparés, il faut lire drap *de couppe,* c'est-à-dire destiné à être découppé. On trouve aussi *drap à découpper.*

231. Item, le xxe jour de septembre, pour mondit Seigneur, une hoppellande batarde d'escarlate aux vi couleurs de mondit Seigneur, et à une arbaleste de perles sur la manche senestre ; pour or, soye et paine...   iii fr.

232. Item, le xxviie jour du dit mois, ensuivant, pour mondit Seigneur, une hoppellande batarde de gris brun de Moustiervillier, aux vi bendes de Monseigneur entaillées, faictes à girons à une arbaleste sur la manche senestre..................   iii fr.

233. Item, le xe jour dudit mois d'ottobre, un leu sur la manche d'une hoppellande de veloux noir, laquelle Monseigneur a donnée à messire Charles de la Bret (1).........   xxvii s. vi d. t.

234. Item, un leu semblable, lequel Monseigneur a donné au mareschal Bouciquaut (2).........................   xxvii s. vi d. t.

235. Item, un leu semblable que Monseigneur a donné au baron d'Iviry (3) pour une manche d'une hoppellande................   xxvii s. vi d. t.

236. Item, une gorgerette à Jehan Mauduit, pareille aux dessus dittes...........   iii fr. x s. t.

237. Item, un leup sur la manche d'une hoppellande de veloux noir, laquelle hoppellande Monseigneur a donnée à messire

---

(1) Charles d'Albret, seigneur d'Albret, comte de Dreux, fils d'Arnaud-Amanieu d'Albret et de Marguerite de Bourbon ; il épousa Marie de Sully, dame de Sully et de Craon, fut connétable de France de 1402 à 1415, et fut tué à la bataille d'Azincourt.

(2) Jean le Meingre dit Boucicaut, chambellan du roi, maréchal de France en 1391, fils de Jean le Meingre et de Florie de Linières, fait prisonnier à Nicopolis et à Azincourt, mort en Angleterre en 1421 ; il avait épousé Antoinette de Beaufort.

(3) Ambroise de Lore, seigneur dudit lieu, baron d'Iviry ou Ivry, époux de Catherine de Marcilly, conseiller, chambellan du roi et garde de la prévoté de Paris (B. N. Cab. des titres, Pièces orig. 1155, n° 26262, 4).

Henry de Bar (1) .... xxvi s. vi d. t.

238. Item, un autre leup sur la manche d'une hoppelande de veloux noir, que Monseigneur a donnée au mareschal de Sancerre (2)............................... xxvii s. vi d. t.

239. Item, le 11ᵉ jour de novembre, pour Monseigneur, une hoppellande de veluau noir en laquelle ses vi coulleurs sont, un leup sur la manche senestre; pour or, soye et paine................................ xxvii s. vi d. t.

240. Item, v leups en cinq manches de cinq hoppellandes, lesquelles Monseigneur a données à cinq chevaliers, c'est assavoir à monseigneur de la Trimoille (3), monseigneur de Bueil, messire Jehan de Croye (4), messire Elyon de Nalhac (5) et monsieur de Grancy (6); pour ce...................... vi fr. xvii s. vi d. t.

241. Item, le xᵉ jour de novembre, pour monseigneur le duc de Bourbon, un leup semblable des autres........................ xxvii s. vi d. t.

242. Item, celui pour un autre leup sem-

---

(1) Fils de Robert, duc de Bar, il épousa Marie, dame de Coucy, et fut tué en 1396 à la bataille de Nicopolis. La *Revue des Sociétés savantes* (5ᵉ série, t. III, p. 452) a publié la description d'un très beau bijou donné en 1400 par Louis d'Orléans à sa cousine de Bar.

(2) Louis de Sancerre, seigneur de Charenton, maréchal, puis connétable de France (1397), mort en 1402. D'après le Religieux de Saint-Denis, le duc d'Orléans assista à ses obsèques à Saint-Denis.

(3) Georges de la Tremoille, comte de Guines, baron de Sulli, Craon, etc., grand maître des eaux et forêts (1413), grand chambellan de France (1427), fils de Guy de la Tremoille et de Marie de Craon. Il épousa Jeanne, comtesse d'Auvergne, et mourut en 1446.

(4) Jean de Croy, seigneur de Renty, conseiller, chambellan du duc de Bourgogne, grand chambellan de France (1411), fils de Guillaume de Croy et d'Isabelle de Renty. Il épousa Marie de Craon et fut tué à Azincourt.

(5) Helion de Naillac, fils de Guillaume et de Jeanne de Turpin, mort en 1406.

(6) Guillaume du Thil, comte de Grancey, seigneur de Châteauvilain, grand chambellan de France, mort en 1439.

blable, pour monseigneur de Le Bret...... xxvii s. vi d. t.

243. Item, pour monseigneur de Coucy (1), un autre leup semblable des autres........ xxvii s. vi d. t.

244. Item, le xx⁰ jour dudit mois ensuivant, un leup pour monseigneur de Bourgoigne, en une hoppellande que Monseigneur lui donna....................... xxvii s. vi d. t.

245. Item, un autre leup pour monseigneur de Berry.............................. xxvii vi s. d. t.

246. Item, le xxᵉ jour de janvier, pour monseigneur l'Admirault (2), un leup en une hoppellande pareille des autres, que Monseigneur lui donna.................... xxvii s. vi d. t.

247. Item, pour monseigneur le sénéschal d'Eu (3), un leup en une hoppellande pareille des autres....................... xxvii s. vi d. t. (4)

---

(1) Enguerrand VII, sire de Coucy, comte de Soissons, seigneur de Marle et la Fère, maréchal de France, grand bouteillier, gouverneur de Picardie. Fils d'Enguerrand VI de Coucy et de Catherine d'Autriche, il épousa d'abord Isabelle, fille d'Édouard, roi d'Angleterre, puis Isabelle de Lorraine et mourut en 1397 en Bithynie, ayant été fait prisonnier à la bataille de Nicopolis.

(2) Jean de Vienne, seigneur de Clervant, grand amiral de France de 1373 à 1396, il fut tué à la bataille de Nicopolis. Il était fils de Guillaume de Vienne et de Claudine de Chaudenay et épousa Jeanne d'Oiselay.

(3) Je n'ai pu trouver quel était ce personnage qui paraît à plusieurs reprises dans les comptes d'Orléans. Le Religieux de Saint-Denis nous apprend qu'il fit avec le duc d'Anjou l'expédition d'Italie pour aller au secours du Pape (t. IV, p. 393).

(4) Ce compte est incomplet. Il se trouve dans les Pièces originales du Cab. des titres de la Bibl. nat., vol. 2150, n° 200 (Orléans. t. III).

XV. — 1396, 1ᵉʳ février-1397, 31 janvier.

Ce sont les parties des robes faites par Perrin Pillot, tailleur et varlet de chambre de Monseigneur le Duc d'Orliens, depuis le premier jour de février l'an mil CCC IIII^{xx} et quinze, jusques au derrenier jour de janvier ensuivant, l'an IIII^{xx} et seize, pour mondit seigneur le Duc, pour Charles et Philippe (1), messeigneurs ses enffans, et pour autres chevaliers, escuiers et officiers a qui mondit Seigneur a donné robes oudit temps.

248. Premiérement, le IIIe jour de fevrier l'an IIII^{xx} et quinze dessus dit, pour Monseigneur, un demi jaques (2) de satin noir figuré (3), délivré par Jehan Poulain, trésorier de mondit Seigneur (4), à colet assis, et est par dessoubz emply de feutre devant, houssé (5) par dedens de satin noir délivré par l'argentier de mondit Seigneur et drap à découper par tout. Façon et estoffes.................................... VIII l. p.

249. Item, le XIXe jour dudit mois, pour Monseigneur, une longue houpelande de satin noir de Londres de XXXVI girons à collet assis et les VI couleurs de mondit Sei-

---

(1) Ce document nous donne la date approximative de la mort de Louis, le fils aîné du duc d'Orléans : en effet, nous le voyons paraître plusieurs fois jusqu'au mois de juin 1395 dans le compte précédent de Jean de Clarey et il ne paraît plus dans celui de Pillot commencé en février 1396.

(2) Probablement un jaques encore plus court que ceux que l'on portait généralement sans manches et ne dépassant pas la taille.

(3) Le satin figuré était celui dans la trame duquel on avait tissé des ornements. Ici ils étaient de la même couleur que le fond de l'étoffe.

(4) Le duc d'Orléans avait dans son garde-meuble de grandes provisions d'étoffes et de fourrures dont l'on donnait aux tailleurs, aux fourreurs, les quantités nécessaires à l'habillement de sa maison. C'est ce que signifient ces paroles, *délivré par le trésorier* ou *l'argentier,* et encore l'expression *des garnisons de Monseigneur* que nous verrons répétée bien des fois.

(5) *Houssé* a ici le sens de garni, doublé.

gneur entretaillées au poing, en la manche senestre, et drap à découper par tout; et fut ladicte houpelande fourrée de martres sébelines. Façon et estoffes.................. LVI s. p.

250. Item, le xxie jour dudit mois, pour mondit Seigneur, deux chapperons doublés de fin noir de Londres decouppés par tout. Façon et estoffes........................ XII s. p.

251. Item, le xxiiiie jour dudit mois de fevrier, pour mondit Seigneur, une courte houpelande à mi cuisse de camelot noir, entretaillée de xvi girons, à colet assis, les vi couleurs de mondit Seigneur entretaillées entour de l'assiéte de la manche senestre, et drap à découper par tout. Façon et estoffes. XLVIII s. p.

252. Item, le ixe jour de mars, pour Monseigneur, une longue houpelande de fin noir de Londres à xxxvi girons, à colet assis, évidée par dessoubz aux fentes, aux manches et au colet (1), et les vi couleurs de mondit Seigneur entretaillées à vis. Façon et estoffe. LVI s. p.

253. Item, ce jour pour mondit Seigneur, une longue houpelande de satin noir figuré, délivré par Jehan Poulain, trésorier de mondit Seigneur, à colet assis, les vi couleurs de mondit Seigneur entretaillées à vis et à drap à découper par tout. Façon et estoffe...... IIII l. p.

254. Item, ce jour, pour mondit Seigneur, deux chapperons doublés d'escarlate vermeille, découppés par tout. Façon et estoffes. XII s. p.

255. Item, le xiiie jour dudit mois, pour le Roy nostre sire, un jaques de satin noir figuré

---

(1) Cette expression aurait-elle le même sens que déchiqueté ou orné de crevés?

de veloux noir (1), délivré par Jehan Poulain, trésorier de mondit Seigneur, à colet assis, emply de feutre et de coton, houssé par dedens de satin noir, délivré par l'argentier de mondit Seigneur, et drap découpés par tout. Façon et estoffes............ VIII l. p.

256. Item, le xxve jour dudit mois, pour Monseigneur, un petit pourpoint de drap de Dampmas noir, trèt à croissans (2). Façon et estoffes......................... IIII l. XVI s. p.

257. Item, le xxixe jour dudit mois de mars, pour Charles, Monseigneur, une longue houpelande de drap de Dampmas vert et sont les VI couleurs de monseigneur d'Orliens entretaillées au poing des manches et au colet; ladicte houpelande fourrée de ventres d'escureux. Façon et estoffes...... XXIIII s. p.

258. Item, ce jour, pour Charles, mondit Seigneur, une cote façonnée, d'escarlate vermeille, fourrée de ventres d'escureux. Façon et estoffes.......................

259. Item, ce jour, pour lui, deux chapperons d'escarlate, un doublé et un sangle (3). Façon et estoffes................ XX s. p.

260. Item, ce jour, pour lui, deux paires de chausses (4) d'escarlate. Façon et estoffes. IIII s. p.

261. Item, ce jour, pour lui, deux petis

---

(1) Ces ornements de velours noir étaient probablement appliqués par le tailleur sur le satin et cousus. Il est douteux que le moyen âge ait connu le procédé de mêler le velours et le satin dans une même pièce d'étoffe, fabrication des plus délicates.

(2) M. de Laborde traduit avec raison les mots *or tret* par or filé; ici le *trèt* ne peut avoir la même signification et ne peut vouloir dire que brodé ou tissé. Ce second sens me parait le plus probable.

(3) Ce texte donne raison à M. Douët d'Arc qui traduit le mot *sangle* par simple et le fait venir de *singulus*.

(4) A cette époque, les chausses étaient des pantalons à pied ou caleçons.

pourpoins de toille de Rains (1). Façon et estoffes....................... XL s. p.

262. Item, le viie jour d'avril l'an IIII[xx] et seize, pour Monseigneur, une longue houpelande de satin noir à colet assis, les six couleurs de mondit Seigneur sur la manche destre entretaillées, et drap à découper par tout. Façon et estoffes................. LXIIII s. p.

263. Item, le xe jour dudit mois, pour le Roy et pour Monseigneur, deux longues houpelandes de satin noir figuré, délivré par Jehan Poulain, trésorier de mondit Seigneur, doublées de veloux noir à lonc poil, délivré par l'argentier de mondit Seigneur. En chascune houpelande les vi couleurs entretaillées à vis, et sur chacune une grant arbaleste entretaillée embas sur le costé senestre, de veloux noir réz et drap à decoupper par tout. Façon et estoffes........... XIIII s. p.

264. Item, le xe jour de may, pour Monseigneur, une houpelande à mi cuisse de noir de Londres, faite de xvi girons, doublée de mesmes du drap de la garnison (2), à colet assis et les vi couleurs de mondit Seigneur entretaillées en un giron devant et pareillement derrière. Façon et estoffes... LXIIII s. p.

265. Item, le xvie jour dudit mois, pour Charles, Monseigneur, une cotte fassonnée de la façon d'Almaigne, de satin en graine, fourrée de ventres d'escureux. Façon et es-

---

(1) La fabrique de toile de Reims est citée, dans la plupart des inventaires et dans les auteurs spéciaux, comme ayant eu une grande renommée au moyen-âge (voy. Douët d'Arc, Comptes de l'argenterie; Labarthe, Inventaires de Charles V).

(2) Du garde-meuble du Duc.

toffes.................................... xxiiii s. p.

266. Item, ce jour, pour lui, une cotte juste (1) d'escarlate vermeille, garnie de toille de Rains. Façon et estoffes...............

267. Item, ce jour, pour lui un chapperon sangle d'escarlate. Façon et estoffe.... xx s. p.

268. Item, le xviie jour de may, pour la livrée des venneurs de Monseigneur, xxv houpelandes bastardes de vert gay, doublés de drap noir, et sont tous les bouz des manches senestres d'icelles houpelandes de noir et les vi couleurs de mondit Seigneur entretaillées à vis sur chascune d'icelles. Façon et estoffes, xviii s. p. la pièce ; valent...... xxii l. x s. p.

269. Item, le xxii jour dudit mois, pour Monseigneur, une houpelande à mi cuisse de veloux noir, faite de xvi girons, à colet assis, les vi couleurs de mondit Seigneur entretaillées sur le costé senestre devant et sur le costé derrière, et drap noir de la garnison, à découper par tout. Façon et estoffes. xl s. p.

270. Item, ce jour, pour mondit Seigneur, un petit pourpoint de drap de Dampmas noir trét à croissans, point, à baste (2), les vi couleurs de mondit Seigneur entretaillées et à drap à découper par tout. Façon et estoffes...................................... xiiii l. xvi s. p.

271. Item, le xxve jour dudit mois de may, pour Monseigneur, une longue houpelande de fin noir de Londres de la garnison, faite

---

(1) La cotte juste devait peu différer de la cotte hardie dont nous avons donné la description dans une note précédente.

(2) Le mot *point* signifie piqué, *de poindre ;* quant au mot *baste* il est parfois synonyme de chaton de bague et peut-être par extension lui aura-t-on donné le sens de bouton, soit de pierrerie, soit même d'étoffe.

de xvi girons, doublé tout un (1), à colet assis, boutonnée de petis boutons plas au lonc, sur la manche senestre une grant arbaleste entretaillée de veloux vert, les vi couleurs entretaillées devant, et devant d'icelle houpelande, découpée menuement (2) par tout. Façon et estoffes........................ vi l. viii s. p.

272. Item, ce jour, pour mondit Seigneur, une courte houpelande à mi cuisse de tin noir de Londres, du drap de la garnison, doublé de mesmes, faite de xvi girons, boutonnée de petit boutons plas au lonc, les vi couleurs de mondit Seigneur entretaillées sur un giron, derrière et devant pareillement, et découpée par tout menuement. Façon et estoffes........................ lxiiii s. p.

273. Item, ce jour, pour mondit Seigneur, deux chapperons doublés de mesmes lesdites houpelandes, découpées par tout. Façon et estoffes........................ xii s. p.

274. Item, le xxxe jour, dudit Monseigneur le conte de Chaumes (3), une longue houpelande de veloux noir sur soye, les vi couleurs de Monseigneur entretaillées en ycelle à vis et à drap à découper par tout ; laquele houpelande mondit Seigneur lui a donnée. Façon et estoffes........................ xlvii s. p.

275. Item, le xixe jour de juing, pour Charles, Monseigneur, une cotte façon de drap de Dampmas en graine, fourrée de ventres d'escureux. Façon et estoffes......... xxii s. p.

---

(1) Doublé de même.
(2) Finement découpée.
(3) Ce nom peut se lire Chaumes, Chaunies ou Chamies; j'ignore ce que c'était que ce personnage.

276. Item, ce jour, pour Charles, mondit seigneur, un chapperon de mesmes doublé de satin engraine. Façon et estoffes........ xxiiii s. p.

277. Item, le xiie jour de juillet, pour Monseigneur, un petit pourpoint de drap de Dampmas noir trét à croissans menuement, et les vi couleurs de mondit Seigneur entretaillées. Façon et estoffes............ iiii l. xvi s. p.

278. Item, le xxe jour dudit mois, pour Charles, Monseigneur, deux paires de chausses d'escarlate vermeille de la garnison. Façon et estoffes......................... iiii s. p.

279. Item, le premier jour d'aoust, pour Monseigneur, une houpelande bastarde, jusques au genouz, de noir de Londres de la garnison, faite de xvi girons, doublé de mesmes, à une arbaleste sur la manche senestre découpée d'or soudiz (1), et les vi couleurs de mondit Seigneur ès deux manches en la cousture, de racié (2), découpée au lonc des manches d'or soudis avecques drap. Façon et estoffes.................. lxiiii s. p.

280. Item, ce jour, pour mondit Seigneur, un chapperon de mesmes, découpé. Façon et estoffes .... vi s. p.

281. Item, ce jour, pour mondit Seigneur, une longue houpelande de noir de Londres de la garnison, faite de xlviii girons à fons de cuve (3), à colet assis, perciée de arbales-

---

(1) Ce mot, qui se rencontre souvent dans les inventaires et qui n'a pu encore être expliqué, pourrait bien signifier des galons d'or; en effet, l'or *soudis* ou *souldis* est presque toujours placé sur le bord des vêtements. (Delaborde, *Glossaire*, p. 412).

(2) C'est-à-dire les six couleurs sont brodées rayées sur les manches et sur les coutures.

(3) La houppelande est dite à fond de cuve quand elle affectait dans le bas

tes à jour (1), doublée de satin noir soubs les arbalestes, les vi couleurs de mondit Seigneur en l'entour du poing de la manche senestre et drap à découper. Façon et estoffes............................ vi l. viii s. p.

282. Item, ce jour, pour mondit Seigneur, une houpelande à mi cuisse, de semblable drap de la garnison, faite de xvi girons, à colet assis, doublée tout un, percée à arbalestes et pointe, les vi couleurs de mondit Seigneur et drap à descouper par tout. Façon et estoffes....................... vi l. viii s. p.

283. Item, le xxiie jour d'aoust, pour Charles, Monseigneur, une longue houpelande de noir de Londres de la garnison, aux vi couleurs de Monseigneur, et a sur la manche senestre une arbaleste brodée et à drap à découper par tout. Façon et estoffes..... xxiiii s. p.

284. Item, ce jour, pour lui, un chapperon doublé de mesmes. Façon et estoffes... xxiiii s. p.

Item, ce jour, pour lui, une cotte juste d'escarlate vermeille de la garnison. Façon et estoffes................................ xvi s. p.

285. Item, ce jour, pour lui deux petis pourpoins d'estoffe de Rains. Façon et estoffes...................................... xl s. p.

286. Item, ce jour, pour lui, deux bracerolles (2) d'estoffes de Rains. Façon et estoffes...................................... xvi s. p.

---

la forme circulaire d'un cuvier. Les plis en étaient maintenus dans leur raideur et leur régularité à l'aide d'une ceinture intérieure. On nommait également ces vêtements des cloches.

(1) C'est-à-dire percée d'ouvertures en forme d'arbalètes sur lesquelles paraissait une doublure de satin noir.

(2) La bracerolle était une petite brassière, pièce du vêtement de nuit.

287. Item, le viie jour de septembre, pour Monseigneur, une longue houpelande de drap noir, ouvrée de Lucques (1), faite de xvi girons, à colet assis, boutonnée au long de petis boutons plas, les vi couleurs de mondit Seigneur entretaillées à viz, et sur ycelle un arbaleste de perles sur la manche senestre, et à drap à découper par tout. Façon et estoffes.................. LXIIII s. p.

288. Item, ce jour, pour mondit Seigneur, une longue houpelande de veloux noir à lonc poil, à colet assis, les vi couleurs entretaillées autour du poing de la manche senestre, et à drap à découper par tout. Façon et estoffes........................ IIII l. p.

289. Item, le xxiie jour de septembre, une longue houpelande de drap de Dampmas noir, aux vi couleurs de Monseigneur entretaillées à vis, et à un loup de brodeure sur la manche senestre, laquelle houpelande mondit Seigneur a donnée à Bertrand Boitard (2), son escuier de corps. Façon et estoffes............................... XLVIII s. p.

290. Item, le iie jour d'ottobre, une longue houpelande de veloux noir à lonc poil, les vi couleurs de Monseigneur entretaillées à vis, fourrés de martres de Pruce, laquelle houpelande mondit Seigneur a donnée à Monseigneur d'Estouteville, son chambellan. Façon et estoffes.................. XLVIIII s. p.

---

(1) Le Lucques ou l'or de Lucques était du laiton; il porte encore ce nom dans le midi de la France.

(2) Ce personnage nommé Boitard, Boytard ou Bouetard, resta comme écuyer au service des princes d'Orléans au moins jusqu'en 1403. Il portait sur son sceau un écu à un chef chargé de trois sautoirs (B. N. Cab. des titres, pièces orig. 597, n° 8762, 3 à 7).

291. Item, le iiie jour dudit mois, pour Coquinet, le fol Monseigneur (1), une longue houpelande et une paire de poingnés de drap d'or racamaz (2), fourrée de gris, un chapperon et un bonnet d'icellui drap, fourrés de menu vair. Façon et estoffes.... xxiiii s. p.

292. Item, le iiiie jour dudit mois, pour Monseigneur, une longue houpelande de satin cramésy figuré, faite de xvi girons, à colet assis, les vi couleurs de mondit Seigneur entretaillées sur la manche senestre et à drap à découper par tout, d'escarlate et de blanchet (3) de la garnison. Façon et estoffes .... iiii fr. p.

293. Item, ce jour, pour mondit Seigneur, une longue houpelande de satin noir figuré de veloux vert, faite de xvi girons, à colet assis, les vi couleurs de mondit Seigneur entretaillées sur la manche senestre, et drap à descouper menuement. Façon et estoffes.................................. iiii l. p.

294. Item, ce jour, pour mondit Seigneur, une houpelande à mi cuisse, de satin noir, figurée de veloux noir à roses, faite de xvi girons, à colet assis, les vi cou-

---

(1) Les deux Fous du duc d'Orléans qui servaient à l'amusement de Marguerite et Jeanne, ses filles, se nommaient Hannotin et Coquinet; le fou de Charles, son fils, se nommait, en 1443, Coignac. Nous trouverons au compte de Thomassin Potier, fourreur, une nouvelle description du costume bizarre dont on les affublait.

(2) *Or racamaz*, broderie d'or peut-être en soutache. Dans Rabelais on trouve les *recameurs* dans une énumération joints aux brodeurs et aux tailleurs. En italien *ricamo* signifie broderie d'or et *ricamatore* brodeur en or. Voir Ducange, *Glossaire* au mot *racamas*, les *Archives de l'Art chrétien*, 1re partie, V, p. 181 et Rabelais, l. IV, ch. ii.

(3) Le blanchet était un drap de laine qui devait avoir de nombreuses analogies avec la flanelle.

leurs de mondit Seigneur entretaillées sur la manche senestre et à drap à découper par tout, et fut fourrée d'escureux de Calabre (1). Façon et estoffes.................. XLVIII s. p.

295. Item, ce jour, pour mondit Seigneur, une longue houpelande de satin noir, faite de xvi girons, à colet assis, les vi couleurs de mondit Seigneur entretaillées au travers du poing de la manche senestre, et à drap à découper par tout. Façon et estoffes........ IIII l. p.

296. Item, ce jour, pour mondit Seigneur, une courte houpelande à mi cuisse de semblable satin noir, faite de xvi girons, à colet assis, les vi couleurs de mondit Seigneur entretaillées sur la manche senestres, et à drap à découper par tout. Façon et estoffe............................ XLVIII s. p.

297. Item, ce jour, pour le Roy nostre Sire, pour Monseigneur, pour messire Pierre de Navarre (2) et pour Monseigneur de Namur (3), IIII jaques de veloux noir houssés par dedans de satin noir, les vi couleurs de mondit Seigneur sur les manches senestres, et à drap noir de la garnison à découper en chascun par tout. Façon et estoffes................................ XXXII fr. p.

298. Item, ce jour, pour mondit Seigneur, III petis pourpoins, deux de drap de Dampmas noir et l'autre de satin noir,

---

(1) Je n'ai pas trouvé ailleurs mention de cette fourrure spéciale.
(2) Pierre de Navarre, comte de Mortain, fils de Charles le Mauvais et de Jeanne de France. Il mourut, en 1412, sans enfants de Catherine d'Aragon.
(3) Guillaume II, comte de Namur, fils de Guillaume Ier et de Catherine de Savoie. Il mourut, en 1418, sans postérité de Jeanne d'Harcour.

chascun d'iceulx trés menuement (1) et tous poins à bastes de roye, les vi couleurs de mondit Seigneur entretaillées en bendes et drap noir de la garnison à descouper par tout, dont les .... ont esté doublés d'escarlate de la garnison. Façon et estoffes...... xiiii l. viii s. p.

299. Item, le iiiie jour d'ottobre, pour mondit Seigneur, un hainselin entretaillé de veloux et de satin noirs, roydes par dessoubz, fait à deux foiz, houssé par dedens de satin noir, tout raché de fil d'or et d'argent et manière de mailles de haubergon et les manches rachées, semées d'arbalestes de perles et d'orfaverie et autre partie (2). Façon et estoffes.........................

300. Item, ce jour, pour mondit Seigneur, viii chapperons doublés, iiii d'escarlate et iiii de noir de Londres, tous de la garnison, pour porter au voyage de Saint Omer. Façon et estoffes.......................... xlviii s. p.

301. Item, le xiiie jour d'ottobre, pour Charles, Monseigneur, un manteau lonc d'escarlate vermeille de la garnison, fourré d'escureux noirs. Façon et estoffes........ xx s. p.

302. Item, ce jour, pour lui, unes bracerolles, un chapperon, un bonnet et iiii paire de chausses d'escarlate de ladite garnison. Façon et estoffes....................... xx s. p.

303. Item, ce jour, pour lui, viii carreaux fais de drap de soye ouvré de feuilles. Façon et estoffes........................ xxiiii s. p.

---

(1) Nous avons déjà rencontré l'expression *tret* pour tissé; *trés menuement* signifie tissé de petits ornements.

(2) *Et autre partie* signifie peut être, et d'autres pierreries ou joyaux, du même genre.

11

304. Item, le xxvıı^e jour dudit mois, une longue houpelande de vert d'Angleterre, aux vı couleurs de Monseigneur, entretaillées, fourrée d'écureux noirs, laquelle houpelande mondit Seigneur a donnée à Colart André, huissier d'armes monseigneur le Daulphin. Façon et estoffes.............. xxıııı s. p.

305. Item, le vı^e jour de novembre, pour Monseigneur, ııı chapperons doublés de noir de Londres de la garnison, découpés partout. Façon et estoffes............... xvııı s. p.

306. Item, le premier jour de décembre, pour mondit Seigneur, ııı autres grans chapperons doublés de noir de Londres de la garnison, découpés par tout. Façon et estoffes................................ xvııı s. p.

307. Item, le ıı^e jour dudit mois, pour Monseigneur, une longue houpelande de camelot noir faite de xvı girons, à collet assis, boutonnée devant de petis boutons plas et à drap à découper par tout; en laquelle a une arbaleste de boillons d'or sur la manche. Façon et estoffes............... ıııı l. p.

308. Item, le xe jour de décembre, pour le Roy et pour Monseigneur, deux longues houpelandes de satin noir, faites chascune de xlvııı girons, aux vı couleurs de mondit Seigneur, dont les manches sont toutes rachées de fil d'or en manière de maille de haubergon, fourrées de martres sébelines. Façon et estoffes........................ vııı l. p.

309. Item, le xı^e jour dudit mois de décembre, pour Charles, Monseigneur, une longue houpelande de drap de Dampmas en graine, à une arbaleste de brodeure sur

le costé senestre, fourrée de dos de rois (1).
Façon et estoffes....................... XXIIII s. p.

310. Item, ce jour, pour lui, une longue houpelande d'escarlate vermeille, de la garnison, à une arbaleste de brodeure sur la manche senestre, découpée par tout, fourrée de doz de roiz. Façon et estoffes.......... xx f.

Item, ce jour, pour lui, un chapperon de mesmes ladicte houpelande. Façon et estoffes............................... xx s. p.

311. Item, ce jour, pour une cote juste d'escarlate de ladicte garnison, fourrée de ventres de roiz. Façon et estoffes.......... XII s. p.

312. Item, ce jour, pour lui, deux barrettes d'escarlate de ladicte garnison, l'une fourrée et l'autre sangle. Façon et estoffes. VIII s. p.

313. Item, ce jour, pour Philippe, monseigneur, deux barrettes sangles de ladicte escarlate pour baignier. Façons et estoffes. VIII s. p.

314. Item, ce jour, pour Charles, Monseigneur, une longue houpelande en noir de Londres de la garnison, découpée partout, fourrée de ventres de roiz. Façon et estoffes. XXIIII s. p.

315. Item, ce jour, pour lui, un chapperon doublé de mesmes ladite houpelande, brodé. Façon et estoffes.................. XXIIII s. p.

316. Item, le xie jour de décembre, une courte houpelande à mi gembe de veloux noir sur soye, pour Monseigneur, faite de XXXII girons, à colet assis, les VI couleurs de mondit Seigneur entretaillées et à drap à découper partout. Façon et estoffes...... XLVIII s. p.

---

(1) Cette fourrure était probablement celle d'écureuil roux; on la trouve également écrite *roie* et *roye* (Voir n°s 298, 310, 311, 314, 327, 328).

317. Item, ce jour pour monseigneur de
Namur, une longue houpelande de veloux
noir à lonc poil et une arbaleste de boillons
d'or sur la manche, et à drap à découper
partout, laquelle mondit Seigneur lui a donnée. Façon et estoffes.................... XLVIII s. p.

318. Item, le xxiiiᵉ jour dudit mois de décembre, iiii longues houpelandes de satins
noirs, faites chascune de xvi girons, à colès
assis et à drap à découper partout, en deux
d'icelles houpelandes fourrées de martres
de Pruce; lesquelles Monseigneur a données
l'une à son chancelier (1), l'autre à messire
Jehan de Roussay (2), son chambellan, l'autre à sire Jehan le Flament (3), son conseiller, et l'autre à Boniface de Morés, son
escuier de corps. Façon et estoffes........ VIII l. p.

319. Item, le xxiiiiᵉ jour dudit mois de
décembre, pour Monseigneur, une paire de
manches d'escarlate de la garnison, pointes
du lonc, sur coton (4), pour vestir dessoubz

---

(1) Amaury d'Orgemont, maître des requêtes du roi, chancelier du duc
d'Orléans (1393), fils de Pierre d'Orgemont, seigneur de Merri et de Cha-
nilly, et de Marguerite des Voisines. Il épousa Marie Paillard et mourut en
1400.

(2) Jean de Roussay, chambellan du duc d'Orléans (1388), conseiller du
duc et du roi (1402), grand maître d'hôtel de la reine (1409), paraît fils de
Guiot de Roussay, écuyer de corps du duc d'Orléans (1362) et frère d'un
autre Guiot, échanson et écuyer tranchant du même (1390-1391). Il paraît
avoir eu pour femme Jeanne de Forcalquier. Son sceau représente un écu
à un orle de merlettes au franc quartier d'hermine; Jeanne de Forcalquier,
dame de Roussay, portait la croix de Forcalquier au franc quartier d'hermine de Roussay (B. N. Cab. des titres, pièces orig. 2562, n° 57247, de 2 à
55 = 2685, n° 59572, 9).

(3) Jean le Flament, clerc des arbalétriers du roi en 1378, trésorier des
guerres en 1388, conseiller du roi et conseiller général du duc d'Orléans
(1396-1406) : il appartenait à une famille de bourgeois et drapiers de Paris
(B. N. Cab. des titres, pièces orig. 215, n° 4870, 5 = 478, n° 10694, 11 =
1785, n° 41243, 14 = 2359, n° 52991, 27 = 1160, n° 26431, 4 à 8, 33).

(4) Piquées sur toute leur longueur et doublées d'une étoffe de coton.

sa robe royal. Façon et estoffes............ xxiiii s. p.

320. Item, ce jour, pour mondit Seigneur, une longue houpelande de noir de Londres de la garnison, fourrée de martres de Pruce. Façon et estoffes...................... xlviii s. p.

321. Item, ce jour, pour mondit Seigneur, un chapperon doublé d'icellui drap. Façon et estoffes............................ vi s. p.

322. Item, le xxx° jour dudit mois de décembre, une longue houpelande de veloux noir sur soye, faite de xvi girons à colet assis, fourrée de martres sébelines, pour Monseigneur. Façon et estoffes...... lxiii s. p.

323. Item, ce jour, pour mondit Seigneur, deux grans chapperons doublés de noir de Londres de la garnison. Façon et estoffes. xii s. p.

324. Item, pour la livrée que Monseigneur a faite pour le voyage de Saint-Omer à ses varlès de chambre, sommelliers de corps, menestrels (1) et autres officiers de son hostel, ii^c xii robes bastardes de vert d'Angleterre doublées de noir, en chacune xii bendes entretaillées à viz des vi couleurs de mondit Seigneur. Façon et estoffes par accort fait à lui............................ ii^c l. p.

325. Item, le xxx° jour dudit mois de

---

(1) Un compte de Jean Poullain nous apprend que ces ménestrels au nombre de quatre se nommaient Arbelin, Georgelin, Henri Plansol et Colinet Bourgeois : leurs gages étaient de 25 francs par mois. Un autre compte de Denisot, controlleur de la chambre aux deniers, porte l'article suivant : *A Jehan le Fevre et Gillet Villain, joueux de personnages, xxx frans, lesqueulx Monseigneur leur a donné pour eulx et leurs compaignons ; à eulx baillés à Vire le* xii° *de février par le commandement de mondit Seigneur* et *quictances des dessus dicts* (1393) (B. N. Cab. des titres, pièces orig. 2153 n° 172). En 1464 le duc d'Orléans n'avait plus de ménestrels mais des tambourins nommés Lancelot, Marsault du Pérat et Antoine Planchette (*ibid.*, 2160, n° 720).

décembre, pour Monseigneur de Pons (1), une longue houpelande de veloux noir sur soye, aux vi couleurs de Monseigneur entretaillées à viz, fourrée de martres de Pruce, laquelle mondit Seigneur lui a donnée. Façon et estoffes.................... XLVIII s. p.

326. Item, le xe jour de janvier, pour Monseigneur, un grant chapperon doublé de noir de Londres de la garnison. Façon et estoffes.................... VI s. p.

327. Item, le xve jour dudit mois de janvier, pour Charles, Monseigneur, unes bracerolles d'escarlate de la garnison, fourrées de ventres de roiz et deux paires de chausses de ladicte escarlate. Façon etestoffes... XVI s. p.

328. Item, ce jour, pour Philippe, monseigneur, une longue houpelande d'escarlate vermeille de ladicte garnison à vestir par dessus le maillot (2), fourrées à doz de roiz. Façon et estoffes.................... XX s. p.

329. Item, le xxe jour dudit mois de janvier, pour Monseigneur, une houpelande bastarde de frise noire, faite à girons et à colet assis, fourrée de croupes de gris. Façon et estoffes.................... XI s. p.

330. Item, ce jour, pour Girard d'Arcy (3),

---

(1) Renaud de Pons, comte de Montfort, vicomte de Turenne, premier baron de Saintonge, gouverneur d'Aquitaine, Périgord, Saintonge et Angoumois, chambellan du duc d'Orléans.

(2) Cet article prouve qu'on nommait houppelandes, même les robes des enfants au maillot; Philippe d'Orléans comte de Vertus, né en juillet 1395, avait alors un peu plus de six mois.

(3) Girard d'Arcy ou de Récy, écuyer et pannetier du duc d'Orléans (1386), probablement fils de Guiot d'Arcy, maître de l'écurie et chambellan du roi de Navarre (1369-1378). Son sceau porte un écu chargé de trois aigles avec une coquille de Saint-Jacques en cœur (B. N. Cab. des titres, Pièces orig. 86, n° 1786, 2 à 12 = 2154, n° 237).

pennetier de Monseigneur, une longue houpelande de drap de Dampmas noir, aux six couleurs de mondit Seigneur, entretaillées à viz, fourrée de martres de Pruce, laquelle mondit Seigneur lui a donnée. Façon et estoffes.......................... XLVIII s. p.

331. Item, le xxxe jour dudit mois de janvier, pour Monseigneur, une longue houpelande de camelot noir, faite de xvi girons, à colet assis, boutonnée devant de petiz boutons plas, fourrée de martres sébelines. Façon et estoffes............... IIII l. p.

332. Item, ce jour, pour mondit Seigneur, un grant chapperon, doublé de noir de Londres de la garnison. Façon et estoffes...... VI s. p.

333. Item, le derrenier jour de janvier, pour mondit Seigneur, un petit pourpoint de drap de Dampmas noir, à colet assis, trét menuement à croissans, fait à deux fois, les six couleurs de mondit Seigneur entretaillées à vis et doublé d'escarlate vermeille de la garnison. Façon et estoffes............ IIII l. XVI s. p.

334. Item, pour la façon d'une houpelande et un chapperon de drap noir aux six couleurs de Monseigneur entretaillées à vis, pareille des robes de la livrée que mondit Seigneur fist faire pour le voyage de Saint-Ouen. XVIII s. p.

Somme de toutes part cy dessus contenues. III^c LXX VIII l. IIII s. p, qui valent.... V^c IIII^{xx} XVII l XVI s. t.

Sur laquelle somme ledit Perrin Pillot a reçeu de Denis Mariéte, argentier de mondit Seigneur, par mandement d'icellui Seigneur à lui drécant (1), donné le IIIIe jour de

---

(1) Adressé.

novembre l'an mil CCC IIII^xx et seize.....   III^c l. t.

Ainsi lui est deu de reste.............   II^c III^xx XVII l.

par compte fait à lui par moy............   xv s. t.

MARIÉTE.

B. N. Cab. des titres, pièces orig. vol. 2153, n° 224 (Orléans, t. III).

XVI. — 1397, 1er février-1398, 31 janvier.

CE SONT LES PARTIES DE ROBES FOURRÉES PAR THOMASSIN POTIER (1), FOURREUR ET VARLET DE CHAMBRE DE MONSEIGNEUR LE DUC D'ORLIENS, POUR MONDIT SEIGNEUR LE DUC, POUR CHARLES ET PHILIPPE, MESSEIGNEURS SES ENFFANS, ET AUTRES A QUI MONDIT SEIGNEUR A DONNÉES ROBES EN CESTE PRÉSENTE ANNÉE COMMENÇANT PREMIER JOUR DE FÉVRIER MIL CCC IIII^xx ET SEIZE ET FINISSANT DERRENIER DE JANVIER ENSUIVANT MIL CCC IIII^xx ET DIX-SEPT.

335. Premièrement, le dimanche premier jour d'avril l'an mil CCCIIII^xx et seize, pour mondit seigneur le Duc, une longue houpelande de satin noir figuré, fourrée de martres sébelines de la défourre d'une autre houpelande (2) qui fu pieça faite pour le Roy, nostre Sire, et y est entré xii martres sébelines des garnisons. Pour façon de ce.......   xx s. p.

336. Item, pour mondit Seigneur, le samedi xiiiie jour d'avril ensuivant, une lon-

---

(1) Ce fourreur, bourgeois de Paris, fut valet de chambre et fournisseur du duc d'Orléans de 1390 à 1407 au moins. Il est l'un des ancêtres des Potier, ducs de Gèvres, qui furent secrétaires d'État. Il portait comme armoiries un écureuil assis et portant sa patte à sa bouche, armoiries dans lesquelles est visible l'allusion à son métier de fourreur (B. N. Cab. des titres, pièces orig. 2154, n° 269 = 2352 n° 52, 905, 4 et 6).

(2) La houppelande neuve était doublée de la fourrure réservée d'une vieille houppelande hors de service.

gue houpelande de camelot noir, fourrée de martres sébelines de la défourre d'une autre, fournye de VIII martres sébelines des garnisons. Pour façon........................ xx s. p.

337. Item, pour mondit Seigneur, le mardi XVIIe jour d'avril ensuivant, une longue houpelande de drap de Dampmas noir fourrée de jennettes noires (1) de la défourre d'une autre, fournye du demourant d'une courte houpelande que Monseigneur fist pièça despécier. Pour faire fourrer....... xx s. p.

338. Item, pour Charles, Monseigneur, à Pasques l'an IIII^{xx} et dix sept, une houpelande de camelot noir brodée à une escharpe à loups et fleurs de geneste d'orfaverie, et une arbaleste de brodeure sur la manche, fourrée de Ve XLII ventres d'escureux des garnisons, achetées au Lendit (2) de l'an IIII^{xx} et seize. Pour façon...................... VIII s. p.

339. Item, pour mondit seigneur le Duc, le dimenche XXe jour de may ensuivant, une houppelande à mi jambe de drap de Dampmas noir fourrée de martres sébelines de la défourre d'une autre, fournye de XLIIII martres sébelines de LI martre achetée de Guillaume de Bohain (3). Pour façon.. XII s. p.

340. Item, ce jour, une longue houpelande de veloux noir à la devise de mondit Seigneur, laquelle il a donnée à monsieur le

---

(1) Gennette, sorte de civette grise et noire fort rare; plus la teinte est sombre plus elle est estimée.

(2) La grande foire de Saint-Denis.

(3) Ce fourreur, bourgeois de Paris, reçut en 1408 onze cent livres tournois comme paiement de l'arriéré qui lui était dû par feu Louis d'Orléans (B. N. Cab. des titres, pièces orig. 580, n° 8383, 3).

mareschal de Sanceurre, fourrée de martres de Pruce d'achat. Pour façon............ xvi s. p.

341. Item, pour Charles, Monseigneur, le jeudi xxiiii*e* jour de may ensuivant, une petite cotte juste d'escarlate vermeille, fourfée de ii*c* ventres d'escureux des garnisons achetés au lendit de l'an IIII*xx* et seize. Pour façon .... iiii s. p.

342. Item, ce jour, pour Philippe, Monseigneur, un manteau de mesmes fourré de ventre d'escureux d'achat. Pour façon..... xii s. p.

343. Item, pour mondit seigneur le Duc, le vendredi xxviii*e* jour de juing ensuivant, une longue houpelande de satin noir à girons fourrée de martres sébelines de la défourre d'une autre, fournye de lxxii martres séblines achetée de Philipot du Mont. Pour façon................................ xxiiii s. p.

344. Item, le xvii*e* jour de juillet ensuivant, pour le fol du Roy, nostre sire, et pour les deux fols de mondit Seigneur, trois houpelandes d'ostade (1) ouvrée à petits lyons, mi partyes d'un drap jaune de soye eschiquetée, fourrées de menu vair d'achat. Pour façon des trois.................... xxiiii s. p.

345. Item, pour Charles et Philippe, Messeigneurs, le vendredi xxvii*e* jour de juillet ensuivant, deux cottes justes d'escarlate vermeille fourrées de ventres d'escureux d'achat. Pour façon................ viii s. p.

346. Item, le merquedi viii*e* jour d'aoust ensuivant, deux longues houpelandes, l'une de veloux noir et l'autre de drap de Damp-

---

(1) Etoffe de soie, fabriquée d'abord en Hollande dans la ville d'Obstadt.

mas noir aux six couleurs de Monseigneur, fourrées de martres de Pruce d'achat, lesquelles mondit Seigneur a données à un chevalier et à un escuier de Behaigne (1) Pour façon des deux.................... XXXII s. p.

347. Item, pour mondit seigneur le Duc, le jeudi xx⁰ jour de septembre ensuivant, une longue houpelande de veloux noir fourrée de martres sébelines de la défourre d'une autre, fournye de IIII^{xx} martres sébelines des garnisons, achettées de Hennequin de Garnechines. Pour façon............... XXIIII s. p.

348. Item, pour Philippe, Monseigneur, le mardi 11⁰ jour d'ottobre ensuivant, une houpelande d'escarlate vermeille fourrée d'escureux noirs d'achat. Pour façon...... VIII s. p.

349. Item, pour mondit seigneur le Duc, le x⁰ jour dudit mois d'ottobre, une longue houpelande de drap de Dampmas noir à girons, découppée à grans découppeures, fourrée de martres sébelines de la défourre d'une autre, fournye de XXIII martres sébelines des garnisons, achetée de Hennequin de Garnechines. Pour façon................. XXIIII s. p.

350. Item, pour mondit Seigneur, le samedi XIIII⁰ jour dudit mois, une longue houpelande de camelot noir à girons, fourrée de martres sébelines de la défourrre d'une autre et fournye de LIII martres sébelines des garnisons, achetée dudit Hennequin. Pour façon................................... XXIIII s. p.

---

(1) Bohême. Le duc d'Orléans eut des relations continuelles et intimes avec Winceslas, roi de Bohême; il avait promis de l'assister contre les électeurs de l'Empire qui l'avaient déposé, et lui acheta le Luxembourg. Voir à ce sujet le religieux de Saint-Denis (t. II, p. 765-766, et t. III, p. 43).

351. Item, pour mondit Seigneur, le dimenche xxiᵉ jour dudit mois d'ottobre, une longue houpelande de drap noir de Londres, fourrée de penne noire (1) d'achat. Pour façon.................................. xx s. p.

352. Item, pour mondit Seigneur, le lundi xxiiᵉ jour dudit mois, une longue houpelande de drap noir de Londres fourrée de martres de Pruce d'achat. Pour façon...... xx s. p.

353. Item, pour mondit Seigneur, le dimanche xxviiiᵉ jour dudit mois d'ottobre, une courte houpelande de camelot noir à girons et découppée à grans découpeures, fourrée de martres sébelines de la défourre d'une autre. Pour façon..................... xvi s. p.

354. Item, ce jour, pour Hainse-li-Coq (2), Fol du Roy, nostre sire, et pour les quatre Fols de mondit Seigneur le Duc, cinq houpelandes de vert d'Angleterre, en chascune une manche de drap jaune, fourrées de crouppes de gris d'achat. Pour façon des cinq... xl s. p.

355. Item, pour Charles et Philippe, Messeigneurs, le merquedi xxxᵉ jour dudit

---

(1) Le mot panné ou penne commença par désigner une fourrure particulière fort commune, puis on l'appliqua à toute espèce de fourrures.

(2) M. Douët d'Arcq lit le nom de ce Fou de Charles VI Hainselin Coq et fait remarquer qu'il portait le même nom que le vêtement de voyage nommé haincelin. Je n'ai pas pu lire autre chose dans ce compte que Hainse-li-Coq pour Hans (Jean) le Coq. Voici les noms de quelques autres fous cités dans les comptes des d'Orléans, outre ceux qui étaient attachés à leur maison et celui du Roi : Jean Bonzoir, Fou du feu duc d'Orléans mort avant 1399; Monnicot, Fou du comte de Lille en 1406 ; il signe une quittance d'un don de 46 livres tournois et y susprend son sceau qui porte un écu chargé d'une étoile à six rais (B. N. Cab. des titres, pièces orig. 1783, n° 17805, 3). Pierre, Fou de Charles d'Orléans en 1451 (B. N. Cab. des titres pièces orig. 885, n° 21, 311 n° 19); enfin Thommée, Folle du duc de Bourbon en 1457 (ibid. 2160 n° 664).

mois d'ottobre, III houpelandes, unes bracerolles, deux chappeaux et un chapperon,
dont l'une desdites houpelandes est de drap
de Dampmas vermeil brodée d'une branche
de geneste sur le costé embas et d'un loup
dessus la geneste, fourrée de dos de roys
d'achat; les deux autres houpelandes d'escarlate vermeille, en chacune sur la manche senestre un loup de brodeure, fourrées
d'escureux noirs, et lesdites bracerolles,
chappeaux et chapperon de ventres d'escureux, tout d'achat. Pour façon de tout..... XXXVI s. p.

356. Item, le jour de la Toussains, pour
le Fol du Roy, nostre sire, et pour les deux
Fols de mondit Seigneur trois bonnes de
drap d'or fourrés de menu vair d'achat.
Pour façon des trois.................. VI s. p.

357. Item, le XIe jour de novembre ensuivant, deux longues houpelandes, l'une de
veloux noir fourrée de gris, et l'autre de
drap de Dampmas noir fourrée d'escureux,
tout d'achat, lesquelles Monseigneur a données l'une au sénéchal de Lucembourc (1),
et l'autre à un escuier boutellier du roy de
Behaigne. Pour façon des deux.......... XXXII s. p.

358. Item, le XXIIe jour dudit mois de novembre, une longue houpelande de drap de
Dampmas noir fourrée d'escureux d'achat,
laquelle Monseigneur a fait bailler à monsieur de Blarru (2), son chambellan, pour

---

(1) Je n'ai pu découvrir quel était ce personnage, probablement étranger
à la France; son père accompagna en 1397 les envoyés du duc Louis d'Orléans en Allemagne (*ibid.*, 2154 n° 265).

(2) Guillaume de Tilly, seigneur de Blaru, chambellan du duc d'Orléans.
Il épousa, en 1411, Marguerite de Luxembourg, veuve de Raoul Cassinel.

donner de par mondit Seigneur en Behaigne. Pour façon........................ xvi s. p.

359. Item, pour Charles, Monseigneur, le vendredi derrenier jour de novembre, une cotte juste d'escarlate vermeille fourrée de ventres d'escureux d'achat. Pour façon.... iiii s. p.

360. Item, pour mondit seigneur le Duc, le xie jour de décembre, une longue houpelande de drap de Dampmas noir faucée (1) par le corps, faite à grans découppeures, fourrée de martres sébelines de la défourre d'une autre et fournye de xxxviii martres sébelines de garnisons, achetées de Hennequin de Garnechines. Pour façon......... xxxii s. p.

361. Item, le jour de Noël ensuivant, cinq longues houpelandes, lesquelles Monseigneur a données, c'est assavoir, l'une à messire Jehan de Roussay, son chambellan, et l'autre à messire Jehan Bracque (2), son maistre d'ostel, et les trois autres de drap de Dampmas noir, l'une à monsieur le Chancellier, l'autre à sire Jehan le Flament, conseiller de mondit Seigneur, et l'autre à Boniface de Morés, son escuier de corps, fourrées de martres de Pruce d'achat. xvi s. p. pour chacune, valent................. iiii l. p.

362. Item, pour Charles et Philippe, Messeigneurs, ledit jour de Noël, deux longues houpelandes de drap de Dampmas noir,

---

Il fut ministre de Charles VI et l'un des commissaires choisis pour réformer les abus du royaume.

(1) Ce mot a la même signification que froncée, plissée.

(2) Jean Bracque ou Braque, seigneur de Saint-Maurice, d'abord maître d'hôtel, puis conseiller et chancelier du duc d'Orléans en 1407 (B. N. Cab. des titres, pièces orig. 2075, n° 47207, 2).

en chascune un arbre de brodeure sur la manche et un loup dessus, fourrées d'escureux noirs d'achat. Pour façon des deux...   XVI s. p.

363. Item, pour mondit seigneur le Duc, ledit jour de Noël, un mantel de veloux noir découppé à grans découpeures par dessoubz et par les fentes, fourrée de martres sébelines des garnisons, achetées de Berthaut de Saint Yon. Pour façon........   XXXII s. p.

364. Item, ce jour pour mondit Seigneur, un chapperon de mesmes ledit mantel, fourré de XI martres sébelines de garnisons, achettées dudit Berthaut. Pour façon......   IIII s. p.

365. Item, ce jour, pour mondit Seigneur, une longue houpelande de veloux noir à girons faucée par le corps, découppée à grans découpeures par dessoubz et par les manches, fourrée de II^c IX martres sébelines des garnisons, achetées dudit Berthaut. Pour façon (1)................   XXXII s. p.

366. Item, pour mondit Seigneur, le XVIIIe jour de décembre, une houpelande à mi jambe de frise noire à girons, faucée par le corps, découppée à grans découppeures, fourrée de crouppes de gris d'achat. Pour façon.......................   XVI s. p.

367. Item, le premier jour de janvier ensuivant, pour le Roy nostre Sire et pour Monseigneur, deux longues houpelandes de satin figuré cramésy, faites à girons, faucées par le corps, découppées à grans dé-

---

(1) Cet article et les deux précédents représentent évidemment des vêtements de cérémonie que le duc d'Orléans se fit faire pour assister avec toute la cour aux offices des fêtes de Noël.

couppeures à tigres et loux de veloux cramésy à lonc poil, entretaillés sur les manches senestres, fourrées, c'est assavoir, celle du Roy de martres sébelines d'achat, et celle de mondit Seigneur de la défourre d'une autre, et fournyes de XL martres sébelines de garnisons, achetées de Berthaut de Saint Yon. XXXII s. p. pour chascune, valent.   LXIII s. p.

368. Item, ce jour, trois longues houpelandes que Monseigneur a données, c'est assavoir deux de drap de Dampmas noir, l'une à Regnault d'Angennes (1) et l'autre à Oudart de Renty (2), escuiers du Roy nostre Sire, et l'autre d'escarlate vermeille à maistre Gontier Col (3), son secrétaire, toutes fourrées de martres de Pruce d'achat Pour façon XVI s. p. pour chascune, valent......   XLVIII s. p.

369. Item, pour mondit seigneur le Duc, le VIe jour de janvier ensuivant, une houpelande à mi jambe de drap de Dampmas noir à girons, faucée par le corps, découpée à grans découppeures, fourrée de martres de Pruce d'achat. Pour façon ....   XX s. p.

370. Item, pour Charles et Philippe, Messeigneurs, le XIe jour dudit mois de jan-

---

(1) Regnaud d'Angennes, seigneur de Rambouillet, écuyer tranchant du roi, capitaine du château du Louvre et chambellan du roi (1398); il était fils de Robert d'Angennes et épousa Anne d'Angelliers.

(2) Ce personnage est inconnu au P. Anselme et aux autres généalogistes qui ne lui ont ont pas donné place dans leurs généalogies de la famille de Croy et de Renty.

(3) D'abord à la fois chevalier, notaire et secrétaire du roi, aux gages de 6 francs par jour (B. N. Cab. des titres, pièces orig. 807, n° 18298, 5), il occupait la même situation en 1400 et était en même temps secrétaire du duc d'Orléans. Son sceau porte un écu chargé de trois cols de cygne. Il fut employé par le roi à de nombreuses négociations diplomatiques (Voir le Religieux de Saint-Denis, t. II, p. 249, 745; t. III, p. 3; t. IV, p. 253, 343; t. V, p. 229 et 507).

vier, une cotte juste, une bracerolles, deux chapperons et un bonnet d'escarlate vermeille, fourrés de ventres d'escureux et de xvi létisses (1) d'achat pour le bonnet. Pour façon de tout.......................... xiiii s. p.

371. Item, le xii⁰ jour dudit mois, une longue houpelande de veloux noir à la devise de mondit Seigneur, fourrée de gris à dix thires (2) d'achat, laquelle mondit Seigneur à donnée à un chevalier d'Arragon. Pour façon .... xvi s. p.

372. Item, pour mondit seigneur le Duc, le xv⁰ jour dudit mois de janvier, une longue houpelande de satin figuré sur couleur de vert brun, faite à girons, faucée par le corps, découppée à grans découppeures, fourrée de jennettes noires de la defourré d'une autre et fournye de xxxvii jennettes d'achat. Pour façon.................... xxxii s. p.

373. Item, le xxiii⁰ jour dudit mois de janvier, une longue houpelande d'yraingne (3) vermeille, fourrée d'escureux noirs d'achat, laquelle mondit Seigneur a donnée à Eustace Morel (4), son maistre d'ostel. Pour façon .... xii s. p.

Somme toute des parties cy dessus contenues xliiii l. viii s. p.

---

(1) Fourrure d'hermine blanche.

(2) Une *tire* est ici une bande de fourrure; ainsi une houppelande fourrée de dix tires de gris, l'était de dix bandes égales entre elles de cette fourrure. Le terme a subsisté dans le blason.

(3) Étoffe nommée *iraigne* ou *toile d'iraigne* ou d'araignée à cause de sa légèreté; on la fabriquait surtout à Louviers et à Bruxelles.

(4) Eustache des Champs, dit Morel, paraît dans plusieurs articles du Catalogue Joursanvault (n° 426) et des Pièces orig. du cab. des titres (t. 2154). C'est le poète Eustache des Champs qui vivait encore au commencement du xv⁰ siècle, puisque Christine de Pisan lui a adressé une Épître le 10 février 1403.

qui valent LV l. x s. t. par compte fait à lui du comandement et ordonnance de mondit seigneur le Duc, par moy,

MARIÉTE.

Loys, fils de roy de France, duc d'Orliens, conte de Valois, de Blois et de Beaumont, à nostre amé et féal argentier Denys Mariéte salut et dilection : nous voulons et vous mandons que des deniers de vostre recepte, à Thomassin Potier, nostre fourreur et varlés de chambre, vous paiéz, bailléz et délivréz tantost ces lettres veues, la somme de cinquante cinq francs dix sols tournois en quoy nous lui sommes tenuz par compte fait à lui par vous de nostre commandement et ordonnance, pour paine et façon d'avoir fourrées plusieurs robes pour nous, pour Charles et Philippe, nos enffans, et autres, depuis le premier jour de février l'an mil CCC IIII^{xx} et seize, jusques au derrenier jour de janvier l'an mil CCC IIII^{xx} et dix sept, dont les parties sont cy dessus contenues et déclairées. Lesquelles nous avons agréables et nous en tenons pour contens, et ne voulons que ledit Thomassin soit tenuz d'en compter autrement. Et, par rapportant ces présentes lesdictes parties et quictance sur ce dudit Thomassin, nous voulons ladicte somme de LV francs, x s. t. estre alouée en vos comptes de l'année fenye au derrenier jour de janvier derrenierement passé, et rabatue de vostre dite recepte par noz améz et féaulx gens de noz comptes sans aucune difficulté ou contredit, nonobstans ordonnances, mandemens ou deffenses quelconques à ce contraires. Donné à Paris le xxe jour de fevrier l'an de grace mil CCC IIII^{xx} et dix sept.

Pour Monseigneur le Duc,
BURNON.

B. N. Cab. des titres, pièces orig, 2154 n° 233 (Orléans IV).

XVII. — 1397, 1ᵉʳ février-1398, 31 août.

CY APRÈS ENSUIVENT LES BESOIGNES DE BRODEURE FAITES PAR JEHAN DE CLAREY, BRODEUR ET VARLET DE CHAMBRE DE MONSEIGNEUR LE DUC D'ORLIENS, SUR PLUSIEURS ROBES ET GARNEMENS QUE MONDIT SEIGNEUR A FAIT FAIRE TANT POUR LUI, POUR CHARLES ET PHILIPPE, MESSEIGNEURS SES ENFFANS, COMME POUR PLUSIEURS CHEVALIERS ET ESCUIERS, A QUI MONDIT SEIGNEUR A DONNÉES ROBES DEPUIS LE PREMIER JOUR DE FEVRIER L'AN MIL CCC IIII^{xx} ET SEIZE, JUSQUES AU DERRENIER JOUR D'AOUST ENSUIVANT L'AN MIL CCC IIII^{xx} ET DIX-SEPT.

374. Premièrement, et le premier jour de février l'an mil CCC IIII^{xx} et seize, deux loups de brodeure, un d'or et l'autre d'argent, pour mettre sur les manches de deux longues houpelandes d'escarlate de la garnison de Monseigneur, lesquelles mondit Seigneur a données l'une au Besgue de Villaines (1), chambellan du Roy nostre Sire, et l'autre à Regnault de la Mote, eschanson de monseigneur le duc de Bourgoingne, xxii s. p. la pièce valent.................................... LV s. t.

375. Item, le xxiiiie jour d'avril l'an mil CCC IIII^{xx} et dix sept une gorgerette et deux boutons d'or pour un petit pourpoint pour Monseigneur, dont les manches sont de satin figuré; pour or, argent, soye et paine.................. IIII fl. x s. t.

376. Item, le xxe jour de may pour Philippe, Monseigneur, un loup d'argent assis sur la man-

---

(1) Ce personnage qui paraît à plusieurs reprises dans les comptes des princes d'Orléans est peut-être le même que M. Molinier a retrouvé en 1362 comme sénéchal de Carcassonne (*Arnoul d'Audrehem*, p. 103); il fut ministre de Charles VI, parrain d'un de ses enfants, puis éloigné de la cour, banni et emprisonné (Voir le Religieux de Saint-Denis, t. II, p. 27, 29 et 525).

che d'une longue houpelande d'escarlate de la garnison de Monseigneur; pour argent, soye et paine.. xxv s. t.

377. Item, pour Charles, Monseigneur, une houpelande de camelot noir brodée d'une escharpe devant et l'autre derrière de genestes et loups rampants, à fleurs de genestes d'orfaverie ; pour argent, soye et paine.............................. xii fl.

378. Item, pour une arbaleste de brodeure semée de boillons d'or mise sur la manche senestre d'une longue houpelande de veloux noir sur soye, donnée à monseigneur le mareschal de Sanceurre; pour or, soye et paine............... iiii fl. x s. t.

379. Item, le ve jour de juing, pour Charles, Monseigneur, une arbaleste mise sur la manche d'une longue houpelande d'escarlate de la garnison de Monseigneur ; pour argent, soye et paine. i s. t.

380. Item, le xiiiie jour de juillet, pour le Roy et pour Monseigneur, deux longues houpelandes de veloux noir, en chascune houpelande a sur le costé senestre une grant arbaleste de veloux noir à lonc poil, pourfillées (1) et fournies d'or ainsi qu'il appartient, et sur chascune manche d'icelles houpelandes un tigre de brodeure d'or nué; pour or, soye et paine................................ xviii fl.

381. Item, le xxiie jour de juillet, une gorgerette à deux boutons d'or pour un petit pourpoint de drap de Dampmas noir pour Monseigneur ; pour or, argent, soye et paine.......... iiii fl. x s. t.

382. Item, le ve jour d'aoust, deux loups, l'un d'or et l'autre d'argent, pour mettre sur les manches de deux longues houpelandes, une de veloux et l'autre de drap de Dampmas, lesquelles

---

(1) Profilées c'est-à-dire dessinées sur le bord; ou mieux soutachées.

Monseigneur a données à un chevalier et à un escuier de Bahaigne, pour or, argent, soye et paine.................................... LV s. t.

383. Item, le xxie jour d'aoust, une gorgerette à deux boutons d'or pour un petit pourpoint de satin noir pour Monseigneur ; pour or, argent, soye et paine................................ IIII fl. x s. t.

Somme de toutes les parties cy dessus contenues LVII frans v s. t., par compte fait à lui du commandement et ordonnance de mondit Seigneur en la présence de messeigneurs messire Jehan de Roussay, chevalier, chambellan de mondit Seigneur, et sire Jehan le Flament, son conseiller, par moy.

MARIÉTE (1).

XVIII. — 1397, 16 août.

384. Loys, fils du Roy de France, duc d'Orliens, conte de Valois et de Beaumont, à nostre amé et féal argentier Denis Mariéte, salut et dilection. Nous voulons et vous mandons que à Hance Croist, nostre orfevre et varlet de chambre, des deniers de vostre recepte, vous paiés, baillés et délivrés, tantost ces lettres veues, la somme de dix frans cinq solz, quatre deniers tournois, en quoy nous lui sommes tenus pour deux couronnes d'or, en chascune deux cosses esmaillées de vert et de blanc, qu'il

---

(1) Le Duc donna le 22 novembre suivant l'ordre de solder ce compte de son brodeur. Ces deux documents existent aux Pièces originales du cabinet des titres de la Bibliothèque Nationale, vol. 2154, n° 230 (Orléans IV). J'ajouterai que dans le compte donné par Jean Poulain en mai 1390 pour la gésine et les relevailles de la Duchesse qui venait d'accoucher de son fils aîné Louis, mort à la fin de 1395, on trouve une dépense de 2,400 francs d'or pour des acquisitions d'étoffes riches et de broderies faites à Robin la Varenne, brodeur et bourgeois de Paris, on y remarque une chambre de brodeure ou il y a xviii *veloux alexandrins sur soie à xxxii frans la pièce; neuf pièces de taffetas armés à xii francs la pièce; quatre quarreaux de parement en veluau en grainne et un autre sans brodeure à L frans; le duvée des oriliers de parement avec vi quarreaux pour la chambre de brodeure*, etc. (B. N. Cab. des titres, Pièces orig., 2153, n° 97).

nous a fait et livrées pour mettre au col de deux thigres que nous avons faiz faire de brodeure sur les manches de deux longues houpelandes de veloux noir réz sur soye, doublées de veloux vert à lonc poil. En chascune d'icelles houpelandes une grant arbaleste de veloux noir à lonc poil sur le costé, l'une pour monseigneur le Roy et l'aultre pour nous. Pesans ycelles couronnes et cosses, seize estellins ob. d'or, dont il y a six estellins d'or fin et le demourant à xx caras ; vault l'or, au feur de LXVIII frans le marc d'or fin, VI frans, V s. IIII d. t. et pour la façon, déchiet d'or et pour esmailler, IIII frans ; pour ce ladicte somme de x frans, v s. IIII d. t. Laquelle nous voulons, par raportant ces présentes, avecques quittance sur ce dudit Hance, estre alouée en voz comptes et rebatue de vostre dicte recepte par noz améz et féaulx gens de nos comptes, sans aucun contredit, non obstans ordonnances, mandemens, ou deffenses à ce contraires. Donné à Paris le XVIe jour d'aoust l'an de grace mil CCC III^{xx} et dix sept.

Par monseigneur le Duc,
Des Millèz.

B. N. Cab. des titres, pièces orig. 935, n° 20649, 2.

XIX — 1401, 9 octobre-1402, 20 mars.

ICY S'ENSUIT LES PARTIES DES OUVRAGES QUE LEDIT HERMAN RUISSEL, ORFEVRE, A FAICTES ET DELIVRÉES POUR MADITE DAME LA DUCHESSE D'ORLEANS PAR LA MAING DUDIT MAISTRE PIERRE POQUET (1), SUR LA RECEPTE CY DESSUS DECLARÉE DEPUIS LE IX JOUR D'OTTOBRE L'AN MIL QUATRE CENS ET UNG.

385. Premièrement ce jour, pour avoir fait et forgé un grant

---

(1) Ce personnage était dès 1390 contrôleur de l'argenterie du duc d'Orléans qui lui fit cadeau de 300 livres pour acquérir une maison à Paris. Son sceau porte un écu à un chevron accompagné de trois roses (B. N. Cab. des titres, pièces orig. 2338, n° 52672, 2 et 3).

collier d'or double, fait en mannière de chaisne longue, contenant yceluy collier xlviii pièces faites toutes seloncq la devise de madite Dame, garniz yceulx pièces de xxiiii balays et de iii^{xx} et xvi perles, pandens yceulx piereryes ès dictes pièces, avec plusieurs bezans et plusieurs autres ouvrages ; pesant tout ensamble ii mars une once, xiiii esterlins, iii felins (1) et demi, dont il chet à rabatre, pour le pois de ladite piererye, ii onces vii esterlins, i felin demi ; ainsi demoure, rabatu ladite piererye, i marc vii onces, vii esterlins i felin demi ; et pour le déchet à ouvrer (2) qui est esterlin pour once, monte xv esterlins i felin. Ainsi pour le tout ii marcs ii esterlins obole et demi felin d'or à xxii karaz et à lxii frans xi sols iii deniers le marc, valent vi^{xx} vi frans iii sols tournois ; et pour la façon dudit collier, par l'ordonnance de madite dame c frans, et pour les xxiii pieres caindre (3) ii frans. Pour tout...... .... ii^d xxviii fr. iii s. t.

386. Item, ce jour avoir fait et forgé un petit annel d....ant un petit saphir en mannière d'escusson pesant ii esterlins, i felin demi d'or fin et à lxviii fr., vi s. t. le marc, valent i fr. iii d. tournois, et pour la façon dudit annel i fr. Pour tout.......... ii fr. iii d. t.

387. Item, le xie jour de novembre pour avoir refait et mis à point un reliquière d'or lequel est fait en manière d'une ymage de Noſtre Dame assise en un lys esmaillé de blanc entre deux habrecyaux (4) d'or, lequel estoit rompu et despécé (5) en plusieurs lyeux, et il avoit rassis plusieurs pierres qui

---

(1) *Felin*, est la même chose que ferlin, le quart d'un denier.
(2) C'est-à-dire pour la perte que faisaient subir à l'or employé la fonte et le travail de ciselure ou d'émaillerie dont on l'ornait.
(3) *Caindre*, ceindre, monter.
(4) Arbrisseaux.
(5) On disait d'un joyau qu'il était dépécé lorsque les diverses parties qui étaient soudées ou vissées ensemble étaient séparées ; ce mot n'impliquait pas l'idée qu'il fut brisé ou hors d'usage, mais seulement démonté.

estoient cheutes dèzdis habrecyaux, et plusieurs autres ouvrages qui estoient despecés; pesant ycelui reliquière plus que il ne faissoit v esterlins obole d'or à xxii karaz et à lix frans xiiii sols, iiii deniers oboles tournois le marc, valent ii frans xii d. oboles tournois, et pour la façon d'avoir fait ces diz ouvrages iiii frans. Pour tout............ vi fr. xii d. ob. t.

388. Ce jour pour avoir fait et forgé et mis en œuvre un dyamant en un chaton d'or, et une fleur esmaillée de blanc pour un fermail fait en manière d'un demi angelot (1), garni de plusieurs pierres, et il lequel fermail, estoit rompu et despécé; pesant ycelui fermail plus il ne faissoit i esterlin obole d'or fin; pour or, façon, pour tout ensamble................................. ii frans

389. Item, le xix⁰ jour de décembre, pour avoir fait et forgé quatre anneaulx d'or esmaillés de plusieurs fleurettes de plusieurs mannières; c'est asavoir que ès deux a deux grans dyamens quarrés, et ès deux autres deux plus petiz, pesant touz ensamble xii esterlins obole et pour le déchet à ouvrer qui est esterlin pour once, monte demi esterlin; ainsi pour tout xiiii esterlins d'or fin et à lxviii fr. v s. t. le marc valent v fr. x s. xi d. tournois et pour la façon déz dis anneaulx xii frans. Pour tous............. xvii fr. x s. xi d. t.

390. Item, le xxix⁰ jour de décembre, pour avoir fait et forgé un annel d'un rubi, lequel est fait en manière d'un teurs (2), pesant

---

(1) C'est-à-dire un ange à mi-corps.
(2) Probablement en façon de torsade; *teurtre* est l'ancienne forme de tordre. Du Cange, *verbo* tornilare.

ycelui annel III esterlins, III felins demi d'or
fin et au pris dessus dit valent I fr. XIII s. t.
d. t. et pour la façon dudit annel III frans.
Pour tout........................... IIII fr. XIII s. I d. t.

391. Item, le XXIIIe jour de janvier, pour
avoir fait et forgé VI fermeures doubles, ou il
a en chacune III petitz boutonnés (1) pour les
river sur un tixu noir, ou il a boucle, mor-
dent, et pesant ycelles fermeures doubles
IX esterlins et demi felin, et pour le déchet à
ouvrer esterlin pour once, monte demi esterlin. Ainsi pour tout IX esterlins ob. et
demi felin d'or à XXI karaz et à LIX fr. XIIII d.
ob. t. le marc, valent III fr. XII s. IX. d. ob.
t. et pour la façon desdites fermeures II fr.
Pour tout .... VI fr. XII s. IX d. ob. t.

392. Item, le premier jour de février.
pour avoir fait et forgé deux anneaulx d'or
faiz en manière de teurs, l'un annel d'un
gros rubi et l'autre d'un gros dyament, pesant touz ensamble IX esterlins ob. et pour
le déchet à ouvrer qui est esterlin pour
once, monte demi esterlin. Ainsi pour tout
X esterlins d'or fin et à LXVIII fr. V. s. t. le
marc, valent IIII fr. V. s. III d. ob. t. et pour
la façon desdits anneaulx VI fr. Pour tout.. X fr. V. s. III d. ob. t.

393. Item, le VIIe jour mars, pour avoir
fait et forgé une sainture d'or contenant
boucle et mordant à croschet, et VI fermeures doubles ou il a en chacune III petitz
boutonnès pour river lesdites fermeures sus
le tixu, pesant tout ensemble, sans le tixu,
IIII onces III esterlins ob. et pour le déchet,

---

(1) Boutonnets.

qui est esterlin pour once, monte III esterlins. Ainsi pour tout IIII onces, VII esterlins ob. d'or à XXI karaz et au pied dessusdit, valent XXXII fr. XIII s. II d. t. et pour la façon de ladite sainture quatre frans. Pour tout.. XXXVI fr. XIII s II. d. t.

394. Item, le XXe jour de mars, pour avoir fait et forgé un annel d'or d'un gros rubi, lequel annel est fait en mannière d'un teurs ; pesant ycelui annel VII esterlins demi felin d'or fin et à LXVIII fr. v. s. t. le marc, valent III fr. x. d. tournois et pour la façon dudit annel III frans. Pour tout. VI fr. X d. t.

Somme que toutes ces présentes parties de ceste présente misse cy dessus déclarée, montent ensamble III d. XIX fr. IIII d. ob. tournois.

B. N. Cab. des titres, pièces orig. 2154 n° 278 (Orléans, IV). Ce document était précédé d'un autre compte dont il ne subsiste plus que trois articles sans importance ; le reste est détruit.

XX. — 1402, 6 avril.

Achat de linge et de lis fait a Reims, les Ve et VIe jours d'avril l'an CCCC et deux par Jehan de Billy (1), premier varlet de chambre de monsieur d'Orléans, appelléz avec lui Person de Faugnon, Eschanson du Roy, et Jehan de Jonchery (2), receveur les aides a Reims.

395. Et premiers à Marguerite de Ro-

---

(1) Jean de Billy ou Jean Billy, valet de chambre du roi, premier valet de chambre du duc d'Orléans, servit ce prince, dès 1389, fut nommé maître enquêteur des eaux et forêts ; il vivait encore en 1409. Louis d'Orléans fut parrain d'un de ses enfants, en 1391, et donna à sa femme à cette occasion six tasses d'argent (Cab. des titres, pièces orig. 351, n° 7572, de 6 à 25). Son écu porte un chevron accompagné de trois doloires.

(2) Jean de Jonchery, clerc parisien, paraît dès 1376 ; en 1380 il est commissaire royal pour la rentrée des arrérages des aides ; en 1391 il était déjà receveur des aides dans le diocèse de Reims. Son sceau porte un écu chargé d'une gerbe de joncs et soutenu par deux griffons (*ibid*. 1586, n° 36420, de 5 à 9).

quignis deux toilles (1) de Reims, xxvi es-
terlins. Valent........................... xxix fr. iiii s. p.

396. Item, à Marie de Gueux une toille,
xiii escuz. Valent .... xiiii fr. x. s. p.

397. Item, à ladicte Marie une toille de
vii quarts de large (2) et deux moitiés de
deux toilles marchandes du léz commun (3),
et font les deux moitiés une toile xxvi es-
terlins. Valent........................... xxix fr. iiii s. p.

398. Item, à ladicte Marie, une dousaine
de cuevrechiés (4)........................ v fr.

399. Item, à ladicte Marie, une dousaine
de cuevrechiés, xl s. par. Valent......... ii fr. viii s. p.

400. Item, à ladicte Marie, une dousaine
de cuevrechiés vi escus. Valent........... vi fr. xii s. p.

401. Item, à ladicte Marie, iiii dousaines
de touaillestes (5) xii esterlins, qui valent... xiii fr. viii s. p.

402. Item, à seur Alis, Dame de l'Ostel
Dieu, une cutepointe de bougran (6)...... viii fr.

403. Item, à la dicte Marie de Gueux,
une dousaine de cuevrechiés, vii esterlins.
Valent................................... vii fr. xiiii s. p.

ACHAT DE LYS

404. Premiers à Beauduet le Sauvage,

---

(1) Il est probable que ces mots *deux toiles* équivalent à *deux pièces de toile*.

(2) C'est-à-dire ayant presque le double de la largeur ordinaire de la toile.

(3) La *toile marchande au léz commun* était celle dont la vente était la plus habituelle et de la largeur ordinaire.

(4) Ce mot doit avoir une signification semblable à celui de *couverchin*, couverture.

(5) La *touaille* est une serviette; *touailleste* doit signifier une serviette plus petite.

(6) Le bougran est une épaisse toile de fil; actuellement elle est teinte généralement en rouge, gommée, et ne sert plus que pour doublure.

iiii lis (1) chacun de deux léz, xxiiii esterlins. Valent.................................. xxvii fr.
405. Item, à Thiébaut de Berzieux, sept
lis. C'est assavoir un tersignés (2), deux
autres de deux léz, ung moyen et trois petis,
xl escus, qui valent....................... xlv fr.
406. Item, à Agnés, femme Révaut le
Cuer, pour vii oreilliers................... xxi s. p.
407. Item, à Thiébaut le Camus, char-
pentier, pour une huche serrée et fermée à
clef pour mettre le linge dessus dit........ iiii fr.
408. Item, à Poncelet Lorsigmo, pour
mener les parties dessus dictes de Reims
à Laon sur deux charios.................. iiii fr.
409. Item, pour conduire les chars dessusdiz de Reims à Laon, pour le louage de iiii
charnes (3), pour cordes, pour enfardeler (4) et
bangier et pour plusieurs autres mesmes
parties.................................... xxxi s. p.

Lesquelles parties, montant à la somme de deux cens frans, achetées par lesdis Person de Faugnon et Jehan de Jonchery et moy Jehan de Billy, dessus nommé, ledit Jehan de Jonchery a paié en deniers comptans aux personnes dessus nommées par le commandement que je lui ay fait de par mondit Seigneur par vertu des lettres de créance par moy baillées de par lui auxdiz Person et Jehan de Jonchery; à reprendre par ledit de Jonchery la dicte somme sur Jehan Taperel, receveur des aides de Laon; et desdictes sommes se sont tenues pour contentes les personnes dessusdictes, en quittant mondit Seigneur et tous autres. Tesmoing mon seel et seing manuel yci mis le vi° jour d'avril l'an quatre cens et deux. BILLY.

Bibl. Nat. Cab. des titres, pièces orig. 2154 n° 280 (Orléans IV).

---

(1) Le mot *lis* est synonyme de *drap de lit*.
(2) Ce mot paraît signifier un drap de lit de trois largeurs d'étoffe.
(3) Corbeilles.
(4) Empaqueter.

XXI. — 1402, 7 avril.

410. Loys, fils de roy de France, duc d'Orléans, conte de Valois, de Blois et de Beaumont et seigneur de Coucy, à nostre amé et féal conseiller Jehan le Flament, salut et dilection : Nous voulons et vous mandons que des deniers de nos finances, par nostre amé et féal trésorier général Jehan Poulain, vous faites paier, bailler et délivrer, tantost ces lettres veues, à Hance Croist, nostre Orfevre et Varlet de Chambre, la somme de vingt sept livres, treize solz, neuf deniers tournois, en quoy nous lui sommes tenus pour avoir refait tout de neuf l'esclice (1) d'une sainture d'or à laquelle avoit vint sonnétes d'or en façon de lis, que piéca nous avoit donné nostre très chier cousin feu le duc de Guerles (2), et en ycelle refait douze sonnétes neufves, pour ce que les autres estoient despéciées, et ycelle rasise sur ung tissu de veloux vermeil, ou ledit Hance a mis une once treize estellins d'or à xx caras, valent, à lvi frans xiii s. iii d. t. le marc, xi t. xiii s. ix d. t., et pour façon et déchiet d'or d'icelle orfaverie xvi frans. Lesquelles parties font ladicte somme de xxvii l. xiii s. ix d. t., laquelle nous voulons, en rapportant ces présentes par vous expédiées avecques quitance sur ce dudit Hance, estre allouée ès comptes de nostre dit trésorier et rabatue de sa recepte par noz amés et féaulx gens de noz comptes sans contredit aucun, nonobstant quelsconques ordonnances, mandemens et défenses

---

(1) Ce mot se retrouve plusieurs fois dans nos documents avec des significations très diverses : nous voyons ici *l'esclice d'une ceinture*, nous trouverons plus loin *hanap fait en facon de sclice, gobelet en manière d'esclisse* ou *d'esclipse*. D'après tous les dictionnaires *éclisse* est un éclat de bois ; une *esclissoire* était un vase, percé de trous pouvant répandre l'eau, ou une seringue, qui pouvaient à la rigueur servir de modèles à un hanap, mais en aucune façon à une ceinture.

(2) Guillaume de Nassau, duc de Gueldres, mort sans postérité en 1402 ; il avait été parrain de Jeanne, fille du duc d'Orléans, née en 1401, morte après 1415, et avait fait avec lui une étroite alliance contre le roi d'Angleterre (Voir le Religieux de Saint-Denis, t. III, p. 11 et 257).

à ce contraires. Donné à Vannes le viie jour d'avril l'an de grace mil CCCC et deux avant Pasques.

Par monseigneur le Duc,
Héron (1).

XXII. — 1402 22 décembre.

Loys, fils de roy de France, duc d'Orléans, conte de Valois, de Blois et de Beaumont et seigneur de Coucy, à nostre amé et féal conseiller Jehan le Flament, salut et dilection : Nous voulons et nous mandons que des deniers de noz finances par nostre amé et féal trésorier général Jehan Poulain, vous faites paier, bailler et délivrer, tantost ces lettres veues, à Hance Croist, nostre Orfevre et varlet de Chambre, la somme de deux cens vint trois livres, quatorze sols, huit deniers tournois, en quoy nous lui sommes tenuz pour plusieurs orfaveries d'or et d'argent qu'il a faites et délivrées pour nous par la manière qui s'ensuit. C'est assavoir :

411. Pour une sainture d'or qu'il a faicte et délivrée pour nous le viiie jour de ce présent mois de décembre, à deux boucles doubles, ii mordans, deux chappelés et six fermeures, à laquelle pendent xx besans percés par le millieu, et xx aguillettes d'or pendans parmi lesdiz besans, chacune à ung gros las de soye, assise sur ung tissu de fine soye noire de iii doys de large et deux petit bous de tissus qui entrent parmi lesdictes boucles, ausquelz pendent lesdiz mordans et chaplès pesent ensemble iiim iiic x estellins, dont il fault rabatre pour lesdiz tissus et les

---

(1) Macé Héron, d'abord secrétaire du duc d'Orléans (1402), garde de ses coffres (1405), trésorier des guerres (1416), contrôleur et trésorier général des finances du roi (1422), trésorier général en Languedoc et Guienne (1434), conseiller et maître des comptes avec 400 livres de pension (B. N, Cab. des titres, pièces orig. 1517, no 34438, de 1 à 42 — 371, no 8112, . Son sceau porte un écu chargé d'un chevron accompagné de trois molettes d'éperon. Le document précédent fait partie des Pièces originales du cahier des titres de la Bibl. Nation. 2359 no 52991, 24.

daguillètes (1) v^c, iiii estellins, ainsi demeure iii^m, vi^c, vi estellins d'or, à xx caras, au pois de lvi frans, xiii s., iiii d. t. le marc, valent...................... vii^{xx} xvii l. xix s. ii d. t.

412. Item, pour ledit tixu sur lequel ladicte orfavrerie a esté assise et pour les deux bous de tissus, pour lesdiz deux mordans et chaplès................ iii f. v s. t,

413. Item, pour xx gros las de fine soye noire ausquelz lesdictes aguillettes ont esté attachées................... ii f. v. s. t.

Et pour façon et déchièt d'or à l'orfaverie de ladicte sainture xvi francs pour chacun marc, valent,.............. xliiii francs.

414. Item, pour deux mordans ausquels pendent deux gros anneaulx d'argent doréz assiz sur ung tixu de soye noire, pour porter une targe (2) après nous, pesant ycelle orfaverie, rabattu ledit tixu, v^c ii estellins d'argent doré au feur de xxiiii s. pour l'once, façon et argent valent...................... vii f. xiii s. t.

415. Item, pour avoir enchassé en or ung ongle de butor pour feurger noz dens (3), où ledit Hance a mis ii estellins de son or, pour ce, pour or et façon............................... xxx s. t.

416. Item, pour avoir osté deux taches d'un de noz rubis et ycellui fait polir xlv s. t. et pour avoir mis ycellui

---

(1) Erreur du scribe pour aiguillette.
(2) *Targe*, sorte de petit bouclier en forme de parallélogramme, concave et avec une échancrure sur l'angle dextre.
(3) On se servait pour se nettoyer les dents soit d'un petit coutelet, soit d'une pointe d'ivoire, d'or et même d'une griffe d'oiseau. — Voir le Glossaire de Laborde, aux mots coutelet, espingle, esguillettes à dens et furgette.

en ung annel d'or xlv s. t., pour ce,
pour ycellui annel.................. iiii f. x s. t.
Lesquelles parties font ladicte somme de ii^c xxiii frans xiiii s. viiii d. t., laquelle nous voulons, en reportant ces présentes par vous expédiées avecques quittance sur ce dudit Hance, estre allouée ès comptes de nostre dit trésorier et rabatue de sa recepte par noz amés et féaulx gens de noz comptes, sans contredit aucun, nonobstant quelconques ordonnances, mandemens ou défenses à ce contraires. Donné à Paris le xxiie jour de décembre l'an de grace mil CCCC et deux.

Par monseigneur le Duc,
Héron.

N. C. Cab. des titres, pièces orig. 935, n° 20647, 2.

XXIII. — 1403, 25 septembre.

[Inventaire des joyaux et vaisselles vendus, engagés ou fondus par ordre du duc d'Orléans pour se procurer les finances nécessaires a l'expédition qu'il projetait en Lombardie].

417. Premièrement deux poz d'or, esmaillez sur les couvescles aux armes de mondit seigneur le Duc.

418. Item, six hanaps d'or en façon de tour de lampe (1), esmaillés ou fons par dedanz aux armes de mondit Seigneur.

419. Item, un hanap et une aiguière d'or à ymages de haulte taille (2), garniz de vint trois ballaiz, vint trois saphirs et de quarante huit pierres.

---

(1) M. de Laborde, dans son glossaire, p. 339 et 354, déclare ignorer le sens de cette expression; on nommait bas ou tour de lampe un plateau circulaire légèrement concave que l'on plaçait et que l'on place encore, soit au bas, soit au milieu des chandeliers ou des lampes, pour recevoir les scories qui en tombaient ou qu'on enlevait en les mouchant. Un hanap de cette forme était donc semblable à une coupe, très évasée et peu profonde.

(2) C'est-à-dire ornés de bas-reliefs très saillants. Nous lisons à la p. 120 du catalogue Joursanvault la mention d'une aiguière d'or à une tête de Sarrazin ornée de perles et de saphirs et donnée en 1392 à Valentine de Milan par son époux.

420. Item, un grand hanap et une aiguière d'or esmaillés à Angles (1) et à Appostres, garniz en tout de cent quinze perles, vint quatre ballaiz et vint cinq saphirs, et n'y fault rien excepté en ladicte aiguière une troche (2) de trois perles, et ou hanap un ballay et une perle.

421. Item, un autre hanap et une aiguière d'or godronnéz, esmaillés à fleurs de bourraches et de marguerites, garniz en tout de sept vins cinq grosses perles et six saphirs, et fault au couvercle dudit hanap une perle.

422. Item, un grant hanap d'or en façon de sclice, garny de soixante dix sept grosses perles, onze ballaiz et douze saphirs et n'y fault riens.

423. Item, un hanap et une aiguière d'or esmailléz à roses et à marguerites, garniz, c'est assavoir ledit hanap de soixante dix huit perles, huit ballais et neuf saphirs, et ladicte aiguière de six saphirs, sept ballais et quatre vins deux perles.

424. Item, un hanap et une aiguière d'or à la façon de Venise (3), garniz les deux de vint deux grosses perles, sept saphirs et cinq ballais.

425. Item, un hanap et une aiguière d'or à plusieurs perles et frezes d'or pendans en façon d'esmaulx de plistes (4), garniz de soixante dix sept perles, six ballais et un saphir.

426. Item, un hanap et une aiguière d'or, dont Monseigneur s'estreina aux estreines derrenierement passées, garniz de quarante huit perles, quinze saphirs et dix ballais.

---

(1) Ce mot doit se traduire par *anges*, et dériver non *d'angulus* mais *d'angelus*; les figures d'Apôtres qui font partie de la décoration du hanap, le démontrent.

(2) Une *troche*, ou *trousse* est une réunion, un bouquet de pierreries, d'or ou de toute autre matière précieuse pouvant servir d'ornement à un joyau ou même à des boutons de vêtements.

(3) S'agit-il dans cet article d'un hanap fait en partie de verre de Venise, ou fait dans cette ville, ou dans le goût des artistes qui y travaillaient? C'est ce que je ne saurais dire.

(4) L'émal de *plique, plite, pliste*, etc., était, ainsi que l'a fort bien démontré M. de Laborde, exécuté sur de petites plaques pouvant se visser ou se souder sur les grandes pièces d'orfèvrerie.

427. Item, un pot d'or à aumosne (1) à deux ances de deux lyons, et esmailléz de quatre esmaulx aux armes de France.

428. Item, deux flascons d'or avecques les courroyes, esmailléz en la pance aux armes de monseigneur le Dalphin.

429. Item, six grans estamoies (2) d'or, esmailléz sur les couvescles aux armes de France.

430. Item, une grans nef (3) d'or à deux chasteaux au bout, assise sur deux levriers.

431. Item, une autre nef d'or, esmaillée de petiz esmaulx aux armes de France, et à chacun des boux d'icelle nef a un serpent tenant un annelet en sa bouche.

432. Item, une autre nef à un porc espy (4)

433. Item, une salière d'or d'un petit porc espy, garnie ou frételet (5) de six perles et un ballay.

434. Item un tableau d'or (6) d'un crucephiement Notre Seigneur, à plusieurs ymages et personnages, garni de sept vins

---

(1) Ce vase, placé sur la table des riches, se remplissait avec des parts de chaque plat que l'on réservait et qui se distribuaient immédiatement après le repas, aux mendiants qui attendaient à la porte de l'hôtel.

(2) Un *estamoie* ou *estamot* est une pièce de vaisselle de table dont la forme n'est pas exactement connue.

(3) Pièce servant de milieu de table, dont la forme et les accessoires imitaient parfois absolument ceux d'un véritable navire; c'était l'un des vases du plus grand prix; le duc d'Orléans en possédait un, comme nous le verrons plus loin, estimé 7,000 francs, près de 650,000 francs à la puissance actuelle de l'argent.

(4) Un article du catalogue Joursanvault (p. 125) nous fait connaître que Hans Karast fabriqua, en 1397, une nef dite du Porquespy et pesant 42 karats d'or, pour le duc d'Orléans : c'est probablement la même que celle qui paraît dans cet inventaire. Le même catalogue en cite quatre autres, dont l'une aux armes de Valentine de Milan (p. 122).

(5) *Fretelet* ou *Fruitelet*, bouton d'un couvercle. Dans le compte de Poulain pour février et mars 1391 (1392) nous trouvons deux fretelets d'un gros saphir et de 3 perles, pour un gobelet, *et pour un hanap d'or sizellé et poinsonné par les bors* achetés chez Simon de Dampmartin pour 408 francs (B. N. Cab. des titres, pièces orig. 2152, n° 157).

(6) Bas-reliefs ciselés et parfois émaillés. Le catalogue Joursanvault nous en fait connaître deux, l'un représentant saint Jean, garni de 1 saphir, 9 balais et 21 perles, donné à Isabeau de Bavière ; l'autre représentant un Dieu de Pitié (descente de croix ou mise au tombeau) garni de perles et donné par Valentine de Milan à Mlle de Luxembourg (p. 124).

perles, un petit ballay, trois dyameus et deux camahieux (1).

435. Item, un tableau d'or d'un mistère (2) comment Notre Seigneur lava les piéz à ses disciples, garni de trente perles et dix ballais.

436. Item, un autre tableau d'or d'un ymaige de Nostre Dame garni de quatre ballaiz, trois dyamans, de trente deux perles et deux plus petites.

437. Item, un autre tableau d'or d'une Anonciation Notre Dame d'enleveure (3), garni de vint huit grosses perles, sept ballais et sept saphirs, et y a un fermail d'or, à quoy ledit tableau pent, ou il y a cinq perles et un ballay.

438. Item, un reliquaire d'or d'un ymage de Notre Dame d'enleveure tenant son enfant, garni en tout de cinq ballaiz, six saphirs et de douze perles.

439. Item, un autre tableau d'or d'un ymage de Notre Dame d'enleveure, tenant son enfant sur un soleil, garni de quatre perles, deux ballais et de deux esmeraudes.

440. Item, un autre petit tableau d'or d'une Anonciation Notre Dame, garni en tout de quarante deux grosses perles, de cinq ballais et six saphirs.

441. Item, un petit reliquaire d'or d'un Couronnement (4) en façon de liz, garni de vint trois perles, un saphir et un ballay, que donna monsieur le Chancellier d'Orléans (5) aux estrennes derrenierement passées à mondit Seigneur.

---

(1) Camée ou intaille.
(2) Ce mot signifie scène ou représentation, c'est-à-dire des personnages agissants, par opposition à image, simple figure.
(3) Une image d'enlevure était gravée en creux dans de métal et le creux rempli d'émail; c'est le même procédé que pour le nielle; seulement au lieu de faire de simples hachures, l'artiste enlevait complètement le champ.
(4) Certainement le couronnement de la vierge.
(5) Jean Davy succéda à Amaury d'Orgemont, mort en 1400, comme chancelier du duc d'Orléans et il remplit ces fonctions jusqu'en 1415. Il avait été en 1394 bailli de Saint-Sauveur Landelin, maître des requêtes et conseiller en l'hôtel du roi en 1404. Il était seigneur de Saint-Père Avy, recevait six francs par jour d'appointements, plus à la Toussaint des gants et des chaperons pour 10 livres tournois (B. N. Cab. des titres, pièces orig. 985, 21976, de 4 à 47).

442. Item, une fyole d'argent dorée à mettre eaue rose (1), à une fleur de lis ou frételet, que messire Jehan de Brissay (2) donna semblablement à mondit Seigneur aux dictes estreines.

443. Item, un joyau d'or de la Gésine de Notre Dame et des Trois roys de Couloigne (3), à plusieurs personnages, de chevaux et brebis, garni en tout de trente une perles, douze ballaiz et un camahieu en hault.

444. Item, un ymage d'or d'un Saint Jehan l'évangeliste (4), sur un entablement d'argent doré, garni en tout de trois ballais, trois saphirs et de dix huit perles.

445. Item, un autre ymage d'or d'un Saint Denis sur un entablement d'argent doré, garni de huit gros ballaiz, trente une grosses perles et un gros saphir, faisant le mors (5) de la chappe, et y a reliques de Saint Andry ou milieu de la Croix.

446. Item, un autre ymage d'or d'un Saint George, sur un entablement d'argent doré, garni en targe (6) et en tout de trente huit perles, trois ballais et deux dyamans.

447. Item, un autre ymage d'or d'un Saint Pol sur un entablement d'argent doré, garni en tout de trente quatre perles que grosses que menues, six ballais et quatre saphirs que grans que petis.

448. Item, un autre ymage d'or d'un Saint Père (7) sur un entablement d'argent doré, garni en tout de huit grosses perles et de quatre gros ballais.

---

(1) Eau distillée des feuilles de rose ; mêlée avec du sucre, elle était très estimée comme boisson au moyen âge.

(2) Jean de Brisay, Seigneur dudit lieu, mari de Jeanne de Linières, dame de la Ferté-Bernard.

(3) C'est simplement l'adoration des rois. On les appelait ainsi parce que leurs reliques passaient pour être conservées à Cologne.

(4) Nous trouvons dans le catalogue Joursanvault l'indication de deux images de saint Jean-Baptiste et de saint Jean l'évangéliste ornées de perles et de rubis, données par le duc d'Orléans aux ducs de Bourgogne et de Berri, en 1396 (p. 125).

(5) Agraffe et fermail.

(6) Garnie sur le bouclier que porte le saint.

(7) Saint Pierre. L'église Saint-Pierre de Chartres s'est toujours appelée et continue de s'appeler Saint-Père.

449. Item, un joyau d'or de la Sépulture Notre Seigneur et de son Crucephiement dessus, garni en tout de huit vins une perles que grosses que menues, trente un ballais, trente un saphirs, dix sept esmeraudes, que grandes que petites, et de quatre dyamens.

450. Item, un autre ymage d'or d'un Saint Loys sur un entablement d'argent doré, garni en tout de quarante une perles, huit ballais et deux saphirs.

451. Item, un autre ymage d'or d'un Saint Anthoine sur un entablement d'argent doré, garni en la potance (1) de seize perles, quatre saphirs et de quatre ballaiz, lequel monseigneur de Berry donna à mondit seigneur le Duc aux estraines derrenierement passées.

452. Item, un autre ymage d'or d'un Saint Estienne sur un entablement d'argent doré, garni en tout de vint quatre perles, deux saphirs et deux ballais, lequelle monseigneur de Bourgoingne donna aux estreines dessus dictes à mondit seigneur le Duc.

453. Item, une grant espée toute couverte d'or à l'ouvrage de Venise, garnie ou pommeau de douze gros ballais, douze grosses perles, et en la bouterolle d'en bas d'un gros ballay et d'un gros saphir.

Loys, fils de roy de France, duc d'Orléans, comte de Valois, de Blois et de Beaumont et seigneur de Coucy, à tous ceulx qui ces présentes verront, salut : Comme de présent pour faire et acomplir notre voyage que présentement avons entencion de faire au plaisir de Dieu ès parties de Lombardie (2), nous soit nécessité d'avoir promptement grans finances, et pour ceste cause ayons avisié que pour plus preste-

---

(1) Le tau ou baton potencé de saint Antoine.

(2) Les historiens de Louis d'Orléans sont muets sur ce projet d'expédition en Lombardie, qui du reste n'eut pas lieu. Les bijoux décrits dans le document précédent ne furent pas tous fondus alors, puisque nous les retrouvons pour la plupart dans des documents émanant de Charles d'Orléans en 1408, 1410 et 1411 qui seront publiés plus loin.

ment avoir laditte finance soit besoing de engaigier, vendre ou faire fondre aucuns de noz joyaus et vaisselle; savoir faisons que nous, confians à plain des personnes de noz améz et féaulx conseiller et trésorier Jehan le Flament et Jehan Poulain, à yceulx et à chascun d'eulx par soy, avons donné et donnons par ces présentes plain pouvoir, auctorité et mandement espécial de vendre, engaigier ou faire fondre la vaisselle et joyaulx cy dessus déclairéz au mieulx et plus prouffitablement qu'ils verront et aviseront qu'il sera à faire pour nous et à notre prouffit, et promettons avoir et tenir ferme et agréable tout ce qui par eulx ou l'un d'eulx sera fait sur ce fait, comme se nous mesmes faisions en notre personne. En tesmoing de ce nous avons fait mettre notre scel à ces présentes. Donné à Paris, le xxve jour de septembre, l'an de grace mil quatre cens et trois.

B. N. Cab. des titres, pièces orig. vol. 2155, n° 309 (Orléans, V).

XXIV. — 1403, 24 octobre.

Loys, fils de roy de France, duc d'Orléans, conte de Valois de Blois et de Beaumont et seigneur de Coucy, à nostre amé et féal conseiller Jehan le Flament, salut et dilection. Nous voulons et vous mandons que des deniers de noz finances par nostre amé et féal trésorier général Jehan Poulain, vous faites paier, bailler et délivrer tantost ces lettres veues : à Hance Croist, nostre orfevre et varlet de chambre, Jehennin Seugnin, mercier, Bernart Bousdrat, marchant de draps de soie, Nicolas Alixandre, drappier, Thevenin de Bonpuis et à Jacob de Marueil, marchans de pelleterie, demourans à Paris, la somme de treize cens seize livres dix sols dix deniers tournois en quoy nous leur sommes tenuz pour ce qui ensuit. C'est assavoir :

454. Audit Hance Croist pour six paires de petites boucles doubles et douze mordant d'argent blanc, pour mectre et servir aux sollers de Charles, Phelippe et Jehan, noz enfans, pesans ensemble une once cinq estellins d'argent. Valent xx s. x d. t. Et pour façon et déchiet d'argent xv s. t. Pour tout, pour argent et façon.................................... xxxv s. x d. t.

455. Audit Jehennin Seugnin, pour ung marc de menue semeure de perles (1) pour servir à la brodeure de trois houppellandes que nous avons fait faire pour nous, oultre et pardessus ung marc IIII° par lui à nous livré par nos autres lettres, deux de drap d'or l'une à mi jambe et l'autre longue, et l'autre de veloux noir à hault et à bas poil. Pour ce et pour ledit marc de perles....... xxxii l. t.

456. Audit Bernard Bousdrat, pour deux pièces de racamas d'or fin, champ asur (2), que nous avons fait acheter de lui pour faire pour Charles, nostre dit fils, une chappelle. A xviii frans la pièce, valent........ xxxvi l. t.

457. A lui, pour huit aulnes et demie de cendal vermeil large, pour doubler ladicte chapelle. A ung franc l'aune, valent....... viii l. x s. t.

458. A lui, pour demi aulne de satin noir moyen pour doubler ung chappel de theil (3) pour Charles, nostre dit filz...... xx s. t.

Pour tout audit Bernart................ xlv l. x s. t.

459. Audit Nicolas Alixandre, pour cinq aulnes de drap gris de Moustierviller, l'un

---

(1) La semure, ou plutôt la semence de perles, car c'est le nom qu'elle porte encore de nos jours, était composée de très petites perles qui se vendaient au poids.

(2) Les mots *champ azur* indiquent qu'une partie de l'étoffe était de fils d'azur produisant un fond bleu sur lequel se détachait la broderie d'or. Voir ci-dessus le n° 291 à la note.

(3) Je n'ai pas trouvé le sens de cette expression.

plus gris de l'autre, pour faire une houppellande mi partie à mi jambe. A iii escus l'aune, valent.................... xvii l. x s. t.

460. Audit Thevenin de Bonpuis, pour six fourreures de crouppes de gris, pour fourrer pour nous une houppelande de veloux noir figuré, à hault et à bas poil, laquelle a este houssée par dessus la fourreure de satin noir (1). Au pris de vi frans la fourreure, valent..................... xxxvi l. t.

461. A lui, pour iii^c lxxii martres sébelines que nous avons fait prendre et achetter de lui, pour fourrer pour nous une autre longue houppellande de veloux cramoisy à bas poil. A xx s. p. la pièce, valent........ iiii^c lxv l. t.

462. A lui, pour iii^c xxiiii autres martres sébellines que nous avons semblablement fait prendre et achetter de lui pour fourrer pour nous une autre longue houppellande de satin figuré cramoisy broché d'or. Audit pris de xx s. p. la pièce, valent........... iiii^c v l. t.

463. A lui, pour trois cens martres de Pruce prinses de lui semblablement, lesquelles nous avons fait bailler à Perrin Pillot, nostre tailleur, pour porter avecques nous en ce présent voyage que nous entendons faire és parties de Lombardie pour faire nostre plaisir et voulenté, dont autre déclaration ne voulons estre faite. A l escus le cent, valent..................... viii^{xx} viii l. xv s. t.

Pour tout audit Thévenin............ mil lxxiiii l. xv s. t.

464. Et audit Jacob de Marueil, pour

---

(1) La fourrure était cousue entre le velours du vêtement extérieur et une doublure de satin.

deux manteaulx et demi de costez de martres de Pruce (1), que nous avons semblablement fait achetter de lui pour fourrer pour nous une houppellande à mi jambe de veloux noir à hault et à bas poil et houssée par dessus la fourreure de satin noir. A xvi frans le mantel, valent........ xl l. s.

465. Et pour deux cens martres de Pruce que nous avons fait prendre et achetter dudit Jacob, pour fourrer pour nous une autre houppellande à mi jambe de satin figuré sur champ noir brodé d'or, houssée semblablement par dessus les martres de satin noir. A l frans le cent, valent............ c l. t.

Pour tout audit Jacob vii^{xx} l. t.

Lesquelles parties font ladicte somme de xiii^c xvi l. x s. x d. t. laquelle nous voulons, en rapportant ces présentes par vous expédiées avecques quittances sur ce des marchans dessus dis, estre allouée és comptes de nostre dit trésorier et rabattue de la recepte par noz améz et féaulx gens de noz comptes, sans contredit aucun, nonobstant quelzconques ordonnances, mandemens ou défenses à ce contraires. Donné à Chasteauneuf le xxiiiime jour d'octobre l'an de grace mil CCCC et trois.

Pour monseigneur le Duc,
Héron.

Biblioth. Nation. Cab. des titres, 2155 n° 311 (Orléans V).

XXV. — 1404, 22 février.

466. Loys, fils de Roy de France, duc d'Orlians, conte de Valoiz,

---

(1) C'est-à-dire la quantité de fourrures nécessaires pour doubler deux manteaux. Cette fourrure était prise sur les flancs des peaux de martre.

de Blois et de Beaumont, et seigneur de Coucy, à nostre amé et féal conseiller Jehan le Flament, salut et dilection. Nous voulons et vous mandons que des deniers de nos finances vous, par Jehan Poulain, nostre trésorier général, faites paier, bailler et délivrer tantost et sans délay à nostre bien amé sommelier de corps Huchon Douclert, la somme de quatre vins frans d'or, en quoy nous lui sommes tenuz pour six tasses d'argent blanches, pesans douze mars, au pris de vii florins le marc, lesquelles nous prismes de lui le premier jour de l'an darrenier passé, et icelles ce jour donnasmes en bonne estraine à révérent père en Dieu et nostre très cher et bien amé l'Evesque de Léride (1). Et par rapportant ces présentes et quictance souffisant sur ce, ladicte somme de iiii^{xx} iiii frans d'or sera alloée ès comptes de nostre dict trésorier et rabatue de sa recepte par noz amés et féaulx généraulx de nos comptes sans aucune difficulté ou contredit, non obstant ordenances, mandemens ou deffenses quelconques à ce contraires. Donné à Paris le xxiie jour de février l'an de grace mil CCC et trois.

Par Monseigneur le duc :
Villebresme.

B. N. Pièces originales. 1020-23340, n° 1.

XXVI. — 1404, 22 mars.

467. Loys, fils de Roy de France, Duc d'Orléans, conte de Valois, de Blois et de Beaumont et seigneur de Coucy, à nostre amé et féal conseiller Jehan le Flament, salut et dilection. Nous voulons et vous mandons que, des deniers de nos finances, par nostre amé et féal trésorier général Jehan Poulain, vous faites paier, bailler et délivrer, tantost ces lettres veues, à Jaquet Dourdin, marchant de tappicerie, demourant à Paris, la somme de onze cens livres tournois, en quoy nous luy sommes tenus pour

---

(1) L'évêque de Lérida se nommait Pierre de Zagarriga (1403-1407); il avait probablement été chargé de quelque mission diplomatique en France.

une chambre de tappicerie que nous avons fait prendre et achetter de luy, et ycelle prinse et retenue devers nous pour mettre en nostre chastel de Coucy, garnie c'est assavoir : d'un ciel où est le Dieu d'Amours en un grant rays d'or, accompaigné de plusieurs amoureux ; item, ung dossier de mesmes ladicte chambre à plusieures ymaiges ; item, une sarge pour couvrir le lit, où il a une rivière et ung grant préau ou l'Amant est endormy, tout ouvré à or ; item la couche de mesmes ouvré à or ; et six tappis, sans or, de mesmes ladicte chambre, pour tendre autour d'icelle ; laquelle chambre contient ensemble iiii^c liiii aulnes. Laquelle somme de xi^c livres tournois nous voulons, en rapportant ces présentes avecques quictances sur ce dudit Jaquet, estre allouée és comptes de nostre dict trésorier et rabatue de sa recète par nos amés et féaulx gens de nos comptes sans contredit aucun, nonobstant quelzconques ordonnances, mandemens ou défenses à ce contraires. Donné à Paris le xxiie jour de mars l'an de grace mil CCCC et trois.

Par Monseigneur le duc :
Héron.

B. N. Pièces originales. 1024-23422, n° 3.

XXVII. — 1404, 1er décembre.

468. Pierre Fatinaut, changeur bourgeois de Paris, confesse avoir eu et reçeu de honorable homme Jehan Poulain, trésorier général de Monseigneur le duc d'Orléans, la somme de vint et quatre livres tournois pour le parpaiement de iii^c lxxv livres tournois x sous tournois en quoy mondit seigneur le Duc lui estoit tenuz pour un henap d'or et vi henaps d'argent qu'il a donnez à messire Alain de Malestrait, Chevalier, et Jehan de Malestrait (1),

---

(1) Jean de Malétroit, seigneur de Combour, était breton et frère d'un autre Jean de Malétroit, d'abord évêque de Saint-Brieuc, puis de Nantes, et chancelier de Bretagne (1406-1443). Ils étaient fils l'un et l'autre de Jean de Malétroit et de Jeanne de Dol, dame de Combour. Quant à Alain de Malétroit qui était évidemment parent des précédents, je n'ai rien trouvé de précis sur ce personnage.

Ecuier, si comme il dit apparoitre par mandement d'icellui monseigneur le Duc, donné le xıı⁰ jour de l'an mil CCCC et deux. De laquelle somme de xxıııı livres tournois ledit Pierre se tient pour content et quicte, et promet et oblige, etc. Fait l'an mil quatre cens et quatre, le lundi premier jour de décembre (1).

PORTECLEF MALEBRINE.

B. N. Pièces originales. 1101-25372, n° 4.

XXVIII. — 1406, 4 août.

Loys, fils de roy de France, duc d'Orléans, conte de Blois, de Beaumont et seigneur de Coucy, a noz amés et féaulx gens de nos comptes, salut et dilection : comme dès le mois de décembre l'an mil CCCC et trois, nous eussions fait fondre et monnaier en la monnoie de monseigneur le Roy à Paris plusieurs de nos joyaulx et vaisselle d'or garniz de pierreries, lesquelz avoit en garde de par nous notre amé et féal trésorier général Jehan Poulain, la pierrerie desquels est depuis demouré devers ledit trésorier, scavoir vous faisons que de la pierrerie desdiz joyaulx et vaisselle nous avons receu de nostre et trésorier les parties qui ensuit, c'est assavoir :

469. D'une salière d'or d'un porc espy, six perles et ung ballay.

470. Item, d'un gobellet d'or en façon d'esclisse, garny de xıı saphirs, xı ballais et lxxvıı perles de plusieurs sortes, xı ballais et xxııı perles.

471. Item, d'un ymaige de Nostre Dame tenant son enfant, sus un soleil, garni en tout de ıııı perles que grosses que menues, ıı petis rubis, ıı esmeraudes et ung camahieu faisant le visaige d'un enfant, deux rubis et ıııı perles (2).

472. Item, d'un tableau d'or fait comment Nostre Seigneur

---

(1) Cette quittance porte le sceau de Pierre Fatinaut; la légende est détruite, l'écu est chargé de deux fasces.
(2) Voir ci-dessus le n° 439.

lava les piéz à ses disciples, garni de x ballaiz et xxx perles, dix ballaiz et six perles (1).

473. Item, d'un ymaige de Saint Denis, garni de xxi perles, iii ballaiz et v saphirs, trois ballaiz et vint une perle (2).

474. Item, d'un ymaige d'or d'une Magedelaine, garni de vii ballaiz, ii saphirs et xvii perles, sept ballaiz et dix perles.

475. Item, d'un ymaige d'or d'un Empereur, garni de iiii balaiz, ii saphirs et xlvii perles, quatre ballaiz et dix huit perles.

476. Item, d'un ymaige d'or de Saint George, garni de iii ballais, ii petiz dyamens et xxxviii perles que grosses que menues, trois ballais et trois perles (3).

477. Item, d'un ymaige d'or de Saint Pol, garni de xxxiiii perles, vii ballais et iiii saphirs, six ballais et vint une perles (4).

478. Item, d'un ymaige d'or de Saint Pierre, quatre ballais et huit grosses perles (5).

479. Item, d'un ymaige d'or de Saint Loys, garni de xli perles, viii ballais et deux saphirs, huit ballais et dix perles (6).

480. Item, d'un ymaige d'or de Saint Anthoine, garni de iiii ballais, iiii saphirs et xvi perles, quatre ballais (7).

481. Item, d'un ymaige de Saint Estienne, garni de ii ballais, ii saphirs et xxvii perles, deux ballais et onze perles (8).

482. Item, d'un joyau d'or de la gésine Nostre Dame et des trois rois de Coulongne, garni d'un camahieu, xii ballais et xxxi perles que grosses que menues, douze ballais et onze perles (9).

483. Item, d'un hanap et d'une aiguière d'or, esmaillées à

---

(1) Voir ci-dessus le n° 435.
(2) Voir le n° 445.
(3) Voir le n° 446.
(4) Voir le n° 447.
(5) Voir le n° 448.
(6) Voir le n° 450.
(7) Voir le n° 451.
(8) Voir le n° 452.
(9) Voir le n° 443.

fleurs de bourraches et de marguerites, garnis ensemble de vi saphir et vii^{xx} v perles de plusieurs sortes, vint une perle (1).

484. Item, d'un ymaige de Nostre Dame couronné, tenant son enfant, lequel enfant tenoit un sestre (2) en sa main, garni entour de xl perles que grosses que menues, iiii ballais et i saphir, quatre ballais et sept perles.

Lesquelles parties ainsi par nous reçues montant en somme neuf vins une perle, quatre vins deux ballaiz et deux rubis, nous avons fait mettre en fondes et vans d'or (3) pour servir avecques autre pierrerie sur les manches d'un pourpoint de drap de Dampmas noir que nous avons fait faire pour nous aux nopces nagaires faictes à Compiegne de nostre très chier et très amé fils Charles, duc de Valois et de belle niepce Yzabel, aisnée fille de mondit seigneur le Roy (4).

Item, avons reçeu semblablement de nostre dit trésorier plusieurs chatons d'or, esquelz estoient enchâtonnéz plusieurs des ballais et saphirs dessus diz pesans ensemble vi^o viie ob. d'or. Si vous mandons que des ix^{xx} i perle iiii^{xx} ii ballais, ii rubis et chatons dessus diz vous tenéz quitte et deschargé notre dit trésorier et l'en dechargéz partout ou il appartiendra en rapportant ces présentes seulement, nonobstant, ordonnances, mandemens ou deffenses à ce contraires (5). Donné à Paris, le iiiie jour d'aoust, l'an de grace mil CCCC et six.

Par monseigneur le Duc.

Héron.

Bibl. Nat. Cab. des titres, pièces orig. 2,56, n° 366 (Orléans, VI).

---

(1) Voir ci-dessus le n° 421.

(2) Au n° 490 ou le même bijou est décrit, on lit *cedre*; s'agit-il d'un sceptre ou d'un citron ou orange?

(3) Ce pourpoint était orné de frondes et de vans comme d'autres l'étaient d'arbalètes, de loups ou d'autres broderies.

(4) Ce mariage du fils aîné du duc d'Orléans avec Isabelle, fille de Charles VI, eut lieu avec une magnificence extrême le 29 juin 1406; la mariée était déjà veuve de Richard II, roi d'Angleterre, quoiqu'elle n'eut que 17 ans. Elle mourut en couches le 13 septembre 1409.

(5) La plupart des bijoux décrits dans ce document le sont déjà dans l'inventaire du 25 septembre 1403, imprimé précédemment.

XXIX. — 1407, 2 mai.

Loys, fils de Roy de France, duc d'Orléans, conte de Blois et de Beaumont et seigneur de Coucy, à nos amés et féaulx gens de nos comptes salut et dilection : Nous voulons et vous mandons que de sept cens quatre vins quinze perles de plusieurs sortes, venues et yssues de plusieurs joyaulx et vaisselle d'or, piéça fondus de nostre commandement et ordonnance en la monnoye de monseigneur le Roy à Paris, que avoit en garde par inventaire de par nous, nostre amé et féal trésorier général Jehan Poulain, et autrement lesquelles nous avons fait bailler et délivrer à notre bien amé brodeur et varlet de chambre Jehan de Clarey, pour servir à la brodeure des décoppeures de deux houppellandes que nous avons fait faire pour nous, l'une longue de veloux figuré cramoisy, et l'autre à mi jambe de drap velu tanné. C'est assavoir :

485. En celle de veloux cramoisy sept cens quatorze perles et en l'autre quatre vins une perles, lesquelles nous avons délivré à nostre dit trésorier III^c LXXIX perles, du nombre de III^c IIII^{xx} perles venues et yssues de III^c fondes et de IIII^{xx} vans d'or, que nous feismes piéça faire pour les nopces de nostre très chier et très amé fils Charles, duc de Valois, faites à Compieigne au mois de juillet derrenierement passé (1), dont l'une d'icelles perles fut perdue yllec.

486. Item, d'un hanap et d'une aiguière d'or esmailléz à fleurs de bourraches et de marguerites, six vint quatre perles.

487. Item, d'un hanap d'or en façon d'esclice cinquante trois perles.

488. Item, d'un tableau d'un mistére comment Nostre Seigneur lava les piés à ses disciples, trente perles.

489. Item, d'un ymaige d'or d'un Charlemaigne, vint neuf perles.

---

(1) Le 29 juin et les jours suivants.

490. Item, d'un ymaige d'or d'une Notre Dame tenant son enfant, lequel enfant tenoit un cèdre (1) en sa main, trente trois perles.

491. Item, d'un ymaige d'or d'un Saint Georges, trente cinq perles.

492. Item, d'un imayge d'or d'un Saint Loys, trente une perles.

493. Item, d'un ymaige d'or d'un Saint Anthoine, seize perles.

494. Item, d'un ymaige d'or d'un Saint Jehan l'Évangéliste, douze perles.

495. Item, d'un ymaige d'or d'un Saint Estienne, treize perles.

496. Item, d'un joyau d'or de la gésine Nostre Dame et des trois roys de Coulongne, vint perles.

497. Item, d'un ymaige d'or d'un Saint Pol, treize perles, et d'un ymaige d'or d'une Magdelaine, sept perles qui font ledit nombre de vii^c iiii^{xx} xv perles.

> Vous alloués és comptes de nostre dit trésorier et rabatéz des inventoires de nos joyaulx et vaisselle et l'en tenés quicte et déchargié partout ou il appartiendra, en rapportant les présentes tant seulement, non obstant quelconques ordonnances, mandemens ou défenses à ce contraires (2). Donné à Paris le second jour de may l'an de grace mil CCCC et sept.
>
> Par mondit seigneur le Duc.
> HÉRON.

Bibl. Nat. Cab. des titres, pièces orig. n° 274 (Orléans, VI).

---

(1) Voir le n° 484 à la note.

(2) Ce document est une troisième répétition de celui qui le précède et de celui qui a été publié ci-dessus à la date du 25 septembre 1403. Voir les n°° 435-452 et 471-484.

XXX. — 1407 ou 1408.

Cy après ensuivent plusieurs biens meubles appartenans a nous Valentine, duchesse d'Orliens, contesse de Blois et de Beaumont et dame de Coucy, aians la garde et gouvernement de nostre trés chier et trés amé ainsné fils, Charles, duc dudit duchié d'Orliens et de Valois, et de noz autres enfans; tant joyaux et vaisselle d'or et d'argent, comme pierrerie et tappicerie estans en la ville de Paris en la garde des personnes qui ensuivent.

C'est assavoir :

En la garde de maistre Hugues de Guingant.

498. — I. Premiers, un fermail d'or en façon d'un rabot (1) ouquel a une grosse perle; un annel à un dyament quarré et une esmeraude.

499. — II. [Item], un miruer d'or à pié bien petit, duquel la lunéte (2) est d'un dyament.

500. — III. Item, un petit rabot d'or ouquel a une grosse perle, et un annel d'un gros dyament avecques une petite esmeraude.

501. — IV. Item, un petit fermaillet d'or longuet, ouquel a un balay en façon d'une noiz d'arbaleste (3). (Second l'a, comme il est escript de sa main.)

502. — V. Item, un petiz tableaux d'or, esquelz a IIII ymages enlevéz, esmailléz de blanc, et dehors un crucefix et Nostre Dame enlevéz. (Pesant II° v est.)

---

(1) Le rabot avait été adopté pour devise par Jean sans Peur, duc de Bourgogne; peut-être ce bijou et le n° III provenaient-ils de ce prince. Voir le mémoire de M. Vallet de Viriville.

(2) Ce n'était pas un véritable miroir, mais un simple bijou, puisque un diamant y faisait fonction de glace.

(3) Nous trouvons dans le catalogue Joursanvault (p. 121) l'indication d'un rubis taillé en noix d'arbalète en 1393.

503. — VI. Item, une fonde (1) d'or et une grosse perle dedans.

504. — VII. Item, une grosse perle toute seule.

505. — VIII. Item, un annel, ouquel a un petit ruby martellé (2).

506. — IX. Item, une verge (3) d'or ou il y a entour petictes fueilles d'orties, d'esmeraudes et saphirs.

507. — X. Item, un annel, ouquel a un petit dyament pointu.

508. — XI. Item, un autre annel esmaillié, ouquel a un dyament rond plat.

509. — XII. Item, trois gros dyamens, en trois chaastons.

510. — XIII. Item, un annel d'or plain, ouquel a un dyament rond plat.

511. — XIV. Item, un autre annel royé et esmaillié à un dyament pointu.

512. — XV. Item, un autre annel, ouquel a un petit grain de ruby et un très petit dyament plat.

513. — XVI. Item, un autre annel d'or ouquel a un gros dyament pointu.

514. — XVII. Item, deux verges tortissées (4) ensemble, l'une esmaillée, de vermeil et un petit dyament.

515. — XVIII. Item, uns grésillons d'or (5) (pesant xiiie).

516. — XIX. Item, deux boucles d'or pour botines (pesant xviie ob).

517. — XX. Item, une grosse perle hors euvre (6), très rude.

518. — XXI. Item, un petit fénix d'or et une perle qui y souloit pendre.

---

(1) Ce mot a le même sens que fronde.

(2) Évidemment le rubis martelé était taillé d'une façon particulière sur laquelle je n'ai trouvé aucun renseignement précis.

(3) Verge est le synonyme du mot bague.

(4) Tortillées, en torsade.

(5) *Grésillon* signifie soit l'insecte nommé grillon, soit des menottes composées de deux chaînettes qu'on enroulait autour des pouces pour donner la question aux voleurs. Dans l'article de notre inventaire *grésillon* peut être un bijou représentant un grillon ou une chaînette.

(6) C'est-à-dire retirée de sa monture.

519. — XXII. Item, un annel d'un saphir ou louppe (1).

520. — XXIII. Item, un gros dyament en un chaaston d'or pour pendre.

521. — XXIV. Item, un annel d'or, ouquel a un turquois en manière d'un croissant.

522. — XXV. Item, un annel à une vieille verge, ouquel a un dyament pointu.

523. — XXVI. Item, un autre annel d'or esmaillié, ouquel a une faulce pière pertuisée (2).

524. — XXVII. Item, un annel d'or esmaillié, ouquel a un saphir du Puy (3).

525. — XXVIII. Item, un autre annel de camahieu en façon de Soudant (4).

526. — XXIX. Item, un autre annel à une trés menue pointe de dyament.

527. — XXX. Item, un autre annel d'or noir, à une trés petite pointe de dyament.

528. — XXXI. Item, une trés vieille petite croix d'or, à une esmeraude et vi perles.

529. — XXXII. Item, un annel d'un camahieu et un d'un sotrin (5) (Madame l'a eu par maistre N. Benart).

530. — XXXIII. Item, un petit dyament plat en un annel.

531. — XXXIV. Item, un annel d'une verge entaillée, ouquel a un ymage d'une pierre d'Israel (6).

532. — XXXV. Item, un annel d'or, ouquel a une corneline entaillée.

533. — XXXVI. Item, un autre annel d'or à une verge hachée et une corneline entaillée.

---

(1) Louppe a le même sens que cabochon ou pierre non taillée.
(2) Percée.
(3) Saphir d'une couleur très claire et d'un prix inférieur.
(4) Probablement orné d'une tête de maure gravée.
(5) Saphir *sotrin* ou *sitrin*; M. de Laborde dans son glossaire émet l'opinion que cette pierre devait être d'un bleu jaunâtre.
(6) Pierre gravée antique.

534. — XXXVII. Item, une grosse verge d'or quarrée (pesant xiiiie ob.).

535. — XXXVIII. Item, un autre annel d'or, à un camahieu.

536. — XXXIX. Item, un annel d'or, à une corneline entaillée.

537. — XL. Item, un autre annel d'une corneline entaillée.

538. — XLI. Item, un autre viez annel d'une corneline entaillée.

539. — XLII. Item, un chaaston ouquel a un dyament et entour de la cire vermeille (1).

540. — XLIII. Item, un rude annel d'or, ouquel a un camahieu d'un lion.

541. — XLIV. Item, un chaaston d'un saphir quarré plat.

542. — XLV. Item, un autre petit saphir en un chaaston.

543. — XLVI. Item, un annel d'or senz pière.

544. — XLVII. Item, un autre annel esmaillé d'un camahieu, à une teste de mor.

545. — XLVIII. Item, une verge d'or.

546. — XLIX. Item, une verge d'or esmaillée de roses blanches et vermeilles.

547. — L. Item, un annel d'or ou fu une pierre en facon de cuer.

548. — LI. Item, une topasse petite en un chaaston d'or.

549. — LII. Item, un annel d'or à une verge esmaillée de rouge cler, ouquel a un dyament quarré plat.

550. — LIII. Item, un arrest d'or à asseoir sur une pièce (pesant xviii^a).

551. — LIV. Item, une petite verge d'or esmaillée, en laquelle a un petit dyament plat quarré.

552. — LV. Item, un annel d'or tortissé, ouquel a un loup gravé.

553. — LVI. Item, un petit annel d'or royé, ouquel sont iii petiz dyamens.

---

(1) Il est probable qu'il s'agit dans cet article plutôt d'un émail rouge que de véritable cire qui ne pouvait être employée que provisoirement et qu'on n'eut pas mentionnée dans un inventaire.

554. — LVII. Item, un autre annel d'or, ouquel a un dyament plat, et deux autres plaz trés petiz.

555. — LVIII. Item, un autre annel d'or, ouquel a une piére en maniére d'œil de chat. (Monseigneur de Berry l'a).

556. — LIX. Item, une verge d'or, à laquelle pend une chayennette et au bout un C (1).

557. — LX. Item, un autre annel d'or, ouquel a un dyament plat à trois quarrés.

558. — LXI. Item, un autre annel d'or esmaillié de blanc, ouquel a deux trés petiz dyamens, et un trés petit ruby ou milieu.

559. — LXII. Item, un autre annel d'une verge esmailliée à un petit dyament.

560. — LXIII. Item, vi anneaulx pareilz esmailléz, ou il a en chascun un petit dyament.

561. — LXIV. Item, deux verges d'or esmaillées, l'une de bleu et l'autre de blanc (2).

562. — LXV. Item, un sautereau (3) d'or esmaillé de vert.

563. — LXVI. Item, une poulette d'or esmaillée de blanc.

564. — LXVII. Item, un loriaut (4) d'or.

565. — LXVIII. Item, une fueille d'argent dorée, à laquelle pend un petit bastiment (5) d'argent, de très petite valeur.

566. — LXIX. Item, une escharpe de gest (6), ou pendent plusieurs clochettes d'or.

---

(1) Initiale de Charles V ou de Charles VI, il est donc probable que ce bijou venait de l'un de ces deux rois.

(2) Comme complément à l'inventaire des nombreux anneaux précédents, je signalerai dans le compte de Jamet Hubelin, du mois de juillet 1459, la mention de treize francs d'or et xv sols tournois donnés à Denisot de Lagrange, orfèvre à Paris, à cause *d'un signet fait aux armes du Roy que mondit Seigneur luy a fait graver et de trois pierres estranges* (B. N. Cab. des titres, pièces orig. 2160, n° 677 (Orléans, X).

(3) Sauterelle.

(4) Loriot, oiseau de l'ordre des Passereaux.

(5) Ce bijou était sans doute l'un de ceux qui sont nommés dans les inventaires bijoux de maçonnerie, c'est-à-dire représentant une petite construction avec tourelles, créaux et appareil figuré par des hachures.

(6) *Gest* ou *jayet*, jais.

567. — LXX. Item, une vieille croix d'or, ou il a un crucefix enlevé, garnie de viii perles, deux saphirs et deux amatistes (1).

568. — LXXI. Item, une autre croix néellée (2) pendant à une chayenne d'or.

569. — LXXII. Item, un annel d'or gravé, à un pennier (3) couronné.

570. — LXXIII. Item, une petitte chayennete d'or, à laquelle pend d'un bout un petit ruby longuet et de l'autre bout deux mains qui se touchent (4).

571. — LXXIX. Item, une autre petite chayennéte d'or.

572. — LXXV. Item, une autre longue chayenne d'or, où pendent plusieurs clochettes (v° ii° et demi).

573. — LXXVI. Item, une autre courte chayenne d'or en manière d'un demi caint (5) où il a LL. (6) (pesant ii° xvi°).

574. — LXXVII. Item, LXV fueilles d'or en façon d'orties (pesant i^m demi).

575. — LXXVIII. Item, une chayenne dorée (pesant iiii°).

576. — LXXIX. (Manque.)

577. — LXXX. Item, une cagette d'or à mettre oisellez de Chippre (7) (pesant vi° et demi).

578. — LXXXI. Item, une autre cage d'argent dorée.

579. — LXXXII. Item, une pomme d'ambre (8) gar-

---

(1) Le compte de Michel Gaillaud de mai 1457 enregistre le don fait par le duc d'Orléans à Nonvellet, son secrétaire, d'un anneau émaillé *auquel est un amatiste d'oriant*, acheté de Jean l'Essayeur, orfèvre, pour 8 livres tournois (B. N. Cab. des titres, pièces orig. 2160, n° 664).

(2) Ornement gravé en creux sur une plaque de métal à l'aide de hachures remplies d'émail noir.

(3) Pannier.

(4) Ce qu'on appelle une foi en terme de blason.

(5) Voir le Glossaire de Laborde, p. 196, § I et J.

(6) Initiales du duc Louis d'Orléans.

(7) Sachets de poudre parfumée auxquels on donnait la forme d'un oiseau qu'on renfermait dans des cages suspendues et qui embaumaient les appartements.

(8) Ce bijou devait être une bonbonnière ou une cassolette. Nous trouvons à la p. 128 du catalogue Joursanvault l'indication d'une pomme appartenant à Valentine de Milan et sur laquelle étaient figurées sainte Catherine émail-

nie de perles, ou bout de laquelle a une grosse perle.

580. — LXXXIII. Item, une cainture de deux pièces d'un tixu de soye noire, garnie de boucles doubles et xx aguillètes longues tortissées de la façon d'Allemaigne, pesant, ainsi qu'elle est, iii^m iii^o et demie, dont sont à rabbatre pour les tixuz i^m i^o et demie, et demeure encores ii^m iie d'or.

581. — LXXXIV. Item, un cadren d'or (1) rond (pesant iii^o xii^c obole).

582. — LXXXV. Item, une astralabe (2) d'argent dorée.

583. — LXXXVI. Item, unes grosses patenostres d'amatistes et de jaspre (3) esquelles a un gros bouton de perles.

584. — LXXXVII. Item, unes grosses patenostres de gest, esquelles pendent ix dandins d'or et un bouton à ix perles.

585. — LXXXVIII. Item, une très vieille croix d'argent dorée garnie de vieille et mauvaise pierrerie.

586. — LXXXIX. Item, unes petittes patenostres de corail.

587. — XC. Item, un petit cornet d'yvoire, à un tixu de soye asuré garni d'or, à L fleurs de lis ; pesant ainsi qu'il est iiii^o viiie, dont sont à rabbatre pour le cornet et pour le tixu ii^o iiiie, demeurē ii^o iiiie d'or.

588. — XCI. Item, une vieille cainture d'or sur un tixu noir, ferrée ou long de petiz clox rons néellez à roses, dont l'or poise vi^o.

589. — XCII. Item, une cainture d'un tixu de soye noir, ferrée au long à annelléz perciéz et une fueille d'ortie d'or parmi (4), senz pierrerie.

590. — XCIII. Item, unes patenostres de gest à ix saingnaux d'or (5) et une ymage d'or de saint Xristofe.

---

lée de blanc, une roue et une épée avec l'inscription VIDEBO FACIEM EIVS IN IVBILEO. C'était une amulette.

(1) Instrument servant à trouver l'heure par la hauteur des étoiles.

(2) Instrument d'un usage à peu près semblable au précédent.

(3) Jaspe. — Voir, sur les patenôtres, le chapitre xxi, du second livre de Rabelais.

(4) Cette lecture est douteuse, on peut lire presque aussi bien *perciée* que *parmi*.

(5) Les *signaux* ou *seignaux* étaient les gros grains qui forment séparations entre les dizaines d'un chapelet.

591. — XCIV. Item, une perle entre boutons vairs (1) d'or.

592. — XCV. Item, une arbaleste à cheval et un boujon d'or (2) (pesant 1º viie obole).

593. — XCVI. Item, un reliquaire rond, ou il a au dessus une croix d'un saphir pendant à une chayenne d'or (Anthoyne l'a baillé à monseigneur de Berry).

594. — XCVII. Item, une petite pomme de musque d'argent où il y a une perle.

595. — XCVIII. Item, une petite boiste d'or dedans laquelle sont les armes de la royne Jehanne de Bourbon (3) (pesant 1º xve).

596. — XCIX. Item, une petite bourse à perles à jour.

597. — C. Item, une autre bourse de broderie garnie de perles.

598. — CI. Item, une autre bourse d'or garnie de plusieurs bonnes perles.

599. — CII. Item, un reliquaire d'or, ouquel a un camahieu d'une teste de Sarrasin d'un costé, et de l'autre costé un camahieu garni de x perles et ii balays.

600. — CIII. Item, une bullette (4) de Rodes d'or à fleur de lis, de la royne Jehanne de Bourbon.

601. — CIV. Item, une pièce vermeille ou est entaillée une croix, enchassée en or, pendant à un laz de soye.

602. — CV. Item, un petit reliquaire garni de deux amatistes, l'un blanc et l'autre ynde (5).

603. — CVI. Item, un bourrelet (6) de plumes violet.

604. — CVII. Item, une dague à manche et gueyne d'yvoire blanc semée des besans d'or.

605. — CVIII. Une autre dague d'yvoire blanc garnie d'or.

---

(1) Ces boutons étaient probablement émaillés soit de vert, soit de vair.
(2) Un boujon, diminutif de bouge, était un petit coffre, une petite boîte.
(3) Femme de Charles V, fille de Pierre Ier, duc de Bourbon, morte en 1377.
(4) Globule d'or pendant à une chaînette.
(5) La véritable améthiste n'est ni blanche ni bleue *(ynde)*, mais violette.
(6) Ornement en forme de couronne placé au haut du heaume; il était aux couleurs du chevalier qui le portait, parfois orné de pierreries, d'or et de plumes ou de reliefs formant cimier.

606. — CIX. Item, une salière de deux proisvres (1) garnie d'or, assise sur iiii oms (2), et ou frételet a iiii perles et 1 balay.

607. — CX. Item, une petitte paix (3) d'argent esmaillée à un pignon (4) senz esmail.

608. — CXI. Item, un ven d'or (5), ouquel a une dame esmaillée qui tient un oisellet.

609. — CXII. Item, une pomme qui se euvre en iiii quartiers, et une Medame (6) ou milieu et y a ou fons un balay (pesant vi° d'or).

610. — CXIII. Item une salière d'or à couvescle qui a le fons d'yvoire garni de perles, et ou frételet a une grosse perle (pesant ii^m v°).

611. — CXIV. Item un ovier (7) d'or aux armes de la Royne, et ou couvescle une langue blanche de serpent (8) (pesant ii^m).

612. — CXV. Item une tasse et une cainture de cuir noir serrée et garnie d'or.

613. — CXVI. Item, un cercle d'or, sur un tixu de soye noir.

614. — CXVII. Item, un gros annel d'or ouquel a une pièce d'une licorne (9) (pesant 1° et demi d'or).

615. — CXVIII. Item, une escharpe d'or toute chevronnée de bastons blans et vers (10), ou il pend petites sonnettes, et au bout

---

(1) Une salière double.

(2) Il est probable que *oms* est une faute du scribe pour *hommes*; cette salière aurait donc été portée par quatre personnages accroupis.

(3) Petit tableau que l'on donnait à baiser aux fidèles.

(4) Ce mot doit avoir le même sens que le mot pignon en architecture; c'était un fronton triangulaire surmontant le bijou décrit.

(5) Faut-il lire un *van d'or* comme précédemment (voy. n° 484), ou un *vœu*, un objet votif? Ni l'un ni l'autre de ces sens ne me satisfait absolument.

(6) Probablement une Notre-Dame.

(7) Un coquetier.

(8) Ces langues passaient pour un excellent préservatif contre le poison.

(9) Autre préservatif considéré comme très efficace contre le poison. Nous trouvons un anneau semblable signalé dans le compte de Robert Bassart de novembre et décembre 1465, comme ayant été acquis de Jean Massicot, orfèvre (Cab. des titres, pièces orig., 2161, n° 724).

(10) Le duc d'Orléans avait pris pour devise un bâton noueux ou écoté, ce qui donna lieu au duc de Bourgogne de prendre à son tour pour emblème un rabot.

d'embas pend un cornet d'or esmaillé de noir besanté, et sur l'espaule un fermaillet d'or garni de v perles et ou milieu un ruby, et y pendent deux turterelles blanches (pesant, ainsi qu'elle est, iiii^m iiii^o et demie).

616. — CXIX. Item, un poitrail d'or garni de fueilles d'ortie d'or et de poulétes, et ou front devant a une poulète esmaillée de blanc et au dessus de l'elle a un fin rubi (pesant vii^m moins v^e).

617. — CXX. Item, unes longues patenostres de corail, ou il a xxx saingnaux d'or.

618. — CXXI. Item, unes grosses patenostres de gest, ou il a une verge d'or et un gros bouton de perles.

619. — CXXII. Item, unes autres patenostres de gest broconnées (1).

620. — CXXIII. Item, deux escharpes d'argent pareilles, esquelles escharpes pendent plusieurs dandins tortisséz (pesant ensemble ainsi qu'elles sont, atout (2) les cuirs, xviii^m i^o, dont il faut rabbatre pour les cuirs ii^m ; demeure xvi^m i^o).

621. — CXXIV. Item, deux chayennes longues d'argent ou pendent plusieurs dandins tortissés (pesant ensemble vii^m).

622. — CXXV. Item, deux cercles d'argent pareils ou pendent plusieurs sonnettes (pesant ensemble iiii^m vi^o).

623. — CXXVI. (Manque.)

624. — CXXVII. Item, deux caintures d'argent sur tixuz de soye noirs, ou pendent à chayennes plusieurs dandins (pesant ensemble iiii^m v^o, dont il fault rabbatre pour les tixuz v^o; demeure iiii^m).

625. — CXXVIII. Item, une escharpe d'argent blanc à campanes tortissées (pesant vii i^o, dont il fault rabbatre pour le cuir vi^o, demeure vi^m iii^o).

626. — CXXIX. Item, une chayenne d'argent blanc, où pendent plusieurs campanes tortissées (pesant iii^m v^o et demie).

627. — CXXX. Item, un cercle d'argent blanc senz tixu, ou

---

(1) Noueux.
(2) *Atout*, avec, y compris.

pendent plusieurs sonnètes d'argent (pesant II^m II° et demie).

628. — CXXXI. Item, une cainture d'un tixu noir de soye ou pendent plusieurs sonnètes à chayennes d'argent (pesant II^m IIII°, dont il fault rabbatre pour le tixu II°, demeure II^m II°).

629. — CXXXII. Item, unes longues patenostres de gest, ou pend un petit cornet d'argent.

630. — CXXXIII. Item, une estorcouère (1) d'or, où il y a IIII perles (pesant I^m V^o).

631. — CXXXIV. Item, un petit creusequin (2) de madre couvert, garni d'or.

632. — CXXXV. Item, une pièce d'argent en laquelle a deux campanes d'or pour former un arrest (pesant IIII^m V^o demie, avecques les deux campanes d'or).

En la garde Jehan Poulain, notre trésorier général.

633. — 1. Premiers LXXVII balaiz de plusieurs sortes (pesant ensemble II° XIe qui valent IIIe VIII caraz).

634. — 2. Item, deux petiz rubiz.

635. — 3. Item, deux esmeraudes, un camahieu et IIII petites perles, venant d'un ymage Notre Dame.

636. — 4. Item, VI saphirs, venuz d'un hennap et d'une aiguière en façon de fleurs de bourresches et de marguerites (3).

637. — 5. Item, deux saphirs, venuz d'une salière d'or.

638. — 6. Item, V saphirs, dont il y a l'un plus gros des autres, venuz d'un ymage de Saint Denis.

639. — 7. Item, I saphir, venu d'un ymage d'or de Notre Dame tenant son enfant.

640. — 8. Item, deux saphirs, venuz d'un ymage d'or d'un Saint Estienne.

641. — 9. Item, IIII saphirs, venuz d'un ymage d'or de Saint Pol.

---

(1) Le mot *estorcoire* est une altération de celui de *torsier* ou *torsoire* et signifie comme lui torchère ou flambeau.
(2) Gobelet; M. de Laborde conjecture avec assez de vraisemblance que ce mot est d'origine allemande.
(3) Voir les n°s 421 et 483.

642. — 10. Item, xii saphirs, venuz d'un hennap d'or en façon d'esclipse (1).

643. — 11. Item, deux saphirs, venuz d'un ymage d'or d'un Empereur.

644. — 12. Item, quatre saphirs, venuz d'un ymage d'or d'un Saint Anthoine.

645. — 13. Item, deux saphirs, venuz d'un autre ymage d'or d'un Saint Loys.

646. — 14. Item, deux petiz dyamens, venuz d'un ymage d'or d'un Saint George.

647. — 15. Item, deux saphirs, venuz d'un ymage d'or d'une Magdelène.

648. — 16. Item, un camahieu enchassé en or, venu de la gésine Medame.

649. — 17. Item, iii saphirs, venuz d'un ymage d'or d'un Saint Jehan l'evangeliste (2).

650. — 18. Item, deux viez plaz dorés, signéz sur les bors de iii escuz des armes de feu notre trés redoubté seigneur et espoux, dont Dieux ait l'ame! et une vieille escuelle dorée, toute despeciée, signée desdictes armes; tout pesant ensemble ix^m vi^o x^e.

En la garde de maistre Denis Mariéte.

651. — CXXXVI. Premiers un viéz pot d'argent doré, en façon de poire, senz frételet (pesant vi^m iii^o x^e).

652. — CXXXVII. Item, un autre petit pot d'argent véré, aux armes de notre dit feu seigneur sur le couvercle (pesant iiii^m iii^o viie ob.).

653. — CXXXVIII. Item, deux autres viéz poz d'argent véréz ou il a eu chacun un esmail d'une dame et d'un escuier (pesant ensemble x^m vi^o).

654. — CXXXIX. Item, une petite saliére ronde d'argent

---

(1) Nous avons déjà vu des ceintures et des vases à boire en façon de *sclice* ou *esclisse*, expression dont le sens n'est pas connu (p. 189, note 1).
(2) La plupart des bijoux précédents sont déjà enregistrés dans des inventaires publiés ci dessus, n° 435 à 452, 471 à 484, 486 à 497.

dorée, couverte et hachée autour des armes devant dictes (pesant III° VIIIe).

655. — CXL. Item, deux souages (1) rons d'argent doréz, assis sur III piéz chacun, à mettre sel sur table (pesant VII° X^e).

656. — CXLI. Item, une clochète d'argent mauvais, senz seing et senz armes, pour servir en une chapelle.

657. — CXLII. Item, une aiguiére d'argent blanc en façon de sceau, senz armes (pesant II^m X^e).

658. — CXLIII. Item, deux escuelles d'argent dorées (pesant IIII^m I°).

659. — CXLIV. Item, deux tasses d'argent blanc (pesant II^m ou environ).

660. — CXLV. Item, une croix d'Inde (2) à couvescle, montée sur un pié de griffon, et un frételet d'une fleur de lis double (3) et IIII perles autour dudit frételet.

661. — CXLVI. Item, une petite nef de cristal, garnie d'argent doré par les bors (pesant cristal et argent VII^m I°).

662. — CXLVII. Item, un petit creusequin de madre, à un petit souage d'argent doré, dont le frételet est d'un glan, et par dessoubs a un levrier esmaillé d'asur.

663. — CXLVIII. Item, un petit hennap de madre en facon de creusequin, garni d'argent doré, emtaillé d'un lis et à une ance d'argent doré.

664. — CXLIX. Item, une petitte couppe de madre à couvescle, ou il a un petit frételet rond, esmaillé des armes de

---

(1) D'après le glossaire de M. de Laborde le souage est une moulure qui entoure et orne le pied des pièces d'orfèvrerie Un souage formant salière doit donc être une couronne de métal soutenue par des pieds et dans laquelle on plaçait une salière de verre.

(2) Les objets qualifiés d'Inde, soit qu'ils vinssent, en effet, de cette contrée, soit qu'ils fussent imités de ceux qui en provenaient, étaient généralement en bois précieux, incrustés de nacre et d'ivoire. Il est plus difficile d'expliquer ce qu'était le couvercle d'une croix.

(3) Fleur de lys qui servait de cimier aux heaumes des princes de la maison de France; composée d'une foliole centrale et de quatre petites feuilles contournées placées au bas aux extrémités de deux barres se croisant en sautoir.

France, avec un pié d'argent doré de plaine façon (1) pour ladicte couppe.

665. — CL. Item, un petit pot de cristal garni d'argent doré, haché dessoubz et dessus, ouquel a un petit frételet (pesant 1ᵐ vᵒ xᵉ).

666. — CLI. Item, un livre a un guiche (2) de satin asuré semé de menues perles lequel est garni d'argent doré.

667. — CLII. Item, un cornet (3) de meismes ledit livre, garni d'argent doré, dont le pendant est couvert de satin asuré semé de menues perles.

668. — CLIII. Item, un autre cornet noir, garny d'argent doré.

669. — CLIV. Item, un pot fait par maniére d'une pinte, lequel est d'une pière blanche et garny d'argent doré, à un petit esmail d'un œil sur le couvescle.

670. — CLV. Item, un petit gobelet couvert de semblable pière, garny d'argent doré les bors et souages, et a un petit esmail semblable que ledit pot.

671. — CLVI. Item, un arbre de corail à plusieurs langues de serpens.

672. — CLVII. Item, unes petites patenostres d'or et une petite croix d'or au bout, mise dedans une bourse à boutons de menues perles.

673. — CLVIII. Item, un hennap à couvescle d'une pière blanchastre, garni d'argent doré par les bors.

674. — CLIX. Item, un petit creusequin de fin madre.

675. — CLX. Vᶜ xv perles petittes.

676. — CLXI. Item, un petit hennap de madre, couvert aux armes de feu nostre tres chère et tres amée tante la duchesse d'Orliens (4), que Dieux absoille !

---

(1) Doré en entier, par opposition à *verré* ou doré par parties.
(2) Une guiche est un ruban.
(3) Sans doute un cornet à contenir de l'encre.
(4) Blanche de France, fille posthume de Charles le Bel et de Jeanne d'Évreux ; elle avait épousé Philippe de France, duc d'Orléans, et était morte sans postérité en 1392.

677. — CLXII. Item, un petit saphir.

En la garde Jehan Macé (1).

678. — I. Premiers une chambre de tappicerie d'or et de soye dont la devise est de plaisance (2), et est le ciel à angelz en manière d'un ciel ou milieu; et sont le ciel, dossier et couverture de lit d'or et de soye.

679. — II. Item, vi tappiz de meismes d'or et de laine et la couche de meismes.

680. — III. Item, une chambre vert dont le ciel est à angelz et le dossier à bergiers et bergiéres faisans contenance de mengier noix et cerises; et en la couverture du lit a un bergier et une bergière estans en un parc, tous ouvréz d'or et de laine; i tappis pour couche et vi tappis pour muraille, senz or, avecques iiii courtines de serges verdes neuves.

681. — IV. Item, une chambre d'or, de soye et de laine à devise de petiz enfans en une rivière, et le ciel à oiseaulx, et y a iiii tappiz de moismes et la couverture du lit et de la couche, dont le couverture du lit est à enfans, desquelz les testes reviennent de tous costez ou milieu.

682. — V. Item, iii autres tappiz de cerisier, où il a une dame et un escuier qui cueillent cerises en un pannier, mis avecques la dicte chambre pour fournir (3).

683. — VI. Item, une autre chambre sur champ brun vert à devise d'une dame qui tient une harpe, senz or, ou il a vi tappiz et, de mesme, couverture de lit et de couche, ciel et dossier.

684. — VII. Item, une autre chambre vert à bergiers en un jardin treillié; c'est assavoir ciel, dossier et couverture à lit, ouvréz d'or et de soye, et une couverture pour la couche et vi tappiz de meismes senz or.

---

(1) D'abord valet de chambre du duc d'Orléans (1390), puis contrôleur pour le roi de la prévôté de la Rochelle (1402) et de la coutume et imposition foraine (1424). Son sceau porte son écu chargé de trois masses d'armes (Cab. des titres, pièces orig. 1785, n° 41243, 2 à 9).

(2) Probablement, dont le sujet était fait à plaisance ou à plaisir, c'est-à-dire de fantaisie.

(3) Pour la compléter.

685. — VIII. Item, ung tappis à cerisiers où il a une dame qui prent des cerises en un bassin, et si y a une fontaine.

686. — IX. Item VII tappis à ymages dont il y en a un des VII Vices et VII Vertus, 1 des justes Lancelot, 1 de Regnault de Montauban, 1 de la grant Credo, deux du viéz et nouvel testament et 1 de Beuvon d'Hantonne (1).

687. — X. Item, deux paires de courtines (2) de serges, l'une vert et l'autre rouge, qui oncques ne servirent, lesquelles sont mises avecques x paires venues de Coucy.

688. — XI. Item, III tappiz veluz, à chayère (3).

689. — XII. Item, deux autres viéz tappiz, l'un de Logicque et l'autre de Bourgoingne (4).

690. — XIII. Item, une chambre de tappicerie vermeille à la devise de Dieu d'amours, à ciel, dossier, couverture pour le lit, couverture pour la couche, VI tappiz de meismes à tendre et III custodes de camelot de Reims (5).

691. — XIII. Item, une chambre de tappicerie vert, à un chevalier et une dame jouans aux eschès, en un paveillon, à ciel, dossier et couverture pour le lit seulement, senz custodes.

692. — XV. Item, une chambre de drap d'or bleue (6), à ciel, dossier, courtepointe, III custodes et deux serges bleues.

---

(1) Parmi les sujets représentés sur ces tapisseries, trois, ceux des joutes de Lancelot, de Renaud de Montauban et de Beuvon d'Hantonne sont empruntés à des chansons de geste (voy. pour Beuvon d'Hantonne, Gautier, *Épopées françaises*, 2ᵉ édit. t. I, p. 235 note), deux à l'écriture sainte, un à la symbolique du moyen âge ; le grand Credo est celui qui fut rédigé au concile de Nicée, il est ainsi nommé par opposition au credo plus court qui nous vient des apôtres. Une représentation du grand Credo doit donc être celle d'un concile ou d'une réunion de personnages ecclésiastiques.

(2) Rideaux de lit.

(3) Chaise.

(4) L'une de ces tapisseries représentait probablement une réunion de philosophes ou de mathématiciens, l'autre était brodée des armoiries des ducs de Bourgogne.

(5) Voir une description plus complète de cette tapisserie achetée en 1404 à Jaquet Dourdin, pour le prix de 1100 livres tournois, au n° XXVI (pp. 202-203).

(6) Bleuté, c'est-à-dire l'or mêlé de fils de soie bleue qui lui communiquait un reflet bleuâtre.

693. — XVI. Item, une chambre de drap de soye vermeille, à ciel, dossier, courte pointe et III custodes.

694. — XVII. Item, une chambre de serge vermeille, à ciel, dossier, couverture pour le lit, couverture pour la couche et trois custodes de mesmes.

695. — XVIII. Item, une chambre de serge blanche, à ciel, dossier, couverture pour le lit, couverture pour la couche et une petite serge de mesmes, avecques III custodes.

696. — XIX. Item, un tappiz vigneté (1) aux armes de Monseigneur le Daulphin.

697. — XX. Item, un grant tapiz ystorié de la destruction de Troye la grant.

698. — XXI. Item, deux tappiz de l'istoire Thézéus (2).

699. — XXII. Item, une petite couverture de velours vert et un long coissin couvert de velours vert et deux carreaulx de mesmes pour un compte (3).

700. — XXIII. Item, une chambre de tappicerie vert, à bergiers, à ciel, dossier, couverture pour lit, couverture pour couche, senz autre chose.

701. — XXIV. Item, une chambre de tappicerie blanche, semée de glay (4), à ciel, dossier, couverture de couche et IIII tappiz de mesmes, senz custodes.

702. — XXV. Item, une chambre vert, de haulte lisse (5), à la fontaine de Jouvence, où il a plusieurs personnages ; à ciel, dossier, couverture de lit, couverture de couche et VI tappiz à tendre (6), tout à or, senz custodes.

---

(1) Brodé.
(2) Peut-être des scènes du roman de Théséus de Cologne.
(3) Pour compléter une autre chambre.
(4) Glaïeul.
(5) Les comptes de Poulain des mois de juillet et d'octobre 1391 font mention d'acquisition de draps de haute lisse pour une somme de 1,500 fr. d'or (environ 140,000 francs à la puissance actuelle de l'argent). Colin Bataille était fournisseur de tapisseries du duc d'Orléans (B. N. Cab. des titres, pièces orig. 2152, n° 140).
(6) C'est-à-dire pour orner les murailles et non des tapis de pied.

703. — XXVI. Item, une autre chambre de tappicerie de hautelisse au tournoyement (1), où il a ciel, dossier, couverture pour le lit, couverture pour couche, avecques vi tappiz à tendre, à or et sens custodes.

704. — XXVII. Item, une autre chambre de tappicerie de haulte lisse à enfans et une dame qui vest le chien (2), à ciel, dossier, couverture pour le lit et couverture pour la couche senz or, senz comersy (3).

705. — XXVIII. Item, iii tappiz de mesmes.

706. — XXIX. Item, x paire de courtines de serges toutes neuves, c'est assavoir, les vii de verde serge, les deux de vermeille, et l'autre de blanche serge.

707. — XXX. Item, une chambre vermeille à branches, à bras et à faucons et y a ciel, dossier, tenant ensemble, couverture de lit et iii couvertures de cendail vermeil (4).

708. — XXXI. Item, vi tappiz de mesmes, à tendre.

709. — XXXII. Item, une couste-pointe blanche.

710. — XXXIII. Item, une autre chambre vermeille à genesties flories et à grans personnages, dont l'un est monté sur un arbre; c'est assavoir ciel, dossier, couverture de lit et couverture de couche et iiii tappiz à tendre, de mesmes.

711. — XXXIV. Item, une chambre vermeille à une dame qui tient un escurel (5), et est la dame vestue de blanc; en laquelle chambre a ciel, dossier, couverture de lit, couverture de couche, avecque vi tappiz de mesmes.

712. — XXXV. Item, une autre chambre vert et semée de boscherons et de bergiers; en laquelle a ciel, dossier, couverture de lit et couverture de couche avecques iiii tappiz à tendre de mesme.

713. — XXXVI. Item, une chambre, sur champ brun vert, de

---

(1) Tournoi.
(2) Ce sujet singulier reparaît deux fois dans cet inventaire (n° 719).
(3) La lecture de ce mot écrit très en abrégé, et dont le sens m'échappe, n'est pas certaine; peut-être faut-il lire *couversin*, couverture.
(4) Étoffe de soie fine et légère.
(5) Écureuil.

tappicerie ouvrée à rosiers et à enfans, tenans lesdiz enfans chascun un rouleau où est escript son dit; en laquelle chambre a ciel, dossier, couverture de lit à or, et une couverture pour couche avecques vi tappis à tendre senz or.

714. — XXXVII. Item, une chambre vermeille de tappicerie à plusieurs arbreceaux, ou milieu de laquelle a un lion, et iiii bestes aux quatre coings; laquelle chambre est garnie de ciel, dossier, couverture pour le lit, senz or, et iiii tappiz pour muraille, avec couverture pour couche.

715. — XXXVIII. Item, une chambre de serge vert à la devise d'une dame qui regarde en une fontaine; laquelle chambre est garnie de ciel, dossier et couverture pour le lit avecques vi serges.

716. — XXXIX. Item, une autre chambre de tappicerie à devise de cerfs, garnie de ciel, dossier et couverture pour le lit, de iiii grans tappiz et un petit pour la couche.

717. — XL. Item, iii courtines de serge et iii de camelot de Reims, verdes pour les deux chambres pr... (1).

718. — XLI. Item, une chambre de drap de damas, chevronnée (2) de bleu et de blanc, garnie de ciel, dossier et couverture du lit avecques vi tappiz de laine du filé de Paris (3), tant pour couche comme pour muraille.

719. — XLII. Item, une autre chambre à la devise de dames et d'enfans, et y a une dame qui vest le chien (4); laquelle est garnie de ciel, dossier et couverture de lit, couverture pour couche et vi tappiz de meismes.

720. — XLIII. Item, une vieille chambre de drap de soye blanc qui fu feue nostre très chiere et très [amée] tante la Duchesse d'Orliens, et n'y a que ciel et dossier senz autre chose.

721. — XLIV. Item, un petit pavillon portatif, paillé (5) de blanc et de vert, senz autre chose.

---

(1) Mot effacé.
(2) La figure de blason qui devait se répéter par chaque lés.
(3) Signifie probablement de la fabrication de Paris.
(4) Voir n° 704.
(5) Pallé, composé de bandes perpendiculaires blanches et vertes.

722. — XLV. Item un viéz tappiz à orengiers.

723. — XLVI. Item, une chambre blanche d'or et de laine, à dames et à enfans, de tappicerie ouvrée à or, qui contient XIII pièces, c'est assavoir ciel, dossier et couste-pointe, avecques III couvertures, une couverture de couche et VI tappiz à tendre.

724. — XLVII. Item, une autre chambre de tappicerie vert, ouvrée à devise de connins (1), de lieppars et d'autres bestes, laquelle contient VI pièces ; c'est assavoir, ciel, dossier, couverture de lit et III couvertures de serges verdes et y a des escotz (2) seméz parmi la chambre.

725. — XLVIII. Item, une autre chambre de serges verdes à orties, contenant XII pièces; c'est assavoir, ciel, dossier, couverture de lit, III couvertures, la couche et V serges à tendre.

726. — XLIX. Item, VI tappiz de chapelle qui est en manière de sépulcre (3).

727. — L. Item, VI tappiz blancs du filé de Paris (4) ouvrés à roses.

728. — LI. Item, un tappiz à orenges.

729. — LII. Item, III couvertures de satin vermeil, qui furent prinses, en la garde Guillemin Ligier (5), d'une chambre de drap d'or à roses que fist pieça Perrin Pilot.

730. — LIII. Item, une chambre à enfans de tappicerie d'or et de laine ; c'est assavoir ciel, dossier et couverture du lit, couverture pour couche et IIII tappiz à tendre.

En la garde Guillemin Ligier.

731. — LIV. Premiers, une chambre de drap d'or à roses,

---

(1) Lapins.

(2) L'*escot* ou *baton escoté* est le baton noueux que le duc d'Orléans avait pris pour devise, à laquelle le duc de Bourgogne répondit en choisissant à son tour le rabot.

(3) En manière de tenture de chapelle funéraire, c'est-à-dire de couleur noire avec des larmes ou d'autres symboles funèbres.

(4) Voir n° 718.

(5) Un grand nombre des membres de cette famille Ligier furent au service de la famille d'Orléans, comme juges de ses terres, receveurs ou gardes de ses châteaux (B. N. Cab. des titres, pièces orig. 1179, n° 39914, 2 à 14).

bordée de velours vermeil; c'est assavoir ciel, dossier et couverture de lit.

732. — LV. Item, une chambre de drap d'or à molins qui fu feu beaux oncles de Bourgoingne; c'est assavoir ciel, dossier, couverture de lit et deux carreaux de meismes.

733. — LVI. Item, une autre chambre de cols de maslart (1) qui fut audit seigneur, avecques vi serges, paillées de vert et de blanc.

734. — LVII. Item, un tappiz ou sont figuréz les vii Vices et vii Vertus (2).

735. — LVIII. Item, un viéz tappiz à or de la vie de vie (3).

736. — LIX. Item, un viéz dosseret (4) de drap d'or sur champ bleu, qui fu à feue belle tante d'Orliens.

737. — LX. Item, un couvertouer (5) d'ermines bordé de drap d'or, assis sur un champ d'escarlate vermeille.

738. — LXI. Item, un pavillon de soye d'Arraz en manière d'un espervier, entretaillé de blanc et de rouge (6).

739. — LXII. Item, vi carreaulx de drap de soye blanc viéz.

740. — LXIII. Item, x serges vermeilles.

741. — LXIV. Item, vi carreaux vuiz (7) de drap d'or, sur champ vermeil.

Toutes lesquelles parties dessus dictes, excepté celles qui sont signées en chief à une croix, et lesquéles nous avons par escript devers nous en un rolle de

---

(1) Le malart est le mâle de la canne, aussi bien domestique que sauvage. La tapisserie était semée de têtes de canards avec leurs cous coupés comme dans les figures de blason.

(2) Nous avons déjà vu n° 686 une tapisserie représentant ce sujet. (Voy. sur cette représentation les *Mémoires des antiquaires de France*, 1881 : *Le tableau des Vertus et des Vices*, par J. Roman, p. 23.)

(3) La voie, le chemin de la vie.
(4) Un dossier.
(5) Une couverture de lit.
(6) On connaît la très ancienne réputation de la ville d'Arras pour la fabrication des tapisseries. La tente dont il est ici question était composée d'un quadrillé alternativement blanc et rouge comme les mailles d'un filet vulgairement nommé épervier.
(7) Probablement pour *viéz*, vieux.

papier, nous avons ordonné estre vendues par l'aviz de messire Gilet de Lengres (1), de maistre Guillaume Sizain (2) et de maistre Mariète, noz conseilliers et auditeurs de noz comptes.

DE RECY.

B. N. Cab. des titres, pièces orig. 2154, n° 254 (Orléans IV). Ce document ne porte aucune date, mais il paraît peu postérieur à l'assassinat du duc Louis d'Orléans; on y énumère, en effet, des objets précieux cachés chez différents particuliers dévoués à la maison d'Orléans auxquels on les avait confiés de peur de les voir pillés.

XXXI. — 1408, 12 août.

Valentine, duchesse d'Orléans, comtesse de Blois et de Beaumont et dame de Coucy, ayant la garde et gouvernement de nostre très chier et très amé ainsné fils, Charles, duc dudit duché d'Orléans et de Valoys, et de nos autres enfans, à nos amés et féaulx gens de nos comptes, salut et dilection.

Nous voulons et vous mandons que des joyaulx de pierrie et autres choses qui s'ensuivent, c'est assavoir :

742. De quarante cinq saphirs de plusieurs sortes ; deux ésmeraudes avec un camahieu ; quatre petites perles ; deux petis dyamans en deux chatons d'or; ung camahieu en un chaton d'or ; soixante dix sept balais pesant IIII^c VIII caras ; deux petis rubis; ladicte pierrie venue et yssue de plusieurs joyaulx et vaisselle de piéça fondue à la monnoye de Paris par l'ordonnance de feu notre très redoubté seigneur, dont Dieux ait l'âme;

743. De deux plas et une escuelle d'argent viellement dorés, signés lesdis deux plas de trois escus sur les bors aux armes de

---

(1) Ce personnage fut d'abord trésorier de la chapelle de Notre-Dame de Vauvert en Brie, appartenant au roi, et en même temps secrétaire du duc d'Orléans (1403). Il était dans les ordres; son sceau le représente en habits ecclésiastiques agenouillé en face de la Vierge (B. N. Cab. des titres, pièces orig. 741, n° 16920, 8 et 1644, n° 38181, 4).

(2) Nommé avec les mêmes titres dans le vol. 580 des Pièces orig. du Cab. des titres, n° 8383, 3.

notre dit feu seigneur, et ladite escuelle d'un escu seul auxdites armes, pesans ensemble neuf marcs, six onces, deux esterlins ob. d'argent doréz ;

Tous lesquels joyaulx dessus dis nous avons eus et reçeus de notre amé et féal trésorier général Jehan Poulain, qui yceulx avoit en garde, pour en fère notre plaisir et voulenté et desquelz nous tenons pour contentés, vous d'iceulx tenés conte, et deschargéz de tout notre dit trésorier par rapportant ces présentes tant seulement, sans autre déclaration ou demande, nonobstant quelzconques ordonnances, mandemens ou deffenses au contraire. Donné à Blois, le xiie jour d'aoust, l'an de grace mil quatre cens et huit.

Par Madame la Duchesse,
Sauvaige (1).

XXXII. — 1408, 9 décembre.

744. Je, Marguerite, dame d'Anneville (2), confessous avoir reçeu de maistre Nicolas Bernart (3), par la main de maistre Pierre Sauvage, secrétaire de monseigneur le duc d'Orleans, la somme de cinquante-six livres cinq sols tournois; c'est assavoir xxxiii l. xv s. t. pour un dyament fait en guise de *ne m'oublie mie*, mis en un annel, que feue madame la duchesse d'Orléans, que Dieux absoille, eut de moy en achat; et xxii l. x s. t. pour un gobelet d'argent doré que feue madicte dame prist de moy en prest, lequel elle donna au chancelier du marquis de

---

(1) Pierre Sauvage, secrétaire du duc d'Orléans (1408), garde de ses coffres (1409), maître de la Maison Dieu de Beaugency (1410), argentier du duc d'Orléans (1415), maître et proviseur de l'Hôtel Dieu de Beaugency (1415), conseiller et garde des sceaux du duc d'Orléans (1440-1444). Ses appointements étaient de 240 livres tournois par an (B. N. Cab. des titres; pièces orig. 914, n° 20163, 14 = 975, n° 21976, 19 = 2644, n° 58833 de 5 à 32). Le document précédent se trouve dans le même dépôt, vol. 2156, n° 391 (Orléans, VI).

(2) La pièce qui suit celle-ci nous apprend que la dame d'Anneville se nommait Marguerite de Besons.

(3) Trésorier de la maison d'Orléans.

Bande (1). De *laquelle* somme de LVI l. v s. t. je me tiens pour contente et bien paiée, tesmoing mon seel (2) mis à ces présentes le IX° jour de décembre l'an mil IIII° et huit (3).

XXXIII. — 1409, 2 février.

Charles, duc d'Orléans et de Valois, conte de Blois et de Beaumont et seigneur de Coucy, à nos amés et féaulx gens de nos comptes, salut et dilection : Comme pour acquitter partie des debtes que feu nostre très redoubté seigneur, dont Dieux ait l'âme, povoit devoir, les joyaulx d'or et d'argent garnis de pierrerie dont les parties s'ensuivent, c'est assavoir :

745. Un ymage d'or d'un saint Jehan Baptiste, garny de deux ballais, deux saphirs et quatre grosses perles, assis sur un entablement d'argent doré, dont l'or de l'ymage poise IX^m, 1° xv esterlins d'or et l'entablement VI^m III° v esterlins.

746. Item, un autre joyaux d'or de sainte Katherine d'un costé, et de l'autre costé un mirouer, garny en tout de xv ballais, XIII saphirs et LXX perles.

747. Un tableau d'or d'une Annonciation de Notre-Dame, garny de deux petis ballais et de IIC LXXII perles autour ; pesant ledit joyau de sainte Katherine cinq mars, demie once, et ledit tableau trois mars cinq onces.

748. Et un cornet d'or esmaillé pesant III^m III° XVII esterlins ob. d'or garny de VIII ballais et XXXVI perles ;

Ayant esté par notre ordonnance vendus, et délivrés par notre amé Jehan Poulain, nagaires nostre trésorier général, à Julien Simon, marchant demourant à Paris, le pris et somme de deux mille deux cens cinquante livres tournois, nous voulons et vous mandons que d'iceulx joyaulx, garnis comme dit est, vous tenés

---

(1) Probablement le marquis de Bade.
(2) Le sceau, encore suspendu à cette quittance, présente un écu parti au un fascé de six pièces à un lambel au deux un aigle au vol abaissé.
(3) B. N. Cab. des titres, pièces orig. t. 323, n° 7032, 3.

quitte et deschargé ledit Jehan Poulain et les ostéz et effacéz de l'inventoire de nos joyaulx et vaisselle, en rapportant ces présentes tant seulement, nonobstant quelsconques ordonnances, mandemens et défenses à ce contraires (1). Donné en nostre chastel de Blois le 11ᵉ jour de fevrier l'an de grace mil CCCC et huit.

Par monseigneur le Duc,

Le sire de Montjoye (2) et messire Guillaume le Bouteiller (3) présens.   BERNART (4).

XXXIV. — 1410, 12 septembre.

CY APRÈS S'ENSUIT LA VENTE DE PLUSIEURS JOYAULX ET VAISSELLE D'OR ET D'ARGENT, GARNIZ DE PIERRERIE, VENDUZ PAR PIERRE REMER (5), TRÉSORIER GÉNÉRAL DE MONSEIGNEUR LE DUC D'ORLÉANS, PAR VERTU DE CERTAINES LETTRES PATENTES DUDIT SEIGNEUR, PRÉSENS MAISTRE DENIS MARIÈTE, SECRÉTAIRE ET AUDITEUR DES COMPTES, AUBERTIN BAILLEFÈVEZ (6), ORFEVRE DUDIT SEIGNEUR.

A Jehan Tarenne, changeur et bourgois de Paris, XVIII marcs

---

(1) Plusieurs de ces joyaux ont paru déjà dans les inventaires précédents.

(2) Louis, baron de Montjoye, conseiller, chambellan du roi de France et du duc d'Orléans, employé par ce dernier à plusieurs missions importantes (voy. *le Religieux de Saint-Denis*, III, p. 613). Il épousa en 1360 Jacquette de Glips et mourut en 1425. Guillaume, son père, avait épousé Catherine, comtesse de Neufchâtel.

(3) Guillaume Le Bouteillier de Senlis, seigneur de Villedieu et de Chartrier, fils de Guy Le Boutellier, seigneur d'Ermenonville et de Blanche de Chauvigny; il fut gouverneur du Luxembourg pour le duc d'Orléans et épousa Jeanne de Meudon (Cab. des titres, 2158, n° 572).

(4) Jean Bernard ou Benart, dit Racaille, valet de chambre du roi et du duc d'Orléans; il reçut du roi le don de la terre d'Orfons près de Loches (B. N. Cab. des titres, pièces orig. 286, n° 6196, 2 à 5). Le document précédent se trouve au même dépôt, vol. 2156, n° 407 (Orléans, VI).

(5) Pierre Remer fut trésorier général du duc d'Orléans, de 1410 à 1420 au moins. Son sceau porte un écu chargé d'un sautoir engrelé cantonné de quatre merlettes (B. N. Cab. de titres, pièces orig. 914, n° 20163, 16 et 26-985, n° 21976, 20-3005, n° 66719, 22).

(6) Ce personnage qui signait *Albertyn de Bolyefabys*, est nommé dans la légende gravée autour de son signet *Baillafabis*, nom qui témoigne d'une origine méridionale. Il était orfèvre et valet de chambre du duc d'Orléans; il avait eu ces qualités au moins jusqu'en 1414.

une once, II esterlins ob. d'or, à lui venduz de xxiii^m I ob. d'or venuz et yssuz de deux ymages et un joyau d'or ; c'est assavoir :

749. D'un ymage d'or d'un saint Andry sur un entablement d'argent doré, garni d'une croix traversanne (1), en laquelle a XIIII perles de compte, VIII balaiz et un petit balay en un châton hors ladicte croix et ou diadème de XIII perles, et y a un gros saphir faisant le mors de la chappe, pesant l'or, sans la pierrerie et entablement, IIII marcs XVII esterlins d'or.

750. D'un autre ymage d'or de saincte Marguerite avec le dragon, d'or, de quoy ledit ymage est porté sur un entablement d'argent doré garni d'un gros balay, V autres petis balaiz, V saphirs, XIII perles de diverses sortes, pesant l'or sans la pierrerie et entablement VIII^m I° V^e d'or.

751. Et d'un joyau d'or de massonnerie (2) à un sépulcre de Nostre Seigneur et à une croix d'or à un cruxefils d'anleveure, Nostre Dame et saint Jehan et plusieurs personnages ; garni ledit joyau de VII^{xx} XVII perles entières de plusieurs sortes et III qui sont despéciées au desriver pour ce qu'elles estoient maciquées (3), de XXXI balaiz que granz que petiz, de XXXI saphirs que granz que petiz, de XVIII esmeraudes que grandes que petites, et IIII petis dyamens ; pesant l'or dudit joyau sans la pierrerie XI^m d'or ;

Pour tout l'or dessus dit xxiii^m II° IIe ; lequel or a esté fondu en l'ostel de moy Aubertin en la présence dudit trésorier et dudit Denis, lequel est décheu au fondre de XIX esterlins ob. d'or ; ainsi demeure de cler xxiii^m I° IIe ob. comme dessus. A esté vendu audit Tarenne au pris de LVIII frans le marc s'il est trouvé de XX caraz et du plus plus et du moins moins, et lequel a esté touchié par les Généraulx Maistres des monnoyes à Paris et à esté trouvé à XIX caras III quars ; vault le marc audit pris de

---

(1) Un sautoir.
(2) C'est-à-dire représentant un monument avec l'appareil de la construction.
(3) Probablement enfoncées dans de l'émail ou dans du mastic.

LVIII frans or à xx caraz LVII l. v. s. VI d. t.; valent lesdits XVIII^m I^o IIe ob.................................. M X XXIX l. t.

752. A lui les entablements d'argent doré desdiz ymages de saint Andry et sainte Marguerite, pesant ensemble XIII^m III° IIe ob., à lui vendus au feur de VII frans le marc; valent........................ IIII^{xx} XIII l. XIIII s. VII d. v.

753. A lui XXXVII balaiz : c'est assavoir XXXI, venuz et yssus du joyau d'or de maconnerie, v autres venus et yssus de l'ymage saincte Marguerite, et le balay qui estoit seul en un chaton hors la croix de l'image saint Andry, dont dessus est faite mencion; pesans ensemble lesdiz XXXVII balais II^c XX^I caras, vendus chascun carat XXII s. VI d. t.; valent......... II^c XLIX l. XV s. t.

754. A lui VIII autres balais, dont il y a VII yssus dudit ymage saint Andry, et un de ladite sainte Marguerite, pesant ensemble IIII^{xx}, I carats, à lui vendus XL s. t. le carat; valent........................ VIII^{xx} I l. t.

755. A lui XXXVI saphirs dont il en y a XXXI dudit joyau de massonnerie et un dudit ymage de sainte Marguerite, à lui vendus deux escus la pièce; valent...... IIII^{xx} I l. t.

756. A lui XVII esmeraudes et IIII petiz dyamens venuz et yssus dudit joyau de massonnerie, et le gros saphir qui faisoit le mors de la chappe dudit saint Andry, tout ce vendu ensemble................. VII^{xx} l. t.

757. A lui deux flacons d'argent doré esmailléz, en chacun trois testes enlevées, garnis de courroyes ferées au long de CXII pièces, que clox, que boucles, que mordans doréz et esmailléz, qui poisent, ra-

batu les tissus des courroyes à quoy ils pendent, selon ce que contenu est en la certiffication des Nottères, xl^m d'argent et furent peséz au pois et balances dudit Aubertin, et depuis et quant ils furent livréz audit Tarenne, furent peséz en son hostel et furent trouvéz pesans xxxix^m vii^o x^e d'argent seulement ; à lui venduz vii l. t. le marc ; valent.................... ii^c lxxix l. xi s, iii d. t.

758. A lui une grant nef d'or par pièces ; c'est assavoir le corps d'icelle garni autour d'ymages de haulte taille, et autour d'icelle xii ymages des xii Appostres, esmailléz de diverses couleurs, avecques deux chasteaux servans aux deux bous d'icelle nef, sur lesquels chasteaux a deux ymages l'un de Notre Dame et l'autre d'un Ange, pesans ensemble xxx^m vi^o..................

759. Item, de ladite nef une croix en manière de voste (1), sur laquelle a iiii Evangelistes esmailléz et iiii autres (2) non esmaillés, et sur ladicte voste une grant croix faicte en manière de voille esmaillée d'azur et sommée de fleur de liz d'or ; et un cruxefilz, et, dessus le bout dudit voille et croix, Dieu le père esmaillié, de plusieurs couleurs, tenant une pomme d'or (3) en sa main et un grant dyadème tout d'or ; tout ce pesant ensemble avec les cordes d'or servant audit voille xix^m ii^o vii esterlins ob. d'or.

---

(1) C'est-à-dire que les huit personnages qui ornaient ce joyau étaient sous une voûte au-dessus de laquelle s'élevaient une grande bannière en forme de croix émaillée, un crucifix et huit anges.
(2) Peut-être les quatre grands prophètes.
(3) La boule du monde, sans doute.

760. Item de ladicte nef plusieurs autres personnages ; c'est assavoir un empereur et un roy armés dont les harnoiz (1) d'iceulx sont d'argent; un ange armé dont le harnoiz est d'argent; deux autres ymages en façon de Dieu le père, esmailléz de plusieurs couleurs, et viii ymages de Addam et de Eve, esmaillez de blanc comme nuz, et un pillier d'or servant à ladicte nef; tout pesant ensemble ix^m iiii^o vii^c ob.

761. Item de ladicte nef vi grans pièces de plusieurs fueilles d'or où il y a pommes esmaillées de rouge cler avecques xii petiz arbrisseaux d'or émailléz, une petite serpent esmaillée de vert, tenant en sa gueulle une petite pomme esmaillée de rouge cler, avecques plusieurs pièces d'or de menu fretin (2) servant à ladicte nef, tout pesant ensemble iii^m iiii^o xvii esterlins ob.

762. Item, de ladicte nef ciii perles et demie grosses de compte de plusieurs sortes, dont il en y a xlviii en xlviii molinéz (3) d'or rivées ensemble deux à deux, et les autres chacune par soy, avecques lii pièces de fueillages d'or, et en chacune fueille iii perles avec le diadème du chief du cruxefils de ladicte croix, ouquel diadème a rivé iiii perles pesant ensemble perles et fueilles i^m v^o xv esterlins.

---

(1) L'armure complète.
(2) De petite dimension.
(3) Ces perles étaient probablement placées au centre des quatre bras d'une petite croix d'or imitant les ailes d'un moulin à vent.

763. Item de ladicte nef xxxi balaiz de diverses sortes, pesans ensemble iii^{cc} iiii^{xx} ix caraz, qui font en poiz ii° viiie ob.

764. Item l'entablement de ladicte nef ouquel a vi tourelles, une terrasse esmaillée de vert avecques une tige d'arbre pour soustenir ladicte nef, tout d'argent doré, avec menu fretin d'argent servant audit entablement, tout pesant ensemble xxxii^m i° v esterlins d'argent.

Pour tout, pour le poix de ladicte nef, c'est assavoir pour l'or et pierrerie, lxv^m i° xvi est. et l'argent xxxii^m i° v est., comme dit est.

Laquelle nef par l'ordonnance de mondit seigneur le Duc et de son conseil a esté remise sus et regarnie de ladicte pierrerie par ledit Aubertin afin qu'elle fust mieulx et plus chièrement vendue, et après ce qu'elle a esté mise sus, a esté trouvée pesant l'or et la pierrerie lxvi^m v est. et ledict entablement d'argent et les pièces servans à icelluy trouvé pesant xxxii^m ii° d'argent ; et laquelle nef ainsi garnie de la pierrerie dessus dicte et entablement dessus dit, après ce que elle a esté remise sus, comme dit est, a esté vendue auditTarenne du consentement et accord de monsieur le Chancelier (1) et de monsieur de Fontaine (2),

---

(1) C'était alors Jean Davy.
(2) Jean de Fontaines, conseiller et chambellan du duc d'Orléans, employé par lui à plusieurs missions (1397) (B. N. Cab. des titres, pièces orig. 2154, n° 231 et 2158 n° 572); commanda un corps d'armée à Beaugé (voy. *le Religieux de Saint-Denis*, t. VI, p. 455-477); son sceau représente un écu semé de petits châteaux. Il vivait encore en 1411 (B. N. Cab. des titres, pièces orig. 2157 n° 471).

comme le plus pruffitable pour mondit Seigneur vii^{mil} frans (1), parmi ce qu'il en doit reprendre sur ce qui lui est deu par feu Monseigneur iii^m frans. Pour ce cy, pour la vente de ladicte nef............ vii^m l. t.

765. A lui deux flacons d'or, en façon de coquilles de Saint Jaques, et une ance chacun tenant au corps, de deux serpens volans couronnés; chacun flacon au dessus d'une couronne que tiennent deux ymages assis sur deux orilliers (2) esmailléz de blanc, et en la pance de chacun un ymage d'anleveure tenant un bourdon sur une roche argentée et un autre couronné, d'un costé garni en la couronne de petiz balais, et de l'autre part un Charlemaine enlevé, assiz sur une terrasse de vert, et un saint Jaques yssant d'une nue, à un rouleau ou est escript: *Charles, va délivrer Espaigne* (3), garniz lesdiz deux flacons esdictes couronnes, l'un de vi saphirs et iiii balaiz et l'autre de vi saphirs, vi balais et de ix petites perles, excepté que en la couronne de l'un fault une troche de iii perles et en l'un des orilliers de l'autre une perle, pesant ensemble xli^m vi^o xv esterl. Venduz audit Tarenne de l'accord et consentement de mesdiz Seigneurs le Chancellier et sire de Fontaine au pris de

---

(1) C'est-à-dire environ 650,000 francs à la puissance actuelle de l'argent.
(2) Deux coussins.
(3) Cette pièce d'orfèvrerie est la mise en scène d'une légende bien connue, d'après laquelle Charlemagne aurait entrepris la conquête de l'Espagne pour obéir à un ordre de saint Jacques de Compostelle qui lui serait apparu pendant son sommeil (voy. *Les Épopées françaises*, par M. Gautier, t. III, p. 416 et suiv.).

LXI frans le marc; valent............... II^m V^c LII l. IX s. III^d d. ob.

766. A lui un gobellet et un hanap d'or couvers; ledit gobellet poinçonné à l'entour et sur le couvescle de personnages qui jouent et de arbres; ou pié duquel gobellet a à l'entour VIII perles en III coupples deux saphirs et III balaiz; et entour le couvescle d'icellui XVIII perles en VI coupples, III saphirs et III balaiz, et, ou frételet dessus, un gros saphir et III perles pesant V^m II° X est.; et ledit hanap poinçonné à branches et fueilles de rosier, et dessus le couvescle a VIII roses bianches garnies, c'est assavoir les II de II balaiz, les II de II saphirs et les autres IIII chacun de III perles, et le frételet garni de XII perles et un saphir dessus; et ledit hanap garni par dessoubs de XVI roses blanches, les IIII garnies de IIII balaiz, IIII de IIII saphirs et les VIII autres chacune de III perles, et le dessus du pié est esmaillé de blanc à bezans d'or. Pesant V^m I^o XII est. ob. Venduz ensemble audit Tarenne............................. VIII^c l. t.

767. Audit Aubertin V^m d'or venuz et yssuz de deux ymages et un joyau de maçonnerie dont l'or pesoit, rabatu le déchiet, XXIII^m I^o II est. ob. dont a esté vendu à Tarenne, comme cy dessus est faict mencion en la première partie, XVIII^m I^o IIe ob., lequel a esté touché par les Généraulx maistres des monnoyes à Paris, comme plus applain est déclairé en ladicte partie, et trouvé à XIX caraz III quars; vault le marc au pris de LVIII f. or à XX caraz,

LVII l. v s. VI d. t ; vallent lesdicts v marcs. II^c IIII^{xx}VI t. VII s. VI dt.

768. A maistre Jehan de Ville-bresme (1), secrétaire et notaire du Roy nostre Seigneur, pour un balay venu et yssu d'un ymage de saint Andry, avecques v perles d'icellui ymage, dont mention est faicte cy devant sur la première partie de Jehan Tarenne, ledit balay pesant VIII caraz, à lui vendu au pris de deux frans le carat ; valent XVI f., et lesdictes v perles XXV f. Pour ce, pour tout .... XLI l. t.

769. A Regnaut Pizdöe (2), changeur et bourgoiz de Paris, un gobellet et une esguiére d'or esmaillée tout à l'entour de fleurs de *Ne m'obliez mie* et d'Anges, garniz c'est assavoir le couvescle dudit gobellet tout à l'entour de CXIX perles que unes que autres, un petit balay sur le frételet, et ladicte esguière de CI perles, I saphir et I balay pesant ensemble VIII^m IIII° cinq esterlins, venduz audit Regnault au pris de LXXI frans le marc or et pierrerie ; valent .... VI^c v l. XIII s. IIII d. ob. t.

770. A lui un ymage d'... d'un saint George sur une terrasse d'argent esmaillée de vert, et au dessoubs d'icelle terrasse a IX pilliers d'argent doré et entre iceulx pilliers a une dame d'or esmaillée

---

(1) Ce personnage, probablement fils de Michel de Villebresme, bourgeois de Blois en 1375, fut d'abord clerc des trésoriers des guerres (1376), puis secrétaire du duc d'Orléans (1402); notaire et secrétaire du roi et conseiller au parlement (1407-1458). Il était dans les ordres et archidiacre de Blois. Son sceau porte un écu au griffon ailé et tortillé (B. N. Cab. des titres, pièces orig. 3005, n° 66719, 3 à 40).

(2) Nous trouvons Jean Pizdöe, valet de chambre du duc d'Orléans en 1394 (B. N. Cab. des titres 2153, n° 208). Peut-être Regnaud Pizdöe était-il son fils.

de blanc et un petit mouton; garni ledit ymage en la targe (1) d'un gros balay, VIII grosses perles et ailleurs, tant en escharpe, sainture, dyadéme et espée, de xv petiz balaiz, IIII saphirs et XLIX perles que unes que autres pesant XIII^m 1° v^e. Vendu audict Régnault ainsi qu'il est garni, comme le plus offrant........... v^c LXII l. x st.

771. A lui un chappel d'or garni de XIIII fermaulx, VII grans, VII petiz; les grans garniz chacun de IIII saphirs, IIII grosses perles et un ballay ou millieu, et les VII petiz de IIII balaiz chacun et une grosse perle; pesans ensemble II^m VII° XII esterlins; à lui vendu si comme il est. xi^c l. tr.

772. A lui LVII perles du nombre de IX^{xx}XVII perles bonnes et yssues de deux ymages, l'un de saint Andry, et l'autre de sainte Marguerite et d'un joyau d'or de maçonnerie, dont cy dessus est faicte mencion sur la partie de Jehan Tarenne; à lui venduz; cestuiz valent............ CXII l. x st.

773. Au roy de Navarre un hanap et une esguière d'or seméz de fleurs esmaillées de blanc et de rouge cler et poinçonnéz, garniz les deux de IIII^{xx} VIII perles, XIIII saphirs et x balaiz et failloit en ladicte esguière quand elle fut apportée deux saphirs; pesant ensemble lesdicts hanap et esguière avec ladicte pierrerie VIII^m v° x esterl. A lui venduz au prix de III^{xx} frans le marc par Audry Marsaye, courtier, valent........................ v^c IIII^{xx} xv l. t.

---

(1) Le bouclier que portait saint Georges.

774. A lui un petit hanap d'or, poinçonné à vvv teurterelles, et ou frételet d'icellui a vi perles et vii saphirs ; pesant ii^m vi° xvii esterlins ob. Vendu au pris de lx frans le marc par ledit Marsaye...... viii^{xx} xi l. xi s. vi d. t.

775. A Jehan Le Mareschal (1), maistre particulier de la monnoye de Paris, les parties qui ensuivent ; c'est assavoir : vi tasses d'or à pié, armoyées ou fons aux armes de mondit seigneur, lesquelles furent par avant armoyées aux armes de feue madame la Duchesse, pesant ensemble viii^m vii° v esterl.;

776. Item, six tasses d'or esmaillées ou fons aux armes de mondit seigneur, lesquelles furent par avant armoyées comme dessus ; pesant xi^m iii° xv esterlins ;

777. Item, deux poz d'or esmailléz sur les couvescles aux armes de mondit seigneur, pesant xv^m vii° viie ob.

778. Item, une esguière d'or, poinçonnée à oizeaulx, à trois biberons (2) et le pié de dessoubz à coulombes et à fenestres (3); pesant ii^m v° ii esterl.

779. Item, deux bacins d'or esmailléz ou fons par dedans à esmaulx en façon d'esmaulx de plitie (4) et a en chacun bacin un esmaulx ; pesant à tout lesdis esmaulx xviii^m iii° iiii esterl., selon le poix de l'in-

---

(1) Ce personnage était maître particulier de la monnaie de Paris depuis 1374 au moins (*Documents relatifs à l'histoire de la monnaie*, par M. de Saulcy, t, I, p. 333, 545).

(2) A trois becs, ou plutôt à goulot tréflé.

(3) C'est-à-dire que le pied était orné de colonnes entre lesquelles s'ouvraient des fenêtres.

(4) *Plitie* doit avoir le même sens que *plitte* ou *plique*, c'est-à-dire fait pour être appliqué ou vissé. (Laborde, *Glossaire*.)

ventoire fait, par les notaires du Chastellet, dont les esmaulx ont esté ostés et sont demourez devers ledit Aubertin, et poisent 1ᵐ 111º xii esterl. ob. Reste que poise l'or desdiz bacins selon ledit inventoire xviᵐ viiº xi est. ob.

780. Item, un dragouer (1), avecques le pié, lequel pié estoit à Paris en l'ostel dudit Aubertin, pesant xiiᵐ 11º v esterl.

Lesquelles parties, pesans ensemble, sur tout rabatu les diz esmaulx, lxviiᵐ 1º vi esterl., ont esté livrées à ladicte Monnoye de Paris par ledit trésorier pour monnoyer en escuz d'or, et ont esté trouvées, au poix et balance dudit maistre particulier, pesans lxviiᵐ 1º xv esterl., dont il a esté chevi et accordé audit maistre pour le déchiet du fondre et d'esclater les esmaulx qui estoient aux tasses, aux poz et au dragouer, à 1 esterlin pour chacun marc, valent iii º vii est.

Ainsi demeure de cler et nect soixante six marcs six onces, huit esterlins d'or, lequel a esté touchié en la chambre des monnoyes ou palais à Paris par les Généraulx maistres de ladicte monnoye en la présence des dessus diz, trouvé revenant à xx caraz ; vault le marc au feur de lxviii l. x s. t. le marc d'or fin lvii l. 1 s. viii d. t.; valent.................... iiiᵐ viiiᶜ xiii l. iii s. iiii dt.

781. A Sevestre Trente (2), marchant

---

(1) Bonbonnière à couvercle dans laquelle on mettait des sucreries, des épices et des confitures sèches.

(2) M. Francisque Michel, dans ses recherches sur la fabrication des étoffes d'or et d'argent (t. II, p. 203), cite un Bauduche Trente, de Luques, qui vend en 1412 du velours au duc de Bourgogne.

de Luques, demourant à Paris, uns tableaux d'or doubles, à demi ront (1), esmailléz par dehors, et dedens est le cruxifiement et sépulcre de Nostre Seigneur; environnés lesdits tableaux de huit balais, huit saphirs et xlviii perles, pendans a deux chénètes d'or qui tiennent un angelot, pesant ii^m vi° vii esterl., ob.

782. Item, un tableau d'or du baptisement Nostre Seigneur, garni de cinq balais, cinq saphirs et xx perles, pesant iiii^m iii° xii esterl.

783. Item, un grant tableau d'or du cruxifiement Nostre Seigneur à plusieurs personnages, garni de vii^{xx} perles que grosses que menues, d'un petit balay, trois dyamens et deux camahieux, pesant x^m ii° xi esterlins.

784. Item, un tableau d'or d'une Annonciation Nostre Dame d'enleveure, garni de xxviii grosses perles, sept balais et sept saphirs, et y a un fermail d'or à quoy ledit tableau pent, garni de cinq autres perles et un balay pesant iii^m iie ob.

785. Item, un autre tableau d'or d'une Annonciation Nostre Dame, garni en tout de xlii grosses perles, cinq balais et six saphirs, pesant i^m vii onces.

786. Item, un tableau d'or d'une ymage saincte Katherine, garni de iiii^{xx} i^e perles, vii balais, vi saphirs, deux camahieux et un grenat en la couronne, pesant ix^m vii° x esterlins.

---

(1) Tableaux s'ouvrant en deux parties et cintrés par le haut.

787. Item, un tableau d'or d'une Trinité, garni de xi balaiz et xxxix perles, pesant iiii^m iiii^o iie ob.

788. Item, un autre tableau d'or ront d'une ymage Nostre Dame tenant son enfant, et son Couronnement dessus, garni de xxi perles que grosses que menues, et un balaiz, pesant ii^m ii^o ii esterl. ob. Lesquielx huit tableaux, garniz comme dessus, ont esté venduz audit Sevestre, comme le plus offrant, parmi ce qu'il devoit estre paié de tout ce qu'il estoit deu à lui et Laurens Caignal, lequel estoit son facteur, pour ce cy quant à recepte...................................... iiii^m v^c lt.

Sachent tuit que nous Denis Mariète, secrétaire et auditeur des comptes de monseigneur le duc d'Orléans, et Aubertin Baillefèves, orfèvre de mondit seigneur, certiffions, par ces présentes, à tous à qui il appartiendra, avoir esté présens avec Pierre Rémer, trésorier général de mondit seigneur, à la vendicion et distribucion de tous les joyaulx et vaisselle cy dessus declairéz, lesquielx joyaulx et vaisselle ont esté trouvez ou poiz et garniz de la pierrerie dessus déclairée et venduz par ledit Pierre Remer aux personnes et pour les pris et sommes cy dessus specifiées et déclairées, montans, en la somme toute, vint quatre mil trois cens trente cinq livres six solz neuf deniers tournois. En tesmoing de ce nous avons signé ceste présente certiffication de noz saings manuelz cy mis le xiie jour de septembre l'an mil CCCC et dix.

MARIETE, ALBERTYN DE BOLYEFABYS.

B. N. Cab. des titres, pièces orig. 2157, n° 450 (Orléans, VII).

XXXV. — 1411, 9 janvier.

Charles, duc d'Orléans, de Valois, conte de Blois et de Beaumont et seigneur de Coucy, à nostre amé et féal trésorier général Pierre Remer, salut et dilection. Nous voulons et vous mandons que des deniers de noz finances vous paiéz, bailléz et delivréz à nostre amé et féal secrétaire et garde de noz coffres maistre Pierre Sauvage, la somme de quatorze cens soixante dix huit livres, quatre sols, sept deniers poitevins tournois, laquelle nous par l'advis et délibération de nostre conseil lui avons ordonné estre baillée et délivrée pour le paiement de certains joyaulx et vaisselle que nous avons nagaires fait prendre de Regnaut Pizdöe et Aubertin Baillefève, nostre orfèvre, marchans demourans à Paris, et par nos donnés aux estraines le premier jour de ce présent mois de janvier par la manière qui s'ensuit. C'est assavoir :

789. Pour un fermail d'or garni de cinq bonnes perles, d'un dyament neuf et d'un rubi ou milieu, prins dudit Aubertin, donné et envoié aux estraines à nostre très chier et très amé cousin le duc de Bourbonnois (1)............ IIII^c L l. t.

790. Pour un autre petit fermaillet d'or d'un ruby environné de cinq grosses perles, prins dudit Pizdöe, envoyé à notre très chière et très amée cousine damoiselle Bonne (2), fille de nostre très chier et très amé cousin le conte d'Armignac (3)........ VIII^{xx}VIII l. xxv st.

791. Pour un autre fermail d'or, garni de

---

(1) Louis de Bourbon, duc de Bourbon, comte de Forez, mari d'Anne de Clermont, dauphine d'Auvergne (1371); il mourut le 19 août 1410.

(2) Elle était fille de Bernard d'Armagnac et de Bonne de Berry. Elle épousa Charles d'Orléans en deuxièmes noces et mourut en 1415.

(3) Bernard d'Armagnac, connétable de France, comte d'Armagnac et de Rodez, mari de Bonne de France, fille du duc de Berry ; il fut assassiné en 1418.

vi perles et d'un balay ou milieu, prins dudit Aubertin et donné au petit hermite de la Sayére qui les estraines de nostre dit cousin nous a apportées .... LVI l. v st.

792 Pour ung annel d'or d'un ruby à une petite coronette d'une esmeraude dessus, prins dudit Aubertin et donné à nostre très chier et très amé frère le conte de Vertus.. II^c l. t.

793. Pour ung autre annel d'une esmeraude en manière de bouteille, enmy de deux dyamens (1), prins dudit Aubertin et donnéz à nostre très chier et très amé frère le conte d'Angolesme .... XXXVI l. t.

794. Pour une fleur d'un dyament prins dudit Regnaut Pizdöe et donnée à nostre très chière et très amée seur damoiselle Marguerite .... XXXI l. x st.

795. Pour ung annel d'un dyament ront à quarrés eslevé, prins dudit Aubertin et donné à nostre très chière et très amée fille damoiselle Jehanne (2) du pris de xx escus ; valent. .... XVII l. x st.

796. Trois anneaulx de trois dyamens, l'un en manière d'un escusson donné à nostre amé et féal conseiller messire Guillaume Le Boutillier, et les deux autres chacun en manière d'un tablet, du pris chacun de IX escus, donnéz à nos améz et féaulx chancellier et conseillers messire Jehan Davy et le sire de Fontaines, montant lesditz trois anneaulx........................ XXX l. VII s. VI d. t.

797. Pour trois dyamens, deux pointuz et

---

(1) Entre deux diamants.
(2) Elle épousa le duc d'Alençon en 1421 et mourut en 1432.

ung quarré, prins dudit Pizdöe et donnés l'un au sire de Mortemar (1), l'autre au sire de Montbazon (2) et l'autre au sire de Juch (3), anglois, de chacun XVI escus; valent....... LIIII l. t.

798. Pour deux anneaulx et deux dyamens à fleurettes prins dudit Aubertin, l'un donné à la femme de nostre amé et féal chancellier messire Jehan Davy, et l'autre à maistre Guillaume Cousinot (4), nostre conseiller, au pris chacun XII escus........ XXVII l. t.

799. Pour six dyamens pointus, liéz en or (5), comme dessus prins dudit Aubertin, les trois du prix de IIII escus la pièce, et les autres trois du pris de chacun trois escus donnés ausdictes estraines à gentilzhommes, chevaliers et escuiers de nostre hostel; montent.................................. XXIII l. XII s. VI d. t.

800. Pour vint ung dyamens liéz comme dessus, de IIII escus la pièce, prins dudit Régnaut Pizdöe, et donnés à chevaliers et escuiers de nostre dit hostel............. IIII^{xx} XIIII l. x st.

801. Pour douze verges d'or du pris d'un escu la pièce prinses dudit Pizdöe et donnés

---

(1) Jean de Rochechouart, seigneur de Mortemart, fils d'Aimery de Rochechouart et de Jeanne d'Angle; il épousa successivement Jeanne Turpin et Jeanne de Torsay et mourut en 1444.

(2) Guillaume de Craon, vicomte de Châteaudun, seigneur de Montbazon, fils de Guillaume de Craon et de Marguerite de Flandre; il épousa Jeanne de Montbazon et mourut vers 1410.

(3) Jean de Juch, chevalier, fils d'Hervé, était breton et non anglais : il servit de 1373 à 1415 ; sa Montre se compose de deux chevaliers et huit écuyers (B. N. Cab. des titres, pièces orig. 1597, n° 36702, 2 à 7).

(4) Ce personnage, licencié ès lois, fut conseiller de la duchesse d'Orléans (1408), conseiller du roi et chancelier du duc d'Orléans (1415) ; il vivait encore en 1436, et porta la parole contre le duc de Bourgogne après le meurtre de Louis d'Orléans. Son sceau représente un écu, chargé d'un chevron accompagné de deux coquilles de saint Jacques et d'un lion (*ibid.*, 914, n° 20163, 2 à 23). Il a écrit des Chroniques plusieurs fois publiées.

(5) Dans des montures d'or.

ausdictes estraines à nostre voulenté et plaisir à serviteurs de nostre hostel............ xiii l. x st.

802. Pour six boursètes de fil d'argent blanc du pris chacune de ii escus prinses dudit Pizdöe et données aus estraines comme dessus........................... xiii l. x st.

803. Pour dix huit tasses d'argent verrées, pesant xxxv^m v° xvii esterlins au pris de vii l. iii s. p. le marc, montant ii^c lxi l. xiiii s. vii d. poitevine tournois, prinses dudit Regnaut Pizdöe et données ausdictes estraines à nos amés et féaulx chambellans le sire de Chaumont (1), le sire de Gaules (2) et Jacques du Peschin (3), à chacun d'eulx six tasses.

Montent toutes lesdictes parties ladicte somme de........................ xiiii^c lxxxiii l. iii s. vii d. poitevine tournois.

Et par rapportant ces présentes tant seulement et quictance de nostredit secrétaire, nous voulons ladicte somme de xiiii^c lxxviii l. iii s. vii d. poitevine tournois estre allouée en voz comptes et rabattues de vostre recepte, par noz amés et féaulx gens de noz comptes sans aucun contredit, non obstans ordonnances, mandemens ou deffenses quelconques à ce contraires. Donné à Blois le ixe jour de janvier l'an de grace mil CCCC et dix.

Par Monseigneur le Duc, etc.

Perrier.

B. N. Cab. des titres, pièces orig. 2157, n° 459 (Orléans, vii).

---

(1) Hue d'Amboise, seigneur de Chaumont, fils de Jean d'Amboise et de Jeanne de Beaumont ; il épousa Anne de Saint-Véran et fut tué à Azincourt.

(2) Jean de Gaules, chambellan du duc d'Orléans, qui, suivant *le Religieux de Saint-Denis*, fut chargé par Louis d'Orléans de s'emparer du pont de Charenton (T. III, p. 335).

(3) Je n'ai recueilli aucun renseignement biographique sur ce personnage, dont le rédacteur du catalogue Joursanvault (n° 311) a lu le nom Perchin. Il commandait en 1485 une compagnie de trente chevaliers et de deux cent quatre-vingt-dix-huit écuyers.

XXXVI. — 1411, 19 février.

804. Charles, duc d'Orléans et de Valois, conte de Blois et Beaumont et seigneur de Coucy, à nostre amé et féal trésorier général Pierre Remer, salut et dilection. Nous voulons et vous mandons que des deniers de nos finances vous bailliez et délivrez à nostre bien amé orfèvre et varlet de chambre Aubertin Baillefève, la somme de cent neuf livres neuf sols six deniers tournois, en laquelle nous lui sommes tenus par compte fait avecques lui de nostre ordonnance et commandement par vous trésorier et maistre Denis Mariète, auditeur de la chambre de nos comptes; c'est assavoir pour six onces neuf esterlins d'or à xix caras trois quars, qu'il a mis du sien pour refaire une grant neef d'or, par l'ordonnance de Nous et de nostre Conseil ja piéçà rompue et mise par pièces pour porter plus aisément de Blois à Paris. Monter ledit or, xlvii xii s. t.; pour quinze esterlins d'argent xii s. vi d. t.; pour deux esterlins demi de fuilles à balaiz (1) pour mettre et enchacier les balais de ladicte neef, c s. t. et pour la façon d'icelle neef lvi t. v s. t.

Et, par rapportant ces présentes avecques quittance tant seulement dudit Aubertin, nous voulons ladicte somme de cix t. ix s. vi d. t., estre allouée en vos comptes et rabatue de vostre recepte partout où il appartiendra, sans aucun contredit, non obstans ordonnances, mandemens ou deffenses quelconques, à ce contraires. Donné à Blois, le 19 jour de février, l'an de grace mil cccc et dix. Par Monseigueur le duc et son conseil ou quel vous, Monsieur d'arcevesque de Sens (2) et monseigneur de Chartier esties.

P. Sauvage.

B. N. Cab. des titres, pièces orig. t. 383, 8423, n° 2.

---

(1) De feuilles d'argent pour enchâsser les rubis balais de la nef.
(2) Jean de Montaigu, archevêque de Sens, 1406-1415.

XXXVII. — 1411, 22 avril.

Saichent tuit que je Nicolas Cosme, marchant de Luques, demourant à Paris, confesse comme hault et puissant prince monseigneur le duc d'Orléans, par ses lettres, me ait vendu, cédé et transporté et fait bailler et délivrer les joyaux qui s'ensuivent ; c'est assavoir :

805. Un colier d'or plat à ung fermail où pendent deux cossètes, auquel a ung balay, ung dyament, cinq perles ; et autour d'icelui colier sept balaz, sept saphirs et cinquante six perles de compte ; pesant III^m.

806. Un chapeau d'or à xx fermaux de menues perles autour, et y en fault une ; és dix a en chacun quatre balaz et une grosse perle au milieu et cinq petiz dyamens, et fault ung balay ; et és autres dix a en chacun I saphir environné de perles; pesant IIII^m.

807. Ung poitrail (1) d'or fait à Y griez (2), à xxiiii balaz et xxiiii trosses de perles, chacune de III perles, et xxiiii autres perles chacune à part soy ; pesant II^m I^o.

808. Ung demi saint d'or, de pierrerie, auquel a une boucle à III saphirs, II perles et ou mordant III balaz et III perles, et pend audit mordant une chaienne, au bout de laquelle a I gros saphir et xviii petiz fermaillèz, dont és neuf a en chacun un balay et v perles, et és autres IX ung saphir, cinq perles et deux perles hors euvre, pesant I^m III° et demie.

809. Ung balay et I saphir enchaciés et dix perles de compte (3).

810. Ung couvercle d'or pour VI hanaps (4), pesant II^m V^o.

---

(1) Le poitrail est évidemment un bijou fait pour orner la poitrine ; je doute fort que ce fût une pièce métallique ; ce devait être une étoffe richement brodée et ornée de pierreries.
(2) Y grecs. Peut-être l'initiale du nom de Jésus.
(3) Perles de moyenne grosseur qui se vendaient au poids.
(4) Soit qu'il s'agisse de six hanaps de même dimension et indépendants, soit de cinq gobelets sans pieds pouvant entrer l'un dans l'autre et contenus dans la coupe d'un hanap.

811. Une atache d'or (1) en six pièces; l'une de xix trosses de perles chacune de v perles, et fault ii perles, viii balaz, viii saffirs; une autre pièce de trois trosses à v perles chacune, deux saphirs, i balay; une autre plus petite trosses de v perles, i saphir et i balay. Une boucle de mesmes à trois trosses chacune de v perles, deux balaz et i saphir. Une pièce à un petit grenat, x perles et une autre de mesmes à x perles à une esmeraude ; pesant i^m iiii°.

812. Ung demi saint d'or à pierrerie, ou il y a en la boucle i mordant, à chacun i saphir, iii balaz, ix perles; et du long dudit demi saint viii balaz, viii saphirs, xvi trosses de perles chacune de iiii perles et au bout de la chayennette i balay : pesant i^m et demi.

813. Ung colier d'or plat à ung fermail ou pend ii cossettes, auquel a i balay, i dyament, v perles, et autour d'icelui colier à vii balaz, vii saphirs et lvi perles de compte; pesant iii^m.

Pour le pris et somme de deux mille deux cens cinquante livres tournois. C'est assavoir xvi^c lix l. t. que j'ay baillé comptant à son trésorier général; iii^c l. t. dont j'avoye esté assigné par honnorable homme et saiges messires Giles de Langres, trésorier du Vivier en Brye, et maistre Guillaume Syzain et maistre Denis Mariette, lors commis par feu madame la duchesse d'Orléans sur le paiement et aquid de ses debtes, sur Baude de Guy qui le devoit à icelle dame. De laquelle assignation appert par lettre des dessus diz, laquelle lettre j'ay rendue aux gens de mondit seigneur le Duc, et néantmoins me suis chargiez de les pourchasser au prouffit de mondit seigneur envers ledit Baude et de ce faire mon léal pouvoir, et ii^c iiii^{xx} xi l. t. en quoy feue madicte dame m'estoit tenuë pour denrées et marchandises par moy livrées à Tassin Le Doyen (2), lors son argentier, dont je

---

(1) Il s'agit ici d'une chaînette à laquelle étaient enfilés des boutons d'or ornés de pierres fines et de perles.

(2) Tassin le Doyen, receveur des finances de la duchesse d'Orléans en 1403, son argentier jusqu'en 1408 (B. N. Cab. des titres, pièces orig. 1026, n° 23,480 de 2 à 7).

estoie porté en debte, et d'icelle somme me tiens pour content et satisfait. Que pour contemplacion de mondit seigneur, lui voulans en ce complaire, veil et me consens que mondit seigneur le Duc en son certain commandement, non obstant ladicte vente desdicts joiaux, puisse ravoir et racheter yceulx joyaux ès prix et qualitéz dessus déclairées parmi, moy payant ladicte somme de II^m II^c L l. t. comptant dedens la fin de VI moiz prouchainement venans à compter de la date de ces présentes, et promès la foy et le serment de mon corps et soubz hypothèques et obligation de tous mes biens présens et avenir, lesquels quant j'ai soubmis à toutes juridictions ou ils pourront estre trouvéz dont la teneur de ces présentes en aucune manière, et renoncé à toutes caustelles et cavilacions dont je me pourrois aider, et d'abondant veil que ces présentes sortissent tel effet quant aux choses dessus dites comme si elles estoient faictes et passées soubz le séel du Chastellet de Paris. Et ou cas que dedens ledit temps je ne seroie paié de ladicte somme, je puis vendre et adevérer sans offense et faire mon prouffit desdits joyaux, pourveu que ce, par marchans en ce cougnoissans, appelé à ce Regnaut Pizdöe, valet de chambre de mondit seigneur le Duc, ou autre personne des gens de mondit seigneur, iceulx joyaux estoient plus vendus et oultre valoir ladicte somme de II^m II^c L l. t. je promès rendre et paier le surplus à mondit seigneur le Duc ou à son dit trésorier; et, se moins valoient, mondit seigneur tenu à moy du surplus moins valant. En tesmoing de ce j'ay signé ceste lettre de mon signet et soubz escripte de mon seing manuel, qui fut faite le XXIIe jour d'avril l'an mil CCCC et onze après Pasques.

Comy.

B. N. Cab. des titres, pièces orig. 2157, n° 469 (Orléans VII).

XXXVIII. — 1414, 24 juillet.

814. Charles, duc d'Orléans et de Valois, conte de Blois et de Beaumont et seigneur de Coucy, à nostre amé et féal trésorier

général Pierre Remer, salut et dilection. Comme nagaires par nostre ordonnance et commandement, vostre bien amé orfèvre et varlet de chambre Aubertin Boillefève ait achaté pour nous à Paris, et nous ait envoyé par deçà un annel d'or, garny d'un diament plat triangle (1), ou pois de vint quatre escus, lequel annel est escript par dedens de letre bleue en alement, et lequel nous avons eu et reçeu et nous en tenons pour contens; nous voulons et vous mandons que des deniers de nos finances vous bailliez et délivrez audit Aubertin ladite somme de xxiiii escus pour paiement dudit annel et dyament. Et, par reportant ces présentes et quictance sur ce dudit Aubertin ou de celui qui a vendu ledit annel, nous voulons ladicte somme de xxiiii escus estre aloée en vos comptes et rabatue de vostre recepte par nos amés et féaulx gens de nos comptes, sans aucun contredit, non obstans ordonnances, mandemens ou deffenses à ce contraires. Donné en l'ost de Monseigneur le Roi devant Arraz (2), le xxiiii jour de juillet l'an de grace mil cccc et quatorze.

Par Monseigneur le duc, Monsieur de Saint-Chartier, et autres présens.

P. SAUVAGE.

B. N. Cab. des titres, pièces orig. t. 383, 8423 n° 4.

XXXIX. — 1414, 10 octobre.

815. Charles, duc d'Orléans et de Valois, conte de Blois et de Beaumont et seigneur de Coucy, à nostre amé et féal trésorier général Pierre Remer, salut et dilection. Nous voulons et vous mandons que des deniers de nos finances, vous baillez et délivrez à nostre bien amé orfèvre et varlet de chambre Aubertin de Boillefève, la somme de vingt-neuf livres sept deniers maille

---

(1) Triangulaire.
(2) Le duc de Bourgogne s'étant approché de Paris, le Dauphin en sortit, le poursuivit en Picardie et mit le siège devant Arras. Le siège d'Arras dura six semaines, et, la ville n'ayant pu être prise, il s'en suivit un traité de paix entre le Dauphin et le duc de Bourgogne.

tournois, en laquelle nous lui sommes tenus pour un colier de camail (1) en argent à un porc espy d'or, pesant, c'est assavoir ledit colier r^m v° u^c ob. Au pris de vii l. t. iii s. pour le marc, valent xi t. xv s. vii d. ob. t. Et ledit porc espy d'or, pesant cinq esterlins à lxxii l. t. le marc, valent xlv s. t. Et pour la façon dudit colier xv l. t. qui sont ladicte somme de xxix t. vii d. ob. t. Lequel colier nous avons fait prendre et achater dudit Aubertin, et icellui donné à Eusson, escuier, parent du marquis de Ferrare, pour considération des bons et agréables services qu'il nous a fais ou temps passé, et espérons que encore face ou temps à venir (2). Et par rapportant ces présentes et quictances dudit Aubertin, nous voulons et mandons ladicte somme de xxix l. vii d. ob. t. estre alloée en vos comptes et rabatue de vostre recepte par nos amés et féaulx gens de nos comptes, sans aucun contredit, non obstans ordonnances, mandemens ou deffenses, à ce contraires. Donné à Sainct-Denis le xe jour d'octobre l'an de grace mil cccc et quatorze.

Par monseigneur le duc en son Conseil, où vous, l'évesque de Soissons (3), le Sire de Gaules et maistre Nicole le Duc, estiès.

P. SAUVAGE.

B. N. Cab. des titres, pièces orig. t. 383, 8423 n° 5.

---

(1) *Collier de camail*, collier porté d'une épaule à l'autre comme un collier d'ordre et non autour du cou.
(2) Il existe dans le même volume 383, dossier 8423, toute une série d'ordonnances semblables témoignant de la remise de colliers pareils à plusieurs gentilshommes de la suite du duc d'Orléans, du roi, du duc de Berri, etc. M. de Montmor ; Guillaume de Champgiraud ; Louis de Villars ; Jean de Margeriel, dit Bobin ; Bertrand de Rye; Jean de Montmirail; Guillaume Caronys ; Jean de Charay ; Robert de Laire ; Jaquet Le Moyne ; le Bâtard d'Orléans ; Henriet Portel ; Pons de Beyssac; Barthélemy de Villiers ; Louis de Trou; Louis de Cramail. (N°s 6, 9, 10, 12, 14, 16, 17, 23, 24, 25, 26, 28, 29, 30 et 31.)
(3) Nicolas Graibert, évêque de Soissons, 1414-1422.

XL. — 1415, 12 février.

816. Je, Pierre du Saillant (1), escuier d'escuirie de monseigneur le duc d'Orléans, certiffie à tous à qui il appartiendra que Thierry Fortdou dit Bazelle (2), orfèvre, demourant à Paris, a baillé et délivré pour le fait de l'escuirie de mondit seigneur et pour les joustes qui ont esté faictes en l'hostel de Saint Pol à Paris en ce présent mois de février, pour mettre sur les plates (3) de mondit seigneur, une sainture de lecton argentié faicte en façon de girons feuillés, contenant xxiiii pièces et en chascune d'icelles pièces avoit un bloquet de lecton en manière d'escot à petites cheynètes ; et une autre grant cheyne de semblable lecton argentié faicte en manière d'escherpe, en laquelle avoit iii^c grans feuilles pendans. Lesquelles choses ont esté achetées de lui le pris de quarante cinq livres tournois, tesmoin mon scel, cy mis le xiie jour dudit mois de fevrier l'an mil CCC XIIII.

B. N. Cab. des titres, pièces orig. 2606, n° 58009, 52.

XLI. — 1415, 22 février.

Je Pierre de Saillant, escuier d'escuirie de monseigneur le duc d'Orléans, certiffie à tous qu'il appartiendra que Aubertin Baillefèves, orfèvre et varlet de chambre de mondit sei-

---

(1) Ce personnage était écuyer du duc d'Orléans au moins depuis 1408 (B. N. Cab. des titres, pièces orig. 2606, n° 58009, 4 à 34). Le duc donna un gobelet d'argent à son frère le jour où il chanta sa première messe, 1413 (Joursanvault, p. 82) ; ce frère se nommait probablement Guillaume et était prieur de Nontron (Cab. des titres, Pièces orig. 2606, n° 58009, 38). Le sceau de Pierre de Saillant porte un écu au chevron cantonné de trois merlettes.

(2) Cet orfèvre était marchand de bijoux en cuivre argenté ou doré comme le prouve l'énumération des objets acquis de iui.

(3) Les *plates*, les armures en métal, par opposition aux armures de peau ou toile épaisse doublée de coton ou de bourre et nommées gambison ou gazigan (voy. le compte de Perrin Pillot de juin à février 1393, dans lequel il est fait mention d'un pareil vêtement, 2153, n° 168).

gneur, a baillé et délivré pour l'escuirie de mondit seigneur et pour le fait des joustes qui ont esté faites en ce présent mois de fevrier M CCCC XIIII en l'ostel de Saint Pol à Paris, l'orfaverie qui s'ensuit. C'est assavoir :

817. Deux grans boucles doubles, deux mordans et huit fermeures ;

818. Trois grans boucles sangles, trois mordans et douze fermeures;

819. Cinq autres petites boucles sangles, cinq mordans et quinze fermeures ;

820. Deux longues planchètes (1) et trois autres planchètes mendres ;

821. Trente bossètes (2) et cinquante boutonnèz et huit bouts d'aiguillètes pour servir en un harnois de joustes pour le corps de mondict seigneur aux joustes dessusdites ;

Lesquèles parties, ensemble $IIII^m II^e$ ob. d'argent, ont esté prinses et achetées dudit Aubertin pour le pris de dix livres tournois le marc, argent et façon, valent quarante livres, trois sols, ung denier maille tournois, tesmoing mon scel cy mis le XXIIe jour dudit mois de fevrier l'an dessus dit M CCCC et quatorze.

B. N. Cab. des titres, pièces orig. 2606, n° 58009, 53.

XLII. — 1415, 20 mars.

Charles, duc d'Orléans et de Valois, conte de Blois et de Beaumont, seigneur de Coucy, à nostre amé et féal secrétaire et argentier, maistre Pierre Sauvaige, salut et dilection : nous voulons et vous mandons que des deniers de vostre recepte vous paiéz, bailléz et délivréz à Agnèz, veuve de feu Perrin Burguet, drapière, demourant à Paris, la somme de cinq cens

---

(1) Probablement des plaques d'acier ou d'argent pour renforcer quelques parties de l'armure.

(2) Rondelles de métal ornées, placées sur ou sous les rivets qui unissaient les diverses pièces des armures.

quinze livres un solt, dix deniers maille tournois, en laquelle nous sommes tenuz a elle pour les parties de draps de laine cy après déclairées, prinses et achetées d'elle pour les causes et par la manière qui s'ensuivent :

822. C'est assavoir le vi^e jour de fevrier, derrenier passé, pour six aulnes de vert brun de Moustierviller pour faire le dessus de deux hoppellandes à mi-jambe et manches closes (1), pour nous et nostre très chier et très amé frère le conte de Vertus, les manches desquelles ont été chargées d'orfavrerie en manière de fleurs blanches et cheynettes d'argent pendans à icelles. Au pris de xlv s. t. l'aune; valent..................... xiii l. x s. t.

823. Item, cedit jour, pour six aulnes d'autre vert brun pour doubler lesdictes deux hoppellandes. Au pris de xxv s. t. l'aune; valent........................ viii l. x s. t.

824. Item, le viiie jour dudit mois de fevrier, pour neuf aulnes d'autre vert brun de Moutierviller pour faire le dessus de trois hoppellandes à mi jambe et manches closes, que nous feismes lors faire d'une livrée pour nous, beau frère de Vertus dessusdit, et pour nostre très chier et très amé cousin Jehan de Bar (2), les manches desquelles ont esté chargées d'orfavrerie en manière d'ondes, de grans feuilles, fleurs, lattes quarrées (3) et tuyaulx d'argent blanc. Au pris de xlv s. t. l'aune; valent............................... xx l. v s. t.

825. Item jour, neuf aulnes un quar-

---

(1) Manches non ouvertes en dessous.

(2) Jean de Bar, vicomte de Puisaye et de Montmirail, fils de Robert de Bar et de Marie de France; il fut tué à Azincourt.

(3) La *late* d'après Saint-Palaye est un outil dont se servaient les tisseurs; cet auteur n'en donne pas la description. S'agirait-il ici d'ornements en argent imitant des lattes de bois?

tier d'autre vert brun pour doubler lesdictes trois hoppellandes. Au pris de xxx s.
t. l'aune ; valent........................ III l. v s. t.

826. Item, cedit jour, cinq aulnes et
demi quartier d'escarlate vermeille de
Brucelles pour faire trois chaperons doublés et par les cornettes de trois doubles
de ladicte escarlate et décoppés par la
patte et cornette d'iceulx, pour nous et
nosdiz frère et cousin. Au pris de VII l. t.
l'aune ; valent........................ xxxv l. XVII s. VI d. t.

827. Item, cedit jour, quatre aulnes de
fin vert brun de Moustierviller pour faire
deux chaperons à longues cornettes lesquelles sont doublés de quatre doubles
dudit drap et décoppés par la pattes et
cornette d'iceulx, pour nous et ledit beau
frère de Vertus. Au pris de LX s. t. l'aune ;
valent................................. XII l. t.

828. Item, cedit jour, xxx aulnes d'autre
vert brun de Moutierviliers pour faire le
dessus de dix hoppellandes à mi jambe et
manches closes, que lors feismes faire
d'une livrée pareilles à celles de nous et
de beau frère et cousin dessusdiz, dont ci-
dessus est faicte mencion, qui semblablement ont esté chargées d'orfavrerie et
icelles données à nos amés et féaulx
chambellans messire Hue d'Amboise,
seigneur de Chaumont, messire Jehan de
Moussure, seigneur de Morvilliers (1), le

---

(1) On a peu de renseignements sur ce personnage; il était déjà chambellan du duc d'Orléans en 1410 (B. N. Cab. des titres 1377, n° 31096, 9) et
fut donné par celui-ci en otage aux habitants de Compiègne (*Le Religieux de
Saint-Denis*, t. V, p. 307).

sire de Bouquiaux (1), messire Guy de
Velort (2), messire Jehan de Fayel, vicomte de Bretueil (3), le Baudrain de la
Heuze (4), messire Guy Gourle (5), et nos
bien amés escuiers Pierre du Saillant,
Loys Filz-de-roy (6) et Rigaut de Fontaines (7). Au pris de XLV s. t. l'aune,
valent.............................. LXVII l. x s. t.

829. Item, ledit jour, XXXIII aulnes d'autre
vert brun estroit pour doubler lesdictes
dix hoppellandes. Au pris de XXII s. VI
den. l'aune, valent................... XXXVII l. II s. VI d. t.

830. Item, cedit jour, six aulnes d'autre
vert brun pour faire deux hoppellandes
pareilles aux devant dictes, les manches
desquelles sont chargées d'orfavrerie, que
nous avons données à nostre amé et féal

(1.) Raoul de Boquiaux ou Bouquiaux, seigneur de Rogicourt, capitaine du château de Pierrefonds. Il vivait encore en 1419 (Joursanvault, n°ˢ 330 et 1262).

(2) Tout ce que j'ai pu trouver sur ce personnage c'est ce qu'il vendit au duc d'Orléans, en janvier 1415, son collier de l'ordre du Porc épic pour 60 écus, collier que le duc d'Orléans donna immédiatement au maréchal de Hongrie (Joursanvault, p. 82).

(3) Jean du Fayel, vicomte de Bretueil, seigneur de Dammartin, chambellan du duc d'Orléans, fils de Guillaume du Fayel, dit le Bègue, et de Marguerite de Chatillon ; il épousa, en 1418, Jacqueline Paynel et mourut sans enfants en 1420.

(4) Jacques de la Heuze dit le Baudrain, seigneur de Rupierre, fils de Pierre de la Heuse et de Jeanne de Tournebu ; il épousa Jeanne de Brionne et resta longtemps prisonnier en Angleterre.

(5) Guy ou Guyot Gourle ou Gorle, premier écuyer tranchant du duc d'Orléans en 1403 et son chambellan; une Montre de 1408 prouve qu'il avait dès lors deux gentilshommes sous ses ordres (B. N. Cab. des titres, pièces orig. 1377, n° 31096, 2 à 7).

(6) Nous trouvons en 1384 un Nicolas Fils-de-roy, conseiller du roi; celui-ci était peut-être son fils (ibid, 1156, n° 26291, 2).

(7) C'est probablement le même personnage que Rignaut de Fontaines, gouverneur de Valois qui paraît en 1444 (ibid., 3158, n° 572). Il était vraisemblablement fils de Jean des Fontaines, que nous avons déjà vu chambellan et négociateur pour le duc d'Orléans, et avait commencé par être son page.

chambellan messire Manessier Quieret (1) et à nostre bien amé escuier tranchant Lois Coichet. Au pris de xxxv s. t. l'aune, valent.................................. x l. x s. t.

831. Item, six aulnes d'autre vert brun pour doubler lesdictes deux hoppellandes. Au pris de xxii s. vi d. t. l'aune, valent. vi l. xv s. t.

832. Item, xx aulnes et demie d'iraigne de Brucelles, pour faire xi chaperons à longues cornettes, décoppés par les pattes et cornettes d'iceulx, que nous avons donnés aux dessusdiz. Au pris de lv s. t. l'aune, valent......................... liii l. xii s. vi d. t.

833. Item, ledit jour, pour une aulne et demie de fine yraigne pour nous faire iii paires de chausses. Au pris de lxvii s. vi d. t. l'aune, valent.................. c s. iii d. t.

834. Item, cedit jour, pour une aulne de blanchet pour nous faire deux paires de chausses........................... xl s. t.

835. Item, le ix^e jour dudit mois, pour une aulne et demie de vert brun de Moustiervillier pour nous faire trois autres paires de chausses. Au pris de xlv s. t. l'aune, valent......................... lxvii s. vi d. t.

836. Item, ledit jour, pour deux aulnes d'autre vert brun de Moustiervillier pour nous faire un chaperon à longue cornette, doublé de quatre doubles dudit drap et la patte d'icellui chaperon décopé à dis grans quartiers. Au pris de l s. t. l'aune, valent.................................. c s. t.

---

(1) Manassès Quieret, chevalier, chambellan du duc d'Orléans, fils de Henri Quieret, seigneur de Tours, qui n'est pas la ville de Tours, mais une des nombreuses petites localités de ce nom.

837. Sur lesquels quartiers ont esté mis xv gros balais quarrés, lesquels nous avons fait prendre et oster, c'est assavoir, les huit d'une cornette de plumes, les quatre d'une croix d'or que monseigneur de Guienne (1) nous donna en bonne estraine le premier jour de janvier derrenier passé, et les trois feismes empruncter par nostre bien amé orfevre et varlet de chambre Aubertin de Baillefèves, vii^{xx}xvii perles de compte, que nous feismes lors prendre oster des manches d'un de noz pourpoins de fustaine blanche fait à camailz; et un chacun quartier à trois fondes (2) de brodeure, une plaine de perles, l'autre de l'un desdiz balais et l'autre vuide.

838. Item, ledit jour, pour xxxii aulnes de blanchet prinses et achetées d'elle pour faire xii heuques (3) qui ont esté semées de toupeaux (4) argentéz de fin argent, que nous donnasmes lors à douze gentilz hommes qui nous servirent de lances ès joustes qui furent derrenièrement oudit mois de février en l'ostel de Saint Pol à Paris. Au pris de xxii s. vi d. t. l'aune, valent.................................... xxxvi l. t.

839. Item, ledit jour, pour xxv aulnes de vert brun pour faire le dessus de dix

---

(1) Louis, dauphin du Viennois, duc de Guienne, fils de Charles VI, mort en 1415.
(2) Dans tous les glossaires *fonde* est synonyme de *fronde*, mais ce ne doit pas être le seul sens de ce mot et je serais assez porté à croire qu'il signifie encore un repli, soit de l'étoffe elle-même, soit de broderie, dans lequel étaient cousues des pierreries.
(3) Casaque à capuchon.
(4) Houppettes de fil d'argent.

hoppellandes à mi jambe et à manches closes, que nous avons fait faire d'une livrée pour Fouquaut Muton, Loys de Néry (1), Chambenays et Jehan Chambre, nos Pages, pour Alain Meaulx, Jacques Pierre et Le Breton (2), Pages dudit beau frère de Vertus. Au pris de xxvii s, vi d. t. l'aune, valent........................... xxxiiii l. vii s. vi d. t.

840. Item, cedit jour, pour xxxv aulnes d'autre vert brun, pour doubler lesdictes dix hoppellandes. Au pris de xvii s. vi d. t. l'aune, valent....................... xxi l. xvii s. vi d. t.

841. Item, pour quatre aulnes et demie d'autre vert brun cedit jour, pour faire décopeures sur les manches desdictes dix hoppellandes, en manière de bandes décoppées, sur lesquelles bandes a esté assise, à ruban de soye noire, orfavrerie en manière d'annelèz d'argent blanc. Audit pris de xxvii s. vi d. t. l'aune, valent................................. vi l. iii s. ix d. t.

842. Item, cedit jour, pour xii aulnes de rouge de Neufcastel (3) pour faire dix chaperons doublés à longues cornettes, descopéz par les pattes et cornettes d'iceulx, pour les dessusdiz Paiges. Au pris de xxx s. t. l'aune, valent............... xviii l. t.

---

(1) Arnaud de Mouton, était garde, en 1414, de la prévôté de Senlis; peut-être Foucaud Muton était-il de cette famille attachée au duc d'Orléans (B. N. Cab. des titres, pièces orig. 2606, n° 58009, 49). Louis de Néry, page du duc d'Orléans en 1414, devint son écuyer en 1453, capitaine de Villers-Cotterets en 1463, maître d'hôtel de la duchesse en 1466 (ibid. 2097, n° 47817, de 5 à 11).

(2) Un Jacques Le Breton était chevaucheur de l'écurie du duc d'Orléans de 1404 à 1408. Peut-être le Page dont il est question dans cet article était-il son fils (ibid. 504, n° 11423, 24 et 26).

(3) Je n'ai pas trouvé d'autre mention de cette manufacture d'étoffes ; il n'en est pas question dans les auteurs spéciaux.

843. Item, pour xlv aulnes d'autre vert brun ledit ix⁰ de fevrier, pour faire le dessus de xv hoppellandes que lors feismes faire d'une livrée et données à Richart de Melleville et Jaquet de Mont, nos armuriers, au Gastart et maistre Jehan de Franconville, mareschaulx de nous et dudit beau frère de Vertus, à Balsarin Bel et bon, nostre palefrenier, Riqueboule Teste-noire, Loyset Bras de fer, Le Borgne, Guillemin Jam Roulin, Colin Fermin, Le Preudomme et Jehan d'Espaigne, varlez de l'escuierie de nous et de nostre dit frère de Vertus (1). Au pris de xxii s. vi d. t. l'aune, valent............ L l. xii s. ix d. t.

844. Sur les manches desquelles xv hoppellandes a esté mise certaine devise de drap de trois couleurs; c'est assavoir rouge, blanc et noir entaillée en manière d'escos (2). Et au long de la devise de deux d'icelles hoppellandes, c'est assavoir de noz dis armuriers, a esté chargiée certaine orfavrerie en manière de besans d'argent.

845. Item, cedit jour, pour quatre aulnes de drap des trois couleurs dessusdictes à faire ladicte devise. Au pris de xxv s. t. l'aune, valent................ c s. t.

846. Item, ledit jour, pour xlv aulnes de blanchet pour doubler lesdictes xv hoppellandes. Au pris de xii s. vi d. t. l'aune,

---

(1) Je n'ai pu trouver aucun renseignement biographique sur ces douze valets du duc d'Orléans et de son frère le comte de Vertus; il semble que plusieurs d'entre eux paraissent ici non avec leurs noms de famille, mais avec des surnoms, ce qui les rend difficiles à retrouver.

(2) De baton escoté ou noueux.

valent.......................... xxviii l. ii s. vi d. t.

847. Item, pour xvii aulnes un quart de rouge, cedit jour, pour faire xv chaperons doublés à longues cornettes que nous avons donnés aux dessusdicts. Au prix de xxv s. t. l'aune, valent.......... xxi l. xi s. iii d. t.

Et pour une aulne et devise et demi quartier de deux couleurs ; c'est assavoir blanc et noir pour faire la devise au long des cornettes desdicts xv chaperons. Au pris de xxv s. t. l'aune, valent.......... xl s. vii d. ob. t.

Toutes lesquelles parties font ladicte somme de .... v^c xv l. i s. x d. ob. t. laquelle, par raportant ces présentes et quictance sur ceux de ladicte Burguète, avec certifications de l'un de noz escuiers d'escuierie, en tant qu'il touche les draps prins pour le fait de nostre dicte escuierie tant seulement, nous voulons estre allouée en voz comptes et rabattue de vostre recepte par nos améz et féaulx gens de noz comptes, ausquelz nous mandons que ainsi le facent sans aucun contredit, non obstans ordonnances, mandemens ou deffenses quelxconques à ce contraires.

Donné à Paris, le xxe jour de mars l'an de grace mil CCCC et quatorze.

Par monseigneur le Duc en son Conseil ouquel monseigneur le conte de Vertus, vous, les seigneurs de Fontenay (1) et de Soisy (2) et maistre Nicole le Dus (3) estoient.

PERRIER.

B. N. Cab. des titres, pièces orig. 2157, n° 498 (Orléans, VII).

---

(1) Pierre de Fontenay, seigneur de Rancé, conseiller, chambellan du roi, son maître d'hôtel, gouverneur des hôtels du roi (1403-1422) (B. N. Cab. des titres, 1189, n° 26891, 14 à 33).

(2) François de l'Hôpital, chevalier, seigneur de Soisy-aux-Loges, conseiller et chambellan du roi et de Louis et Charles d'Orléans, fils de Jean de l'Hôpital et de Jeanne de Braque, dame de Soisy ; il épousa Catherine Lefevre et mourut en 1427.

(3) Nicole le Dus ou le Dux, conseiller du duc d'Orléans en 1410 (B. N. Cab. des titres, pièces orig. 2606, n° 58009, 25).

XLIII. — 1415, 5 avril.

848. Charles, duc d'Orléans et de Valois, conte de Blois et de Beaumont et seigneur de Coucy, à nostre amé et féal trésorier général Pierre Remer, salut et dilection. Nous voulons et vous mandons que des deniers de nos finances vous bailliez et délivrez à Girardin Auderne, changeur, demourant à Paris, la somme de quatre vins sept livres tournois, en laquelle nous lui sommes tenus pour la vente de six tasses d'argent verées, pesans douze marcs d'argent au pois de sept livres cinq sols tournois le marc, achetées de lui dès le xxviiie jour d'avril cccc et onze, et icelles données de par nous ledit jour à Aubertin Boillefèves, nostre orfèvre et varlet de chambre, à ses nopces, lequel se maria ledit jour. Et, par rapportant ces présentes et recongnoissance dudit Girardin nous voulons et mandons ladicte somme de iiii^{xx} vii l. t. estre allouée en vos comptes et rabatue de vostre recepte par nos amez et féaulx gens de nos comptes, sans aucun contredit, non obstant ordonnances, mandemens ou deffenses à ce contraires. Donné à Beaumont sur Marne le ve jour d'avril l'an de grace mil cccc et quinze après Pasques.

Par monseigneur le Duc, vous et maistre Nicole le Duc présens.

P. Remer.

B. N. Cab. des titres, pièces orig. t. 383, n° 8423, pièce 15.

XLIV. — 1416, 28 février.

849. Je, Denis Mariète, auditeur des comptes de Monseigneur le duc d'Orléans, certifie avoir payé et retenu par devers moy, des deniers par moy reçeus à cause des drois de ceste année CCCC XV, la somme de dix livres dix sols tournois que j'avois fait emploier en l'achapt d'un hanap de madre, d'un chapel, d'unes moufles de chamois fourrée de gris, estoffé à or et à

soye, et en une escriptouère dorée et armée aux armes et devise de mondit Seigneur, pour partie de mes droiz du terme de Toussaints dernier passé (1). De laquelle somme de dix livres x sols tournois, ensemble des cousteaulx que j'ay eux ceste année en leur espèce, je me tieng pour bien content, tesmoing mon signet manuel cy mis, le xxiiie de fevrier audit an CCCC XV.

Item, certifie avoir distribué pour le bien des vallèz du coustellier, du gantier, du gaignier et autres qui ont fait les cousteaux, gans et escriptouer, comme il est acoustumé faire chacun an, sept sols six deniers tournois.

MARIETE.

B. N. Cab. des titres, pièces orig., 1853, n° 42774, 26.

XLV. — 1416, 2 mai.

850. Charles, duc d'Orléans et de Valois, conte de Blois et de Beaumont et seigneur de Coucy, à nostre amé et féal secrétaire et argentier Pierre Sauvage, salut et dilection. Nous voulons et vous mandons que des deniers de vostre recepte, vous paiez, bailliez et délivrez à nostre bien amé orfèvre et varlet de chambre Aubertin Baillefèves, la somme de vingt livres, neuf sols, deux deniers maille tournois, en laquelle nous sommes tenus à lui pour un esmail d'argent de nos armes, environné d'un camail (2) de nostre ordonnance, d'argent, et autour d'icellui esmail a une branche d'ortie dorée, et le champ d'icellui esmail semblablement doré, pesant icellui esmail un marc deux onces un esterlin et maille d'argent; au prix de vii l. vi s. iii d. t., le marc valent ix l. iiii s. iii d. ob. Et pour l'or qui est entré à dourer les branches d'orties et champ dessusdis, et pour l'esmaillerie et façon

---

(1) Il résulte de ce document que les officiers du duc d'Orléans avaient droit, outre leurs appointements à un certain nombre d'objets en nature, un hanap, des gants, un chapeau, une écritoire et des couteaux. Il n'y a à signaler parmi ces objets que les gants de péau de chamois fourrés de gris et brodés d'or et de soie.

(2) *Camail* dans ce document doit être pris dans le sens de haussecol, ornement métallique qui entourait le cou.

d'icellui esmail, xi l. v s. t., qui pour ladicte somme de xx l. ix s. ii d. ob. t. Lequel esmail nous avons fait prendre et acheter dudit Aubertin, le dernier jour de septembre dernièrement passé et icellui donnasmes lors à Camail, nostre nouvel poursuivant (1).

Et par rapportant ces présentes et quictance dudit Aubertin tant seulement, nous voulons ladicte somme de xx l. ix s. iii d. ob. t., estre allouée en vos comptes et rabatue de vostre recepte par nos amés et féaulx gens de nos comptes, sans aucune difficulté ou contredit nonobstant quelconques ordonnances, mandemens ou deffenses à ce contraires.

Donné à Wyndesore, le second jour de may l'an de grace mil cccc et seize.

Par Monseigneur le Duc,

P. REMER.

B. N. Cab. des titres, pièces orig., t. 383, 842, n° 31.

XLVI. — 1456, 31 janvier.

Je Jehan Lassaieur, orfevre de Monseigneur le duc d'Orléans, confesse avoir reçeu d'Andrieu Damyen (2), argentier de mondit seigneur, la somme de quinze livres, ung solt, ung denier maille tournois, pour les causes et parties qui s'ensuivent :

851. C'est assavoir pour la façon d'ung aneau d'or taillé et esmaillé à la devise de Madame la Duchesse, ouquel est assise une pointe de dyamant, lequel Jehan (3) monsieur de Lorraine, avoit donné à madicte dame............ xiii s. ix d.

852. Pour ung clou d'argent doré, par moy

---

(1) *Poursuivant*, second du héraut d'armes.

(2) Andrieu ou André Damien ou Damian était probablement fils de Pierre Damien, bachelier ès lois et juge en 1437 de la sénéchaussée de Carcassonne et Béziers. André fut argentier du duc d'Orléans de 1451 à 1469 au moins. Benoît Damien, son père, d'abord huissier d'armes du duc d'Orléans en 1450, fut argentier en 1451, puis échanson de 1457 à 1461.

(3) Jean II duc de Lorraine et de Calabre (1453-1470).

mis et assis en ung des tissus de madicte dame.................................... III s.

853. Pour douze escussons par moi faiz aux armes de Monseigneur et de madame et de monsieur de Beaujeu, pour leurs levriers, au pris de II s. VI d. t. chascun escusson, valent................................... XXX s. t.

854. Pour ung fer d'argent par moy fait pour donner le feu aux faucons de madicte dame (1)................................. VII s. VI d.

855. Pour une ferrure neufve d'argent, dorée, par moi faicte, baillée et livrée pour madicte dame, pesant trois onces, trois gros et demi, garnie de clous, six estellins et ung quart d'or, valent en monnoye....... VIII t. XI s. X d. ob. t.

856. Et pour deux quartiers et demi de tissu cramoisy où a esté assise ladicte ferrure................................ LXXV s. t.

Toutes lesquelles parties par moy faictes, baillées et livrées en ce présent mois de janvier, se montent à ladicte première somme de quinze livres, ung soit, ung denier maille tournois, de laquelle somme je me tiens pour bien content et paié, et en quicte mondict seigneur le Duc, sondict argentier et tous autres. Tesmoing mon seing manuel cy mis, le darrain jour de janvier mil CCCC cinquante-cinq.

JEHAN (et un monogramme).

B. N. Cab. des titres. pièces orig. vol. 965, n° 21341, pièce 16.

---

(1) Cet objet était probablement une petite boule d'argent au bout d'une tige du même métal emmanchée dans du bois ; on faisait chauffer cet objet et on le passait devant les yeux du faucon que les dames portaient partout sur leur poing au XV° siècle, comme on porte à notre époque de petits chiens. Ces oiseaux ainsi rendus aveugles étaient désormais inoffensifs.

XLVII. — 1464, 30 septembre.

Je, Jehan de Lut (1), orfevre de Monseigneur le duc d'Orléans, de Milan, etc., confesse avoir receu de Andrieu Damyan, argentier de mondit Seigneur, la somme de quatre vings six livres, trois solz, trois deniers maille tournois, pour les causes et parties qui s'ensuivent, par moy faites, baillées et livrées ès mois de juillet et aoust dernierement passéz et en ce présent mois de septembre. C'est assavoir :

857. Pour ung bout d'or et de fer noir, par moy fait et assis en ung braquemart (2) que Vigneron (3) a donné à mondit seigneur le deuxième jour dudit mois de juillet. ... x s.

858. Pour une burlete (4) d'argent doré pour les patenostres de mondit seigneur, pesant deux gros et demi d'argent qui valent.................................. vii s. i d. t.

Pour la doreure..................... v s.

Et pour la façon.................... ii s. vi d. t.

859. Pour avoir fait ung couvercle d'argent doré, pour la coupe de Mademoiselle (5), pesant vii^o ii gros d'argent, venu

---

(1) Ce personnage qui signe de Lout est aussi nommé de Lus ou de Lutz. Encore valet de chambre et orfèvre du duc d'Orléans en 1474, il avait 50 livres tournois d'appointements par an (B. N. Cab. des titres, pièces orig. 2161).

(2) Épée courte à lame large et tranchante d'un seul côté.

(3) Jean Vigneron, d'abord valet de chambre du duc d'Orléans (1457), puis commis de sa trésorerie générale (1460), contrôleur de ses finances (1470), conseiller auditeur et garde des chartes (1483), conseiller et maître des comptes du roi (1499). Vigneron était un surnom, son véritable nom était Farre ; il vivait encore en 1503 (B. N. Cab. des titres, pièces orig. 2160, n° 667 = 2161, n° 739 = 2994, n° 66477, de 2 à 29).

(4) Une petite boule d'or pouvant s'ouvrir et contenir des senteurs ou des reliques.

(5) Il peut s'agir ici de Marie d'Orléans ou de sa sœur Anne, toutes deux filles de Charles d'Orléans.

et yssu d'un vieilz couvercle qui estoit en laditte couppe. Pour la doreure ou j'ay employé deux ducatz et demi de mon or, qui valent .... LXXII s. VI d. t.

Et pour la façon selon l'ordonnance de mondit seigneur .... XVI s. III d. t.

860. Pour avoir fait ung bout de braquemart de fer noir garny d'or, pour un braquemart achecté par mondit seigneur du maistre de la Corne du serf (1) d'Orléans.. X s. t.

861. Pour avoir garny pour mondit Seigneur ung anneau de jaspre, ou j'ay employé ung gros de mon or pour XXI karatz, qui vault .... XXVII s. VI d. t.

Et pour la façon..................... XIII s. VI d. t.

862. Pour une verge de jaspe par moy vendue et livrée à mondit Seigneur pour Madamoiselle................................ XXVII s. VI d. t.

863. Pour avoir fait pour mondit seigneur un anneau d'or ou il a assis une esmeraulde pesant deux gros et demi d'or à XXI karat, qui valent................... LXVIII s. IX d. t.

Et pour la façon .... XIII s. IX d. t.

Lequel anneau mondit seigneur a donné à Madame de Fontevrault (2).

864. Pour ung bout de dague fait pour mondit Seigneur de fer noir garny d'or, laquelle dague icellui orfèvre a donnée à mondit seigneur .... X s. t.

865. Pour avoir ressouldé six escuelles et ung grant plat d'argent pour mondit Seigneur, où ledit orfevre a employé un gros de son argent............................ II s. XI d. t.

---

(1) Le maître de l'hôtellerie à l'enseigne de la Corne de cerf.
(2) Marie de Bretagne, abbesse de Fontevrault de 1462 à 1477.

866. Pour ung bout de fer noir garny d'or pour ung autre braquemart, que Jehan Vigneron a donné à mondit seigneur...... x s. t.

867. Pour une grant ferrure d'or large, en façon de larmes, esmaillé de noir pour madame la Duchesse (1), pesant xi° demi gros d'or, il m'est deu demi gros d'or qui vault .... xiii s. ix d.

Et le surplus m'a esté baillé par Richart Fourniguet (2); et pour la façon selon ladite ordonnance...................... xix l. i s. t.

868. Pour avoir fait pour madicte Dame quatre cloux d'argent doré pesant trois gros, qui valent .... viii s. iiii d. ob. t.

Pour la doreure.................... v s. t.

Et pour la façon................... ii s. vi d. t.

869. Pour avoir fait quatre escussons de laton doré aux armes de madicte Dame pour les petiz chiens. .... xx s. t.

870. Pour avoir remise à point l'espreuve (3) de mondit seigneur le Duc et avoir mis en la pierre d'icelle espreuve

---

(1) Marie de Clèves portait donc des larmes dans sa devise avant la mort de son mari.

(2) Ce personnage était marchand de drap à Paris; ce fut lui qui fournit en 1464 à la duchesse d'Orléans les étoffes de robes de deuil d'elle et de toute sa maison. Dans le compte d'Andrieu Damian, argentier du duc d'Orléans pour janvier 1464 nous trouvons la mention d'une *couverture en drap d'or pour mectre sur la sépulture de feux mondit Seigneur, lequel est fait d'une des robes d'icelluy Seigneur et bordée de veloux noir;* elle coûta 30 sols tournois de façon, d'un dais fait pour la même cérémonie avec une ancienne robe de damas de la duchesse qu'on se contenta de reborder pour la circonstance. Fourniguet qui avait fait les travaux précédents fournit encore un grand estandart, une bannière et une banerolle faite de 5 aunes et demie de taffetas bleu, bordées de franges de soie; ils furent placés pendants sur la fosse et sépulture du feu duc Charles. (B. N. Cab. des titres, pièces orig., 2161, n° 725.)

(3) Petite cuiller pour goûter les mets ou petit tube pour goûter les boissons avant le duc, afin de s'assurer qu'ils ne contenaient point de poison.

demi gros d'or à xxi karatz, qui vault..... xiii s. ix d. t.
Et pour la façon....................... iii s. iv d. t.

871. Pour avoir fait un bout de braquemart de fer noir garny d'or en ung braquemart que Bontemps a donné à mondit seigneur............................... x s. t.

872. Pour avoir fait un fermouer d'or aux Heures de Madame à sa devise, pesant deux gros d'or à xxi karatz, qui valent......... lv s. t.
Et pour la façon....................... x s. t.

873. Pour avoir fait deux pommes de cuivre doré pour le bersseau de mademoiselle Anne, et y avoir mis et employé pour les dorer deux saluz d'or (1), qui valent.... lvi s. viii d. t.
Et pour cuivre et façon................ xxvii s. vi d. t.

874. Pour ung bout de fer noir garny d'or mis en un braquemart que Jamet Hubelin (2) a donné à mondit Seigneur........ x s. t.

875. Pour avoir reffait ung grant bout de fer noir garny d'or pour ung braquemart que Guillaume Botereau a donné à mondit Seigneur.............................. x s. t.

876. Pour avoir reffait deux charnières neufves aux deux poiz doréz de mondit Seigneur, ou j'ai employé deux gros de mon argent, qui valent..................... v s. v d. t.

877. Pour avoir fait six fermouers de cuivre doréz aux armes de mondit Seigneur, pour trois de ses grans livres, ou j'ay employé ung salut et demi d'or à les dorer, qui valent................................. xlii s. vi d. t.
Et pour cuivre et façon................ xli s. iii d. t.

---

(1) Monnaie d'or représentant l'Annonciation.
(2) Commis des finances du duc d'Orléans depuis 1456 au moins (B. N. Cab. des titres, pièces orig. 2160, n° 683).

878. Pour ung grenat vendu et livré à mondit Seigneur par moy............. xv s. t.

879. Pour avoir garny d'argent doré ung petit jaquet(1) de gest pour mondit Seigneur, pour or, argent et façon............. v s. t.

880. Pour ung cuer de jaspre garny d'argent, pareillement par moy vendu à mondit seigneur............. xv s. t.

881. Pour avoir ressouldé les deux flacons de mondit Seigneur, et avoir reffait les quatre esmaulx neufz en iceulx flacons aux armes d'icellui seigneur, où j'ay employé deux gros de mon argent, qui valent...... v s. vi d. t.

Et pour la façon............. xxvii s. vi d. t.

882. Pour avoir ressouldé quatre grans platz d'argent de mondit Seigneur, où j'ay employé deux gros de mon argent, qui valent............. v s. vi d. t.

883. Pour avoir mis à la serpentine (2) de mondit Seigneur qu'il met à sa couppe quant il boit, demi gros d'or à xxi karat, qui vault............. xiii s. ix d. t.

884. Pour avoir garny pour mondit Seigneur six petiz Saint Jaques de gest (3), d'argent doré, au feur de v s. t. la pièce; valent............. xxx s. t.

885. Pour avoir fait pour madicte Dame deux colliers de cuivre dorez pour deux de

---

(1) *Jacquet* peut signifier soit un petit pantin ou personnage grotesque, soit peut-être encore une table de jeu de trictrac ou de jacquet, deux explications également vraisemblables.

(2) Serpentine ou pierre de serpent qui, ainsi que la corne de licorne, la langue de serpent, etc., passait pour le plus excellent des contrepoisons.

(3) Il s'agit plutôt de coquilles de saint Jacques en jais que de statuettes du saint lui-même; le *gest d'argent doré* signifie probablement du jais monté dans une armature de vermeil.

ses levriers, à ses armes et à sa devise, garniz de bossètes ; pour or, cuivre et façon... LXX s. t.

886. Pour deux bout de dague de fer noir garniz d'or, pour deux dagues que mondit Seigneur a achetées de Jehan Lubin d'Orléans...................................... XV s. t.

887. Pour six petiz escussons de laton doré par moy faiz aux armes de madicte Dame, pour ses petiz chiens, au feur de V s. t. la pièce, valent................... XXX s. t.

888. Pour une pierre de jaspre par moy baillée à mondit Seigneur, garnye d'argent doré.. XX s. t.

889. Pour avoir garnye pour mondit Seigneur une pierre d'agate, d'argent doré ; pour argent, or et façon................... VII s. VI d. t.

890. Pour la façon d'une grant ferrure d'or à escaille esmailléz de rouge et de blanc pour madicte Dame et à sa devise, pesant XII° VII gros et demi d'or à XXI karatz, dont l'or m'a esté délivré par mon seigneur le Général Maistre Pierre du Reffuge (1), pour ce par moy reçeu pour ladicte façon, selon ladicte ordonnance de mondit seigneur le Duc XVI escus d'or, valent......... XXII l. t.

Toutes lesquelles parties se montent à ladicte première somme de IIII^{xx} VI l. III s. III d. ob. t. ; de laquelle somme je me tiens pour content et bien paié et en quicte mondit seigneur le Duc, sondit argentier et tous autres, tesmoing mon seing manuel cy

---

(1) La famille du Refuge était attachée à celle d'Orléans. Pierre étai. garde des sceaux du duc en 1468 et gouverneur de ses finances en 1464 ; Pierre le jeune, conseiller et solliciteur des causes du duc en 1473, Raoul, conseiller du duc en 1471, garde des sceaux et gouverneur général de ses finances en 1482 (B. N. Cab. des titres, pièces orig. 371, n° 8112, 8 = 1260, n° 28223, 44 et 45 = 2161, n° 741, 776 = 2797, n° 62141, 27).

mis le derrenier jour de septembre l'an mil CCCC soixante et quatre.

JEHAN DE LOUT.

B. N. Cab. des titres, pièces orig., 2160, n° 716. (Orléans X).

XLVIII. — 1473, 25 juin.

891. Nous, Marie de Clèves, duchesse d'Orléans, de Milan, etc., certiffions à tous à qui il appartiendra que nous avons baillé à Jehan Boudet (1), contrerolleur de nostre chambre aux deniers, ung ruby appellé le ruby de la quenoille, pour iceluy ruby engaiger pour la somme de douze cens escus d'or (2), ou pour iceluy vendre ou échanger. Dont de ce nous luy donnons povoir, puissance et auctorité sans nulle difficulté, et en tesmoing de ce, nous avons cy mis nostre seing le xxvme jour de juing mil CCCC soixante et treize.

MARIE DE CLÈVES.

B. N. Cab. des titres, pièces orig. 2161, n° 771 (Orléans XI).

XLIX. — 1476, 27 décembre.

892. Nous, Marie, duchesse d'Orléans, de Milan, etc., certiffions à tous à qui il appartiendra que nostre bien amé orfeuvre Jehan de Lut nous a fournye et baillée contant la somme de quatorze cens escus, vingt livres tournois, pour laquelle somme lui avions baillée à engaiger ung collier d'or enrichy de trente quatre perles et sèze rubiz, avec ung gros ballay perssé hors d'œuepvre, et ung petit tableau d'or garny de plusieurs reli-

---

(1) Jean Boudet, seigneur de Croville, contrôleur de la chambre aux deniers de la duchesse ; il épousa Isabeau de Thieuville.

(2) Le rubis de la quenouille, qui devait être une superbe pierre puisqu'elle est estimée dans un document précédent près de 100,000 francs à la puissance actuelle de l'argent, ne fut pas vendu en 1473. Nous le retrouverons dans un inventaire postérieur à cette date (voir n° 934).

ques de sains et sainctes du paradis, et lesquelx bagues et joiaulx ledit de Lutz nous a renduz et restituéz en nos mains moiennant ladicte somme de xiii^c xx l. t. qui lui a esté paiée par nostre trésorier maistre Loys Ruzé (1). De laquelle somme de quatorze cens vingt livres tournois, dont ne voulons aultre déclairacion estre faicte, et aussi desdits bagues et joiaulx, nous quictons et deschargons ledit Jehan de Lutz et tous aultres. En tesmoing de ce nous avons signées ces présentes de nostre seing manuel et fait sceller de nostre scel le xxvme jour de décembre de l'an de grace M CCCC soixante et sèze.

Marie,   Villebresme (2).

Pièces orig. Cab. des titres, 2162, n° 784 (Orléans XII).

L. — 1476, octobre-décembre.

Roolle des parties paiées, baillées et délivrées de l'ordonnance et commandement de Madame la Duchesse d'Orléans, de Milan, etc., pour le faict de son argenterie, de monseigneur le Duc son fils et de ses aultres enffans, durans les mois d'octobre, novembre et décembre, l'an mil CCCC soixante et sèze par maistre Loys Ruzé, trésorier et argentier de ladicte dame, aux personnes, pour les causes et en la manière qui s'ensuit :

Orfaverie.

A Jehan de Lut, orfeuvre et varlet de chambre de ladicte Dame, pour les parties de son mestier qui s'ensuivent, lesquelles il a

---

(1) Louis Ruzé, tige des marquis d'Effiat, était probablement fils de Jean Ruzé, marchand à Tours en 1439. Il était licencié ès lois, conseiller et trésorier de la duchesse d'Orléans (B. N. Cab. des titres, pièces orig. 2597, n° 57782, 2, 5 et 16).

(2) Guillaume de Villebresme, licencié ès lois, secrétaire du roi et du duc Charles d'Orléans (1457), de la duchesse Marie de Clèves (1462), du duc Louis d'Orléans (1491), (ibid. 2591, n° 57782, 4 = 2994, n° 66477, 6 = 3005, n° 66719, de 38 à 96).

baillées et livrées durans lesdits mois d'octobre, novembre et décembre. C'est assavoir :

893. Pour avoir garny pour ladicte Dame une pomme de musq d'argent doré, pesant quatre grous ung denier, qui valent XIII s. VII d. t. et pour la doreure x s. t., laquelle pomme icelle Dame a donnée à monseigneur de Nerbonne (1) Pour ce........................ XXIII s. VII d. t.

894. A lui, pour avoir fait pour Madamoiselle deux petites chesnes d'or à attacher ses aultres chesnes par derriére, où il a miz de son or ung denier à XXII karatz qui vallent XI s. IIII d. t. et pour la façon III s. Pour ce............................... XIIII s. IIII d. t.

895. A lui, pour avoir mis en deux bassins d'argent, achaptéz de monsieur Donarville, les armes de ladicte Dame; pour façon et doreure seullement........................ XVI s. t.

896. A lui, pour avoir fait pour Monseigneur le Duc deux vervelles (2) d'argent doré à ses armes, pour argent, doreure et façon................................ VI s. t.

897. A lui, pour avoir fait pour ladicte Dame quinze SS d'or chargées de lermes noires (3) pour fermer une robe de veloux

---

(1) Jean de Foix, comte d'Étampes, vicomte de Narbonne, fils de Gaston de Foix, vicomte de Bigorre, et d'Éléonore de Navarre; il épousa Marie d'Orléans et testa en 1500.

(2) Anneaux qui étaient suspendus au bout des courroies ou liens qui attachaient les pieds des faucons.

(3) Après la mort de Louis d'Orléans arrivée en 1407, Valentine de Milan, sa femme, adopta comme devise deux S qui probablement devaient signifier *seule suis* et une chantepleure, dont nous trouvons mention dans la suite de cet inventaire. Brantôme, dans ses *Dames illustres*, raconte ce deuil de la duchesse et interprète cette devise par *Seule souvent se soucie et souspire*, ce qui paraît un peu cherché. Marie de Clèves, veuve de Charles d'Orléans, avait hérité des joyaux de sa belle-mère, et, comme le prouve cet inventaire, en faisait usage, ou bien encore elle adopta une devise pareille à la sienne. — Voir les numéros 929 à 932, 973, 975 et 989.

noir, pesans une unce, demy grous, or à xxii karatz, qui vallent xiiii l. ix s. t. et pour la façon lxxiii s. t. Pour ce............. xlii l. xviii s. t.

898. A lui pour avoir fait pour ladicte Dame six grans lermes d'or chargées dessus de SS et lermes noires, aussi pour mectre sur une autre robe de veloux noir fermée devant, pesant cinq grous deux deniers, or à xxii karats qui vallent ix l. xii s. viii d. t. et pour la façon xliii s. t. Pour ce......... xi l. xv s. viii d. t.

899. A lui, pour avoir eslongé pour ladicte Dame, une chesne d'or fin de quatre tours, où il a mis son or fin trois grous, douze grains, qui vallent cvii s. t. et pour la façon xxv s. Pour ce...................... vi l. xii s. t.

900. A lui, pour avoir fait pour monseigneur le Duc ung bracelet d'or à xxii karats pesant neuf grous, doze grains, qui vallent xv l. xi s. t. Pour la façon lxxiii s. t. et pour avoir mis en œuppvre deux iacinte (1) sur ledit bracelet. Pour ce.................... xix l. iiii s. t.

901. A lui, pour avoir fait pour ladicte Dame deux sceaulx d'argent à ses armes pour le bailliage de Menetou (2), pesans les deulx deux unces, deux grains, qui vallent lvi s. t., et pour la graveure et façon ung escu. Pour ce........................... iiii l. viii s. i d. t.

902. A lui pour avoir eslongé la chesne cordelière (3) de ladicte Dame, où il a mis

---

(1) M. de Laborde fait remarquer avec raison que la hyacinthe n'est pas une pierre particulière, mais une nuance que plusieurs pierres fines peuvent avoir également.

(2) Probablement ou Meneton-Salon, Cher, arrondissement de Bourges, la plus importante des localités du même nom, ou Mennteton sur Cher, Loir-et-Cher, arrondissement de Romorantin.

(3) Chaîne serrant la taille des robes et retombant par devant jusqu'aux pieds; elles étaient communément de soie mêlée de fils d'or.

de son or et trois grous douze grains, or à xxii karas, qui vallent cvii s. t. et pour la façon xxv s. t. Pour ce.................... vi l. xii s. t.

903. A lui, pour avoir refait de neuf trois platz et trois escuelles d'argent, pesans quinze marcs une unce, ou il a mis de son argent une unce qui vault xxv s., et pour la façon vii l. xi s. iii d. t. Pour ce......... viii l. xvi s. iii d. t.

904. A lui, pour avoir mis aux fermouers des Heures de ladicte Dame dix huit grains d'or à xxii karatz, qui vallent vii s. vi d. t. Pour ce............................ vii s. vi d. t.

905. A lui pour avoir ressouldé la chantep*****(1) de la coulppe d'or d'icelle dame, où ***** is dix huit grains d'or à xxii karats, qu***** ent............................ vii s. vi d. t.

906. A lui, pour avoir fait pour icelle Dame deux grans potz d'argent doré, pesans quarante quatre marcs, cinq grous, dont lui est deu pour la façon xliiii l. ii s. t., et pour la doreure vingt quatre ducatz qui vallent xli l. Pour deux livres de vif argent xx s. t., et pour trois marcs ung grous d'argent qu'il a mis pour esheuer (2) lesdits potz au pris de x l. v s. t. le marc, vallent xxx l. xviii s. t. Pour ce................ cxvii l. t.

907. A lui, la somme de deux escus d'or,

---

(1) Le *chantepleure* est, à proprement, parler un arrosoir; dans l'article précédent, le mot chantepleure est très probablement pris dans le sens de bec. La duchesse d'Orléans avait pris comme symbole une chantepleure à laquelle on avait donné la forme d'un flacon au long col, à la panse évasée, du fond de laquelle tombaient des larmes. Il est question dans plusieurs inventaires des chantepleures faits pour la duchesse d'Orléans ou pour les personnes de son entourage (voy. entre autres de Laborde, *Ducs de Bourgogne*, n° 6782).

(2) Ou *eshever*. Je n'ai pu trouver la signification de ce terme.

pour une estarge d'or (1) en laquelle est
saint Sebastien, qu'il a achaptée de deux
marchans de Paris et icelle baillée à ladicte
Dame. Pour ce.......................... LXIII s. II d. t.

908. A lui, pour deux diamens, qu'il a
bailléz à monseigneur le Duc, lesquelz il a
donnés à Madame sa mère et à monsieur
de Nerbonne, vallens huit escuz. Pour ce. XII l, XVI s. VIII d. t.

909. A lui, pour deux bassins d'argent
gauderonnéz, qu'il a baillés pour servir
mondit seigneur le Duc, pesans quatorze
marcs, deux unces, quatre grous au pris de
x l. xv s. t. le marc, en ce compris la façon,
vallent............................. VII^{xx}XIII l. XVI s. VIII dt.

910. A lui, pour plusieurs chesnes, oiseaux, bestes, ymages, pensées, sonnètes,
aneaulx et autres petites menuiseries (2) qu'il
a faicte pour les estraines de ladicte Dame,
de Monseigneur son fils, de madame de Nerbonne (3), de Mademoiselle et de Thierry,
monseigneur (4) pesant le tout ensemble
ung marc, cinq unces, sept grous et demi
d'or XXII karats, qui vallent IX^{cc} IX l. XI s. t.
et pour la façon vingt huit escuz, qui val-
ledit XLIIII l. VIIII s. IIII d. Pour ce........ II^c XXXIIII l. IV s, IIII dt.

911. A Jehan Boudet, contrerolleur de la
despence de la maison de ladicte Dame, la
somme de six escuz d'or, pour une iacinte

---

(1) *Estarge* paraît avoir ici le même sens que *targe*, bouclier.

(2) Menus objets d'orfèvrerie. Les ouvriers menuisiers ont pris ce nom par opposition aux ouvriers charpentiers qui faisaient des travaux grossiers, tandis qu'eux-mêmes faisaient des travaux délicats.

(3) Marie d'Orléans, fille du duc Charles d'Orléans et de Marie de Clè-ves, femme de Jean de Foix, vicomte de Narbonne.

(4) Thierry de Clèves, fils cadet de Jean, duc de Clèves et d'Élisabeth de Bourgogne, et par conséquent neveu de Marie de Clèves, duchesse d'Or-léans, qui le fit élever auprès de ses enfants. Il mourut jeune, non marié.

qu'il a baillée à ladicte dame, laquelle a esté donnée à monseigneur le Duc son fils. Pour ce.................................... ix l. xii s. vi d. t.

912. Audit Jehan de Lut, pour ung bracelet d'or, qu'il a fait de l'ordonnance de Madame la duchesse pour bailler à madame de Nerbonne pour donner à monsieur son mary en estraine le premier jour de l'an; pesant icelui bracelet une unce, trois grous, ung denier or à xxii karats, vallens xix l. v. s. iiii d. t. et pour la façon iiii l. x s. t. Pour ce.................... xxiii l. vi s. t,

913. A lui, pour ung cueur de diament enchassé en ung anel d'or que ladite Dame a achaptay de lui, et par marché fait, à la somme de treize escus d'or, lequel diament madite Dame vieult donner à monsieur le cardinal de Foix (1) pour ses estraines. Pour ce........................... xx l. xvii s. i d. t.

Et est assavoir que pour faire et parfaire lesdits deux grans pots de parement (2), dont mention est faicte cy dessus, et aultre vesselle d'argent, dont les parties sont cousschées ou roolle d'argent des mois de juillet, aoust et septembre précédents, a esté compté et alloué audit de Lutz ou chappitre d'orfaverie, la quantité de vi^{xx} viii^m iii^o v grains d'argent, et depuis, à lui baillé et fourny le nombre de lviii^m iii^o vii grains et demi, aultre argent venu et yssié de la vieille vesselle de ladite Dame et par son ordonnance

---

(1) Pierre de Lautrec de Foix, le jeune, fils de Gaston IV et d'Éléonore de Navarre. Né en 1449, il fut fait évêque de Vanne et cardinal en 1476; il mourut en 1490.

(2) D'ornement.

par les mains de Roullequin Coillet (1), garde de ladite vesselle.

914. C'est assavoir deux grans potz d'argent gauderonnés, pesans xviii^m ii^o; deux grans bassins aux armes de Monseigneur, pesans xi^m vi^o et demie; deux petits dragouers pesans ensemble xi^m vii^o et demie; six tasses plaines, ou fons martelées, pesans xiiii^m i^o et demie; deux petiz chandeliers à flambeaux pesans i^m iii^o vi grous et une sallière couverte gauderonnée pesans vi^o v gros et demi.

B. N. Cab. des titres, pièces orig. 2162, n° 785 (Orléans, XII). A la suite se trouvent des articles enregistrant des acquisitions de draps de soie, de laine, des fourrures, etc. Ce compte est incomplet.

LI. — 1481, 5 novembre.

C'EST LA DÉCLARACION DU NOMBRE ET POIX DE LA VAISSELLE D'ARGENT QUE CEULX D'ORLÉANS ONT DONNÉE ET PRÉSENTÉE A MONSEIGNEUR LE DUC, ET LE TOUT A SES ARMES, VEUE ET PESÉE EN LA CHAMBRE DES COMPTES DE MADITE DAME ÈS PRÉSENCE DE MESSIEURS MAISTRES ESTIENNE LE FUZELIER (2), SIMON FILLEUL (3), IEHAN CHEVALIER (4), MATHURIN GAILLART (5), SIMON MUSSET (6), IEHAN VI-

---

(1) Roullequin ou Rullequin Coillet ou Coeillet, valet de chambre et garde de la vaisselle de la duchesse d'Orléans, mort en 1492, étant maître des ouvrages du comté de Blois (B. N. Cab. des titres, pièces orig. 805, n° 18243, 2 et 3).

(2) Étienne le Fuzelier, fils de Jean le Fuzelier, maître d'hôtel de Dunois et conseiller général du duc d'Orléans pour ses finances (1431-1437). Étienne fut conseiller auditeur des comptes du duc d'Orléans pour 1446 jusqu'en 1476 au moins (B. N. Cab, des titres, pièces orig. 1260 n° 28223, de 4 à 27).

(3) Simon ou Simonet Filleul, d'abord clerc du trésorier général Remer (1410), puis secrétaire et auditeur des comptes du duc d'Orléans (1420-1475) (Ibid., 1155 n° 26262, 9 à 19 = 2359, n° 52991, 52).

(4) Receveur du duc d'Orléans à Château-Thierry, receveur de son domaine et payeur de ses œuvres, conseiller de ses finances. (ibid. 741, n° 15950).

(5) Licencié ès lois, conseiller et auditeur des comptes pour la duchesse d'Orléans jusqu'en 1481 (ibid. 2084, n° 47459, 12).

(6) Conseiller du duc d'Orléans, licencié ès lois (1460), lieutenant général du gouverneur et bailli de Blois (1471-1497) (ibid. 2084, n° 47439, de 2 à 20).

gneron, Guillaume Blondeau (1), tous conseillers de ladite dame, Roullequin Coeillet, varlet de chambre d'icelle dame et garde de sa vaisselle, le cinquième jour de novenbre mil IIII^c IIII^{xx} et ung.

Premièrement.

915. Deux potz gauderonnéz et véréz, aux armes de mondit seigneur; pesans....... xxi^m xii onces

916. Deux flacons véréz et gauderonnéz, ausdites armes, pesants.................. xvii^m vii^o et ii gr.

917. Deux bassins ausdites armes; pesans................................ xiii^m vi^o et ii gr.

918. Quatre grans tasses martellées et ung couvercle ausdites armes; pesans..... xix^m i^o

919. Huit tasses plaines ausdites armes; pesans................................. xxiiii^m i^o

920. Une esguyère vérée et gauderonnée ausdites armes, pesant iiii^m, vii^o et demye. Pour ce.................................. iiii^m vii et demi.

Somme toute c marcs vii^o et demye.

Le xxviiie jour de mars mil IIII^c IIII^{xx} et ung en la chambre des comptes de Madame où estoient Messieurs maistre Estienne le Fuzelier, Simon Filleul, Mathurin Gaillart, Jehan Boudet et Guillaume de Villebresme, conseillers de madite Dame, par Henry (2), gendre de Jehan de Lutz, orfèvre de madite dame, a esté apporté la vaisselle d'argent faicte par lui de neuf; c'est assavoir :

---

(1) Guillaume Blondeau ou Blondel, licencié ès lois, conseiller de la duchesse d'Orléans (ibid. 371, n° 8110, 9 et 12).

(2) Le document LIII, p. 288, nous apprend que ce gendre de l'orfèvre Jean de Lut se nommait Henri Daynse.

921. Escuelles, trois douzaines aux armes
de ladite Dame, pesans...................... LXX^m VII°

922. Item, une douzaine de platz aux ar-
mes de ladite Dame, pesans.............. XXXV^m v° I gr.

923. Et ung dragoer véré et gauderonné,
et esmaillée aux armes de monseigneur le
Duc, pesant............................ IX^m I° v gr.

Somme toute de ladite vaisselle cxv^m v°
vi gros, laquelle a esté faicte de neuf par
argent baillé par madite Dame audit de
Lutz.

B. N. Cab. des titres, pièces orig. 2162, n° 813 (Orléans XII).

LII. — 1481

DOUBLE DE CERTAIN INVENTOIRE DE PARTIE DES BAGUES DE MADAME, BAILLÉ PAR JEHAN BOUDET EN LA CHAMBRE.

924. Et premièrement, la sainture d'un saint (1), en laquelle a le nombre et quantité de huit vingts perles, vingt dyamans et vingt rubiz; et en icelle sainture a une gibecière en laquelle a ce qui s'ensuit :

925. Premièrement le fermaillet de ladite sainture, ou il y a ung grant escusson de dyament, quatre grosses perles et troys rubiz.

926. Item, en la chantepleure (2) de ladite sainture a ung grant ballay ou meillieu et troys escussons de dyamens, ung petit ruby au dessus et troys grosses perles pendant.

927. Item, ung van ou il y a une tablète de dyament, deux rubiz et une grosse perle pendant.

---

(1) Une ceinture d'une forme particulière nommée ceint ou demi-ceiṅ*.
(2) La duchesse avait fait orner cette ceinture du symbole qu'elle avait adopté (Voy. le n° 905).

928. Item, ung loirre (1) ou il y a une losange de dyament, deux rubiz et une grosse perle pendant.

929. Item, une esse double (2) ou il y a une pointe de dyament, ung rubiz, une grosse perle pendant pareille de la dessusdite.

930. Item, une aultre esse ou il y a une fleur de dyament qui est de cinq pierres, une perle grosse pendant, pareille des dessusdites.

931. Item, une aultre esse d'or ou il y a une lozenge de dyament.

932. Item, quatre autres esses esmaillées de blanc ou il y a dessus sur chacune ung ballay.

933. Item, et est ledit saint de veloux noir, la ferreure, boucle, mordans et chaenes tout d'or.

934. Item, le ruby de la quenoille (3) pendant à ung lassay.

935. Item, troys escussons de dyamens, ung ruby et troys esperles pendant et plusieurs aultres dyamens.

B. N. Cab. des titres, pièces orig. 2162, n° 814 (Orléans XII).

---

(1) *Loirre* a le même sens que *leurre*; c'est un appât ayant la forme d'un petit oiseau que les fauconniers agitaient sur leur poing gauche pour rappeler les faucons. Ces petits objets pouvaient, comme le démontre cet article, être de véritables joyaux.

(2) Une S double. Voir la note du n° 897.

(3) Nous avons déjà trouvé une mention de cette belle pierre dans un document précédent (voy. la pièce XLVIII, article 891).

LIII. — 1481, 6 novembre.

Inventoire de fait de toute la vaisselle d'or et d'argent appartenant a madame la Duchesse d'Orléans et monseigneur le Duc son fils, estant et trouvé en nature aujourd'hui VIme de novembre, l'an mil CCCC quatre vingts et ung ès présences de maistres Estienne le Fuzelier, Simon Filleul, conseillers et auditeurs des comptes d'icele dame, Iehan Vigneron, conteroleur des finances de madicte dame, de Roulequin Coillet, garde d'icelle vaisselle et de Henri Daynse gendre de Jehan du Lut, orfevre d'icelle dame, ainsi et par la forme et manière qui s'ensuit (1) :

Et premiérement, vaisselle d'or :

936. Trois cueillers, pesans quatre onces, deux gros; pour ce .... IIII° II gros.

937. Deux coppes d'or, pesans cinq marcs, deux gros et demy; pour ce .... V^m VII° II g. et demy.

938. Item, une espreuve en laquelle pendent trois chesnons d'or et ou bout de chascun chesnon pendent pierres et choses diverses; pesans le tout ung marc, une once, sept gros. Pour ce .... I^m I° VII g.

Somme de la vaisselle d'or............ VII^m V° III g. et demy.

Vaisselle d'argent :

939. Premiérement, seize plats aux armes de feu Monseigneur, que Dieu pardoint! pesans ensemble, soixante marcs, deux onces; pour ce...................... LX^m II°

940. Item, quatorze platz [aux ar]mes de

---

(1) On peut constater par cet inventaire combien il y avait moins de luxe chez les grands seigneurs de la cour de France à la fin du XVe siècle qu'au commencement. Les pièces en or sont rares et l'argent domine; c'était le contraire quatre-vingts ans auparavant.

Madame, pesans ensemble cinquante deux
marcs, une once; pour ce.............. LII^m I°

941. Item, quinze autres platz plus petiz
que les dessusdits, aux armes de madite
dame, pesans ensemble quarante six marcs,
six onces; pour ce..................... XLVI^m VI°

942. Item, dix huit escuelles aux armes de
mondit seigneur, pesans ensemble trente-
quatre marcs, deux onces; pour ce........ XXIIII^m VI°

943. Item, dix sept autres escuelles aux
armes de mondit Seigneur pesans ensemble
trente deux marcs, six onces; pour ce..... XXXII^m VI°

944. Item, dix neuf [autres] escuelles aux
armes de madite Dame pour servir à la saul-
serie; pesans ensemble trente-sept marcs,
quatre onces; pour ce................... XXXVII^m IIII°

945. Item, ung plat et une escuelle, l'un
dedans l'autre, dont les fons sont d'estayn et
le surplus d'argent pour réchauffer viande;
ledit plat pesant IIII^m et l'escuelle deu..,
en ce non compris l'estayn; pour ce...... VI^m

946. Item, six escuelles servans à la fruic-
terie, aux armes de mondit Seigneur, pesans
ensemble unze marcs, cinq onces; pour ce. XI^m V°

947. Item, douze escuelles et ung plat
neufz, aux armes de madite Dame; pesans
ensemble XXVII^m II°; pour ce............ XXVII^m II°

948. Item, trois chandeliers à mectre
flambeaux, aux armes de mondit Seigneur;
pesans................................. XII^m II gros

949. Item, quatre chandeliers en façon de
crinites (1), faiz de neuf et poisent dix marcs,

---

(1) Je n'ai pu trouver la signification de ce mot ni de plusieurs autres que l'on trouvera par la suite dans cet inventaire; c'est celui qui m'a offert le plus de difficultés.

quatre onces; pour ce ....   X^en IIII°

950. Item, une grant cuiller d'argent et ung poislon (1) duquel le fons est d'argent; pesans deux marcs VII° II gros; pour ce...   II^m VII° II gr.

951. Item, une petite tasse et ung petit gobelet couvert, pesans ensemble ung marc, cinq onces, deux gros; pour ce..........   I^m V^o II gr.

952. Item, une nef d'argent doré aux armes de mondit Seigneur, pesans vingt-cinq marcs, deux onces; pour ce.............   XXV^m II°

953. Item, une nef d'argent dorée garnie de cordage, mast, chasteau, devant, voille, cordage, deux panonceaux, deux ancriers (2). pesans ensemble vingt huit marcs, sept onces; pour ce.......................   XXVIII^m VII°

954. Item, deux chauffes blancs (3), aux armes de madite Dame; pesans ensemble sept marcs, deux onces; pour ce.........   VII^m II°

955. Item, six tranchoers (4) d'argent doréz servans à la panneterie; pesans ensemble cinq marcs, six onces; pour ce....   V^m VI°

956. Item, dix cueillers dont en y a deux dorées servans à la panneterie; pesant ensemble ung marc, une once; pour ce...............................   I^m I^o

957. Item, deux coppes d'argent doré; l'une pour madame de Nerbonne et l'autre pour madame de Fontevrault (5); pesans ensemble.............................   VII^m III° VI gr.

---

(1) Petit plat rond à queue, ce mot est encore en usage dans le midi de la France.
(2) Ancres.
(3) Ces pièces d'argenterie me paraissent être des réchauds.
(4) Plateaux de formes diverses sur lesquels l'écuyer tranchant découpait devant son seigneur.
(5) Anne d'Orléans, fille de Charles, duc d'Orléans, abbesse de Fontevrault de 1478 à 1491, année de sa mort.

958. Item, une grant tasse à pié, plaine, couverte, aux armes de Thierry, monseigneur, laquelle a esté fète neufve de la coppe dudit Thierry, monseigneur; pesant IIII^m VI° et demye; pour ce.............. IIII^m VI° et demy.

959. Item, quinze tasses d'argent gauderonnées et à pié doré par dessoubz et au fons d'icelles aux armes de madite Dame taillées, lesquelles ont esté refaites ou mois de février, l'an mil IIII^c IIII^{xx} de quinze autres tasses d'argent blanc qui pesoient XXX^m V^o et demye; poisant icelles quinze tasses nouvellement faictes à présent...... XXXIX^m I^o VI gros.

960. Item, quatre potz d'argent blanc, faiz de neuf de quatre autres potz qui pesoient XXXIIII^m II°; et poisent à présent iceulx quatre potz nouvellement faitz..... XXXVI^m I^o VI gros.

961. Item trois esguyères d'argent blanc aux armes........................(1) qui ont esté fètes de trois autres esguyères d'argent blanc gauderonnées, les deux aux armes de madite Dame et l'autre aux armes de mondit Seigneur, et pesoient VI^m I^o II gros, et à présent poisent icelles trois esguyères nouvellement faictes........... VIII^m VI° I gros.

962. Item, trois tasses d'argent blanc servans d'essaiz (2), partie de six tasses, qui ont esté faictes de neuf, et pesoient icelles trois tasses nouvellement faictes........... IIII^m IIII° II gr.

963. Item, ont esté refaiz deux autres essaiz et poisent .... III^m V gros.

---

(1) Lacune dans l'original.
(2) Tasses dans lesquelles les officiers chargés de goûter les mets avant leur maître pour s'assurer s'ils ne renfermaient pas de poison, mettaient la part sur laquelle devait se faire cet essai.

964. Item, ung petit bassin gauderonné, ung benoistier martellé et gauderonné, une salière gauderonnée couverte, deux petites cueillers et l'esperges (1) du benoistier, d'argent blanc, pesans ensemble trois marcs, quatre onces et demye. Pour ce.... III^m IIII° et demy.

965. Item, ung poislon dont le fons est d'argent et une grant cueiller d'argent pour faire boulie, pesans ensemble environ deux marcs six onces et demy, pour ce......... II^m VI° et demi.

966. Item, deux potz d'argent blanc nouvellement faiz de deux autres potz d'argent; et poisent iceulx potz nouvellement faiz... VI^m I^o I gros,

967. Item, une esguyère gauderonnée couverte et ung petit flacon d'argent blanc, garny de chesne et couvercle, restant d'un article contenu ou précédent inventaire, faisant mention de deux pots d'argent blanc cy dessus déclérez et desdites esguyère et flacon; lesquelles esguyère et façon doivent peser .... VI^m VI° VII gr.

968. Item, deux flacons garniz de chesnes et couvercles aux armes de mondit Seigneur, lesquelz ont esté faiz de neuf de deux autres flacons garniz comme dessus, qui pesoient XXI^m demye once d'argent; et à présent poisent iceulx flacons nouvellement faiz...... XXIII^m V^o VII gr.

969. Item deux potz d'argent doré à fleurètes pesans ensemble seize marcs, sept onces : pour ce.......................... XVI^m VII°

970. Item deux grans potz d'argent blanc vérez tous plains (2) aux armes de madite

---

(1) Le goupillon, l'aspersoir.
(2) Cette expression semble en désaccord avec l'explication donnée par M. de Laborde du mot *véré*, qui signifierait, d'après lui, doré par partie. Deux

Dame; pesans ensemble vingt-deux marcs, deux onces, deux gros; pour ce.......... XXII^m II° II gr.

971. Item, deux autres grans potz d'argent gauderonnéz moictié doréz, aux armes de mondit Seigneur, pesant ensemble vingt-quatre marcs, sept onces. ͬ ir ce........ XXIIII^m VII°

972. Item deux autres grans potz aux armes de madite Dame gauderonnéz et moictié doréz, semés de chantepleures et lermes (1) ; pesans ensemble vingt-quatre marcs, trois onces; pour ce............. XXIIII^m III°

973. Item, deux grans potz d'argent poinsonnéz, semés de lermes et de SS (2) et dessus les couvercles les lermes de madite Dame en façon de bancioles (3) pesans ensemble quarante quatre marcs, cinq gros. Pour ce. XLIIII^m V gr.

974. Item, deux grans flacons d'argent blanc de parement, ou ventre desquelx a deux souleilz et ou meilleu d'iceulx les armes de madite Dame, les ances desquelx sont en façon de bastons noylleux (4); pesans ensemble quarante marcs; pour ce... XL^m

975. Item, deux grans bassins de parement véréz, à deux souleilz, semèz de lermes et de SS, et ou meillieu d'iceulx les armes de madite Dame; pesant ensemble dix neuf marcs, deux onces six gros; pour ce................................. XIX^m IIe VI gr.

976. Item, deux bacines de parement vé-

---

pots d'argent blanc doré en entier ne peuvent pas l'être également par parties.

(1) Voir les notes qui accompagnent les n°ˢ 897 et 905.
(2) Voir la note qui accompagne le n° 897.
(3) Expression dont je n'ai pu trouver le sens.
(4) Bâtons noueux ; ce que nous avons vu nommer dans d'autres documents *escots*.

réz et gauderonnéz, aux armes de madite Dame; pesans ensemble quatorse marcs, deux onces, six gros ; pour ce .... XIIII^m II° VI gr.

977. Item, deux autres bacins d'argent véréz, ou fons desquelz a ung souleil, aux armes de madite Dame: pesans ensemble treize marcs, trois onces et demye; pour ce. XIII^m III° et demye.

978. Item, ung autre petit bassin véré et gauderonné, armoyé ou fons aux armes de madite Dame; pesant trois marcs, cinq onces, deux gros; pour ce.................. III^m V^o II gr.

979. Item, deux petiz chandeliers à flambeaux, véréz, armoiéz aux armes de madite Dame; pesans ensemble trois marcs, cinq onces et demy ; pour ce.................. III^m V^o et demie.

980. Item, quatre tranchoers d'argent blanc, pesans ensemble trois marcs, cinq onces, deux gros ; pour ce................ III^m V^o II gr.

981. Item, ung dragoer véré et gauderonné, aux armes de mondit Seigneur, pesant dix marcs, six gros; pour ce.......... X^m VI gr.

982. Item, ung autre dragoer d'argent véré et gauderonné, aux armes de madite Dame; pesant dix huit marcs, huit onces ; pour ce................................ XVIII^m VIII°

983. Item, une esguyère vérée et gauderonnée aux armes de madite Dame, semée de chantepleures et de lermes (1) ; pesant quatre marcs, six onces, deux gros; pour ce IIII^m VI° II gr.

984. Item, une salière d'argent dorée et gauderonnée; pesant six onces et demye; pour ce..................................... VI° et demie.

985. Item, une autre salière d'argent do-

---

(1) Voir les notes des n°s 897 905 et 972.

rée, ou hault de laquelle a une amatiste; pesant quatre onces et demye; pour ce....   iiii° et demie.

986. Item, une douzaine de cueillers d'argent plain (1); pesans douze onces, six gros; pour ce........................   xii° vi gr.

987. Item, six tasses refaites de neuf, plaines, d'argent blanc vérées, aux armes de madite Dame ou fons, et ont esté refaictes de six autres tasses gauderonnées et dorées avecques couvercle de pareille façon qui pesoient xvii^m ii° et demye, et à présent poisent icelles six tasses nouvellement faictes....................................   xvii^m et demy.

988. Item quatorze grant tasses à pié martellées, dont en y a deux qui ont couvercles, qui ont esté refaictes de neuf de unze tasses d'argent gauderonnées moictié vérées, qui pesoient xxxii^m iiii° ii gros, et de deux tasses gauderonnées à pié, qui pesoient vi^m vi° vi gros; et poisent à présent icelles quatorze tasses nouvellement faictes.............   xlvii^m iiii° vii gr.

989. Item, deux grans tasses de parement d'argent dorées, doubles, couvertes, semées de SS (2) et de lermes aux armes de mesdits Dame et Seigneur; pesans ensemble dix huit marcs; pour ce ....   xviii^m

990. Item, un benoistier d'argent gauderonné et véré, avecques le sinochau (3) :

---

(1) On remarquera, dans cet inventaire de vaisselle d'argent, la rareté des cuillers et l'absence complète des fourchettes. Ces divers objets étaient en effet une rareté au xve siècle. Dans le compte de Poulain de mars 1389, nous lisons l'acquisition faite à Perrin Bonhomme, orfèvre, *d'une cuiller, une espreuve, une fourchète d'or, une sallière et une navette d'argent dorés lesquelles parties ont esté baillées et livrées à madame la Duchesse pour plus honnorablement estre servie*, pour le prix de 54 francs.

(2) Voir la note du n° 897.

(3) Ce mot peut être lu *sinochau* ou *surochau*. Je crois cette expression,

pesant deux marcs; pour ce............... ⅱᵐ

Vesselle de chapelle.

991. Vng calice en deux pièces d'argent véré, fermant à viz, ou fons duquel a ung cruxifilz doré par dedans, avec la plantine(1) d'icelui, pesant deux marcs, six gros; pour ce .... ⅱᵐ ⅵ gr.

992. Ung autre calice d'argent doré aux armes de madite Dame, pesant deux marcs, une once, six gros; pour ce............... ⅱᵐ ⅰ° ⅵ gr.

993. Item, une croix d'argent dorée, en laquelle a ung cruxifilz par devant et par derrière un *agnus dei* et les quatre Évangelistes, portans sur ung pié et quatre petiz lions, pesant deux marcs et demi; pour ce. ⅱᵐ et demi.

994. Item, deux petites choppines (2) aux armes de madite Dame, pesans ensemble ung marc, sept onces, ⅱ gros et demy; pour ce .... ⅰᵐ ⅶ° ⅱ gr. et demi.

995. Item, deux autres chopines plates pour la chapelle de Monseigneur, pesans.. ⅸᵐ ⅶ gr. et demi.

996. Item, ung benoistier avec l'espergès, pesant ensemble ung marc, quatre onces et demie; pour ce .... ⅰᵐ ⅳ° et demie.

997. Item, une paix carrée, dorée, en laquelle a un cruxifilz, pesant ung marc, trois onces, six gros; pour ce........... ⅰᵐ ⅲ° ⅵ gr.

998. Item, deux clochètes d'argent, dont l'une est dorée, pesans ensemble trois marcs et demy; pour ce....................... ⅲᵐ et demy.

999. Item, deux boètes d'argent à mectre

---

qui ne présente aucune signification, mal transcrite. Il doit s'agir de goupillon.

(1) La patène.
(2) Les burettes.

pain à chanter (1), le couvercle de l'une servant de paix; pesant ensemble ung marc, trois onces, six gros; pour ce............ I^m III° VI gr.

1000. Item, deux chandeliers d'argent gauderonnéz et véréz à mectre cierges; pesant ensemble deux marcs, cinq onces deux gros; pour ce...................... II^m V^o II gr.

1001. Item, un ensensier d'argent véré cinq marcs, trois onces, quatre gros; pour ce................................. V^m III° IIII gr.

1002. Item, une cruche d'argent à mectre eaue, aux armes de madite Dame, couverte, à une ance; pesant.................... XIIII^m V^o V gr.

1003. Item, ung calice, ung benoistier, deux chandeliers, une clochète, une boiste et une paix; pesant tout ensemble......... III^m II° V gr. et demi.

1004. Item, deux flacons d'argent aux armes de ladite Dame et deux scipens (2) à deux ances; pesant.................... XX^m IIII gros.

1005. Item, deux petits brocs d'argent à mectre eaue, aux armes de ladite Dame et véréz; pesans......................... X^m VII° III gr.

1006. Item, ung autre broc à mectre eaue, pareil des deux précédents, aux armes de ladite Dame; pesant.................. VI^m

B. N. Cab. des titres, pièces orig. 2162 n° 799 (Orléans, XII).

---

(1) Les hosties.
(2) Peut-être faut-il lire *Et deux serpens aux ances*.

INDEX

DES JOYAUX ET TAPISSERIES

DES PRINCES D'ORLÉANS-VALOIS

A

Abbeville, 57.
ADAM ET EVE, 760.
Admirault (Monseigneur l'), 246.
Agate (Pierre d'), 889.
Agnus Dei, 993.
Aiguière, Esguière, 1, 12, 30, 33, 419, 420, 421, 423, 424, 425, 426, 483, 486, 500, 636, 657, 769, 773, 778, 920, 961, 967.
Aiguillettes, esguillettes, daguillettes, 68, 69, 85, 88, 89, 91, 92, 98, 100, 103, 104, 105, 106, 112, 138, 139, 141, 142, 147, 148, 151, 154, 162, 163, 164, 193, 197, 204, 411, 413, 580, 821.
Allemand (Inscription en), 814.
ALIX (La sœur), 402.
ALIXANDRE (Nicolas), drapier, XXIV, 459.
Allemagne, Almaigne (Façon d'), 265, 580.
Amétiste (Pierre d'), 567, 583, 602, 985.
AMBOISE (Hue d'). — Voyez CHAUMONT.
Ambre. — Voyez Pomme d'ambre.
ANDRÉ (Colart), huissier d'armes, 304.

Ange, Angel, Angle, 420, 678, 680, 758, 760, 769.
Angelot, monnaie, 785.
ANGENNES (Regnault d'), écuyer, 368.
Angleterre, 65, 178, 189, 190, 210, 225, 229, 304, 324, 354. — Voyez Escarlatte, Vert, Noir.
ANGOLESME (Le comte d'), 793.
Anlevure. — Voyez Enlevure.
Anneau, annel, annelet, 36, 37, 38, 39, 40, 41, 42, 97, 113, 157, 386, 389, 390, 392, 394, 414, 416, 431, 498, 505, 507, 508, 510, 511, 512, 513, 519, 521, 522, 523, 524, 526, 527, 529, 530, 531, 532, 533, 535, 536, 537, 538, 543, 544, 547, 549, 552, 553, 554, 555, 557, 558, 559, 560, 569, 589, 614, 744, 792, 793, 795, 796, 798, 814, 841, 851, 861, 863, 910, 913.
Annonciation. — Voyez NOTRE DAME.
ANTHOYNE, 593.
Apostres (Les), 420, 758.
Aragon, 33, 371.
Arbaleste, arballeste, 20, 56, 57, 58, 62, 63, 66, 67, 70, 72, 73, 75, 86, 99, 135, 153, 161, 163, 164, 165, 166, 167, 168, 169, 171, 173, 174, 175, 177, 178, 179, 181, 182, 184,

186, 187, 189, 190, 191, 192, 193, 194, 195, 197, 200, 205, 206, 209, 210, 211, 214, 218, 219, 225, 227, 228, 229, 230, 231, 232, 263, 271, 279, 281, 282, 283, 287, 299, 307, 309, 317, 338, 379, 380, 384, 592, voyez Noix d'arbaleste.
Arbreceaux (Tapisserie d'), 714.
Arcy (Girart d'), pannetier, 330.
Arest. — Voyez Arrest.
Argent. — Voyez Véré, Vermeux, Vermeil.
— de Chippre, 166, 185.
Armes, armoiries, armoié, 31, 32, 33, 34, 115, 418, 427, 428, 429, 431, 595, 652, 654, 656, 664, 676, 775, 776, 777, 849, 850, 877, 896, 914, 915, 916, 917, 918, 919, 920, 921, 922, 923, 939, 940, 941, 942, 943, 944, 946, 947, 948, 952, 954, 958, 959, 961, 968, 970, 972, 974, 975, 976, 977, 978, 979, 981, 982, 983, 987, 989, 992, 994, 1002, 1004, 1005, 1006.
Armignac (Bonne d'), 790.
— (Le comte d'), 790.
Arondes, rondèles, 112. 139, 174.
Arras. — Voyez Soie d'Arras.
Arrest, 65, 73, 87, 122, 137, 161, 163, 550, 632.
Arrode (Guillaume), orfèvre, 30.
Arsigaie, 21.
Astralabe, 582.
Atache, 811.
Aubertin. — Voyez Baillefèves.
Auderne (Girardin), changeur, 848.
Avambras, 13, 17, 22, 26, 28.
Avignon, 188.

B

Bacin, bacine, bassin, 59, 65, 73, 112, 139, 161, 779, 895, 909, 914, 917, 964, 975, 976, 977, 978.
Bacinet, 13.
Baie (Jehan), marchand, 55.

Baillefèves, Boillefèves (Aubertin), orfèvre, XXXIV, 751, 757, 764, 767, 779, 780, 788, XXXV, 789, 791, 792, 793, 795, 798, 799, 804, 814, 815, XLI, 821, 837, 848, 850.
Balay, rubis balay, 37, 39, 41, 123, 389, 419, 420, 422, 423, 424, 425, 426, 433, 434, 435, 436, 437, 438, 439, 440, 441, 443, 444, 445, 446, 447, 448, 449, 450, 451, 452, 453, 469, 470, 472, 473, 474, 475, 476, 477, 478, 479, 480, 481, 482, 484, 500, 609, 633, 742, 745, 746, 747, 748, 749, 750, 751, 753, 754, 763, 765, 766, 768, 769, 770, 771, 773, 781, 782, 783, 784, 785, 786, 787, 788, 792, 804, 805, 806, 807, 808, 809, 811, 812, 813, 837, 892, 926, 932. — Voyez Rubis.
Banciole, 973.
Bande (Le chancelier du marquis de), 744.
Banquier, 188.
Baptisement. — Voyez Notre Seigneur.
Bar (Henry de), 237.
— (Jehan de), 824.
Baraut, secrétaire, 34.
Barrette, 312, 313.
Barsarresses des filles du roy (Les), 39, 40.
Bassin. — Voyez Bacin.
Baste, 270, 298.
Bastiment, 565.
Baston noylleux, 974.
Bauchien (Katherine, femme de Robin), 1, 7.
Baudrier, 95.
Beaujeu (Monseigneur et Madame de), 853.
Beaumont-sur-Marne, 848.
Behaigne. — Voyez Bohême.
Bel et Bon (Balsarin), palfrenier, 843.
Benart (N.), 529.
Benoistier, 964, 990, 996, 1003.

Bergiers et bergières (Tapisseries à), 680, 684, 700, 712.
Bernard (Jehan), secrétaire, 748.
Berry (Le duc de), 113, 160, 217, 221, 222, 245, 451, 555, 593.
Bersseau, 873.
Berzieux (Thiébaut de), *marchand*, 405.
Besans, 411, 604, 766, 844.
Bestes (Tapisserie à), 714, 724.
Beuvon d'Hantonne (Tapisserie de), 686.
Biberon, 778.
Bièvre, fourrure, 150.
Billy (Jehan de), valet de chambre, XX, 409.
Blanchet, étoffe, 292, 834, 838, 846.
Blarru (M. de), chambellan, 358.
Blois, 743, 803, 804.
Blondeau (Guillaume de), conseiller, LI.
Boëte. — Voyez Boiste.
Bohain (Guillaume de), 336.
Bohême, 16, 24, 25, 346, 358, 382.
Boillon. — Voyez Boullon.
Boiste, Boëte, 595, 999, 1003.
Boitard (Bertrand), écuyer, 289.
Boniface. — Voyez Mores.
Bonnelet, 161.
Bonnet, 291, 302, 356, 370.
Bonpuis (Thévenin de), pelletier, XXIV, 460, 461, 462, 463.
Bontemps, 871.
Bontier, secrétaire, 10, 11.
Bordeaux, 16.
Boscherons et bergiers (Tapisserie à), 712.
Bossète, 821, 885.
Botereau (Guillaume), 875.
Bouciquaut (Le Maréchal), 234.
Boucles, 90, 102, 108, 114, 127, 391, 393, 411, 808, 811, 812, 817, 818, 819, 933.
— pour bottines, 516.

Boudet (Jehan), contrôleur, 891, 911, 920, LII.
Bougran, étoffe, 402.
Boujon, 592.
Boulay (Mme du), 2.
Boullon, Boillon, 56, 136, 145, 146, 179, 378.
Bouquiaux (Le sire de), chambellan, 828.
Bourbon (Le duc de), 80, 194, 241.
— (Jehanne de), 595, 600.
Bourbonnais (Le duc de), 789.
Bourgoigne (Le duc de), 80, 84, 209, 217, 221, 222, 244, 374, 452, 732.
Bourgoigne (Tapis de), 689.
Bourrelet de plumes, 603.
Bourse, 596, 597, 598, 672.
Boursète, 802.
Bousdrat (Bernard), marchand, XXIV, 456, 457, 458.
Bouterolle, boutereule, 82, 453.
Boutons, boutonnés, boutonneures, 59, 112, 271, 272, 287, 307, 381, 383, 391, 393, 454, 821.
Bracelet, 117, 118, 119, 123, 136, 145, 146, 900, 912.
Bracerolle, 286, 302, 327, 355, 370,
Bracque (Jehan), maître d'hôtel, 361.
Branches, bras et faucons (Tapisserie à), 707.
Braquemart, 857, 860, 866, 871, 874, 875.
Bras de fer (Loyzet), valet d'écurie, 843.
Brissay (Jehan de), 442.
Broc, 1005, 1006.
Brucelles, 223, 826, 832. — Voyez Escarlatte, Iraigne, Vert gai.
Brun de Moustiervillier, étoffe, 232.
— Voyez *Moustiervillier*.
Bueil (M. de), chevalier, 67, 240.
Bullette de Rodes, 660.
Burguet (Agnès, veuve de Perrin), drapière, XLII, 847.
Burlète, 858.

C

C, lettre, 556.
Cadren d'or, 581.
Cage, cagette, 577, 578.
CAGENT (Jehan), échanson, 209.
CAIGNAL (Laurent), 788.
Caillié, 55.
Cainture. — Voyez Ceinture.
Calabre (Escureux de), 294.
Calice, 991, 992, 1003.
Camahieu, 434, 443, 471, 482, 525, 529, 535, 540, 544, 599, 635, 648, 742, 783, 786.
Camail, 850.
CAMAIL, poursuivant d'armes, 850.
Camelot, étoffe, 137, 251, 307, 331, 336, 338, 350, 353, 377,
— de Reims, 717.
— en graine, 174.
Campanes, 76, 77, 94, 112, 131, 159, 625, 626, 632. — Voyez Clochette.
Capeline, 116.
Carreaux, 303, 699, 732, 739, 741.
Ceinture, Cainture, Sainture, 61, 64, 83, 90, 94, 101, 110, 115, 122, 127, 130, 131, 156, 158, 393, 410, 411, 413, 580, 588, 589, 612, 624, 628, 770, 816, 924, 925, 926.
Cendal vermeil, *étoffe*, 457, 707.
Cercle d'or ou d'argent, 613, 622, 627.
Cerfs (Tapisserie de), 716.
Chaine, Chaienne, Chaene, Chaynne, Chaynette, Chaynette, Chesnons, 107, 108, 121, 122, 139, 160, 221, 385, 556, 558, 570, 571, 572, 573, 575, 593, 621, 624, 626, 628, 781, 808, 812, 816, 822, 894, 899, 910, 933, 938, 967, 968.
— cordelière, 902.
CHAMBENAYS, page, 839.

BURNON, secrétaire, 373.
Butor, oiseau. — Voyez Ongle de butor.

CHAMBRE (Jehan), page, 839.
Chancelier (Le) Amaury d'Orgemont, 318, 361, 441, 764, 765.
Chandelier, 914, 948, 949, 979, 1000, 1003.
Chantepleure, 905, 926, 972, 983.
Chapelle, 456, 457, 656, 726.
Chappeau, Chapel, 355, 806, 849.
— garni de pierreries, 11, 771.
Chappel du Theil, 458.
Chappelés, Chaplès, 411, 412.
Chapperon, Chaperon, 170, 177, 191, 196, 205, 214, 227, 250, 254, 259, 267, 273, 276, 280, 284, 291, 300, 302, 305, 306, 310, 315, 321, 323, 326, 332, 334, 355, 364, 370, 826, 827, 832, 836, 842, 847.
CHARLEMAGNE, 489, 765.
Charles va delivrer Espaigne, inscription, 765.
Charnes, 409.
CHARTIER (M. de), 804.
Chasteau, 758.
Chasteauneuf, 465.
Chastellet de Paris (Le), 813.
Chaton, Chaaton, Chaston, 388, 509, 520, 539, 541, 542, 749, 753.
Chauffe blanc, 954.
CHAUMES (Le comte de), 274.
CHAUMONT (Hue d'Amboise, sire de), chambellan, 803, 828.
Chausses, 260, 278, 302, 327, 833, 834, 835.
Chayère, 688.
Chesnon. — Voyez Chaine.
CHEVALIER (Jehan), conseiller, LI.
Chevalier et une dame (Tapisserie à un), 690.
Chevaux de joustes, 2.
Chippre. — Voyez Or, Argent, Oisellés.
Choppines, 964, 995.
CLARCY (Jehan de), CLAREY, CLERCY, brodeur, 54, 75, 159, XV, 188, XVII, XXIX.

Clochettes, 95, 566, 572, 656, 998, 1003.
Clou, 852, 855, 868.
Coichet (Loys), écuyer tranchant, 830.
Coillet (Roullequin), valet de chambre, 913, LI, LIII.
Coissin, 699.
Col (Gontier), secrétaire, 368.
Collier, colier, 76, 77, 78, 80, 81, 84, 97, 102, 109, 111, 112, 121, 126, 128, 141, 143, 144, 150, 179, 385, 805, 813, 885, 892.
— de camail, 815.
Cologne, Couloigne, 443, 482, 496.
Cols de maslart (Tapisserie à), 733.
Compiègne, 484, 485.
Comy, notaire, 813.
Connins et lieppars (Tapisserie à), 724.
Coquilles de Saint-Jacques, 765.
Coquinet le fol, 291.
Coppe. — Voyez Coupe.
Cor, 130.
Corail, 586, 617, 671.
Corneline (Pierre de), 533, 536, 537.
Cornet, 108, 615, 629, 667, 668, 748.
— d'ivoire, 587.
Cornette, 170, 191, 196, 205, 214, 227, 826, 827, 832, 836, 837, 842, 847.
Coronette, 792.
Cosme (Nicolas), marchand, XXXVII.
Cosse de genet, cosses, 61, 111, 121, 150, 161, 384.
Cossette, 805, 813.
Cotte, cote, cotte juste, 224, 258, 265, 266, 275, 284, 311, 341, 345, 359, 370.
Coucy (Château de), 467, 687.
Coucy (Monseigneur de), 243.
Couloigne. — Voyez *Cologne*.
Coulombes, 778.
Couppe, coupe, coulpe, coppe, 664, 859, 883, 905, 937, 957, 958.
Couronne, 384, 765.

Couronnement. — Voyez Notre Dame.
Courtepointe. — Voyez Cutepointe.
Courtines, 680, 687, 706, 717.
Cousant (Le sire de), 72.
Cousinot (Guillaume), conseiller, 798.
Coutel, cousteau, 56, 82, 124, 134.
Coutelet, 71.
Couvertouer, 737.
Crampons, 128, 129, 131, 138, 155, 197, 198, 208.
Creusequin, 631, 662, 663, 674.
Crinite (Façon de), 949.
Cristal, 661, 665.
Croissants, 256, 270, 277, 333.
Croist (Hance). — Voyez Karast.
Croix, 528, 567, 568, 585, 593, 601, 672, 749, 751, 753, 759, 762, 837, 993.
— d'Inde, 660.
Crouppes de gris. — Voyez Gris.
Croye (Jehan de), chevalier, 240.
Crucéfix, 502, 567, 751, 759, 762, 991, 993, 997.
Crucéphiement. — Voyez Notre Seigneur.
Cruche, 1002.
Cuevrechiés, 398, 399, 400, 403.
Cuillers, 936, 950, 956, 964, 965, 986.
Cuissard, cuissot, cuisse, 13, 22.
Custodes, 10, 690, 691, 692, 693, 694, 695, 703.
Cutepointe, courtepointe, coustepointe, 402, 692, 709, 723.

D

Dague, 18, 23, 71, 79, 158, 604, 605, 864, 886.
Daguillettes. — Voyez Aiguillettes.
Damas. — Voyez Drap de Damas.
Dame et chevalier. — Voyez Chevalier.
— et enfants (Tapisserie d'une), 723.

Dame et d'un escuier (Tapisserie d'une), 653, 682.
— et d'un mouton (Tapisserie d'une), 770.
— prenant des cerises (Tapisserie d'une), 685.
— qui vest le chien (Tapisserie d'une), 704, 719.
— regardant dans une fontaine (Tapisserie d'une), 715.
— tenant une harpe (Tapisserie d'une), 683.
— tenant un escurel (Tapisserie d'une), 711.
— vestue de blanc (Tapisserie d'une), 711.
DAMYEN (Andrieu), argentier, XLVI.
Dandains, dandins, 80, 130, 152, 584, 620, 621, 624.
Darde d'acier, 19.
DAVY (Jehan), chancelier, 796, 798.
DAYNSE (Henri), 920, LIII.
Demi angelot, monnaie, 388.
Demi caint, demi saint, 573, 808, 812. —Voyez Saint.
Demi-jaques. — Voyez Jaques.
Diadème, dyadème, 749, 759, 762, 770.
Diamant, dyamant, 3, 4, 5, 8, 9, 35, 93, 118, 119, 136, 146, 157, 388, 389, 392, 434, 436, 446, 449, 476, 498, 499, 500, 507, 508, 509, 510, 511, 512, 513, 514, 520, 522, 526, 527, 530, 539, 549, 551, 553, 554, 557, 558, 559, 560, 646, 744, 751, 783, 789, 793, 794, 795, 796, 797, 798, 799, 800, 805, 806, 813, 814, 851, 908, 913, 924, 925, 926, 927, 928, 930, 931, 935. — Voyez Tablette, Losange.
Dieu d'amours (Tapisserie du), 467, 690.
Dieu le père (Figure de), 759.
DONARVILLE, 895.
Dosseret, 736.
DOUCLERT (Huchon), sommelier, 466.

DOURDIN (Jaquet), tapissier, 467.
Dragon (Figure de), 750.
Dragouer, 780, 914, 923, 981, 982.
Drap de Damas, Dampmas, 66, 85, 86, 88, 142, 154, 163, 164, 183, 193, 197, 200, 202, 208, 209, 212, 213, 218, 228, 256, 257, 270, 275, 277, 289, 298, 309, 330, 333, 337, 339, 346, 349, 355, 357, 358, 360, 361, 362, 368, 381, 382, 484, 718.
— de Moustiervillier, 459. — Voyez Brun, Gris brun, Gros, Vert brun.
— de soie, 302, XXIV, 693, 721, 739.
— d'or, 356, 455, 692, 729, 731, 732, 736, 737, 741.
— d'or racamas, racamas d'or, 291, 356, 456.
— noir, 268, 269, 287, 297, 334.
— noir de Londres, 351, 352.
— rouge, 847.
— velu tanné, XXIX.
DREUX (La comtesse de), 6.
Dyadème. — Voyez Diadème.
Dyamant. — Voyez Diamant.

E

Ecuelles, escuelles, 33, 650, 658, 743, 865, 903, 921, 942, 943, 944, 945, 946, 947.
Empereur (Image d'un), 475, 643, 760.
Ensensier, 1001.
ENGUERREN, écuyer, VI, 29.
Enfants (Tapisserie à), 681, 704, 713, 723, 730.
Enlevure, anlevure, 751, 765, 784.
Epée. — Voyez Espée.
Ermine, fourrure, 737.
Escarlatte de Brucelles, 826.
— vermeille, escarlatte vermeille d'Angleterre, 84, 169, 173, 175, 225, 254, 258, 266, 278, 284, 300, 301, 310, 311, 312, 313, 319, 328, 333, 341, 345, 348, 355, 359,

368, 370, 374, 376, 379, 737, 826.
Escharpe, 615, 620, 625, 770, 816.
Esclice, sclice, esclipse (Façon d'), 410, 422, 470, 487, 642.
Escots, 724, 816, 844.
Escriptouère, 849.
Escuelles. — Voyez Écuelles.
Escureux, escurel, 357, 711.
— (Ventres d'), 258, 265, 275, 338, 341, 342, 345, 355, 359, 370.
— de Calabre, 294.
— noirs, 301, 348, 355, 362, 373.
Escus, 185, 743.
Escusson, 188, 386, 796, 653, 869, 887, 925, 926, 935.
— de broderie, 10.
Esguière. — Voyez Aiguière.
Esguillettes. — Voyez Aiguillettes.
Esmail, esmaillé, 101, 107, 111, 114, 121, 134, 145, 146, 384, 387, 388, 389, 417, 418, 420, 423, 425, 427, 428, 429, 431, 486, 502, 508, 511, 514, 523, 524, 544, 546, 551, 558, 559, 560, 561, 562, 565, 607, 608, 615, 616, 653, 664, 669, 670, 742, 748, 757, 758, 759, 760, 761, 764, 765, 766, 769, 770, 773, 776, 777, 779, 780, 850, 851, 867, 881, 933.
Esmeraudes, 439, 449, 471, 498, 500, 506, 528, 635, 751, 756, 792, 793, 811, 863.
Espaigne, 765.
Espaigne (Jehan d'), valet d'écurie, 843.
Espée, épée, 18, 74, 120, 125, 134, 139, 149, 453, 770.
— de Behaigne, 16, 24.
— de Bordeaux, 16.
— de Passou, espée de Passo, 27, 29.
Espergès, 964, 996.
Esperle. — Voyez Perle.
Espreuve, 870, 938.
Essai, 962, 963.
Esse. — Voyez *S*.
Estamoie, 429.
Estarge. — Voyez Targe.

Estorcouère, 630.
Estouteville (Jehannet d'), chambellan, 1, 290.
Étoffe de Rains, 285, 286.
Eu (La comtesse d'), 5.
— (Le sénéchal d'), 247.
Eusson, écuyer, 815.
Évangélistes (Figures des), 759, 993.

F

Fatinaut ou Fatinant (Pierre), changeur, 468.
Faugnon (Person de), échanson, XX, 409.
Faulce pière. — Voyez Pierre.
Fayel, vicomte de Breteuil (Jehan de), chambellan, 828.
Fénix. — Voyez Phénix.
Fère (Monseigneur de), 219.
Fermail, 160, 388, 437, 498, 771, 784, 789, 791, 805, 806, 813.
Fermaillet, 501, 615, 790, 807, 925.
Fermeures, 64, 149, 391, 393, 411, 817, 818, 819.
Fermin (Colin), valet d'écurie, 843.
Fermouer, 872, 877, 904.
Fer pour faucons, 854.
Ferrare (Le marquis de), 815.
Ferrure, 855, 933.
— d'or à escailles, 890.
— en façon de larmes, 867.
Fers de lance, 22.
Ferté-Bernard (La dame de la), 8.
Feuillage, 762.
Feuilles d'or, fueilles d'or, 574, 589, 616, 761.
Filé de Paris, 718, 727.
Filleul (Simon), conseiller, LI, 920, LIII.
Filz de Roy (Loys), écuyer, 828.
Fiole, 442.
Flacons, 428, 757, 765, 881, 916, 967, 968, 974, 1004.

FLEURANCE, 198.
Fleur de diamant, 794.
— de lis. — Voyez Lis.
FLORIGNY (Philippe de), chambellan, 70, 140, 172.
Foix (Le cardinal de), 913.
Folle (La), 41.
Fols du Roy et du Duc, 291, 344, 354, 355. — Voyez COQUINET, HANSE LI COQ.
Fondes, 484, 485, 503, 837.
FONTAINE (M. de), chambellan, 764, 765, 796.
Fontaine de Jouvence. — Voyez Jouvence.
FONTAINES (Rigaut de), écuyer, 828.
FONTENAY (M. de), chambellan, 847.
FONTEVRAULT (Mme de), 863, 957.
FORTDOU (Thierry), dit BAZELLE, orfèvre, 816.
FOURNIGUET (Richart), marchand, 867.
Foustanelle, 25.
FRANCONVILLE (Jehan de), maréchal, 843.
Frételet, 433, 442, 606, 610, 651, 660, 662, 664, 665, 766, 769, 774.
Frize, étoffe, 76, 78, 211, 329, 366.
Fueilles. — Voyez Feuilles.
Fustaine, étoffe, 837.

G

Gaignepain, 17.
GAILLART (Mathurin), conseiller, LI, 920.
Gantelet, 22.
Garde bras, 13, 17, 22, 26, 28.
GARNECHINES (Hennequin de), pelletier, 347, 349, 350, 360.
GASTART, maréchal, 843.
GAULES (Le sire de), conseiller, 803, 815.
Gênes, 11.

Genestes (Fleurs et branches de), 30, 355, 377.
— flories (Tapisserie de), 710.
Gésine. — Voyez NOTRE DAME.
Gest. — Voyez Jais.
Gibecière, 72, 924.
GILET, secrétaire, 30.
Glay ou glaïeul (Tapisserie semée de), 701.
Gobelet, 44, 45, 46, 47, 48, 49, 50, 51, 52, 53, 470, 766, 769, 951.
Gorgerette, 180, 187, 199, 203, 214, 220, 236, 375, 381, 383.
Gosses. — Voyez Cosses.
GOURLE (Guy), chambellan, 828.
Graine (Satin en), 226, 276. — Voyez Camelot.
GRANCY (M. de), chevalier, 240.
Grand Credo (Tapisserie du), 686.
Grenat (Pierre de), 786, 811, 878.
Grésillon, 515.
Grèves, chaussures, 13, 22.
Griffon (Pied de), 660.
Gris, crouppes de gris, fourrure, 291, 329, 354, 357, 366, 374, 460, 849.
— brun de Moustiervillier, 232.
— Voyez Moustiervilliers.
Gros de Moustiervillier, 167, 168.
— Voyez Moustiervillier.
GUERLES (Le duc de), 410.
GUEUX (Marie de), marchande, 396, 397, 398, 399, 400, 401, 403.
Guiche de satin, 666.
GUIENNE (Monseigneur de), 837.
GUINGANT (Hugues de), secrétaire, 54, 164, 498.
GUY (Baude de), 813.

H

Hache, 19.
Hainselin, 95, 96, 299.
Hanap, Hennap, 1, 12, 30, 418, 419, 420, 421, 422, 423, 424, 425, 426, 468, 483, 486, 487, 636, 642, 663, 673, 676, 766, 773, 774, 810, 849,

Hanap de madre, 55, 663.
Hanse li coq, fou, 354.
Haquenée baye, 2.
Harmen, 161.
Harnois, 760.
— de jambes, 13, 22.
— de joustes, 14, 821.
Haubergon, 160, 166, 197, 198, 208, 299, 308.
Haulte lisse (Chambre de), 702, 703, 704.
Heaume, 14, 17.
Hennap. — Voyez Hanap.
Henry. — Voyez Daynse.
Hermine — Voyez Ermine.
Héron (Macé), trésorier, 410, 416, 465, 484, 497.
Heuque, 838.
Heures (Livres d'). — Voyez Livre.
Hôtel Saint-Pol. — Voyez Saint-Pol.
Houppelandes, 59, 65, 66, 67, 70, 73, 75, 85, 86, 88, 89, 91, 106, 128, 135, 137, 141, 142, 150, 151, 152, 153, 154, 155, 161, 162, 163, 165, 167, 168, 169, 170, 173, 174, 175, 176, 178, 179, 181, 182, 183, 184, 189, 192, 193, 194, 195, 196, 197, 198, 200, 202, 204, 209, 211, 212, 216, 217, 218, 219, 221, 222, 223, 224, 225, 226, 228, 229, 230, 231, 232, 233, 235, 237, 238, 239, 240, 244, 246, 247, 249, 251, 252, 253, 255, 262, 263, 264, 268, 269, 271, 272, 273, 274, 279, 281, 282, 283, 287, 288, 289, 290, 291, 292, 293, 294, 295, 296, 304, 307, 308, 309, 310, 314, 315, 316, 317, 318, 320, 322, 325, 328, 329, 330, 331, 334, 335, 336, 337, 338, 339, 340, 343, 344, 345, 347, 348, 349, 350, 351, 352, 353, 354, 355, 357, 358, 360, 361, 362, 365, 366, 367, 368, 369, 371, 372, 374, 376, 377, 378, 379, 380, 382, 384, 455, 459, 460, 461, 462, 464, 465, XXXIX, 822, 823,
824, 825, 828, 829, 830, 831, 839, 840, 841, 843, 844, 846.
Hubelin (Jehan), 874.
Huche, 487.

I

Ilet, Il est. — Voyez *Ylet*.
Images, Ymages, 387, 419, 436, 444, 445, 467, 471, 473, 475, 476, 477, 478, 479, 480, 481, 484, 489, 490, 491, 492, 493, 494, 495, 497, 502, 531, 590, 635, 638, 639, 640, 641, 643, 644, 645, 646, 647, 649, 686, 745, XXXIV, 749, 750, 752, 753, 754, 755, 758, 765, 767, 768, 770, 772, 786, 788, 910.
Inde. — Voyez Croix.
Iraigne, yraigne, 373, 832, 833.
— de Bruxelles. 832.
Israel. — Voyez Pierre d'Israël.
Iviry (Le baron d'), 235.
Ivoire, Yvoire, 71, 79, 604, 605, 610,

J

Jacinte, pierre, 900, 911.
Jais, gest, 566, 584, 590, 618, 619, 629, 879, 884.
Jam Roulin (Guillaume), valet, 843.
Jaques, vêtement, 106, 112, 114, 128, 129, 131, 138, 140, 171, 172, 206, 207, 255, 297.
— (Demi), 248.
Jaquet, 879.
Jaspre (Pierre de), 583, 861, 862, 880, 888.
Jehan, secrétaire, 856.
Jennes. — Voyez *Gênes*.
Jennette noire, fourrure, 337, 372.
Jheaume, 26, 28.
Jonchery (Jehan de), receveur des aides, XX, 409.
Jouvence (Tapisserie de *la fontaine de*), 702.
Juch (Le sire de), anglais, 797.

JUSTINES (Raoul de), aumônier, 12.

K

KARAST (Hance) ou CROIST, orfèvre, XII, 79, 84, 85, 88, 91, 92, 93, 109, 110, XIV, 149, 150, 151, 152, 153, 154, 155, 156, 163, 164, 384, 410, XXII, 415, 416, XXIV, 454.

L

LABRET ou ALBRET (Charles de), 233, 242.
LA HEUSE (Baudrain de), chambellan, 828.
LA MER (Manuel de), marchand, 11.
LA MOTE (Regnault de), échanson, 374,
LANCELOT (Tapisserie de), 686.
LANGRES. — Voyez LENGRES.
Laon, 408, 409.
Larmes, lermes, 897, 898, 972, 973, 983, 989.
LA TRÉMOILLE (Monseigneur de), chevalier, 240.
LE BORGNE, valet d'écurie, 843.
LE BOUTEILLER (Guillaume), conseiller, 748, 796.
LEBRET. — Voyez LABRET.
LE BRETON, page, 839.
— (Richard), orfèvre, 12.
LE CAMUS (Thiébaut), changeur, 407.
LECUEUR (Agnès, femme de Rivaut), marchande, 406.
LE DOYEN (Tassin), argentier, 813.
LE DUC (Nicole), conseiller, 815, 847, 848.
LE FEVRE (Godefroy), garde des deniers, 90, 111, 160, 161, 162.
LE FLAMENT (Jean), conseiller, 318, 361, 383, 410, XXII, XXIV, 466, 467.
LE FUZELIER (Étienne), conseiller, LI, 920, LIII.

LE MARESCHAL (Jehan), maitre de la monnaie, 775.
Lendit (Le), 338.
LENGRES (Gilet de), trésorier, 741, 813.
LE PLASTRIER (Hue), valet, 163, 164.
LE PREUDOMME, valet d'écurie, 843.
Lerida (L'évêque de), 466.
Lermes. — Voyez Larmes.
LE SAUVAGE (Beauduet), marchand, 404.
LE SÉNESCHAL (Robert), écuyer et échanson, 55.
Leups, Leus. — Voyez Loups.
Lévrier, 662.
Licorne, 614.
Lieppars (Tapisserie de), 724.
LIGIER (Guillaume), 729.
Lion, 540, 993.
— (Tapisserie à un), 714.
Lis, lys, 404, 405, 441, 663.
— (Fleurs de) 442, 587, 660, 759.
Livre, 666, 877.
— d'Heures, 872, 904.
Logicque (Tapisserie de *la*), 689.
Loirre ou leurre, 928.
Lombardie, 10, 25, XXIII, 453, 463.
Londres, 249, 250, 252, 264, 271, 272, 279, 281, 283, 300, 305, 306, 314, 320, 323, 326, 332, 351. — Voyez Drap noir.
LONNEQUIN, marchand de chevaux, 2.
Loriaut, oiseau, 564.
LORRAINE (Jean, duc de), 851.
LORSIGMO (Poncelet), voiturier, 408.
Losange de diamant, 928, 931.
Loups, Loux, Leus, Leups, 112, 125, 126, 133, 140, 151, 152, 170, 172, 176, 177, 182, 191, 200, 202, 204, 209, 212, 213, 214, 216, 221, 223, 224, 233, 234, 235, 237, 238, 239, 240, 241, 242, 243, 244, 245, 246, 247, 289, 355, 362, 367, 374, 376, 377.
Louppe, pierre, 519.

Lout ou Lut (Jehan de), brodeur, XLVII, 892, L, 912, 913, 923, LIII.
Lubin (Jehan), marchand, 886.
Lucques, 287, 781, XXXVII.
Luxembourg (Le sénéchal de), 357.
Lumelle (La), 71.
Lys. — Voyez Lis.

M

Macé (Jehan), 677.
Maçonnerie (Joyau de), 751, 753, 755, 756, 767, 772.
Madame. — Voyez Notre Dame.
Madeleine (Image de la), 474, 497, 647.
Madre, 55, 124, 631, 662, 663, 664, 674, 676, 849. — Voyez Hanap.
Maille (Pièce de), 94, 160, 174, 180, 187, 193, 198, 203, 208, 290, 308.
Maillot, 328.
Main d'acier, 17, 26, 28.
Maître de la corne de cerf (Le), 860.
Malestrait (Alain et Jehan de), 468.
Mantel, Manteau, 186, 301, 342, 363, 464.
Mariette (Denis), changeur, 1, 2, 334, 373, 383, 384, 650, 743, XXXIV, 751, 788, 804, 813, 849.
Marsaye (Audry), courtier, 773, 774.
Martre, fourrure, 75, 97, 465.
— de Pruce, 290, 318, 320, 325, 330, 340, 346, 352, 361, 368, 369, 463, 464, 465.
— sébeline, 84, 85, 86, 97, 154, 163, 164, 193, 249, 322, 331, 335, 336, 339, 343, 347, 349, 350, 353, 360, 364, 367, 461, 462.
Marueil (Jacob de), pelletier, XXIV, 464, 465.
Maslart (Tapisserie à cols de), 733.
Massonnerie. — Voyez Maçonnerie.
Mauduit (Jehan), tailleur, 180, 199, 215, 236.
Mauronvillé (La dame de), VIII.
Meaulx (Alain), page, 839.

Melleville (Richart de), armurier, 843.
Menetou (Baillage de), 901.
Menuiseries (Petites), 910.
Menu vair, fourrure, 65, 291, 344, 356.
Mertre. — Voyez Martre.
Mirouer, miruer, 499, 746.
Molines d'or (Perles), 762.
Monnaye de Paris (La), 742, 751, 767, 775, 780.
Monseigneur de Bourbon, inscription, 61.
Mont (Jaquet de), armurier, 843.
— (Philipot du), fourreur, 343.
Montbazon (Le sire de) 797.
Montjoye (Le sire de), conseiller, 748.
Mor (Teste de), 544.
Mordant, 114, 149, 391, 393, 411, 454, 808, 812, 817, 818, 819, 933.
Morel (Eustace), maître d'hôtel 373.
Mores (Boniface de), écuyer, VI, 29, 56, 318, 361.
Mors de chappe, 445.
Mortemar (Le sire de), 797.
Moufles de chamois, 849.
Moulins (Tapisserie à), 732, 749, 756.
Moussure (Jehan de), seigneur de Morvilliers, chambellan, 828.
Moustiervillier, 167, 168, 252, 459, 822. — Voyez Drap, Gris-brun, Gros, Vert-brun.
Musc. — Voyez Pomme de musc.
Musset (Simon), conseiller, LI.
Muton (Fouquaut), page, 839.

N

Nalhac (Elyon de), chevalier, 240.
Namur (Guillaume de), chevalier, 26, 297, 317.
Navarre (Le roi de), 773.
— (Pierre de), 297.
Néellé, 568, 588.

Nef, neef, 430, 431, 432, 661, 758, 759, 760, 761, 762, 763, 764, 804, 952. 953.
Ne m'oubliez mie (Fleur de), 769.
NERBONNE (Mme de), 912, 957.
— (Monseigneur de), 893, 908, 910.
NÉRY (Loys de), page, 839.
Neufcastel, 842.
Noir d'Angleterre, étoffe, 65, 178, 189, 190, 210, 229.
— de Londres, étoffe, 250, 252, 264, 271, 272, 279, 281, 283, 300, 305, 306, 314, 320, 323, 326, 332.
Noix d'arbaleste, 62, 501,
NOTRE DAME (Image de), 387, 436, 437, 438, 439, 479, 484, 490, 502, 635, 639, 751, 758, 788.
— (Annonciation de), 437, 440, 747, 784, 785.
— (Couronnement de), 441, 788.
— (Gésine de), 443, 482, 496, 648.
NOTRE SEIGNEUR (Baptisement de), 782.
(Crucifiement de), 449, 781, 782.
— (Image de), 435, 472, 488.
— (Sépulture, Sépulcre de), 449, 751, 781.

O

Oeil de Chat, pierre, 555.
Oiseaux (Tapisserie à), 681.
Oisellés de Chippre, 577.
Ongle de butor, 415.
Or de Chippre, 203.
— racamas, racamas d'or, 291, 356, 456.
— soudis. — Voyez Soudis.
Oreiller, 406.
Orenges (Tapisserie à), 728.
Orengiers (Tapisserie à), 722.
ORGEMONT (Amaury d'). — Voyez Chancelier.
ORLÉANS, 860, 886.

ORLÉANS (Anne d'), 873.
— (Jehanne d'), 795.
— (Marguerite d'), 794.
— (Thierry d'), 910, 958.
Ortie (Plante d'), 850.
Ostade, étoffe, 344.
Ours, 216, 221.
Ovier, 611.

P

Paix, 607, 997, 999, 1003.
Paris, 1, 2, 10, 11, 12, 30, 54, 55, 416, 453, XXIV, 467, 468, 484, 497, 718, 727, 742, 748, XXXIV, 751, 769, 775, 780, 781, XXXV, 804, XXXVII, 813, 814, XLI, XLII, 838, 847, 848. — Voyez Chastellet de Paris, Filé de Paris.
PASSO ou PASSOU (Épée de), 27, 29.
Patenostres, 583, 584, 586, 590, 617, 618, 619, 629, 672, 858.
Pavillon, 738.
— portatif, 721.
— raché d'or, 54.
Penne noire, fourrure, 351.
Pennier, 569.
Perle, Esperle, 41, 42, 60, 61, 93, 110, 165, 178, 181, 193, 197, 218, 219, 231, 287, 385, 420, 421, 422, 423, 424, 425, 426, 433, 434, 435, 436, 437, 438, 439, 440, 441, 445, 446, 447, 448, 449, 450, 451, 452, 455, 469, 470, 471, 472, 473, 474, 475, 476, 477, 478, 479, 480, 481, 482, 483, 484, 485, 486, 487, 488, 489, 490, 491, 492, 493, 494, 495, 496, 497, 498, 500, 503, 504, 517, 518, 528, 567, 579, 583, 584, 591, 594, 596, 597, 598, 599, 606, 618, 630, 635, 666, 667, 672, 675, 745, 746, 747, 748, 749, 750, 751, 762, 765, 766, 769, 770, 771, 773, 774, 781,

782, 783, 784, 785, 786, 787, 788, 789, 790, 791, 805, 806, 807, 808, 809, 811, 812, 813, 837, 892, 924, 925, 926, 927, 928, 929, 930, 935.
Perrier, secrétaire, 803, 847.
Peschin (Jacques du), chambellan, 803.
Phénix, 518.
Pierre (Jacques), page, 839.
Pierre d'Israël, 531.
— faulce, 523.
— fine, pierrerie, 11, 386, 387, 419, 543, 547, 555, 584, 589, 669, 670, 673, 742, 749, 750, 751, 764, 773, 808, 812, 930, 638.
Pillot (Perrin), tailleur et valet de chambre, 57, 73, 84, 85, 88, 89, 91, 92, 93, 109, XV bis, 334, 463, 729.
Pizdoë (Regnaut), changeur, 769, 770, XXXV, 790, 794, 795, 800, 801, 802, 803, 813.
Planchètes, 820.
Plats, 650, 743, 865, 882, 903, 922, 939, 940, 941, 945, 947.
Plattes, 94, 96.
Plitte (Email de), 779.
Poignés, poignets, 191, 201, 213, 224, 291.
Poislon, 950, 965.
Poitrail, 616, 807.
Pomme, 609, 759, 761, 873.
— d'ambre, 579.
— de musc, 594, 893.
Poquet (Pierre), contrôleur de l'argenterie, XIX.
Porc espy, 116, 125, 133, 134, 469, 815.
Porteclef malbrine, 468.
Potier (Thomassin), fourreur, XVI, 373.
Pots, 31, 417, 427, 651, 652, 653, 665, 669, 670, 777, 780, 876, 906, 913, 914, 915, 960, 966, 967, 969, 970, 971, 972, 973.
Poulain (Jehan), receveur des finances, I, II, 10, 11, 12, 30, VIII, 54,

164, 248, 253, 410, XXII, 453, XXIV, 465, 467, XXVIII, XXIX, 633, 743, 748.
Poulette, 563, 616.
Pourpoint, 102, 139, 147, 166, 180, 187, 203, 220, 256, 261, 270, 277, 297, 333, 375, 381, 383, 484, 837.
Prusse, 290, 318, 320, 325, 330, 340, 346, 352, 361, 368, 463, 464, 465, voyez Martre de Pruce.
Puy (Le). — Voyez Saphir du Puy.

Q

Quieret (Manessier), chambellan, 830.

R

Rabot, 498, 500.
Racamas. — Voyez Or racamas.
Rains. — Voyez *Reims*.
Raye (Regnault de), 202.
Recy (du), secrétaire 741.
Reffuge (Pierre du), général-maître, 890.
Regnault de Montauban (Tapisserie de), 686.
Reims, 261, 266, 285, 286, XX, 395, 408, 409, 717. — Voyez Étoffe de Reims, Toille de Rains, Camelot de Reims.
Reine (La), 3.
Reliques, 892.
Reliquière, 387, 438, 441, 593, 599, 602.
Remer (Pierre), trésorier général, XXXIV, 788, XXXV, XXXVI, 814, 815, 848, 850.
Renty (Oudart de), écuyer, 368.
Rivière (Le seigneur de la), 2.
Robe, 897, 898.
— bastarde, 324.
— royale, 319.
Rochez, 15.
Rodes. — Voyez Bullette.

Rois. — Voyez Roys.
Rondeau, 118, 136.
Rondèles. — Voyez Arondes.
Rone (Jehan de), orfèvre, II.
Roquigni (Marguerite de), marchande, 396.
Roses (Tapisseries à), 726, 729, 731.
Rosiers et enfants (Tapisserie à), 713.
Rouge de Neufcastel, 842.
Roussay (Jehan de), chambellan, 318, 361, 383.
Roye (Bastes de), 298. — Voyez Baste.
Roys, rois, roie (Dos et ventres de), fourrure, 309, 310, 311, 314, 327, 355.
Rubis, Ruby, 6, 62, 390, 392, 394, 416, 471, 484, 505, 512, 558, 570, 615, 616, 634, 742, 789, 790, 792, 891, 892, 924, 925, 926, 927, 928, 929, 934, 935, voyez Balay.
Ruissel ou Rinssel (Herman), orfèvre, XIX.
Ruzé (Loys), trésorier, 892, L.

S

S. S Esse double, inscription, 897, 898, 929, 930, 931, 932, 973, 975, 989.
Safir. — Voyez Saphir.
Saignaux, 590, 617.
Saillant (Pierre du), écuyer, 816, XLI, 828.
Saint, vêtement, 924, 933. — Voyez Demi-ceint.
Saint Andry (Image de), 445, 749, 752, 753, 754, 756, 768, 772.
Saint Anthoine (Image de), 480, 492, 644.
Saint-Chartier (M. de), 814.
Saint Christophe (Image de), 590.
Saint Denis (Image de), 445, 473, 638, 815.
Saint Estienne (Image de), 452, 481, 495, 640.

Saint Georges (Image de), 446, 476, 491, 646, 770.
Saint-Germain-en-Laye, 30.
Saint Jacques (Image de), 765, 884.— Voyez Coquilles de Saint-Jacques.
Saint Jehan (Image de), 751.
Saint Jehan Baptiste (Image de), 745.
Saint Jehan l'Évangéliste (Image de), 444, 495, 649.
Saint Loys (Image de), 450, 479, 492, 645.
Saint-Omer, 300, 324.
Saint-Ouen, 1, 2, 334.
Saint Père (Image de), 448, 478.
Saint Pol (Image de), 447, 477, 497, 641.
— (Hôtel), XLI, 838.
Saint Sébastien (Image de), 907.
Saint-Yon (Berthaut de), pelletier, 363, 364, 365, 367.
Sainte Katherine (Image de), 746, 747, 786.
Sainte Madeleine. — Voyez Madeleine.
Sainte Marguerite (Image de), 750, 752, 753, 754, 755, 772.
Sainture. — Voyez Ceinture.
Salière, 433, 469, 606, 610, 637, 654, 914, 964, 984, 985.
Salus d'or, monnaie, 873.
Sancerre (Le Maréchal de), 238, 340, 378.
Saphir, Safir, 7, 36, 38, 386, 419, 421, 422, 423, 424, 425, 426, 437, 438, 440, 441, 444, 445, 447, 449, 450, 451, 452, 453, 470, 473, 474, 475, 477, 479, 480, 481, 483, 484, 506, 519, 541, 542, 567, 593, 636, 637, 638, 639, 640, 641, 642, 643, 644, 645, 647, 649, 677, 742, 745, 746, 749, 750, 751, 756, 765, 766, 769, 770, 771, 772, 773, 774, 781, 782, 784, 785, 786, 805, 806, 808, 809, 811, 812, 813.
— du Puy, 524.

Sarge. — Voyez Serge.
Sarrazin (Tête de), 599.
Sarreau, 49.
Satin, 10, 126, 162, 165, 166, 176, 178, 181, 182, 184, 185, 187, 192, 200, 212, 220, 221, 223, 224, 226, 230, 248, 249, 255, 262, 263, 265, 281, 292, 293, 294, 295, 296, 297, 298, 299, 308, 318, 335, 343, 367, 372, 375, 458, 460, 464, 465, 666, 667, 729.
Sautereau, 562.
SAUVAIGE (Pierre), secrétaire, 743.
 XXXV, 804, 814, 815, XLII, 850.
Sayère (L'hermite de la), 791.
Sceau, 901.
Sclice. — Voyez Esclice.
SECOND, 501.
Sens (L'archevêque de), 804.
Sépulcre, sépulture. — Voyez NOTRE SEIGNEUR.
Serge, sarge, 467, 687, 694, 695, 706, 715, 717, 724, 725, 733, 740.
Serpent, 761, 1004.
— (Langue de), 610, 671.
— volant, 765.
Serpentine, 883.
Serreaux, 49.
SEUGNIN (Jehennin), mercier, XXIV, 455.
Signet, 133.
SIMON (Julien), marchand, 748.
Sinochau, 990.
SIZAIN (Guillaume), conseiller, 741, 813.
Soie, soye, 411, 413, 414, 580, 587, 589, 601, 613, 624, 628, 841.
— d'Arras, 738.
Soissons (L'évêque de), 815.
Sollier, 454.
— d'acier, 22.
Sonnettes, 410, 615, 622, 627, 628, 910.
Sotrin, pierre, 529.
Souage, 655, 662, 670.
Soudant (Façon de), 525.

Soudis (Or), 279.
SYZAIN (Guillaume). — Voyez SIZAIN.
Soye. — Voyez Soie.

T

Tableau d'or, 434, 435, 436, 437, 439, 440, 502, 747, 781, 782, 783, 784, 785, 786, 787, 788, 892.
Tablette de diamant, 927.
TAPAREL (Jehan), receveur des aides, 409.
Tapisserie, tappicerie, 467, 678, 690, 691, 700, 701, 703, 704, 714, 715, 716, 723, 724.
Tappis, 467, 679, 680, 681, 682, 683, 684, 685, 686, 688, 689, 697, 698, 705, 708, 710, 711, 712, 713, 718, 719, 722, 723, 726, 727, 728, 730, 734, 735. — Voyez Bourgoigne.
TARANNE ou TARENNE (Jehan), orfèvre et changeur, 30, IX, XXIV, 751, 757, 764, 765, 767, 768, 772.
Targe, estarge, 414, 446, 770, 907.
Tasses, 32, 466, 612, 659, 775, 776, 780, 803, 848, 914, 918, 919, 951, 959, 962, 987, 988, 989.
Tersignés, 405.
TESTENOIRE (Riqueboule), valet d'écurie, 843.
Teurs (Manière de), 390, 392, 394.
Teurterelles. — Voyez Turterelles.
Theil. — Voyez Chappel.
THEZEUS (Tapisserie de), 698.
THIERRY, secrétaire, 2, 11, 12.
Tigre, thigre, tygre, 150, 192, 197, 367, 380, 384.
Tissu cramoisi, 856.
Toille de Rains, 261, 266, 395, 396, 397.
Topaze, pierre, 548.
Touaillestes, 401.
Touet, 108.
Toulouse, II.
Toupeau argenté, 838.
Tourelle, 764.

Tournoiement (Tapisserie du), 703.
Tranchoer, 955, 980.
TRENTE (Sevestre), marchand, 781, 788.
Trinité (Image de la), 787.
Troche, Trosse, 420, 765, 807, 811, 812.
Trois rois de Couloigne (Image des), 443, 482, 496.
Trosse. — Voyez Troche.
Troye la Grant (Tapisserie de), 697.
Turquoise, 521.
Turterelles, tourterelles, 615, 774.
Tuyaulx d'argent, 824.
Tygre. — Voyez Tigre.

V

Vair. — Voyez Menu vair.
Vannes, 410.
Vans, Vens, 484, 485, 608, 927.
VELORT (Guy de), chambellan, 828.
Velours, Veluau, 59, 67, 150, 151, 152, 171, 172, 178, 179, 181, 184, 186, 188, 192, 206, 210, 216, 221, 233, 237, 238, 239, 255, 263, 269, 271, 274, 288, 290, 293, 294, 299, 316, 317, 322, 325, 346, 347, 357, 363, 365, 367, 371, 378, 380, 382, 384, 410, 455, 460, 461, 464, XXIX, 485, 699, 731, 897, 898, 933.
Venise (Ouvrage de), 424, 453.
Vens. — Voyez Vans.
Ventres d'escureux. — Voyez Écureux.
Véré (Argent), 34, 653, 803, 848, 915, 916, 920, 923, 970, 975, 976, 978, 979, 981, 982, 983, 987, 988, 990, 991, 1001.
Verge, 42, 506, 514, 522, 531, 533, 534, 545, 546, 551, 556, 559, 561, 618, 801, 862.
Vermeil, vermeux (Argent), 1, 12, 30.

Vert brun, étoffe, 823, 825, 829, 830, 831, 839, 840, 841, 843.
— brun de Moustierviller, 822, 824, 827, 828, 835, 836. — Voyez *Moustierviller*.
— d'Angleterre, 304, 324, 354. — Voyez *Angleterre*.
— gai, vert gai de Brucelles, 223, 224, 268. — Voyez *Brucelles*.
VERTUS (Le comte de), 792, 822, 824, 827, 843, 847.
Vervelles, 896.
Vices et Vertus (Tapisserie des), 686, 734.
Vie de vie (Tapisserie de la), 735.
VIEZPONT (Yves de), 156.
VIGNERON (Jehan), conseiller, 857, 866, LI, LIII.
VILLAINES (Le Besgue de), chambellan, 374.
VILLEBRESME (Jehan de), secrétaire du roi, 466, 768, 892, 920.
Viretons, 101, 121, 143, 144, 174.
VIVIER (Jehan de), orfèvre, 111.
Vivier-en-Brie, 813.
VORIN (Jehan), fourbisseur, VI.

W

WYNDESORE, 850.

X

X Y Z, inscription, 107.

Y

Y griez, inscription, 807.
Ylet, Ilet, Il est, inscription, 74, 93, 170, 177, 191, 201, 205, 213.
Ymages. — Voyez Images.
Yraingne. — Voyez Iraigne.
Yvoire. — Voyez Ivoire.
YZABEL (Madame), 484.

INVENTAIRE APRÈS DÉCÈS

DES BIENS MEUBLES ET DES TITRES

DE BARBE D'AMBOISE

COMTESSE DOUAIRIÈRE DE SEYSSEL-LA CHAMBRE

20 août 1574-janvier 1575.

Barbe d'Amboise, fille de Hugues d'Amboise, seigneur d'Aubijoux (1), et de Marguerite d'Armagnac, nièce, par son père, de Georges, cardinal d'Amboise et premier ministre de Louis XII, petite-fille, par sa mère, de Jean d'Armagnac, comte de Cominges, et de Marguerite de Saluces, épousa, le 10 avril 1501, Jean de Seyssel (2), comte de La Chambre (3) et de Leuille, vicomte de Maurienne, chevalier des ordres de France et de Savoie, fils aîné de Louis de Seyssel et de sa seconde femme, Anne de La Tour, fille de Bertrand de La Tour, comte d'Auvergne et de Boulogne, et de Louise de La Trémoille (4); Anne s'était mariée en premières noces à Alexandre Stuart, prince d'Albany, frère de Jacques III, roi d'Écosse; son second mari avait d'abord épousé, le 25 mars 1472, Jeanne, fille aînée et

---

(1) Cantal, arr. Murat, cant. et comm. Marcenat.
(2) Ain, arr. Belley, ch.-l. de canton. — La maison de Seyssel échangea la terre de ce nom, dès le XIIe siècle, avec la maison de Savoie, contre la baronnie d'Aix, depuis érigée en marquisat (Savoie, arr. Chambéry, ch.-l. de cant.).
(3) Savoie, arr. Saint-Jean-de-Maurienne, ch.-l. de canton.
(4) Le mariage de Louis de Seyssel fut conclu le 15 février 1487.

héritière de Louis de Châlon (1), prince d'Orange, et d'Éléonore d'Armagnac, elle-même fille de Jean IV, comte d'Armagnac, et d'Isabelle de Navarre (2).

C'est le père de Louis de Seyssel, Aymon, marié à Marie de Savoie, princesse de Raconix, en Piémont, qui recueillit après la mort de sa mère, Marguerite de La Chambre, mariée, en 1425, à Jean de Seyssel, seigneur de Barjact, maréchal de Savoie, les biens que la maison de la Chambre possédait en Savoie; dès lors la maison de Seyssel, conformément au testament de Gaspard de La Chambre, oncle maternel d'Aymon, dut porter le nom et les armes de la maison de La Chambre.

Jean de Seyssel et Barbe d'Amboise eurent douze enfants, huit garçons et quatre filles : 1º Jean, marié, le 16 décembre 1546, à Aimée de La Balme (3), fille de Jean, comte de Montrevel (4), et de Françoise de Vienne; 2º René, abbé de Corbie; 3º Charles, baron d'Aix, Châtillon (5), Meillonnas (6) et La Bâtie-Seyssel (7), gouverneur des pays de Bresse, Bugey et Valromey, marié à Madeleine d'Avaugour; 4º Louis, abbé de Vendôme, chevalier de Saint-Jean de Jérusalem, grand prieur d'Auvergne, aumônier de Catherine de Médicis, qui possédait le château de Châtillon, inféodé à la maison de Seyssel en même temps que la baronnie de Chautagne; 5º Sébastien, abbé de Corbie, après la résignation de son frère René, puis évêque de Mondovi; 6º Philippe, cardinal, évêque d'Orange; 7º Claude,

---

(1) Saône-et-Loire, ch.-l. d'arr.
(2) On voyait, au xviiiᵉ siècle, au milieu du chœur de l'église des Carmes, à La Rochette, un mausolée, en marbre noir, orné de statues, en marbre blanc, représentant les quatre Vertus cardinales, les douze Apôtres et plusieurs génies symboliques; au-dessus étaient placées les statues, en grandeur naturelle, de Louis de Seyssel et de ses deux femmes, Jeanne, morte en 1483, et Anne, décédée le 13 octobre 1512. (Grillet, *Dictionn. de la Savoie*, art. La Rochette.)
(3) Isère, arr. La Tour du Pin, cant. Crémieu.
(4) Isère, arr. La Tour du Pin, cant. Virieu.
(5) Savoie, arr. Chambéry, cant. Ruffieux, comm. Chindrieux.
(6) Ain, arr. Bourg, cant. Treffort.
(7) Aux portes de Chambéry.

prêtre; 8° François; 9° Béatrix, demoiselle d'honneur de Catherine de Médicis, mariée à René de Bruges, sieur de La Gruthuyse; 10° Etiennette, femme de Louis Costa, comte de Bennes en Piémont et de Pont de Veyle en Bresse (1); 11° Marguerite, qui ne semble pas s'être mariée; 12° Charlotte, qui devint religieuse.

A la mort de son mari, survenue en 1544, Barbe d'Amboise reçut en douaire le château de Chamoux (2); elle y habita peu; à la fin de l'année 1573, elle fit transporter à Chambéry la plus grande partie du mobilier de Chamoux, et c'est dans cette ville qu'elle mourut, le 7 août 1574, chez son petit neveu, Jean de Seyssel, baron de Ruffé et de Montfort (3), gentilhomme ordinaire de la Chambre du Roi, capitaine de cinquante hommes d'armes, fils de Philibert de Seyssel et d'Anne de Lugny, dame de Saint-Trivier (4); Barbe d'Amboise fut inhumée à Chamoux.

La maison de Seyssel porte : *gironné d'or et d'azur de huit pièces*, avec la devise : *franc et leal*. La branche de Seyssel-La Chambre portait tantôt les armes de la maison de La Chambre seules : *d'azur, aux fleurs de lys d'or sans nombre, à la bande de gueules brochant sur le tout*, avec la devise : *Altissimus nos fundavit*, et comme cimier, un paon faisant la roue; tantôt, ces armes parties de celles de la maison de Seyssel. Les armes de la maison d'Amboise étaient : *pallé d'or et de gueules de six pièces*.

Le château de La Rochette était la résidence habituelle des Seyssel-La Chambre.

Un inventaire du mobilier et des titres trouvés à la mort de Barbe d'Amboise, tant à Chamoux qu'à Chambéry, fut dressé du mois d'août 1574 au mois de janvier 1575; c'est d'après une copie contemporaine (registre de 143 feuillets en papier, mesurant 30 c. sur 19), conservée parmi nos archives personnelles,

---

(1) Ain, arr. Bourg, ch.-l. de canton.
(2) Savoie, arr. Chambéry, ch.-l. de canton.
(3) Ain, arr. Bourg, cant. Treffort, comm Cuisiat.
(4) Ain, arr. Bourg, ch.-l. de canton.

au château de Muzin (1), qu'est faite la présente publication. Nous n'avons pas cru devoir reproduire dans son intégralité le texte de l'inventaire; nous nous sommes proposé de ne retenir que les articles présentant un réel intérêt et d'omettre toutes les longueurs et les répétitions, susceptibles seulement de lasser l'attention; nous avons eu soin, d'ailleurs, de toujours indiquer la nature comme l'étendue des coupures ainsi opérées.

Nous ne manquerons pas, en terminant, d'adresser nos remerciements à M. Ernest Coyecque, pour le gracieux concours qu'il a bien voulu nous prêter.

Comte Marc de Seyssel-Cressieu.

INVENTAIRE

DE BARBE D'AMBOISE

S'ensuict l'inventaire solempnel des tiltres et biens treuvés en l'hoyrie de feu madame Barbe d'Amboise, contesse douarière de La Chambre, desquelz elle estoit saysie du temps de sa vie et trespas, faict par moy Francois Trolliouz, secrétaire de Monseigneur en son Conseil d'estat de Savoye et clavaire en sa Chambre des comptes, commissaire en ceste partie spécialement depputé par lettres patentes obtenues en chancellerie, pour et à la requeste de messire Jehan, marquis de La Chambre, chevallier de l'ordre de France, — dame Béatrix de La Chambre, dame de La Gruttuze, — dame Marguerite de La Chambre, contesse du Pont de Vèle et Chastillion de Dombes,—et damoyselle Estienne de La Chambre, tous quattre enfans de lad. dame deffuncte et se disans ses héretiers soubz et avec beneffice dud. présent inventaire et de la loy;

Et ce, en présence, quand aux meubles et tiltres treuvés à Chambéry, de me Claude Masson et Claude Ribet, procureurs desd. héretiers, — et de me Loys Porrod et Amed Poncet,

---

(1) Ain, arr. et cant. Belley, comm. Magnieu.

notaires ducaulx, convenus pour coadjuteurs, — m⁰ Anthoine Combet, Achillin de Villa et Jehan Moret, convenuz pour tesmoings instrumentaires, — m⁰ Bernardin Davidis, Nycollas Trolliouz et Jehan George Brum, convenus pour tesmoings pour les absens, — et honorable Angellin Gynet, Nycollas Grandis et Francisco Planche, marchans, convenus pour estimateurs, — tous bourgeois ou habitans de Chambéry;

et quand aux biens, tiltres et escriptures treuvés à Chamoux, ce a esté en la présence aussi desd. Masson et Ribet, procureurs desd. seigneurs et dame héretiers, et de mons^r m⁰ Jehan Regnaud, s. disant aussi avoir de ce charge desd. dames, — m⁰ Pierre Nautet, notaire ducal dud. Chamoux, prins pour coadjuteur, — et m⁰ Claude Croset et Estienne Savoye, aussi notaires ducaulx dud. Chamoux, et Anthoine Faure, chapp[el]ins servant en lad. maison de Chamoux, et treuvé dans icelle, du lieu de Rotherens (1), mandement dud. Chamoz, convenuz pour tesmoings instrumentaires, — et honorable Anthoine Pavy, dict le Velutier, treuvé dans led. chasteau de Chamoux, où il faisoit sa demeurance, led. m⁰ Nycollas Trolliouz, bourgeois de Chambéry, mon frère et scribe, prins et convenuz pour tesmoings pour les absens, — et révérend m⁰ Jehan Borrain, doyen dud. Chamoux, noble Urbant Ysard, dud. lieu, et noble Henry de Gallis, aussi dud. lieu, convenus pour estimateurs, ainsi que plus amplement est déclairé et contenu par mon procès verbal sur ce faict séparément;

lequel inventaire a esté commencé le vingtiesme jour du mois d'aoust mil cinq centz septante quatre, continué et parachevé, comme cy apprès est contenu, ayant esté au préalable par lesd. dames de La Gruttuze, contesse de Pont de Vèle et de Chastillion de Dombes, et damoyselle Estienne de La Chambre, en leurs présences et par led. Masson, comme procureur et au nom dud. seigneur marquis, invocqué le nom et ayde de Dieu, et au commencement dud. présent inventaire faict

---

(1) Savoie, arr. Chambéry, cant. La Rochette.

de leur main dextre le signe de la croix, disant : Au nom du Père et du Filz et du Sainct Espirit, Amen; et, ce faict, a esté procédé comme s'ensuict :

20 août.

A Chambéry et maison du seignieur baron de Montfort, conte de Montréal, conseillier d'Estat de Monseigneur et président en ses sénatz et chambre des comptes de Savoye, où feu dame Barbe d'Amboyse est décédée :

En la grand sale dessoubz, biens meubles :

1. Septz pièces de tappisserie, dont en y a deux de haulte lice, contenant l'*Istoire de Héléodorus*, [7 aunes sur 4 aunes, à l'aunage de Chambéry].

2. Trois aultres, aussi de haulte lice, contenant l'*Istoire de Pharaon et Moyse* avec les enfans d'Egipte quand passèrentz la mer Rouge, [3 a. 1/2 sur 3 a. ; la troisième, 4 a. 1/3 sur 4 a].

3. Une aultre, aussi de haulte lice, contenant l'*Istoire de Salomon et de la royne de Saba*, [3 a. 1/3 sur 3 a. 1/2].

4. Et l'aultre, contenant l'*Istoyre de Pharaon et de la naissance de Moyse*, [3 a. 1/2 sur 3 a.], le tout cy dessus ouvraige de Flandres.................................. $I^m II^c LIII$ fl. IIII s.

Led. m^e Masson, procureur dud. seigneur marquis, requier, avant que passer plus oultre à l'estimation de la tappisserie mentionnée cy dessus et aultres qui sontz demeurées rières lad. deffuncte, et desquelles tappisseries et meubles elle n'en estoit que usufructuaire et estoit tenue et chargée en faire faire inventaire et description, comme est porté par le codicelle du feu seignieur conte de La Chambre, père dud. seignieur marquis et mary de lad. deffuncte, pour estre les meubles anciens de lad. maison de La Chambre ; et conclud à ce que lesd. dames de La Gruttuse, contesse de Beynes et dame Margueyrite de La Chambre, seurs dud. seignieur marquis, demand^{es}, soyentz interrogées avec serment si lesd. tappisseries cy dessus et aultres qui serontz cy apprès inventorisées, ne sontz estéez des tappisseries et meubles de la maison et chasteau de Chamoux, et si elles, vivant leurd. feu seignieur et père le conte de La Chambre et dame Barbe d'Amboyse, les ontz veues aud. chasteau de Chamoux et si elles n'estoentz des tappisseries et meubles de leurd. feu père et non de lad. dame deffuncte; et que à ce faire elles ayentz à s'en purger par serment, à la poine portée par le droict, pour estre plus que notoire lesd. meubles et tappisseries avoir estez et estre de la maison de La Chambre; pour, leur response faicte, requérir ce qu'il verra à faire; lesd. dames de La Grateuse, contesse de Beynes et damoyselle Margueyrite de La Chambre, présentes et parlans par l'organe de mons^r m^e Benoist Cavet, leur advocat, ontz dict et respondu que, quand ausd. tappisseries, elles estoentz au vivant de lad. feu dame, leur mère, entre les biens par elle possédées et au pouvoir d'icelle et les a laissées avec ses aultres biens en son hoyrie, et sur lesquelles elles prétendentz droict et les indiquent comme estans de l'hoirie; et le parsus desd. informations le passent par non sçavance; led. Masson persiste comme dessus, offrans faire apparoir, en temps et lieu, lesd. meubles appertenir aud. seigneur marquis; et nous, commissaire susd., parties ouyes, leur avons octroyé acte de leurs dire, réquisitions et protestations, pour leur servir et valloir comme de raison, le tout sans préjudice de leurs droictz, pour raison desquelz ilz se pourverirontz comme et par devant qui ilz verrontz à faire; et cependant avons ordonné que lesd. tappisseries serontz estimées par lesd. estimateurs et mises au présent inventaire.

En la seconde chambre sus le dernier de lad. maison.

5-13. Huictz pièces de tappisserie, appellées *parcz verdz*, [dont quatre de 2 a. 1/2 sur 3 a; une de 2 a. 1/2 sur 3 a. 1/2; une de

3 a. 1/2 sur 3 a. 1/4; une de 3 a. 1/2 sur 3 a.; la dernière de 3 a. sur 3 a. 1/2].............................. II^c xx f. x s.

En la sallette dessus.

14-23. Neufz pièces de tappisserie, assavoir septz pièces *parcz jaulnes*, et les aultres deux de *parcz verd*, desquelles pièces de parcz jaulnes en y a cinq à chascune desquelles sontz les armoyries de la maison de La Chambre y cousues et apposées, sans estre de la mesme pièce, [1re : 2 a. 1/3 en carré; 2e : 3 a. sur 3 a. 1/2; 3e : 3 a. 1/2 sur 3 a. 1/4; 4e et 5e : 2 a. 1/3 sur 3 a. 1/2; 6e : 3 a. sur 2 a. 1/2; 7e : 2 a. sur 2 a. 3/4; 8e : 2 a. 1/3 sur 3 a.; 9e : 2 a. 3/4 sur 2 a. 1/4]............. II^c xxxv f. x s

24. Item, une grand table, boés noyer, s'alongeant des deux boutz, ayant ses crochetz, en nombre de trois de chascung costé, avec quattre pilliers tournoyés qui la soubstiennent............................ xxv f.

25. Ung lict à l'impérialle, ferré de ses crochetz de fert et aultres ferreures, boés noyer, et ses pomeaux noir...................... x f.

26. Item, la garniture dud. lict, où couchoit lad. dame deffuncte, de caffas noir à gros grain, avec ses franges de saye noire, et les rideaulx de caffas noir, le tout tirant vingtz aulnes, ayant au dessus sa poincte de vellours................................ I^c xx f.

27. Item, la coeltre dud. lict avec son coussin, le tout de flennes, pesant trente huictz livres............................. xxxv f.

28. Item, ung mattellas de fine layne, estant aussi aud. lict........................... xv f.

29. Item, une catalloigne blanche, ja usée. ... ix f.

30. Item, une trappoincte de taffetas noir, rompue et bien décirée.................. x f.

31. Item, une palliasse dud. lict.......... vi s.

32. Item, ung tappis de Turquie, ja usé, [2 a. sur 1 a.]........................ xlvi f.

En la riesre chambre dessus.

33. Item, une pièce de tappisserie, *parcz verd*, [2 a. 1/2 en carré].................. xxv f.

34. Item, une coeltre et coussin de flennes, pesans centz vingtz livres .... xl f.

35. Item, ung vieulx tappit de Turquie, presque pourry et rompu, de peu de valleur. iii f.

En la grand sale dessus.

36. Une grand vieille pièce de tappisserie, appellée *la Picardie,* fort rompue et gastée, [11 a. 1/2 sur 3 a.]..................... xxxiiii f. vi s.

37. Item, aultre pièce de tappisserie, appellée *parcz verdz*, [2 a. 1/4 sur 3 a.]......... xxii f. vi s.

38. Item, aultre pièce de tappisserie, *parz verdz*, [2 a. 1/2 sur 2 a. 1/4]............. xxv f.

39. Item, aultre pièce de tappisserie, appellée *parcz verdz*, [1 a. 1/4 sur 3 a. 1/2], pour servir au devant d'une cheminée.......... xxxv f.

40-44. Item, quattre pièces de tappisserie, appellée *Odoarde* (1), de plussieurs colleurs, [5 a. sur 3 a.]........................ lx f.

---

(1) *Oudenarde.*

45. Item, aultre pièce de tappisserie, fort petite, de peu de vallour, rompue en plusieurs lieulx.................................. v f.

46. Item, aultre pièce de tappisserie de *l'ystoire d'Hanibal et de Scipion*, [7 a. 2/3 sur 3 a. 1/2]............................ II^c xxx f.

Le marquis de La Chambre prétendait, à l'encontre de ses sœurs, que cette tapisserie appartenait à la maison de La Chambre, « parce que toutes les aultres pièces qui sontz semblables d'Hanibal et Scipion, sontz riesres led. seignieur marquis et à son pouvoir, et laquelle pièce led. seignieur marquis l'a faict porter au chasteau de Chamoux lors que leurs altézes y vindrentz louger, et laquelle dès lors auroit demeuré aud. chasteau de Chamoux et au pouvoir de lad. dame deffunte ». — Dont acte.

47. Item, une malostrue, coultre et cussin, de flenne, pesant centz dix livres.......... xxv f.

48. Item, ung taboret, de longueur d'une aulne, couvert de tappis vellour à façon de Turquie................................ v f.

49. Item, une table, bois noyer, s'ouvrant par le milieu, ferrée de ses barres de fert, avec ses triteaulx...................... vii f.

50. Item, aultre table, bois noyer, comme la susd., ferrée, ayant ses triteaulx.......... vii f.

51. Item, aultre table, boés noyer, sus quatre pied rondz tournoyés............. vi f.

52. Item, ung rosaire de plomb, garny de sa couppe, sans pied, pesant unzes livres de plomb, et la couppe deux livres, et le treppié de cuyvre, garny de fert, six livres.......... iii f. vi s.

53. Item, une aultre coultre et coussin, la flenne toute rompue, pesant septante une livres................................ xviii f.

Dans le galletas au dessus des chambres neufves.

54. Item, ung vieulx garniment de lict, faict en tappisserie, avec frenges en verdure, fort vieulx, usé et rompu presque partout.......... x f.

55. Item, une aultre vieillie tappisserie de lict, mais moindre que la susd. et plus vieillie et plus rompue...................... iiii f.

56. Item, une pièce de rideaulx de sarge rouge, jaulne et verd, fort usé et rompue... i f.

57. Item, aultre vieillie tappisserie, laquelle est tellement rompue et gastée, presque de nulle valleur....................... vi s.

58. Item, aultre vieillie pièce de tappisserie, aussi de peu de valleur, rompue et gastée............................ i f. iii s.

59. Item, aultre pièce de tappisserie, en verdure, aussi rompue en plusieurs endroictz............................ vi f.

60. Item, aultre vieillie pièce de tappisserie, à verdure, jaulne et verd, rompue et fort gastée............................ iii f.

61. Item, aultre vieillie tappisserie, en verdure et jaulne, de peu de valleur........... ii f. vi s.

62. Item, aultre vieillie tappisserie, aussi rompue partout...................... x s.

63. Item, aultre vieillie tappisserie, à personnaiges, fort rompue et cassée.......... i f. viii s.

64. Item, aultre vieillie tappisserie, à verdure et jaulne, rompue presque partout.... iii f.

65. Item, aultre vieillie tappisserie, à personnaiges à l'anticque.................. xxv f.

66. Item, aultre vieillie tappisserie, aussi à personnaiges, fort rompue presque partout.. | VIII f.

67. Item, une couverte vieillie, en tappisserie d'Overgne.......................... | I f.

68. Item, aultre vieillie tappisserie, à verdure et jaulne, toute rompue.............. | III f.

69. Item, des *parcz verdz* pour banchère, fort rompu en plusieurs lieulx............ | I f. VIII s.

70. Item, aultre tappisserie pour banchière, à personnaiges........................... | X f.

71. Item, aultre banchière de tappisserie, à personnaiges........................... | X f.

72. Item, aultre vieillie banchière, de *parcz jaulnes*, rompue et de peu de valleur....... | III s.

73. Item, aultre tappisserie vieillie et rompue, faicte à personnaiges................ | II f.

74. Item, aultre vieillie tappisserie, à personnaiges, toute presque rompue.......... | II f.

75. Item, ung couvert de lict, avec ses frenges, de sarge, et ung pendent, aussi de sarge, le tout de peu de valleur............ | I f.

76. Item, cinq pièces de tappisserie, de sarge blue, semée de bastons avec calliotz (1) à feu, au milieu desquelles sontz les armoiries de La Chambre et Aix en alliance, avec deux griffons, et leur timbre, toutes de mesme pareure, en nombre de quattre, estimées à vingt cinq escus, oultre la pièce qui est de la mesme parure, et est tellement rompue qu'elle est de nulle valleur et partant comprinse avec les aultres, encoures que si elles estoentz en vente, à peine s'en pourroit trouver led. pris, pour ne servir sinon en la

---

(1) Cailloux.

maison de La Chambre, causant lesd. armoiries .... I^c xxx f.

77. Item, quattre pièces de tappisserie, en coutrepoincte de thoille, picquées, à personnaiges en ystoire, dont en y a deux grandes et aultres deux moyennes.................. II^c f.

78. Item, ung grand tappis de Turquie, presque tout neufz, [3 a. 1/2 sur 1 a. 3/4]..   L f.

79. Item, aultre tappis de Turquie, rompu, [3 a. sur 1 a. 1/2], vieux, cassé et rompu en trois lieulx ....   xv f.

80. Item, quattre aulnes vieux tappis de Turquie, aussi de peu de valleur, rompus en plussieurs endroictz....................   x f.

81. Item, aultre vieulx tappis de Turquie.   vii f.

82. Item, ung tappis pour soubzpied, aussi de Turquie, [2 a. 1/2 sur 1 a. 1/2].........   x f.

83. Item, ung parement d'hostel pour ciel, de vellours cramoysi, semé de fleur de lis en broderie d'or, avec ses frenges de soye rouge et verde................................   xxx f.

84. Item, une couverte de tappisserie, en personnaiges, de l'ouvraige d'Ouvergne, fort vieillie.................................   iiii f.

85. Item, aultre tappisserie d'Oulvergne, aussi à personnaiges, fort vieillie et usé.....   iiii f.

86. Item, la garniture d'ung lict de vellours verd et vellours en brodderie, à fondz d'or et brocardz, appellé *le lict des fagotz*, avec ses soubassemens, et l'entour du lict ayant ses frenges de soye rouge et verdz, avec aussi une petite frenge de filz d'or, led. soubassement tirant quattre aulnes, les pantes, en cinq pièces, tyrans neufz aulnes trois quartz, le doussier tirant une aulne

trois quartz de longueur et une aulne demy
tiers de largeur, le ciel tirant deux aulnes de
longueur et une aulne deux tiers de largeur,
les rideaux de damas orenge et noyr, en trois
pièces, contenans douze damas, tyrant vingt
quattre aulnes, rompus en quelques endroictz. v^e f.

Les sœurs du marquis de La Chambre signalent l'existence de quelques autres tapisseries entre les mains de leur frère, l'abbé de Vendôme, au château de Châtillon.

21 août.

87. Item, une petite catolloine (1) rouge.. vii f.
88. Item, la garniture d'ung lict carré, faict
à mode impérialle, de bocassin blanc, garny
de frenges à fillet blanc et lacz d'amours, avec
ung rideau............................... xxx f.
89. Item, ung petit pavillion de fustaine,
à petit grain d'orge figuré, tout blanc, avec
ses ouppes fil blanc...................... x f.
90. Item, ung vieulx ciel de sarge noire,
avec ses frenges, doublé de thoille blanche,
de peu de valleur........................ ii f.
91. Item, des vieillies serpillières de thoille. iii s.
92. Item, ung rideau de sarge verde, rouge
et jaulne, de peu de valleur............... viii s.
93. Item, une vieillie coultre, moytié de
flennes et moytié toille, pesant trois quarte-
rons.................................... xviii f.
94. Item, aultre coultre de flennes, avec
son coussin, pesant cinquante septz livres.. xv f.

---

(1) Catalogne, couverture de lit.

En une caysse de boix tillier, cottée par lettres : B V C nº 7, ontz estés treuvés les meubles suyvantz :

95. Premièrement, une tappisserie de damas viollet, avec les armoyries de La Chambre et Seyssel, tenues par deux griffons, faict en broderie d'or, et leurs timbres à callioux de feu d'or, [28 a. 1/2]............ Iᶜ LXXI f.

96. Item, deux aultres pièces de tappisserie, de mesme estoffe que la susd., [14 a. et 21 a.], qui sert d'ung dossier, doublées toutes trois de bouqueran..................... IIᶜ X f.

97. Item, trois aultres pièces de tappisserie, de taffetas viollet, avec leurs flambeaux de toille d'or, et une simple armoirie au milieu, [deux de 21 a. et l'autre de 12 a.], toutes trois doublées de sarge noire................. Iᶜ LXII f.

98. Item, ung dossiel de lict, de deux draz d'or et deux vellours cramoysi, tirant le vellours trois aulnes et le drapt d'or aussi trois aulnes........................... LXXV f.

99. Item, septz escussons de vellours viollet, semés de fleurs de lys d'or de Bollogne, ung aultre escusson de mesme, tout cassé et presque gasté......................... XXXII f.

100. Item, deux carreaux de vellours rouge, à ramaige d'or, cassés................... X f.

101. Item, aultre carreaulx de vellours viollet, semé de fleur de lis d'or de Bologne. X f.

Le marquis de La Chambre prétendait, contre ses sœurs, que « iceulx meubles et tappisseries sontz des anciens de la maison de La Chambre, comme appert par lesd. excussons et armoyries du feu seigneur conte Amé de La Chambre et de Jehan de Seyssel, dict de Borjact... »

102. Item, en lad. quaisse plusieurs pièces de broderie pour ornemens d'église :

103. Premièrement, deux *Maries*, à fondz bleux et cramoysi;

104. Item, aultre pièce contenant plussieurs animaulx tant terrestres que aquaticques, champeages (1) et eaux, et deux grandz arbres, garnis de fruictz, surpassans;

105. Item, trois grandz arbres, en une aultre pièce;

106. Item, aultre petit arbre, en une aultre pièce séparé;

107. Item, la *Création d'Eve;*

108. Item, la figure d'*Adam et Eve;*

109. Item, la figure de *Saincte Genefviève;*

110. Item, la figure de *Saincte Barbe;*

111. Item, aultre petit arbre séparé;

112. Item, deux pièces de *Soleil* et *Lune*, en sattin blanc;

113. Item, ung cameau, avec la teste d'ung asne..................... .... 1ᶜ xl. f.

114. Item, le garniment des tappisseries des *Septz Vertus*, lesquelles sontz estées treuvées en plusieurs pièces, comme s'ensuict :

115. Premièrement, la figure de *Prudence*, ayant ung horologe sus la teste et des lunettes à la main gauche;

116. Item, aultre grand figure, appellée *Espérance;*

117. Item, aultre figure grande, appellée la *Foy*, ayant ung pellican sus la teste;

118. Item, aultre figure, appellée *Justice*, tenant une espée en sa main ;

---

(1) Paysages.

119. Item, aultre grand figure, appellée *Charité*, pourtant une église sus sa teste;

120. Item, aultre figure, appellée *Espérance*, portant une gallère sus sa teste, une fossille et lanterne en ses mains;

121. Item, aultre figure, appellée *Force*;

122. Item, aultre figure, appellée *Hermite*;

123. Item, aultre figure, appellée *Dieu le père*, dez la sainctúre en hault;

124. Item, aultre figure représentant ung homme mort, dez la sainctúre en hault;

125. Item, la teste du *Roy couronné*;

126. Item, aultre teste d'aultre roy;

127. Item, une bottine en broderie rouge;

128. Item, une jambe blanche;

129. Item, une cuysse et jambe avec une bottine d'or .... III^c IIII f.

130-137. Huit pièces de damas vert, semées de branches de grenadier, en broderie, « avec deux armoyries de La Chambre et d'Amboyse de deux costés, tirant tréze aulnes et ung tier de damas » .... 426 f. 8 s.

Béatrix de La Chambre réclamait ces tapisseries, qu'elle prétendait lui avoir été données par sa mère; le marquis de La Chambre les déclarait, au contraire, faire partie des « anciens meubles » de la maison paternelle.

138. Item, ung garniment de lict à spéres et chardons en broderie, vellours noér et damas verd et entretaillieure de fil d'or, et à chascune des pantes d'icellui sontz en broderie deux lettres, assavoir J et B (1), en neufz pantes, comprins le soubassement, tenans diz septz aulnes et demy quart; le ciel

---

(1) Initiales de Jean de Seyssel et de Barbe d'Amboise.

dud. lict tirant deux aulnes de longueur et une aulne trois quartz de largeur; le dociel dud. lict tirant une aulne deux tiers de largeur et une aulne ung tier d'haulteur ; la couverte dud. lict, de damas verdz, tirant treizes aulnes trois quartz.................. VIII^c XX f.

139. Item, ung tappit de vellours verd, avec ses frenges, tirant douzes aulnes, doublé de taffetas verd........................... LX f.

Réclamé par Béatrix et Marguerite de La Chambre comme leur ayant été donné par leur frère, décédé, l'abbé de Corbie, ce que nia le marquis de La Chambre.

140. Item, ung dossiel appellé dez, de drapt d'or, vellouté noyr, tirant seizes aulnes, avec des frenges en quelques endroictz, d'or faulx et soye noyre, doublé en aulcungs endroictz de damas orenge et noir.................... II^{cc} XL f.

141. Item, une pante de lict, de mesme parure, de drapt d'or, avec ses frenges au fondz, [2 a. sur 1/2 aune].................. XXX f.

142. Item, une aultre dossiel dez, de mesme parure que le susd. et de mesme contenance de séze aulnes, et touteffois ung peu plus neufz que le cy dessus................... II^{cc} LVI f.

143. Item, ung tappis drapt d'or, pour servir à l'ostel de l'église, de mesme parure, mesmes frenges que le susd. dez, tirant trois aulnes de longueur...................... XLV f.

144. Item, aultre pante de lict, drapt d'or mesmes, comme les susd., tirant trois aulnes trois quartz........................... XLVI f. III s.

145. Item, aultre pante dez [de] lict, mesme parure et drapt d'or que les susd., aussi sans frenges, tirant trois aulnes ung tiers........ L f.

146. Item, ung ciel de lict de vellours rouge

et drapt d'or, avec ses pantes et frenges de trois costés, tirant six aulnes de drapt d'or et aultant de vellours........................ 1ᶜ xx f.

Les articles 140 à 146 étaient, d'après le marquis de La Chambre, en désaccord avec ses sœurs, « des anciens meubles de la maison de La Chambre ».

147. Item, trente deux pièces de personnaiges, en broderie, fil d'or et soye, servans pour une tappisserie appellée *la bergerie*, comme s'ensuict :

148. Premièrement, une bergière avec son chappeau de lourier, tenant les deux mains sus la teste d'ung bergier, son bonnet à la main; lesquelz sontz imparfaictz, l'ung pour le regard d'une partie de la jambe, l'aultre la main et le pied; la quenoille et le fuzeau aussi imparfaictz, et la houllette aussi imparfaicte; lad. broderie en or, vellours et soye;

149. Item, la figure d'un bergier ayant son holeste, sa gibessière et costeau, tout faict aussi en broderie comme le susd.;

150. Item, aultre figure de bergier fol, ayant ung baston en sa saincture, aussi en broderie, tout parfaict;

151. Item, aultre bergier fol, revestu d'ung capichon rouge, tenant une des mains et bras sus la teste et l'aultre sus l'estomach, ayant aussi sa houllette entre les deux bras, tout parfaict, aussi en broderie;

152. Item, ung aultre figure de bergier jouant au fol et tenant une des mains à la joue et l'aultre sus la teste, estant parfaict, saufz le pied droict, qui n'est que à demy;

153. Item, une bergière avec son voyle sus la teste et tenant l'une des mains au devant du

visaige et l'aultre main aussi haulcée, parfaicte entièrement, aussi en broderie;

154. Item, la figure d'aultre bergier, tenant son houlette aux deux mains, aussi tout parfaict, en broderie;

155. Item, aultre figure de bergier, ayant le visaige torné contre l'air et tenant son holette à la main, et l'aultre levée sus sa teste;

156. Item, aultre figure de bergier, tenant l'une des mains avec le doig eslevée devant la bouche, et l'aultre bras estendu;

157. Item, une aultre figure de bergière, ayant les yeulx bochés et bandés d'ung voyle, l'ung des bras estendu, et en l'aultre une saincture, au bout de laquelle est attachée une grolle (1) pour jouer;

158. Item, ung aultre bergier, en mesme broderie, jouant entre ses bras d'une grande cornemuse;

159. Item, ung aultre bergier, aussi en broderie, tenant en l'une des mains ung astrolabbe en triangle, et entre l'ung des bras son oulette;

160. Item, ung aultre bergier, tenant l'ung des bras estendu en hault, et soubz l'aultre son oulette, revestu d'ung chappeau de sattin bluz;

161. Item, une aultre figure de bergière, tenant entre ses bras ung tillier et tiltrant ouvraige (2), ayant en teste une harmèle;

162. Item, une aultre figure de bergier, tenant l'une des mains haulcée, et à l'aultre

---

(1) Savate.
(2) Bergère faisant une corde avec de l'écorce de tilleul.

main son houllette, son chappeau de sattin rouge;

163. Item, une bergière, ayant sa quenoille au costé et le fuseau en la main, assize;

164. Item, une aultre figure de bergière, tenant ung chappeau rouge de vellours, où elle attachoit ung boucquet, estant assize et n'apparoissant que l'une des jambes;

165. Item, une figure d'aultre bergier fol, sans jambes, tenant ung flacon pendu et accroché à ung baston;

166. Item, aultre figure de bergier, tenant son hollette ranversée et une gibessière en sa saincture, y deffailliant entre le col et l'espaule une pièce;

167. Item, une holette avec une boteille et bezasse;

168. Item, demy hollette de bergier;

169. Item, la teste d'une femme, avec son voyle de sattin blanc;

170. Item, ung jeusne garson, n'ayant despuis la saincture en bas que une cuysse et demy jambe;

171. Item, la figure de *Saturne,* despuis la saincture en hault, tenant à l'une des mains ung enfant et à l'aultre une faulx, dont yl n'y a que le manche;

172. Item, la planette de *Satigittaire,* n'y apparoissant que deux jambes;

173. Item, une femme eschevellée, despuis l'amburit (1) en sus, que peult estre le signe de *Virgo*;

---

(1) Nombril.

174. Item, le signe de *Jupiter* coronné, despuis l'amburit en sus;

175. Item, le signe de *Mars*;

176. Item, le signe de *Luna*;

177. Item, une main où n'y a que quattre doibs;

178. Item, deux testes de matins, ayantz leurs colliers en broderie;

179. Item, le toit du bergier, où y a figure d'une bergière dormant et le commencement d'une roue, et le reste imparfaict............ III^m v^c f.

180. Item, trois pièces de rideaulx de taffetas rouge, verd et jaulne, [1 a. 3/4 sur 1 a. 1/2], et sontz tachées en plussieurs endroictz.... xxv f.

181. Item, le parement d'ung ostel, pour l'église, de damas rouge, semé de feuilliatz d'or, avec une bande de broderie bleue et blanche, [2 a. sur 3/4], rompue et cassée... 20 f.

182. Item, une aultre semblable pièce que la susd., avec touteffois ses frenges de soye rouge et noyre de l'ung des costés, de mesme contenance................................. xxii f.

183. Item, deux carreaulx, de mesme estoffe et pareure................................. xl f.

184. Item, trois pièces de rideaulx, de taffetas verd, jaulne et rouge, [9 a.], rompues en plusieurs endroictz et fort tachées....... xv f.

22 août.

185. Ung petit coffre à bahu, lequel a esté treuvé cachetté du seel et armoiries de Son Alteze; par auctorité du seignieur juge maje de Savoye ou son lieutenant, a esté par nous ouvert et decachetté, et dans lequel a esté

trouvée la veysselle d'argent cy apprès spécif-
fiée, estimée par lesd. estimateurs, à ce
appellé honorable Pierre Fabri, orfebvre de
la présente ville :

186. Premièrement, une bassine d'argent
en façon d'hovalle, avec son estuy de cuyr,
doublé de drapt verd, en laquelle sontz les
armoyries de La Chambre et d'Amboyse més
parties, [4 marcs 1/2 once]............... I^c LII f. IIII s.

187. Item, dix huictz plactz d'argent,
aussi marqués desd. armories de La Chambre et Amboyse més parties, [36 m. 1/2 et
3/4 o.]................................. I^m III^c LXXII f. III s.

188. Item, dix assiètes d'argent, aussi marquées de mesmes armoyries de La Chambre
et Amboyse, avec leur bourse de peau
blanche, oultre lesquelles lesd. damoyselles
ontz dict en avoir une entre les mains de
honorable Pierre Faure, orphèvre, pour
racoultrer, parcequ'elle estoyt rompue; ce
que led. Faure, présent, a confessé pour estre
de mesme pareure que les susd., [1 m. moins
8 deniers]; et les susd. dix assiètes pesantz
neufz marc trois onces six deniers....... CCCLII f. VIII s. III quartz.

189. Item, une esguière, aussi d'argent,
dourée, avec son couvercle au dessus, auquel
y a les armoyries aussi de La Chambre et
Amboyse, escartellées, avec son estuy de
cuyer, [2 m. 1/2]......................... IIII^{xx} XIII f.

190. Item, une sallière d'argent, dorée, avec
son couvercle, sans marque ny armoyries,
aussi garnies de son estuy, [1 m. 5 o. 1/2]... LXIII f. III s. I q.

191. Item, une aultre esguière d'argent,
faicte en ovaille, avec son couvercle, marquée
des armoyries de La Chambre et Amboyse,

avec son estuy de cuyr, doublé de drapt verd, [3 m. 1/2 o.]...................... Iᶜ XIIII f. x s.

192. Item, une assiette d'argent, garnie de sa sallière et coquonnière (1), lad. sallière ayant son couvercle, et lad. coquonnière sans couvercle, marquée des mesmes armoyries de La Chambre et Amboyse, [1 m. 1 o. 15 d.]..................... XLV f. I s. I q.

193. Item, ung drageon (2) d'argent, les bordz dourés, presque neufz, à deux moyens, aussi marqué des mesmes armoyries de La Chambre et Amboyse més parties, avec son estuy de cuyr, doublé de verd, [2 m. 6 o. 15 d.]..................... Iᶜ VI f. III q.

194. Item, une tasse d'argent, dourée, avec son couvercle et son estuy de cuyer, non marqué, [1 m. 2 o. 18 d.]............ L f. IIII s. II q.

195. Item, ung quocumard, aussi d'argent, avec son couvercle, non marqué, [1 m. 5 o. 3/4].......................... LXIX f. I s. II q.

196. Item, ung pot beccu (3), aussi d'argent, ayant son couvercle, les bortz dorés, marqué des mesmes armoyries de La Chambre et Amboyse, [2 m.]............ LXXV f.

197. Item, une sallière d'argent, avec ses bortz dorés, non marquée, [7 o. 21 d.]..... XXXVI f. XI s.

198. Item, ung porte plat ou treppier, aussi d'argent, [1 m.]...................... XXXVII f. VI s.

199. Item, ung escoumoire, aussi d'argent, [1 o. 3/4]......................... VIII f. II s. I q.

200. Item, une forquette, aussi d'argent, [10 o.] IIII f. VIII s.

201. Item, ung petit drageoir, couvercle,

---

(1) Récipient pour concombres.
(2) Drageoir.
(3) Terminé par un bec.

avec une petite cueillière, aussi d'argent, sans armoirie ny marque, [1 o. 15 d.].......... VII f. VII s. 1 q.

Réclamé par Béatrix.

202. Item ung chauffelict, aussi d'argent, avec son couvercle, sans armoyrie ny marque, [4 m.]........................ 1ᶜ L f.

203. Item, une coultellière de cuyr, dans laquelle sontz deux cousteaux larges motz (*sic*), garnis de leurs marche d'yvoire, d'argent doré, avec les branches aussi d'argent doré, et six aultres couteaux moyens, ayans aussi chascung leur manche d'yvoire et la garniture d'argent non doré des deux butz, avec aussi une forquette, aussi d'argent, sans y comprendre lad. forquette, [16 o.]............ XVI f.

204. Item, ung horologe de cuyvre doré, avec son estuy...................... XX f.

205. Oultre lesquelz meubles d'argenterie cy dessus et aultres estans dans led. bahu, lesd. dame et damoyselles ontz exhibé et indicqué une escuelle, oreilles d'argent, avec sa cueillière aussi d'argent, qui estoit pour le service de lad. dame deffuncte, leur ᵉre, [1 m. 2 o. 18 d.]........................ L f. IIII s. II q.

Le marquis de La Chambre réclamait les articles 185 à 205 comme lui ayant été donnés par sa mère, témoin un reçu du 25 août 1574; ses sœurs prétendaient, au contraire, que cette argenterie provenait de l'abbé de Corbie, qui l'avait donnée à leur mère. Le marquis faisait observer que ces pièces étaient aux armes parties de La Chambre et d'Amboise, preuve qu'elles avaient appartenu au comte de La Chambre; les sœurs répliquaient, en maintenant leur dire, que ces armes avaient pu être gravées sur l'ordre de Barbe d'Amboise.

206. Item, deux petitz paremens d'oustelz pour l'église, d'ung bon espand de largeur, où sontz figurés vingt deux ymaiges, aussi

treuvés dans led. bahu que dessus; et oultre ce, deux escussons vieux, l'ung des armoyries de La Chambre et l'aultre aussi desd. armoyries de La Chambre et Amboyse escartellées, en broderie .... ⅠⅠⅠⅠ f.

Led. couffre à bahu...................... ⅠⅠⅠ f.

207. Item, ung aultre couffre à bahu, dans lequel a esté treuvé les pièces cy après désignées :

208. Premièrement, ung canevas, qui est trassé de layne noyre à trois soleilz, et est commencé à ouvrir (1) en cappiton, pour faire ung tappis .... xv f.

209. Item, quarante six carrés de canevas pour couvertz de taboretz, qui sontz seulement desseignés en noér.................. xix f. ⅠⅠ s.

210. Item, une aulne de sattin blanc, [de] Bourges, avec troys listes au dessus de trippés de vellours noér, en broderie, imparfaictes, et dient que c'est pour servir à l'église de Chamoux............................. v f.

211. Item, cinq aulnes de bendaige, aussi de sattin blanc de Bourges, couvert de trippé de vellours noyr et filz blanc, en broderie, que lad. dame avoit aussi donné pour servir à l'église................................ x f.

212. Item, trois quartz de sattin blanc, où sontz trois listes touttes imparfaictes........ ⅠⅠⅠ f.

213. Item, deux paremens en broderie, pour servir à deux chaires, sus sattin verd de Bourges............................. xx f.

214. Item, dix escussons en broderie, couronnés, dont en y a deux avec leur devise,

---

(1) Ouvrer, travailler.

dont les septz sontz des armoiries de La
Chambre et Amboyse més parties, et les trois
des armoyries de La Chambre, aussi données,
comme ontz rapporté lesd. dames et damoyselle, par lad. feu mère, pour servir à la chappelle de Chamoux........................ xl f.

215. Item, six aultres escussons vieux,
aussi en broderie, des armories de La Chambre, et ung aultre bien petit escusson, aussi
des armories de La Chambre, fort cassés... xiiii f.

216. Item, une ymaige sur cuyr doré, contenant *la Résurrection de Nostre Seigneur
Jésu Christ*........................ vi f.

217. Item, une ymaige de *Sainct Pierre*,
en yvoire, à cinq pilliers, enchassée en une
caysse de boés........................ x f.

218. Item, aultre ymaige de *Nostre Dame
allaytant son filz Jhésus,* sus boés, à huylle. 3 f.

219. Item, une petite gallière de verre,
rompue, estant dans une petite boette...... vi s.

220. Item, ung tappis de Flandres, désigné, qui est rouge et blanc, rompu en aulcungs endroictz........................ ii f. vi s.

221. Item, ung aultre tappis, aussi de
mesme estoffe, rompu en plussieurs endroictz. ii f. vi s.

222. Item, ung cruxifix, dont la croix est de
hébenne, la furniture et le crucifix d'yvoire.. v f.

223. Item, trois popées .... xviii s.

224. Item, ung pennatz en soye, à façon
de fleurs .... ii f.

225. Item, ving trois rozettes de mesmes
fleurs, pour lieure (1) de teste............ ii f.

226. Item, ung petit pegnier à vergettes,

---

(1) Lien.

dans lequel a esté treuvé une popée de irecorne et une petite popée en breceau et ung petit sizeau, doré et gravé.................. III f.

227. Item, ung estuy de paignez, desgarny, couvert de vellours verd, ja fort sale..................................... II f.

228. Item, ung miroir rond, garny d'yvoyre, sus une colonne de boés noyr............. I f. III s.

229. Item, ung aultre miroir, servant de grand berucles (1) à lyre, et deux aultres moindres................................ II f.

230. Item, une branche de coral à trois branches, rompu en plussieurs endroictz... I f. III s.

231. Item, ung poinson noér, courbe, à faire la verse................................. III s.

232. Item, ung pignoer de thoylle rare, ouvré de fil blanc et dentellettes à l'entour, rompu en plussieurs lieulx............... X f.

233. Item, ung mochoir ouvré de soye jaulne et bardé avec soye et filz d'argent.... II f.

234. Item, ung petit coffret où les menues besoignes susd. estoentz serrées, qui est couvert de sattin vert de Bourges en broderie, doublé au dedans de damas vert, avec sa petite clefz et serrure .... XII f.

235. Item, une boette dans laquelle il y a des fleurs en filz de soye, or et argent faulx, et sontz imparfaictes...................... V f.

236. Item, ung pagnier dans lequel y a une petite boette dans laquelle il y a ung jeu d'écheptz, partie d'yvoire et partie de buyz et partie hébenne............................ VI f.

237. Item, une aultre petite boette, dans

---

(1) Bésicles.

laquelle y a quinzes pettittes balottes (1) yvoire avec dix petites pièces de popée et deux aultres qui sontz de terre.............. viii f.

238. Item, ung livre intitulé : *Second livre d'architecture,* par Jaques Androuet (2), couvert de parchemin blanc et bien relié en bonne forme........................... xi f.

239. Item, ung taffetas rouge, semé d'or, [1 a. 2/3 sur 1/3]...................... v f.

240. Item, demy tiers sattin rouge, avec trois rozes d'or quiclan (3), en broderie dessus............................... ii f. vi s.

241. Item, plussieurs pièces de drapt d'or, frizées, lesquelles pezées par led. Fabri, orphèvre, ontz estées treuvées de poix de dix marcz trois onces, comprins la doubleure, qu'est de taffetas..................... i^c xxiv f. vi s.

242. Item, aultre pièce de toille d'or, [7 o.]. x f. vi s.

243. Item, aultre pièce de toille d'argent, [8 m. 6 o.]........................... lxxxvii f. vi s.

laquelle pièce de thoille d'argent lesd. dames et damoyselle ontz dict estre de leurs robbes qu'elles ontz heu de la Royné de France, ce que led. Masson, procureur aud. nom, a nyé.

244. Item, led. couffre à bahu, où estoentz les pièces susd........................ iii f.

245. Item, aultre couffre à bahu, aussi cacheté comme les aultres susd., dans lequel a esté treuvé les meubles suyvantz :

246. Premièrement, quatre pièces en bro-

---

(1) Petites balles.
(2) Jacques Androuet du Cerceau, *Second livre d'architecture,* etc. Paris, 1561, in-fol., fig. Cf. Brunet, *Manuel,* I, 279.
(3) Clinquant.

derie sus sattin blanc de Bourges, parfaictes, [3 a. 1/2].................................. vi f. ix s.

247. Item, une ymage de verre, où est *la Nonciade*, ung *Esse homo* et deux *Nostres Dames*, garnies à l'entour d'une broderie d'or faulx, à l'entour de vellours noir doublé de vieulx sattin noir........................... iii f.

248. Item, six pagniers, partie desquelz yl y a des pomes et aultres petites besongnes de peu de valleur............................ xv f.

249. Item, ung surpellis de thoille blanche, garny de poinctes de fil à l'entour, my usé.. x f.

250. Item, une *Samaritaine* d'yvoire, avec deux pilliers de boés Bresil................ v f.

251. Item, ung pagnier dans lequel il y a douzes assiettes de verre viollet, avec deux escuelles de mesme verre .... x f.

252. Item, neufz boettes vernisées, l'une dans l'aultre............................ iii f.

253. Item, ung escheveau, avec ung jeu de billiard, le tout d'yvoire................ x f.

254. Item, deux petittes boettes d'yvoire, dans l'une desquelles il y a aultre petite boette d'yvoire, et en l'auttre plaine de getz d'yvoire; ensemble aultre petite boette vernisée, plaine de getz d'yvoire............. vi f.

255. Item, ung bendaige faict en broddorie d'or faulx, de damas verd, [4 doigts sur 2 a.]. iii f.

256. Item, une petite boette de quarton paincte, dans laquelle yl y a deux petitz gobelletz de terre .... i f. vi s.

257. Item, une aultre boette vernisée, dans laquelle il y a un jeu d'échept d'yvoire et boés de hebenne .... v f.

258. Item, deux aulnes et demy de ben-

daige de damas verd, en broderie de cordellier .... iii f. ix s.

259. Item, aultre bendaige de damas verd, en broderie de cordellier, [5 a. 1/2]......... v f. vi s.

260. Item, une boette dans laquelle il y a plusieurs petites bestes faictes d'or faulx, avec deux petitz vazes de verre et une tasse, aussi de verre................................. x f.

261. Item, une petitte boette à vase d'yvoire, avec son couvercle.............. ii f.

262. Item, neufz petitz livres de pappier rouge, dans lesquelz il y a d'or battu....... x f.

263. Item, dans ung pappier il y a vingt six pièces petites, faictes en broderie, toutes raportées.................................... x f.

264. Item, ung petit couffre, couvert de petit sattin jaulne, en broderie faulce....... i f.

265. Item, une gorgière à l'anticque, de thoille rare, couverte en quelques endroictz de soye viollette et fil d'or .... ii f.

266. Item, deux bourses de vellours, avec ses espingliers de gris et noyr............. v f.

267. Item, une petite ymaige de toille appellé *Caritas*............................. vi s.

268. Item, le portraict de l'altèze de *Madame*, non estimé.

269. Aultre portraict, de la royne *Helizabet, royne de France* (1), non estimé.

270. Item, unzes rozettes d'or, à lyer les cheveulx .... xi s.

271. Item, aultres deux portraictz, serrans ensemble, à l'enticque....................... i f.

272. Item, une effigie de l'ymaige *Saint*

---

(1) Élisabeth d'Autriche, femme de Charles IX.

François, en thoille et huyle.................. v f.

273. Item, deux jeux de jouées d'yvoire, pour jeu de femmes........................ III f.

274. Item, ung tablier d'yvoire et boés d'ébenne............................... v f.

275. It..., aultre tablier à jouer, de boés, ossé (1) d'yvoire, et sa ferrure .... II f.

276. Item, ung petit coffre, à ouvraige de Paris, vernissé........................ VIII s.

277. Item, deux pommes muscattes, huydes (2)................................ II f. VI s.

278. Item, ung flacon de masticq, rompu, non estimé, attendu qu'il ne peult servir à rien.

23 août.

279. Dans ung aultre coffre vieulx, à bahu, fermant à une serreure, ontz estez trouvés les meubles suyvantz :

280. Premièrement, deux pacquetz de layne d'ainyaux, torce, meslée de colleure, [8 livres]............................. XVI f.

281. Item, ung chappeau à l'anticque, de penne de soye carmoysie, doublé de sattin rouge................................ v f.

282. Item, trois aulnes de canevas pour ouvrer............................... I f. VI s.

283. Item, dans une quaisse boix sappin, trois pignes d'yvoire, avec une petite forquette et ung poinson de fert.................. v f.

284. Item, dans une aultre boette où il y a ung vaze et du fillet dedans............ III f.

---

(1) Rehaussé.
(2) Vides.

285. Item, l'*Arbre de la généalogie de la maison de France*, en parchemin.......... VI f.

286. Item, des frenges verdes, incarnat et aultres colleurs, [1 l. 1/2], toutes de layne... III f.

287. Item, une gorgière faicte à lactz d'argent faulx et filletz blanc............... 8 s.

288. Item, une ymaige de *Véronique*, sus crespe.......................... XV s.

289. Item, le portraict de *l'Arche de Noet*, en deux grandz pièces, contenant quattres ystoyres................................ X f.

290. Item, deux aulnes de *crotexque*, en toille paintes........................ II f.

291. Item, le portraict du feu seignieur *conte de La Chambre*, en pappier charbonné, non estimé.

292. Item, le pied d'une vieillie beste appellée *hélan*, non estimé.

293. Item, ung jeu d'écheptz, de boés rouge et blanc, avec ung viret et leur boyte. VI s.

294. Item, *l'Arbre et descendence de la maison d'Amboyse*, en pappier, non estimé.

295. Item, une pièce de divers *portraictz de femmes*, en thoille.................. III f.

296. Item, trois pièces de drapt d'or frizé, avec soye rouge et viollet, [18 o.]......... XXII f. VI s.

297. Item, plussieurs pièces, attachées ensemble, de vieulx vellours rouge......... I f. VI s.

298. Item, led. couffre à bahu où estoentz les meubles susd..................... II l. VI s.

299. Item, ung aultre petit coffre rouge, doublé de taffetas verd, dans lequel ontz estées treuvées plusieurs pièces, canevas et patrons, avec aultres petites besoignes de femmes.

300. Premièrement, une bande de vellours noyr avec lettres en broderie, où il y a : *Vive Savoye*.................................... i f. iii s.

301. Item, demy aulne de sattin noyr.... v f.

302. Item, deux bourses de soye rouge, une petite et l'aultre assés grande, ayans leurs cordons de soye floret, avec ung jeu de tables d'yvoire et boés de colleur......... v f.

303. Item, ung petit escusson et armoiries en broderie faulce, couronné et entrelassé des armoyries de La Chambre et Amboyse... vi s.

304. Item, cinq pièces de *portraictz de chasse*, en pappier........................ ii f. i s.

305. Item, neufz aulnes de canevas estroict. iiii f. vi s.

306. Item, septz aulnes d'aultre canevas large, à couldre et fère tappisserie.......... viii f. ix s.

307. Item, une bande de rasoir, soye rouge, partie ouvrée à feuillage, or et argent faulx. v f.

308. Item, deux petitz manchons à femme, de thoille d'argent frizée, [7 o.]........... viii f. ix s.

309. Dans lequel couffre ontz estées aussi treuvés plussieurs aultres menues besoignes des femmes, lesquelles, reveues particulièrement pièce par pièce, ontz estées treuvées estre de si peu de vallour qu'elles ne méritentz estre inventariées et estimées ; led. coffre a esté estimé..................... iiii f.

310. Item, dans ung aultre coffre à bahu, où ontz estées treuvées les besoignes suyvantes :

311. Premièrement, ung coffre d'yvoire, fermant à crochetz, doublé de toille verde, et au fond y a ung jeu de tablier, et le dessus est troué, et dans icelluy troz se met ung dévoydeur, lequel aussi a esté treuvé parfaict,

avec ses bastons, aillies (1) et broches, le tout d'yvoire; pareillement une quenoille dans une petite scatolle (2), en plussieurs pièces rapportées, et semblablement ung jeu de quilles avec la boulle, le tout d'yvoire, et certain dez pour le jeu de tablier, aussi d'yvoire. xxv f.

312. Item, le portraict de feu *Monseignieur le conte,* père desd. seigneur et dames héritiers, en huylle, et mollures dorées à l'entour, ayant l'ordre de France, non estimé.

313. Item, ung extraict de la *Généalogie de la maison d'Amboyse et alliance d'icelle,* contenant quattorzes feullietz virans, non estimé.

314. Item, une popée de bergerie, ayans bergiers et bergière, avec plusieurs animaulx et ung arbre, le tout fil de soye et fil d'or et argent faulx, avec son estuy de carton...... v f.

315. Item, aultres dix popées, dans une quayssette de boés, avec ung bocquet de corne, qui est dans du quarton............ xxx s.

316. Item, aultre popée d'une lictière, dans laquelle sontz trois damoyselles et ung fol, les chevaulx devant et dernier (3), et les deux pages dessus, avec six élicornes, en filz de soye, or et argent faulx, avec sa thoillette de taffetas changeant, et son estuy de carton... v f.

317. Item, en chastulles (4) de boys huictz popées de terre...................... v f.

318. Item, huictz vieillies popées fort gastées et deux pagniers d'or quiclan faulx, dans

---

(1) Ailes.
(2) Étui.
(3) Derrière.
(4) Étuis.

une chatulle.................................. i f. iii s.

319. Item, dans une aultre boétte de bois, ung parc de brebis, en fil de soye, or et argent faulx, avec deux popées, et le bergier au milieu jouant de la cornemeuse............ v f.

320. Item, ung coffret de sattin rouge, couvert en broderie de filz d'or et argent faulx, avec sa clefz et serreure, dans lequel n'a esté treuvé aultre que une chaine de verre noér, rompue................................... vii f.

321. Item, ung melon de carton, dans lequel sontz plussieurs fruictz comme raysins, poyres, prunes et aultres fruictz painctz, faictz de terre ou carton................. i f. iii s.

322. Item, ung traversiè[re] de lict, de thoylle blanche, ouvré de soye noyre, ja vieux et usé............................... v f.

323. Item, aultre traversière de lict, ouvré de soye rouge et ung peu de filz d'or par le milieu................................... v f.

324-325. Une nappe damassée, 6 a. 1/2 sur 2 a. et cinq serviettes damassées, réclamées comme propriété de Béatrix.............. 34 f. 8 s.

326-329. Quatre nappes, toile de lin, dont trois à la petite Venise.................... 200 f. 5 s.

330. Item, une ymage de pappier contenant *la Création du monde*, colée sus thoille..... i f. viii s.

331. Item, *les douzes Mois*, en quarte.... ii f.

332. Item, unzes pièces de figures de princes, avec leurs estuictz, enchassées et couvertes de verre............................. xiii f. ix s.

333. Item, dans ung sac de thoille où a esté treuvé plussieurs receptes pour curations de maladies, lesquelles revisitées par le menu, n'y a esté treuvé chouse qui serve à l'hoyrie.

334. Led. coffre où a esté remis les choses cy dessus.................................... v f.

335. Dans ung grand coffre à baheu, lequel a esté treuvé cacheté, et après le seau levé, ouvert avec sa clefz, a esté treuvé dans icelluy les chouses suyvantes :

336. Premièrement, ung cassignet (1), couvert de sattin verdesin, avec ung passemant doré, d'argent, à jour à l'entour, et doublé dedans de mesme sattin, quy s'ouvre à clefz, avec sa serrure, dans lequel a esté treuvé ung jeu d'eschetz moytié yvoyre et moytié hében, dourés, avec quatre petites boéttes, dans lesquelles sont amplies de grez d'yvoyre; l'aultre appellé jeu de dabmin (2) et l'aultre jeu de quilliers; et en l'aultre ung jeu de martes (3), le tout yvoyre................. xxx f.

337. Item, troys chandelliers argent, à flambeaulx, marqués des armoyries de La Chambre et d'Amboyse, escartellées, [8 m. 6 o. 1/4].. III^c XXIX f. III s. II q.

338. Item, unes *Heures* en latin et françois, touttes lavée dedans, à compartimens et dourée, au dessus aussy a compartimens.... II f. VI s.

339. Item, une image à *Véronicque*, en toélle.. III f.

340. Item, une aultre pièce (de) vielle, paincte en toélle, où il y a plusieurs personnages de diverses sortes, de visages différens, [2 a. sur 1 a.]........................ VI f.

341. Item, aultre pièce vielle, paincte en toélle, où est escript : *Ante legem sub lege*, et soub *gracia*, avec les quatre évangélistes

---

(1) Coffret.
(2) Jeu de dames.
(3) Jeu d'osselets.

aux quatre coings............................. vi f.

342. Item, une bande de rasoir de soye rouge, faicte en broderie dessus, à folliaige d'argent faux d'Allemaigne, et en quelques endroictz d'or fin avec soye verde, avec ses oppes de cappiton rouge, [5 a. 1/3 sur 1/4]. xxvi f. viii s.

343. Item, ung petit pavillion de vellours, à fons de sattin viollet, avec ses armoyries entrelassées de La Chambre et Amboyse, coronées, en broderye, avec son pomeau de boéx dessus, dorée, et à l'entor d'icelluy une broderie à jour d'or, argent, cuiqlet faulx. xxv f.

344. Item, une chappe de velours rouge bran, avec ses offres et cappe en broderie d'or, où sontz dépainctz six *sainctz*, ensemble les *armoyries de La Chambre et de La Grateuse*, et à la chappelle dernière, une *Adoration des roys*, et au pied ung petit escusson où sontz les *armoyries de La Chambre et Amboyse;* doublée lad. chappe de bocquerain rouge............................. 1ᶜ L f.

345. Item, ung parement d'otel, de vellours rouge, tout cassé, où il y a en broderie d'or troys *soloires* et au milieu le *Crusifix,* et aux deux costés *Nostre Dame* et *Sainct Jehan,* avec quatre armoyries coronées, en broderie, où sontz les *armoyries de La Chambre et aultres,* escaltellées........................ xL f.

346. Item, ung petit pavillion d'aultel, de vellours rouge et viollet, avec certains petitz carreaulx de toille, argent et or rapportés, sur lesquelles il y a une lettre *J* et *B*, avec ses frenges de soye rouge au dessoub.......... xxx f.

347. Item, ung vieux devant de banchier, de vellours bluet, semé de flor de lix et une

barre à travers, doublé de cuyr, tout cassé et rompu.................................... x f.

348. Item, trois couvertes de carreaulx, de vellours bleux, semés de fleur de lix en broderie, la barre au milieu, en forme des armoyries de La Chambre, tout cassé et rompu... xv f.

349. Item, trois aultres petitz carreaux, drap d'or, figure de vellours rouge, tous cassés et rompus, de peu de valleur........ xv f.

350. Item, deux aultres petitz carreaulx, brochés de fil d'or, doublés le dessoubz de penne de vellours rouge, tout usé, rompu et cassé... xx f.

Légués, au dire des héritières, à l'église de Chamoux.

351. Item, deux petit carreaulx de toille ouvragée en lettres entrelassées, l'une desquelles est or et argent sus soye bleue, et l'aultre mise sus canevas, en capiton blanc, noir et incarnat............................. xxx s.

352. Item, le coffre à bahue où estoient les choses susd............................. IIII f.

353. Item, dans ung aultre petit coffre à bahu, doublé de taffetas verd d'aue, où a esté treuvé les choses suyvantes :

354. Premièrement, une livre et demy de capiton................................... VII f.

355. Item, ung livre, couvert de vellours rouge, ayant des franges jaunes à l'entor, de soye, intitullé : *le Livre de l'ordre du très crestien roy de France Loys unziesme, à l'honneur de Saint Michel*, escript en parchemin de vélin ; au premier feuilliet sont despainctes les armoyries de La Chambre, avect plusieurs figures dorées, non estimé.

356. Item, une livre de soye platte, de plusieurs colleurs.................... xx f.

357. Item, une bourse en broderie, d'or, d'argent et soye verde et jaune, avect ses courdons et ouppes de mesmes que dessus.. xx f.

358. Item, aultre bourse ronde, faicte à esguille, soye et argent, cordon et ouppes de soye cramoysie...................... IIII f.

359. Item, une petite boette d'yvoire blanc, avect son couvercle, dans lequel a esté treuvé une bouette de pussette (1) et ung callemard (2) de cuyvre doré, avect ung aultre petit coffres couvert de petittes bandes et de marques de perles, dans lequel n'y a esté rien treuvé; aultre petit coffre d'yvoyre, avect sa ferrure. xv f.

360. Item, une bande de demy aulne de longueur et ung quart d'aulne de largeur, ouvrée à esguille, de soye de diversses coulleurs, le fondz d'or, toute parfaicte en brouderye..................................... xx f.

361. Item, ung carreau de toille en broderye, de capiton, de plusieurs coulleurs, avect lettres entrelassées, inperfaictes....... II f.

362. Item, aultres deux toilles de carreaulx, aussi inperfaictes, de cappiton............ II f.

363. Item, neuf toilles de canevas à couldre, pour carreaux, desseignés................ XVIII s.

364. Item, demy aulne aultre canevas blanc, non desseignés........................ IIII s.

365. Item, unze petites ymages en brouderies, servantz à ornemens d'esglise, fort vyellies.............................. I f. x s.

---

(1) Peut-être du pastel pour teindre en écarlate.
(2) Long couteau.

366. Item, ung petit tillyer d'yvoire, à faire ovrage, avect ung petit carreau de toille de garze jaune, qui estoit sus led. tillier, inperfaict.................................... v f.

367. Item, six pièces de *testes Sainct Jehan*, d'argent, fort minces, avect ung agneaux d'or en verre.. ii f.

368. Item, ung petit vaze de verre avect son covercle.. vi s.

369. Item, ung estuy de syzeaulx pour femme, avect sa garniture de fert doré au dedans et cordons de soye.................. iii f.

370. Item, quatres peaux d'ocquaigne (1).. iiii f.

371. Item, ung vieux collet de gorgière, avect filz d'or, fort salle...................... xv s.

372. Item, deux bandes de vellours noir, doublées de sattin blanc, descouppées à jour, tirant demy aulne............................. i f.

373. Item, en deux pacquestz, en l'ung, franges de soye, de diversses colleurs, et l'aultre, de soye platte d'Espaigne............ viii f.

374. Item, une petite *Heure*, où est descripte la Passion, couverte de vellours noir et mornées (2) d'argent, avect son cordon de fil d'argent et soye noyre...................... xxx s.

375. Item, une gibessyère de sattin rouge, donct le dernier servant d'esguillier, avect ung petit cordon noyr............................. x s.

376. Item, trois quartiers de franges d'or, pesant demy once, et trois flottes de soye bleue et orangée................................ iii f. vi s.

377. Item, ung petit coffre, couvert de vel-

---

(1) Nous ignorons le sens de ce mot.
(2) Bordées.

lours verdz, avect son garniment de cuyvre,
sans clefz, et n'a esté rien treuvé dedans.... i f.

378. Item, une bouette d'yvoyre, donct les
bordz dessus et dessoubz sont garnis d'arcquemye (1) et dans laquelle n'a esté rien treuvé. i f.

379. Item, ung petit pagnier de vergettes (2), dans lequel n'a esté rien treuvé que la
bouette sus désignée........................ vi s.

380. Item, ung pars de manchons de toille
rare, cousue avect or et soye, vieux et usés.. iii f. vi s.

381. Item, ung petit tablier de heubenne
et yvoyre, garni de ses tables blanches et
noyres .... vi f.

382. Item, une aulne et ung quart de toille
de gaze, et de largeur d'ung tier............ ii f.

383. Item, deux bandes de toille blande (3),
[2/3 et demi sur un demi tiers], chascune
ouvrées de filz d'or, soye blue, rouge et
verde, perfaicte .... xl f.

384. Item, aultres deux bandes de toille
blanche, de mesme longeur et largeur, et
touteffois en différens ouvraiges............ xl f.

385. Item, demy aulne de gaze jaulne,
barré de blanc .... i f.

386. Item, trois aulnes, bandes de damas
verd, de quatres doibz de large............ i f.

387. Item, une aulne et quart de gaze, soye
crue, ouvrée, de cappiton vyollet et jaulne.. i f. vi s.

388. Item, led. coffre, doublé de sattin
[de] Bourges, verd, fermant à sa clefz...... v f.

389. Item, aultre petit couffre, couvert de
vellours rouge et doublé de sattin rouge,

---

(1) Nous ignorons le sens de ce mot.
(2) Panier tressé.
(3) Blanche.

dans lequel sont esté treuvés quarantes trois pièces tant poponnes (1) que bocquetz de filz de soye et or quiclet, faulx............ ..... xxvi f. iiii s.

390-403. Dans un coffre à bahut : 17 « linceulx » dont 3 de « toille d'Olandre », 3 de toile blanche, 7 de grosse toile neuve ; une grande nappe, à la petite Venise, futaine blanche, écarlate rouge, « deux attifez de satin noir, avect leurs doubleures de toille et ung collet de taffetas noir, pour femme, doublé de futayne », 6 douzaines de petites serviettes, 4 aunes de « rasoir (2) ».

404. Item, deux capperons de vellours noir, avect ung pars de manchons de caffas noyr, dans ung estuy à tenir chapperons à femmes. xiiii f.

405. Item, ung mortyer de métal, avect son demy pison (3) rompu, [5 l. 1/2]........ ii f.

406. Item, ung jeu appellé *le Babo* ou bien *le Regnard*............................. xiii s.

407. Item, ung grand tablyer, garny de ses carreaux d'yvoyre....................... ii f.

408. Item, deux grandes malles de cuyr, avect trois forratons (4) de cuyr et une payre de bougettes (5), aussi de cuyr............ L f.

409. Item, la lytière et ardes des mulletz, avect tout son attellage, laquelle n'a esté estimée pour n'avoir treuvé estimateurs qui l'ayent sceu estimé; touteffois se sont offert la représenter.

410-418. Meubles trouvés dans la cuisine.

---

(1) Pièces d'or.
(2) Petite serge.
(3) Pilon.
(4) Valises.
(5) Autre sorte de valises.

24 août.

419. Premièrement, ung livre, relié, couvert de mouton noir, deux lignes dorées au bourgz, intitulé: *Omnium Seẓarum* (1) *verissime imagines*.......................... xx

420. Aultre livre, relié, en parchemin, vélin, couvert de polz et vieux sattin tout usé, appellé: *Le livre Mandevie*, en vieux langaige françois (2)................................ xv s.

421. Item, aultre livre, relié, couvert de bazanne rouge, intitulé: *Cathollogue des très illustres ducẓ et conestables de France, despuis le roy Clostayre, premier du nom, jusque au roy Henry deux* (3).................. xx s.

422. Item, aultre livre, relié, couvert de bazanne noyre, intitulé : *Le premier livre d'Amadis de Gaulle*, vieux et usé, et ung aultre intitulé : *Le second livre*, et aultres : *Le quatrième livre d'Amadis* (4)............ xxx s.

423. Iem, aultre livre, relié, couvert de parchemin, intitulé : *Les Institutions astronomicques* (5)............................... xx s.

424. Item, aultre livre, relié, couvert de bazanne verde, en langue espaignolle, intitulé : *Los quatro libros del conto Salvo*..... xv s.

425. Item, aultre livre, relié, couvert de parchemin, intitulé: *L'Arbre de vie de la tré sacrée et triumphant croix de Nostre Sei-*

---

(1) *Corr.* Cesarum.
(2) De Jean Dupin. Cf. Brunet, *Manuel*, 1860-1865, II, 891.
(3) De J. Le Feron. Cf. Barbier, *Dict. des ouvr. anonymes*, I, 524.
(4) Cf. Brunet, *Manuel*, I, 206 et suiv.
(5) De J.-P. de Mesmy. Cf. Brunet, *Manuel*, VI, 483, n° 8223.

gneur Jésu Christ.................... XV s.

426. Aultre livre, couvert de poz et bazanne jaune, intitulé : *Margareta philosophia nova* (1)............................ XXX s.

427. Aultre livre, relié en veaux rouge, intitulé : *Cronnicques de Savoye*.......... XX s.

428. Item, unes *Heures* en parchemin, relié en veaux noir, avect une ligne dorée à l'entor des bortz, et sont éliminées............. v f.

429. Item, aultres *Heures* en parchemin, reliées, couvertes de poz et bazanne rouge, donct les ymages sont éliminées.......... v f.

430. Item, ung *Nouveau Testement*, en grec et latin, couvert de bazanne noyre..... I f. VI s.

431. Item, une *Heures* en latin........... v s.

432. Item, ung petit *Saultier*, relié et doré. x s.

433. Aultre livre, relié de poz de bazanne noyre, intitulé : *Emy (sic ?) Alberty Magny*, etc., avect ses fermoirs.................. IIII f.

434. Item, une vielles *Heures* en ryme... VI s.

435. Item, le livre appellé : *Le Songe de vergier* (2)........................... v s.

436. Aultres *Heures Nostre Dame*, en françois, parafrazées........................ x s.

437. Ung vieux *Stil*, couvert de parchemin. VI s.

438. Ung petit *Saultier*, en esbreu, couvert et relié................................ IIII s.

439. Aulcungs *Saimes de David*, en petit volume, relié........................... III s.

440. Ung livre intitulé : *Pronostication Littem Berget* (3)....................... v s.

441. Ung petit *Saltier*, relié, couvert de

---

(1) De Georges Reisch. Cf. Brunet, *Manuel*, IV, 1200.
(2) *Le songe du Vergier*. Cf. Brunet, *Manuel*, V, 439.
(3) Jean Lichtenberger. Cf. Brunet, *Manuel*, III, 1071.

peau rouge................................... VI s.

442. Ung livre, couvert de parchemin, intitulé : *Paccio beneficiorum*, de Rebuffin.. II f. VI s.

443. Item, la *Concordances des quatres évangélistes*, relié et couvert de rouge...... X s.

444. Item, aultres livre intitulé : *Spera mondy* (1), relié en bazanne noyre.......... VIII s.

445. Aultre livre intitulé : *Geographia Galliani*, relié en bazanne noyre.............. V s.

446. Aultre grand livre en musicque, appellé *le Gradual*, qui est pour servir à l'église, et dict led. Ribet pour lesd. dames et damoyselles qu'il a esté tiré de l'église collégialle de Chamoux, où leur intencion est de le remettre, et par ce n'a esté estimé yci.

447. Aultre livre de papié, espatté, estimé, pour estre couvert de parchemin........... I f.

448. Aultre aussi de papié, espatté, couvert de parchemin........................... VI s.

449. Aultre livre intitulé : *La Cirurgie de Théophastres Paracelse* (2), couvert de parchemin...................................... VIII s.

450. Aultre livre, couvert de parchemin, intitulé : *Le grand propriétayre* (3), où est treuvé le nom de Claude de La Chambre... XX s.

451. Aultre livre, couvert de parchemin, intitulé : *Regule musicales* (4)............. VIII s.

452. Aultre livre, couvert de parchemin, intitulé : *La Mareschallerye* (5)........... XX s.

---

(1) *La Spera mundi*, de Gregorio Dati. Cf. Brunet, *Manuel*, II, 527.
(2) Cf. Brunet, *Manuel*, IV, 357.
(3) De Barthélemy de Glanville. Cf. Brunet, *Manuel*, II, 1619.
(4) Cf. Brunet, *Manuel*, VI, 610, n° 10130.
(5) De Laurent Rusé. Cf. Brunet, *Manuel*, IV, 1464.

453. Traité des *tesmoings;* — aultre petit traité des *receptes;*

454. Aultre petit livre intitulé : *Directoyre des planettes;*

455. Aultre des *Œuvres de Francois Vyollon* (1);

456. Aultre intitulé : *Archadam* (2);

457. Aultre intitulé : *Gélodayrie amoreuse;*

458. Aultre intitulé : *La Propriété du vinaigre;*

459. Aultre intitulé : *Les Paradosses* (3);

460. Aultre intitulé : *Le Parementz des dames* (4);

461. Aultre intitulé : *Le Manuel callendrier;*

462. Aultre intitulé : *Le Voyaige du roy Charles;*

463. Aultre intitulé : *Le Pédagogue d'amours;*

464. Aultre intitulé : *La Guyde des chemins* (5);

465. Aultre intitulé : *Petit traiter des receptes;* estimés tous, l'ung comportant l'aultre, II s. la pièce.

466. Item, ung petit livre, couvert de peau noyre, intitulé : *Les Cinquantes deux Salmes de David*........................ II s.

467. Aultre livre intitulé : *Paraphrase de l'astrolabe*, couvert de parchemin......... VIII s.

---

(1) François Villon.
(2) Arcandam astrologus. *De veritatibus et prædictionibus astrologiæ.* Cf. Brunet, *Manuel*, I, 380.
(3) Cf. Brunet, *Manuel*, IV, 361.
(4) D'Olivier de la Marche. Cf. Brunet, *Manuel*, III, 783.
(5) De Charles Estienne. Cf. Brunet, *Manuel*, II, 1808.

468. Autre livre, couvert de parchemin, intitulé : *Manuale medicorum*, et aultres livres concernans la médecine............ x s.

469. Aultre petit livre, relié, couvert de veaux, frippé, intitulé : *Libri prophetarum*.. IIII s.

470. Aultre livre, couvert de bazanne rouge, intitulé : *Fasciculus temporum* (1)........ VIII s.

471. Item, une tablatture de *Luc*......... IIII s.

472. Item, *L'Amant résuscité de la mort d'amour*, couvert de parchemin............ VIII s.

Lesquelx livres cy dessus, après que honnorable François Pomard, imprimeur et librayre, a presté serment entre les mains de moy comissaire susd. soubsigné, ont estez par luy estimé, comme cy devant est contenuz.

473-619. Inventaire des papiers.

543. Une liasse contenant trèze pièces, où sont contenuz plusieurs arbres, généalogies et décendences de la maison de La Chambre, d'Albanie et de Bolongne.

620. Comparant le sieur de Regnauld, lequel a dict que pour monstre de la bonne foy desd. damoyselles héretières, lad. dame de La Gratuse déclère que lad. dame deffuncte, sa mère, longs temps avant son déceps, lui auroit donné et remis en signe d'icelle donnacion une sienne bague appellée *l'estoille*, en laquelle sont enchassée en or sept dyamans, donct les six sont à ondes, à forme d'estoille, et despuis, lad. dame, par acte prins par devant notaires et tesmoingtz, confirmant lad. donnacion, luy auroit d'abondant faict donnacion d'icelle bague, laquelle pour n'y rien recellé, combien qu'elle ne soit de l'hoyrie, et semblablement unes *Heures* en parchemin, illuminées, faictes en ovailles, couvertes de vellours noir avect placques, bours, fermeaux et deux boclettes d'argent doré, lesd. placques contenans une devise entrelassée, dont on peult tirer plusieurs lettres, et le fermeau, avect lettres *J* et *B* entrelassé; et encoures

---

(1) De Werner Rolewinck. Cf. Brunet, *Manuel*, II, 1186.

aultres *Heures,* illuminées, aussi couvertes de vellours noir, avect une grande riotte et quatre teste de mastachin ès quatre coings de chascun cousté et deux fermeaux, le tout d'argent doré : lesquelles *Heures* icelle dame dict luy avoir aussi esté données comme dessus, et qu'il en appert par led. acte, empêchant qu'elles soient estimées pour n'estre plus de l'hoyrie, attendu la susd. donnacion.

621. Semblablement, damoyselle Marguerite, cohéretière sus nommé, a déclèré que lad. dame sa mère luy auroit donné, de main en main, en présence de tesmoingtz, une petite bague d'or, en laquelle sont enchassés trois petitz dyamans, l'ung, qu'il est celluy du millieu, en plat, et les aultres deux des deux coings, en triangle; et une aultre petite bague, d'or et esmay, ronde, sans pierrerye, et ung chappellet d'agatte, en forme de dizaine, où sont trois pierres, tant grosses que petites, lesquelles bagues elle exhibe, ores qu'elle n'y soit tenue, et ce seullement pour monstre qu'elle ne veult ny entend rien estre recellé, empêchant qu'elles ne soient estimées ny mise en inventaire pour n'estre de lad. hoyrie, attendu la susd. donnacion. Et led. Masson dict que lesd. bagues, asscavoir l'estoille et l'agatte, sont procédées des bagues de feu dame Jane de Chalon que de dame Anne de Bollongne, mère du feu s^r conte de La Chambre, lesquelles demeurarent en l'hoyrie dud. feu s^r comte de La Chambre, et après la mort d'icelluy, lad. dame deffuncte s'en est saysie : requérant icelles luy estre rendues ; — et au contraire, lesd. dames héretières ont nyé le dire dud. Masson, comme encoures elle exhibent et représentent ung petit manteau forré, donct les parementz sont de martre, et l'aultre forrure de regnard, couvert de sattin noir, jassoit elle n'y soit tenue, car comme elle soustien, led. manteau luy fut donné par lad. dame sa mère sest yvert derrenier passé, dans lequel temps elle en a jouy comme de chose à elle appertenant, et donné comme dessus en présence d'icelle dame et aultres, parquoy empêche cela estre mis par inventaire.

622. Desclarent encours lesd. dames héretières que quant aux

aultres habillemens de lad. dame deffuncte, ung sien manteau de taffeta veluté reste donné à l'esglise de Lesment (1).

623. Déclairent encoures que lad. dame deffuncte a laissé ung manteau de taffetas, forré de conis (2) d'Angleterre, qu'elle exhibent, et lequel a esté estimé............ x escuz.

624. Et encoures a laissé lad. dame deffuncte une chayre, qu'elle feit couvrir de vellours, ung vieux manteau de vellours qu'elle avoit, et dans laquelle chayre l'on pourtoit lad. dame leur mère, qu'elles ont exhibée............ x f.

625. Et quant à quelque aultres vieux habis que lad. feue dame avoit, assavoir : ung vieux manteau de taffetas, doublé de raimerche (3) noyre, et ung cottillion de fustaine blanc et chausse de lagne (4), la damoiselle de Gallyffet, dicte de Berlandet, a déclaré que lad. depoille a esté laissée aux femmes de chambres qui ont cousu le corps de lad. dame deffuncte, ainsi que la coustume est en semblable cas, disant que certainement lad. dépoille estoit chose de peu de valleur.

626. Ont encoures déclaré lesd. dames et damoyselles cohéretières que de tous les deniers que lad. dame deffuncte leur mère estoit saysie du temps de sa vie et trépas, luy fust treuvé seullement la somme de vingt cinq escus en testons, à quatre testons de roy l'escu, lesquelx vingt cinq escus furent employé en la despence de ceulx qui estoient autour de lad. feue dame le jour de son décès et du lendemain, pour les prestres et religieux qui demeurarent jusques à ce qu'elle fust portée à Chamoux, et une partie pour faire prié Dieu pour son ame, que aussi au lieu de Chamoux où furent délivrez sept escus, et le surplus aux conventz de la présente ville.

627-629. Déclairent encoures lesd. dames et damoyselles que lad. deffuncte leur mère a laissé après son hoyrie trois pièces de mulletz, asscavoir l'ung poil noir, lequel est hors de congnois-

---

(1) Faubourg de Chambéry.
(2) Conins, lapins.
(3) Nous ignorons le sens de ce mot.
(4) Laine.

sance, aultre mullet, Saldin, poil gris, aultre mullet appellé Poil Fallet; tous trois lesquelx muletz estoient pour le service de lad. dame deffuncte, tant à porter sa lyttière que coffre; lesquelx muletz ont estez estimé par honnorable Guillaume Poncillion, bourgeois et habitant au faulbourg de Maché, mareschal, aagé de cinquante ans ou environ, et par honneste Silvestre Greppa, mulletier et hoste, aussi bourgeois, du faulbourg de Montmellian, demeurant en la maison du Chameau, aussi aagé d'environ cinquante ans, lesquelx ont estimé le mulet poil noir, lequel touteffois est hors de congnoissance, à quarante escus;

630. L'aultre mulet, appellé Sardin, aussy estimé à quarante escus, qui estoient tout deux à pourter la lytière;

631. Et l'aultre mullet, appellé le Fallet, heust esgard qu'il estoit blessé, estimé à vingt escus.

632. Décleyre encoures led. Ribet, au nom desd. cohéretières, que mons^r l'evesque d'Orenge, aussi filz de lad. dame, s'est saysi et a emporté les ornementz de la chappelle qu'appertenoient à lad. dame defuncte, asscavoir ung qualice avect sa platine d'argent, deux petitz chandelliers d'argent, servans à lad. chappelle, deux aiguerettes d'argent, ung bénoistier avec son espergès, aussi d'argent, et tous les ornemens de prestre cervans à célébré messe, ornementz et parementz d'autel, ensemblement certaines ymages, parties d'icelles aux membreures d'icelles dorées; et que le tout de lad. chappelle peu valloir environ deux centz escus.

633-669. Inventaire des papiers de la succession qui se trouvaient entre les mains des héritières, à Chambéry.

670-828. Inventaire du château de Chamoux. 10-11 septembre 1574.

670-697. Inventaire des papiers.

698-828. Inventaire du mobilier.

Nous avons dit, dans l'avertissement, que Barbe d'Amboise avait fixé sa résidence à Chambéry; il ne restait par suite plus guère à Chamoux que du vieux mobilier et du vieux linge; nous n'avons cru devoir reproduire de cette partie de l'inventaire que dix articles; voici, d'autre part, les principales pièces du château de Chamoux énumérées dans l'inventaire : chambre du bureau, grand salle du milieu, grand salle haute, chambre de Monsieur près la terrasse, galerie blanche, garde-robe haute, garde-robe basse, nourricerie, cabinet des drogues, « chambre qui est en l'hault de la vyorbe dessus la chappelle », chambre de la tour « qui est en poelle », chambre de l'horloge, chambre du veloutier, chambre du maître d'hôtel, chambre des archers.

710. ...deux manettes de fer pour prisonniers.

712. En la garde robbe basse ont estez treuvés neuf arquebuses à croc, entre lesquelles en y a deux de bronse.

713. Item, les grand faucons pour les prisonniers, avect la masse et chaine de fert.

714. Item, ung grand miroir d'assier, sans point de garniture .... xx s.

715. Item, ung aultre grand miroir, enchassé.......................... .... v f.

716. Item, deux muchettes de cuyvre, pour pigner le lin, avect son forreau de cuyr...... v f.

717. Item, deux béneistier de la chappelle.

718. Item, quatre vyeux espieux et huict allebardes, qui n'ont estés estimés pour estre vyeux.

719. Item, une ymage de figure de *Mont Calvayre*, avect une bien grosse de coral au dessus, en fasson d'arbre, le reste paint.

799. Item, les orgues avect les souffletz.

829-842. État des redevances en nature dûes par les cultivateurs grangiers du parc. — Ferme de Colovron (1).

---

(1) Savoie, arr. Chambéry, cant. Chamoux, comm. Châteauneuf.

INDEX

DE

L'INVENTAIRE DE BARBE D'AMBOISE

COMTESSE DE SEYSSEL-LA CHAMBRE

A

Acier (Miroir d'), 714.
Adam et Ève, broderie, 108.
Adoration des Rois, broderie, 344.
Agathe (Chapelet d'), 621.
Agneau d'or, 367.
Aiguerettes d'argent, 632.
Aiguière d'argent, dorée, à couvercle, 189.
— d'argent, ovale, à couvercle, 191.
Aiguille (Ouvrages à l'), 358, 360.
Aiguillier, 375.
Ailes de dévidoir, 311.
ALBANY (Maison d'), 543.
Allemagne (Argent faux d'), 342.
Amadis de Gaule, livres 1, 2 et 4, 422.
Amant (L') ressuscité de la mort d'amour, 472.
AMBOISE (Barbe d'), comtesse douairière DE LA CHAMBRE, *préambule*, 4.
— (*L'arbre et descendence de la maison d'*), 294, 313.
— (*Généalogie de la maison d'*) et alliance d'icelle, 313.
— (Armoiries de la maison d'). — Voyez Armoiries.
ANDROUET DUCERCEAU (Jacques). *Second livre d'architecture*, 238.
Ane (Tête d') sur le corps d'un chameau, broderie, 113.
Angleterre (Conins d'), 623.
Animaux, jouet, 314.
— terrestres et aquatiques, broderie, 104.
Annibal et Scipion (Histoire d'), tapisserie, 46.
Annonciade (L'), image de verre, 247.
Ante legem sub lege gracia, 341.
Antique (Portraits à l'), 271.
Arbre (L') de vie de la très sacrée et triomphante croix de N.-S. J.-C., 425.
Arbre (L') et descendence de la maison d'Amboyse, 294.
Arbre, jouet, 314.
— garnis de fruits, broderie, 104.
— (Grands et petits), broderie, 105, 106, 111.
ARCANDAM astrologus. *De veritatibus*

et praedictionibus astrologiae, 456.
Arche de Noé (L') en quatre histoires, 289.
Architecture (Second livre d'), par Jacques Androuet Ducerceau, 238.
Arcquemye, 378.
Argent, 358.
— doré, 190, 193, 194, 203, 620.
— faux, 235, 287, 307, 314, 316, 319, 320, 342, 343.
— rapporté, 346.
— (Aiguières d'), 189, 191.
— (Aspergeoir d'), 632.
— (Assiettes d'), 188, 192.
— (Bassine d'), 186.
— (Bénitier d'), 632.
— (Broderie d'or, d') et de soie, 357.
— (Chandeliers d'), 337, 632.
— (Chauffe-lit d'), 202.
— (Coquemard d'), 195.
— (Drageoirs d'), 193, 201.
— (Écumoire d'), 199.
— (Fils d'), 233.
— (Fourchettes d'), 200, 203.
— (Lettre en or et), 351.
— (Platine d'), 632.
— (Plats d'), 187.
— (Porte-plat d'), 198.
— (Pot d'), 196.
— (Salières d'), 190, 197.
— (Tasse d'), 194.
— (Têtes saint Jean, d'), 367.
— (Toile d'), 243, 308.
— (Vaisselle d'), 185.
Armoiries de la maison d'Amboise, 130-137, 186, 187, 188, 189, 191, 192, 193, 196, 206, 214, 303, 337, 343, 344.
— de la maison de La Chambre, 14, 76, 95, 97, 130, 131, 132, 133, 134, 135, 136, 137, 186, 187, 188, 189, 191, 192, 193, 196, 206, 214, 215, 303, 343, 345.
— de la maison de La Gruthuyse, 344.
— de la maison de Seyssel, 76, 95.

Arquebuses à croc, 712.
— en bronze, 712.
Aspergeoir d'argent, 632.
Assiettes d'argent, 188, 192.
— de verre, 251.
Astrolabe en triangle, 159.
Attelage de mulets, 409.
Aunage de Chambéry, 1.
Autel (Parements d'), 181, 345, 632.
— (Pavillon d'), 346.
— (Tapis d'), 143.
Auvergne (Tapisserie d'), 67, 84.

B

Babo (Jeu du), 406.
Bagues en or, à diamants, 620, 621.
— en or et émail, 621.
Bahut (Coffres à), 185, 245, 279, 298, 310, 335, 352, 353, 390-403.
Balottes d'ivoire, 237.
Banchier, 347.
— (Tapisseries pour), 69, 70, 71, 72.
Bandage en broderie, 255.
Bandes, 359.
— de broderie, 181.
Barjact (Jean de Seyssel, dit), 101.
Barres de fer, 49, 50.
Basanne jaune, 426.
— noire, 422, 430, 433, 444, 445.
— rouge, 421, 429, 470.
— verte, 424.
Bassine d'argent, ovale, 186.
Bâtons, 76.
— de berger, 150, 165. — Voyez Houlette.
— de dévidoir, 311.
Bénitiers, 717.
— d'argent, 632.
Berceau (Poupée dans un), 226.
Bergères, broderie, 148, 153, 157, 161, 162, 163, 164, 179.
— jouet, 314.
— tiltrant ouvraige, broderie, 161.
Bergerie (Jouets constituant une), 314.

Bergerie (La), tapisserie, 147-179.
Bergers, broderie, 148, 149, 154, 155, 156, 158, 159, 160, 162, 166, 179.
— fols, broderie, 150, 151, 165.
— jouant au fol, broderie, 152.
— jouant de la cornemuse, broderie, 158.
— jouant de la cornemuse, jouet, 319.
— jouets, 314.
BERLANDET (Demoiselle DE GALIFFET, dite de), 625.
Besace, broderie, 167.
Bésicles à lire, 229.
Bêtes (Petites), en or faux, 260.
BEYNES (La comtesse de), 4.
Billard (Jeu de), en ivoire, 253.
Bocassin blanc, 88.
Bois de couleur, 302.
— de noyer, 24, 25, 50, 51.
— du Brésil, 250.
— noir, 228.
— rouge et blanc, 293.
— tillier, 95.
— (Pomeau de), 343.
— (Tableau sur), 218.
Boîtes, 219, 235, 236, 237, 260, 261, 284, 293, 336.
— de bois, 319.
— de carton peint, 256.
— d'ivoire, 254, 359, 378.
— vernissées, 257.
— vernissées, s'emboîtant l'une dans l'autre, 252.
Bonnet de berger, 148.
Bords d'un livre d'heures, en argent doré, 620.
BORRAIN (Jehan), doyen de Chamoux, *préambule*.
Bottine d'or, 129.
— en broderie rouge, 127.
Bouclettes d'argent doré, 620.
Bougettes, 408.
Boule de jeu de quille, en ivoire, 311.
BOULOGNE (Anne de), 621.
— (Généalogie de la maison de), 543.

Bouqueran, 96.
— rouge, 344.
Bouquet de corne, 315.
— au chapeau, 164.
— de fils, 389.
Bourges (Satin de), 246, 388.
Bourse de peau blanche, pour assiettes, 188.
— de soie rouge, 302.
— de velours, 266.
— en broderie, 357.
— ronde, 358.
Bouteille en broderie, 167.
Branches de grenadier, en broderie, 130-137.
Brésil (Bois du), 250.
Brocards, 86.
Broches de dévidoir, en ivoire, 311.
Broderie, 138, 150, 151, 153, 154, 159, 178, 210, 211, 213, 214, 215, 234, 240, 246, 263, 342, 343, 360.
— bleue et blanche, 181.
— de cordelier, 258, 259.
— fausse, 264, 303.
— fil d'or et soie, 147.
— fil d'or et argent faux, 320.
— or, 83, 95, 344, 345.
— or faux, 247, 255.
— or, velours et soie, 148.
— pour ornements d'église, 102.
— rouge (Bottine en), 127.
— (Bourse en), 357.
— (Carreau en), 361.
— (Fleurs de lys en), 348.
— (Lettres en), 300.
Bronze (Arquebuses en), 712.
BRUN (Jean-Georges), *préambule*.
Buis (Jeu d'échecs en), 236.

C

Caffas noir, 26, 404.
— à gros grain, 26.
Cailloux à feu, 76.
— à feu d'or, 95.
Caisse de bois, 217, 315.

Caisse de bois tillier, 95.
— de bois de sapin, 283.
Calice, 632.
Callemard de cuivre doré, 359.
Calvaire, peinture, 719.
Canevas, 208, 209, 282, 299, 351.
— blanc, 364.
— étroit, 305.
— large, 306.
Capitons, 208, 354, 361, 362.
— blanc, noir et incarnat, 351.
— rouge, 342.
— violet et jaune, 387.
Cappe de chappe, 344.
Capuchon rouge, 151.
Caritas, image, 267. — Voyez *Charité*.
Carreaux, 183, 349, 350, 363.
— de toile, 346, 351, 361 362, 366.
— de velours, 100, 101, 348, 349.
Carrés de canevas, 209.
Carte, 331.
Carton (Boîte en), 256.
— (Étuis en), 314, 315, 316.
— (Melon et fruits en), 321.
Cassignet, 336.
Catalogne blanche, 29.
— rouge, 87.
Catalogue des très illustres ducs et connétables depuis le roi Clotaire premier du nom jusqu'au roi Henri deux, de J. Le Feron, 421.
Cavet (Benoît), avocat, 4.
Ceintures, 150, 157, 166.
Cesarum (Verissime imagines), 419.
Chaîne de fer, 713.
— de verre, 320.
Chaire, 624.
— (Parement de), 213.
Chalon (Jeanne de), 621.
Chambéry, préambule.
— (Aunage de), 1.
— (Orfèvre de). — Voyez Fabri.
Chameau à tête d'âne, 113.
— (Maison du), 627.
Champeages, broderie, 104.

Chamoux, 626.
— (Chapelle de), 214.
— (Château de), *préambule*, 4, 46, 670-828.
— (Église de), 210, 211, 350, 446.
Chandeliers d'argent, 337, 632.
Chapeau à l'antique, 281.
— de berger, de satin, 160, 162.
— de bergère, de laurier, 148.
— rouge, de velours, 164.
Chapelet d'agathe, 621.
Chapelle, 344.
— (Ornements de), 632.
Chaperons de velours, 404.
Chappe de velours, 344.
Charbonné (Papier), 291.
Chardons, broderie, 138.
Charité (La), broderie, 119. — Voyez *Caritas*.
Chasse (Portraits de), en papier, 304.
Chatillon (Château de), 86.
Chatillon de Dombes (La comtesse de), *préambule*.
Chatulles de bois, 317, 318. — Voyez *Scatolle*.
Chauffe-lit d'argent, 202.
Chausse de laine, 625.
Cheminée (Devant de), 39.
Chevaux de litière, jouet, 316.
Chroniques de Savoie, 427.
Ciels de lit, 86, 138.
— de serge noire, 90.
— de velours, 146.
Ciseau (Petit), 226.
— (Étui de), 369.
Clefs, 234, 320, 335, 336, 388.
Coffres (Petits), 264, 276, 299, 359, 377, 388, 389.
— à bahut, 185, 245, 279, 298, 310, 335, 352, 353, 390-403.
— d'ivoire, 311.
Coffret de satin, 320.
— (Petit), 234.
Collet de gorgière, 371.
— de taffetas, 390-403.
Colliers de matins, broderie, 178.

Colonne de bois noir, 228.
Colovron (Ferme de), 829-842.
Combet (Antoine), *préambule.*
Concordance des quatre évangélistes, 443.
Conins d'Angleterre, 623.
Coquemard d'argent, 195.
Coquonnière, 192.
Corail, 719.
— (Branches de), 230.
Corbie (Abbé de), 139, 205.
Cordelier (Broderie de), 258, 259.
Cordon noir, 375.
— de bourse, 302, 357, 358.
— de soie, 302, 357, 358, 369.
Corne (Bouquet de), 315.
Cornemuse, 158, 319.
Cotillon de futaine, 625.
Couleurs (Tapisseries de plusieurs), 40-44.
Coultres, 27, 34, 47, 53, 93, 94.
Coupe de rosaire, 52.
Couronnes d'écussons, 214.
Courtepointe de toile, à personnages, 77.
Coussins, 27, 34, 47, 53, 94.
Couteaux de berger, 149, 203.
— larges et moyens, 203.
Coutellière de cuir, 203.
Coutume, 625.
Couvercle de boîte, 359.
— de chauffe-lit, 202.
— de coquemard, 195.
— de drageoir, 201.
— d'éguière, 189, 191.
— de pot, 196.
— de salière, 190, 192.
— de tasse, 194.
— de vase, 368.
Couverture de carreaux, 348.
— de lit, 75, 138.
— de livre, 238, 620.
— de tabouret, 209.
— en tapisserie, 67, 84.
Création d'Ève, broderie, 107.
— *du monde,* image de papier, 330.

Crêpe (Image sur), 288.
Crochets de fermeture, 311.
— de lit, 25.
— de table, 24.
Croix d'ébène, 222.
Croset (Claude), notaire ducal à Chamoux, *préambule.*
Crucifix d'ivoire, 222.
— en broderie, 345.
Cuillères d'argent, 201, 205.
Cuir doré, 216.
— (Bougettes de), 408.
— (Doublure en), 347.
— (Forratons de), 408.
— (Image sur), 216.
— (Malles de), 408.
Cuisine (Mobilier de), 410-418.
Cuisse et jambe, en broderie, 129.
Cuivre, 377.
— (Mouchettes de), 716.
— (Trépied de), 52.
— doré (Callemard de), 359.
— doré (Horloge de), 204.

D

Dabmin (Jeu de), 336.
Dais, 140, 142.
Damas orange et noir, 86, 140.
— rouge, 181.
— vert, 130, 137, 138, 234, 255, 258, 259, 386.
— violet, 95, 96.
Dati (Gregorio). *La Spera mundi,* 444.
David (Psaumes de), 466.
Davidis (Me Bernardin), *préambule.*
Demoiselles, jouet, 316.
Dentelettes, 232.
Dés pour jeu de tablier, 311.
Devant de banchier, 347.
— de cheminée, 39.
Dévidoir, 311.
Devises d'écussons, 214.
Diamant en plat, 621.

Diamants à ondes, 620.
— en triangle, 621.
Dieu le père, à mi-corps, tapisserie, 123.
Directoire des planètes, 454.
Dossier, 96.
— de lit, 86, 98, 138, 140, 142.
Doublures, 96, 139, 140, 299, 311, 336, 344, 347, 350, 353, 372, 389, 390-403.
Drageoirs d'argent, 193, 201.
Drap d'or, 98, 140, 141, 143, 144, 145, 146, 241, 296.
— d'or frisé, 296.
— vert, 191.
Dupin (Jean). *Le livre Mandevie*, 420.

E

Faux, broderie, 104.
Ébène (Croix d'), 222.
— (Jeux d'échecs en), 236, 257, 336.
— (Table d'), 274, 381.
Ecce homo, image de verre, 247.
Échecs (Jeux d'), 236, 257, 293, 336.
Écheveau en ivoire, 253.
Écuelle, 205.
— de verre, 251.
Écumoire d'argent, 199.
Écussons de velours, 99, 206.
— en broderie, 214, 215.
— en broderie fausse, 203.
Église sur la tête de la Charité, tapisserie, 119.
Élan (Pied d'), 292.
Élisabeth, reine de France, portrait, 269.
Émail, 621.
Emy Alberty Magn(?), 433.
Enfant tenu à la main par Saturne, broderie, 171.
Enluminées (Heures), 428, 429, 620.
Ensevelissement, 625.
Entretaillure de fils d'or, 138.
Épée, dans la main de la Justice, broderie, 118.

Épieux, 718.
Épingliers de bourses, 266.
Espagne (Soie plate d'), 373.
Espagnol (Livre en), 424.
Espérance (*L'*), broderie, 116, 120.
Estienne (Charles). *Guide des chemins*, 464.
Étoile (Bague appelée *L'*), 620.
Étoile (Diamants en forme d'), 620.
Étui, 190.
— à chaperons, 404.
— de carton, 314, 316.
— de ciseaux, 369.
— de cuir, 186, 189, 191, 193, 194, 204.
— de peignes, 227.
Ève (*Adam et*), broderie, 108.
Ève (*Création d'*), broderie, 107.
Évangélistes, peinture sur toile, 341.

F

Fabri (Pierre), orfèvre à Chambéry, 185, 188, 241.
Fallet, nom d'un mulet, 631.
Fagots (Lit des), 86.
Fasciculus temporum, de Werner Rolewinck, 470.
Faucille tenue par l'Espérance, broderie, 120.
Faucons pour prisonniers, 713.
Faure (Antoine), serviteur, préambule.
Faux tenue à la main par Saturne, broderie, 171.
Femme échevelée, broderie, 173.
— (Besognes de), 309.
Fer, 52.
— doré, 369.
— (Chaîne de), 713.
— (Crochets de), 25.
— (Fourchette de), 283.
— (Manettes de), 710.
— (Poinçon de), 283.
Fermoirs de livres, 433.
— de livres en argent, 620.

Ferrure de coffre, 359.
— de lit, 25.
— de table à jouer, 275.
Feuillage d'argent faux, 307, 342.
— d'or, 181.
Figures dorées, 355.
Fil d'argent faux, 314, 316, 319, 320.
— d'or, 138, 147, 265, 323.
— d'or faux, 314, 319, 320, 389.
— de soie, 147, 314, 316, 319, 389.
— (Houppes de), 89.
Filet, 284.
— blanc, 287.
Flacon, broderie, 165.
— de mastic, 278.
Flambeaux, 337.
— de toile d'or, 97.
Flandres (Tapis de), 220, 221.
— (Tapisseries de), 1, 2, 3, 4.
Flennes (Coutes et coussins de), 27, 34, 47, 53, 93, 94.
Fleurs, 224, 225.
— de lis, broderie d'or, 83, 347, 376.
— de lis, d'or de Bologne, 99, 101.
— en fils, 235.
Flottes de soie, 376.
Foi (La), broderie, 117.
Force (La), broderie, 121.
Forratons de cuir, 408.
Fol, jouet, 316.
— (Berger jouant au), 152.
Fols (Bergers), broderie, 150, 151, 152, 165.
Fourchette, 283.
— en argent, 200, 203.
Fourreau de mouchettes, en cuir, 716.
Fourrés (Manteaux), 621, 623.
Fourrure de renard, 621.
France (Généalogie de la Maison de), 285.
— (Ordre de), sur un portrait, 312.
— (Reine de), 243.
Franges, 90, 139, 140, 141, 143, 146.
— à filets et lacs, 88.
— de couleurs, 286, 355.

Franges de fil d'or, 86, 376.
— de serge, 75.
— de soie, 54, 83, 86, 182, 346, 373.
— en verdure, 26.
Fruits, brodés, 104.
— de terre ou carton, jouets, 321.
Fuseaux, broderie, 148, 163.
Futaine (Pavillon de), 390-403, 625.
— blanche, 89.

G

Galère sur la tête de l'Espérance, broderie, 120.
— en verre, 219.
GALIFFET (Demoiselle de), dite de Eerlandet, 625.
GALLIS (Henri de), *préambule*.
Garçon (Jeune), broderie, 170.
Garniment de coffre, en cuivre, 377.
— de tapisseries, 114.
Garnitures de lit, 26, 54, 86, 88, 138.
Gaze jaune, 366, 385.
— de soie crue, 387.
— (Toile de), 382.
Gélodayrie amoureuse, 457.
Généalogies des maisons de La Chambre, Albany et Boulogne, 543.
— *de la maison d'Amboyse et alliances d'icelle*, 313.
— *de la maison de France*, 285.
Geographia Galliani, 445.
Gibecières, 149, 166.
— de satin rouge, 375.
GINET (Angellin), marchand, estimateur, bourgeois de Chambéry, *préambule*.
GLANVILLE (Barthélemy de), *Le grand propriétaire*, 450.
Gobelets de terre, 256.
Gorgière, 287.
— à l'antique, 265.
— (Collet de), 371.
Graduel, à l'usage de Chamoux, 446.

Grain d'orge figuré sur de la futaine, 89.
GRANDORS (Nicolas), marchand, estimateur, bourgeois de Chambéry, préambule.
Grec (*Nouveau Testament*, en), 430.
Grenadier (Branches de), broderie, 130-137.
GREPPA (Silvestre), muletier, 627.
Grés d'ivoire, 336.
Griffons tenant un écu, broderie, 76, 95.
Grolle pour jouer, 157.
Grotesques, en toile peinte, 290.
Guide des chemins, de Charles Estienne, 464.

H

Habits (Vieux), 625.
Hallebardes, 718.
Hardes de mulets, 409.
Harmèle, sur la tête d'une bergère, 161.
Hébreu (Psautier en), 438.
Héléodorus (*Histoire de*), tapisserie, 1.
Hermite, broderie, 122.
Heures, 374.
— enluminées, 620.
— en latin, 431.
— en latin et français, 338.
— en parchemin, 428, 429, 620.
— en rimes, 434.
— Notre-Dame, 436.
Histoire d'Annibal et Scipion, tapisserie, 46.
— *de Pharaon et de Moyse*, tapisserie, 2, 4.
— *de Salomon et de la reine de Saba*, tapisserie, 3.
Hollande (Toile de), 390-403.
Homme mort (Figure d'un), broderie, 124.
Horloge sur la tête de la Prudence, broderie, 115.
— de cuivre doré, 204.

Houlettes, 148, 149, 151, 154, 155, 159, 160, 162, 166, 167, 168.
Houppes, 89, 342.
— de bourses, 357, 358.
Huile (Images à l'), 218, 272.
— (Portrait à l'), 312.

I

Images, 632.
— à l'huile, 218, 272.
— de verre, 247.
— en broderie, 365.
— en ivoire, 217.
— sur bois, 218.
— sur crêpe, 288.
— sur cuir doré, 216.
— sur papier, 330.
— sur toile, 267, 272, 339.
Imagines omnium Cesarum, 419.
Impériale (Lits à l'), 25, 88.
Institutions astronomiques (*Les*), de J.-P. de Mesmy, 423.
Irecorne (Poupée de), 226.
Ivoire (Ailes d'), 311.
— (Balles d'), 237.
— (Bâtons d'), 311.
— (Boîtes d'), 254, 359, 378.
— (Broches), 311.
— (Carreaux d'), 407.
— (Coffres d'), 311, 359.
— (Crucifix d'), 222.
— (Dés d'), 254, 311.
— (Dévidoir d'), 311.
— (Écheveau d'), 253.
— (Grés d'), 336.
— (Jetons en), 254.
— (Jeu de billard, en), 253.
— (Jeu de damin, en), 336.
— (Jeu de martes, en), 336.
— (Jeu de tables, en), 302.
— (Jeux d'échecs, en), 236, 336.
— (Jeux de jouées, en), 273.
— (Jeux de quilles, en), 311, 336.
— (Manches de couteaux, en), 203.
— (Peignes d'), 283.

Ivoire (*Samaritaine,* en), 250.
— (Tables en), 274.
— (Tillier en), 366.
— (Vase en), 261.

J

J. et B, initiales, 620.
— initiales, en broderie, 138, 346.
Jambes, broderie, 128, 129, 148.
Jaunes (Parcs), tapisserie, 14.
Jetons d'ivoire, 254.
Jeu appelé le Babo ou le Renard, 406.
— de billard, 253.
— de damin, 336.
— d'échecs, 236, 257, 293, 336.
— de femmes, 273.
— de martes, 336.
— de table, 302, 311.
— de quilles, 311, 336.
— du fol, 152.
Jouées, en ivoire, 273.
Jouets. Voyez Bergers, Chevaux de litière, Demoiselles, Fruits, Litière, Melon.
Jupiter couronné (Signe de), broderie, 174.
Justice (*La*), broderie, 118.

L

Lacz d'amour, 88.
— d'argent faux, 287.
La Chambre (Maison de), 4, 46, 76, 101, 130-131, 137, 146, 543. — Voyez Armoiries.
— (Amé, comte de), 4, 101, 291, 312, 621.
— (Béatrix de), préambule, 130-137, 139.
— (Claude de), 450.
— (Étiennette de), préambule.
— (Jean, marquis de), préambule, 46, 86, 101, 130-137, 139, 140-146.
— (Marguerite de), préambule, 4, 139.

La Gruthuyse (Béatrix, dame de), préambule, 4, 620.
— (Armoiries de), 344.
Laine, 280.
— (Canevas de), 208.
— (Matelas de), 28.
La Marche (Olivier de), *le Parement des dames,* 460.
Langue espagnole (Livre en), 424.
Lanterne à la main de l'Espérance, broderie, 120.
Latin (Heures en), 431.
— (*Nouveau Testament* en grec et en), 430.
Laurier (Chapeau de), 148.
Le Feron (J.). *Catalogue, etc.,* 421.
Lément (Église de), 622.
Lettres en broderie, 138, 300, 346.
— entrelacées, 351, 361, 620.
Libri prophetarum, 469.
Lichtenberger. *Pronostication,* 440.
Licornes, 316.
Lieure de tête, 225.
Lignes dorées, 419, 428.
Lin (Peignage du), 716.
Lisse (Tapisseries de haute), 1, 2, 3.
Listés, 210, 212.
Lit, 86.
— à l'impériale, 25.
— carré, à l'impériale, 88.
— des fagots, 86.
— (Couvertures de), 75, 138.
— (Dossiers de), 86, 98, 138, 140, 142.
— (Garnimens de), 54, 86, 88, 138.
— (Traversières de), 322, 323.
Litière, 409.
— jouet, 316.
Livre de l'ordre du très chrétien roi de France Louis XI à l'honneur de saint Michel, 355.
Livres, 238, 262, 355, 419-472.
Lune, broderie, 112, 176.
Lunettes, dans la main de la Prudence, broderie, 115.
Luc (Tablature de), 471.

M

Maché (Faubourg de), 627-629.
Main à quatre doigts, broderie, 177.
Maladies (Recettes pour curations de), 333.
Malles de cuir, 408.
Manches de couteaux, 203.
— de faux, 171.
Manchons, 308, 380, 404.
Mandevie (*Le livre*), de Jean Dupin, 420.
Manettes de fer, 710.
Manteaux de taffetas, 622, 623, 625.
— de velours, 624.
— fourrés, 621, 623.
Manuale medicorum, 468.
Manuel Calendrier (*Le*), 461.
Mareschalerie (*La*), de Laurent Rusé, 452.
Margareta philosophica nova, de Georges Reisch, 426.
Marques de perles, 359.
Mars (Signe de) broderie, 175.
Martes (Jeu de), 336.
Martre (Fourrure de), 621.
Masse de fer, 713.
Masson (Claude), procureur, *préambule*, 4, 621.
Mastachins (Têtes de), 620.
Mastic (Flacon de), 278.
Matelas de laine, 28.
Mâtins (Têtes de), broderie, 178.
Médecine (Livres concernant la), 468.
Melon en carton, jouet, 321.
Mesmy (J.-P. de). *Les institutions astronomiques*, 423.
Miroir, 229, 715.
— rond, 228.
— servant de bésicles, 229.
— d'acier, 714.
Mois (*Les douze*), en carte, 351.
Montfort (Le baron de), *préambule*.
Montmeillan (Faubourg de), 627.
Moret (Jean), *préambule*.
Mort (Homme), broderie, 124.

Mortier de métal, 405.
Mouchettes à lin, 716.
Mouchoir de soie, 233.
Moulures dorées, 312.
Mouton noir (Reliure en), 419.
Moyens (Drageoir à deux), 193.
Moïse (*Histoire de Pharaon et de*), tapisserie, 2, 4.
Mulets, 409, 627-629, 630-631, 632.
— à litière, 627-629, 630.
Muscades (Pommes), 277.

N

Nappe à la petite Venise, 326-329, 390-403.
— damassée, 324-325.
— de lin, 326-329.
Nautet (Pierre), notaire ducal à Chamoux, *préambule*.

O

Ocquaigne (Peaux d'), 370.
Odoarde (Tapisserie appelée), 40-44.
Ondes (Diamants à), 620.
Or, 86, 351, 360, 380.
— battu, 262.
— clinquant (Roses d'), 240.
— clinquant faux (Paniers d'), 318.
— faux, 140.
— faux (Bêtes en), 260.
— faux (Broderie en), 247, 255, 343.
— fin, 342.
— et argent (Lettre en), 351.
— et argent faux, 307.
— et argent faux (Fil d'), 235, 314, 316, 319, 320.
— et émail (Bague en), 621.
— (Bagues en), 620, 621.
— (Broderie d'), 83, 95, 357.
— (Cailloux de feu d'), 95.
— (Draps d'), 98, 140, 141, 143, 144, 145, 146, 241, 296, 349.
— (Feuilles d'), 181.
— (Fils d'), 138, 265, 323, 350, 371.

Or (Franges d'), 376.
— (Toile d'), 97, 242.
Orange (Évêque d'), 632.
Ordre de France, sur un portrait, 312.
Oreilles d'écuelle, 205.
Orfrois en broderie d'or, 344.
Orgues, 799.
Ornements d'église, 102, 365, 632.
Oudenarde. — Voyez *Odoarde*.
Ovale (Heures faites en), 620.

P

Paccio beneficiorum, de Rebuffin, 442.
Pages à cheval, jouet, 316.
Paillasse, 31.
Paniers, 236, 248, 251.
— à vergettes, 226, 379.
— d'or clinquant faux, 318.
Panne de soie, 281.
— de velours, 350.
Papier, 263.
— (Image de), 330.
— (Livres en), 294, 447, 448.
— (Portraits en), 304.
— charbonné (Portrait en), 291.
— rouge (Livres de), 262.
Papiers de famille et titres de propriétés, 473-619, 633-669, 670-697.
Paracelse (Théophraste). *Chirurgie*, 449.
Paradoxes (Les), 459.
Paraphrase de l'astrolabe, 467.
Parc de brebis, jouet, 319.
Parcs jaunes, tapisserie, 4-23.
— verts, tapisserie, 5-13, 14-23, 33, 37, 38, 39, 69.
Parchemin (Livres sur), 428, 429, 620.
— (Reliure en), 423, 425, 437, 442, 447, 448, 449, 450, 451, 452, 467, 468, 472.
— vélin (Manuscrit sur), 355.

Parement des dames (Le), d'Olivier de la Marche, 460.
Parements d'autel, 83, 181, 182, 206, 345.
— de chaires, 213.
Paris (Ouvrage de), 276.
Passement doré, 336.
Passion (La), 374.
Patène de calice, 632.
Patrons, 299.
Pavillon de futaine, 89.
— de velours, 343.
— d'autel, 346.
Pavy (Antoine), dit Le Velutier, *préambule*.
Peau (Livres couverts en), 420, 426, 429.
— blanche (Bourses de), 188.
— noire (Livre couvert en), 466.
— rouge (Livres couverts en), 441 443.
— d'ocquaigne, 370.
Pédagogue d'amour (Le), 463.
Peignes d'ivoire, 283.
Peignoir de toile, 232.
Pélican sur la tête de la Foi, broderie, 117.
Pennatz en soie, à façon de fleurs, 224.
Pentes de lit, 86, 138, 141, 144, 145, 146.
Perles (Marques de), 359.
Perrod (Louis), notaire, *préambule*.
Personnages en broderie, 147.
— sur toile peinte, 340.
Pharaon (Histoire de) *et de Moïse*, tapisserie, 2, 4.
Picardie (Tapisserie appelée la), 36.
Pied, broderie, 148.
— d'élan, 292.
— de table, 51.
Pierres précieuses, 621.
Piliers de bois de Brésil, 217, 250.
— de tables, tournés, 24.
Planche (Francisco), marchand, estimateur, de Chambéry, *préambule*.

Planète du *Sagittaire*, broderie, 172.
Plaques de reliure, 620.
Plat (Diamant en), 621.
Plats d'argent, 187.
Plomb (Rosaire de), 52.
Poinçon de fer, 283.
— à faire la verse, 231.
Pointes de fil, 249.
— de lit, 26.
Poires, jouet, 321.
POMARD (François), imprimeur et libraire, 472.
Pommeaux de lit, 25.
— de pavillon, 343.
Pommes, 248.
— muscades, 277.
PONCET (Amédée), notaire, *préambule*.
PONCILLON (Guillaume), maréchal, 627-629.
PONT DE VESLE (La comtesse de), *préambule*.
PORROD (Louis), notaire ducal, *préambule*.
Porte-plat d'argent, 198.
Portrait à l'huile, 312.
— en papier charbonné, 291.
— de chasse, 304.
— d'Élisabeth, reine de France, 269.
— de femmes, 295.
— de l'Arche de Noé, 289.
— de la duchesse de Savoie, 268.
— du comte de la Chambre, 291, 312.
— serrant ensemble, à l'antique, 271.
— sur toile, 295.
Pot beccu, d'argent, 196.
Poupées, 223, 237, 315, 318, 319.
— de bergerie, 314.
— de irecorne, 226.
— de terre, 317.
— en berceau, 226.
Pouponnes de fil, 389.
Princes (Figures de), 332.
Prisonniers (Faucons pour), 713.
— (Manettes pour), 710.
Pronostication, de Lichtenberger, 440.

Propriétaire (*Le Grand*), de Barthélemy de Glanville, 450.
Prudence (La), tapisserie, 115.
Prunes, jouet, 321.
Psautiers (Petits), 432, 438, 441.
— en hébreu, 438.
Psaumes de David (Les), 439.
Pucettes (Boîte de), 359.

Q

Quenouille, 311.
— en broderie, 148, 163.
Quilles (Jeu de), 311.
Quilliers (Jeu de), 336.

R

Raimerche noire, 625.
Raisins, jouet, 321.
Rasoir, 390-403.
— de soie rouge, 307, 342.
REBUFFIN, *Paccio beneficiorum*, 442.
Recettes pour curation de maladies, 333.
— (*Traité des*), 453, 465.
Redevances en nature (État de), 829-842.
REGNAUD (Jean), *préambule*, 620.
Regule musicales, 451.
REISCH (Georges). *Margareta philosophica nova*, 426.
Reliures en basane, 421, 422, 424, 430, 433, 444, 445, 470.
— en bonne forme, 238.
— en mouton, 419.
— en parchemin, 423, 425, 437, 442, 447, 448, 449, 450, 451, 452, 467, 468, 472.
— en peau, 441, 466.
— en peau et basane, 426, 429.
— en peau et satin, 420.
— en rouge, 443.
— en veau, 427, 428, 469.
— en velours, 355, 374, 620.

Renard (Fourrure de), 621.
— (Jeu du), 406.
Résurrection de N. S. J.-C., image sur cuir, 216.
Ribet (Claude), procureur, *préambule*, 446, 632.
Rideaux de caffas, 26.
— de damas, 86.
— de lit, 88.
— de serge, 56, 92.
— de taffetas, 180, 184.
Rimes (Heures en), 434.
Riotte, 620.
Robes, 243.
Roi (Tête de), broderie, 126.
— couronné (Tête de), broderie, 125.
Rois (Adoration de, broderie, 344.
Rolewinck (W.) *fasciculus temporum*, 470.
Rosaire en or, 2.
Roses d'or fil . ant, 240.
Rosettes pour lier les cheveux, 225, 270.
Rotherens (Maison de), *préambule*.
Roue, en broderie, 179.
Rusé (Laurent). *La mareschallerie*, 452.

S

Saba (Histoire de Salomon et de la reine de), tapisserie, 3.
Sac de toile, 333.
Sagittaire (Planète du), broderie, 172.
Saint Jean, broderie, 345.
— *Pierre*, image en ivoire, 217.
Sainte Barbe, broderie, 110.
— *Geneviève*, broderie, 109.
— *Véronique*, image sur crêpe, 288.
— *Véronique*, image sur toile, 339.
— *Vierge*, broderie, 103, 345.
— *Vierge*, image de verre, 247.
— *Vierge, allaitant Jésus*, tableau sur bois, 218.
Saints, en broderie, 344.

Saldin ou Sardin, nom de mulet, 627-629, 630.
Salière, 192.
— d'argent, 190, 197.
Salomon (Histoire de) et de la reine de Saba, tapisserie, 3.
Salvo (Los quatro libros del conto), 424.
Samaritaine, en ivoire, 250.
Sapin (Bois de), 283.
Satin, 420.
— blanc, 112, 169, 212, 372.
— bleu, 160.
— de Bourges, 210, 211, 246.
— jaune, 264.
— noir, 247, 301, 390-403, 621.
— rouge, 162, 240, 281, 320, 375, 389.
— verdesin, 336.
— vert, de Bourges, 213, 234, 388.
— violet, 343.
— (Chapeaux de), 160, 162.
— (Voile de), 169.
Saturne tenant sa faux, broderie, 171.
Savoie (Duchesse de). Son portrait, 268.
— (Maison de), 46.
— (Étienne), notaire ducal à Chamoux, *préambule*.
Scatolle, 311. — Voyez Chatulles.
Scipion (Histoire d'Annibal et de), tapisserie, 46.
Serge noire, 90.
— verte, rouge et jaune, 56, 72.
— (Franges de), 75.
— (Pendant de), 75.
— (Rideaux de), 56.
Serpillières de toile, 91.
Serrures, 234, 320, 336.
Serviettes (Petites), 402.
— damassées, 324-325.
Seyssel (Armoiries de la maison de), 76, 95.
— (Jean de), dit Barjact, 101.
Signe de Jupiter, broderie, 174.

Signe de Luna, broderie, 176.
— *de Mars*, broderie, 175.
— *de Virgo*, broderie, 173.
Soie, 233, 358, 380.
— bleue, 351.
— bleue et orangée, 376.
— bleue, rouge et verte, 383.
— cramoisie, 281, 358.
— crue, 387.
— floret, 302.
— jaune, 233.
— noire, 26, 140, 322.
— plate, 356.
— plate d'Espagne, 373.
— rouge, 302, 307, 342, 346.
— rouge et violette, 296.
— verte, 342.
— verte et jaune, 357.
— violette, 265.
— de couleurs, 360, 373.
— (Cordons de), 369.
— (Fils de), 235, 314, 316, 319.
— (Franges de), 26, 140, 346, 373.
— (Panne de), 281.
— (Rasoir de), 342.
Soleils, 208.
— broderie, 112.
Soloires, broderie, 345.
Songe de vergier (*Le*), 435.
Soubassements de lit, 86, 138.
Soufflets d'orgues, 799.
Spera mundi, de Gregorio Dati, 444.
Sphères, en broderie, 138.
Stil, 437.
Surplis de toile, 249.

T

Tablature de *Luc*, 471.
Tables, 381.
— en noyer, 24, 49, 50.
— s'allongeant, 24, 49, 50.
— s'ouvrant par le milieu, 49, 50.
— (Jeu de), 302.
Tablier à jouer, 275, 311.
— d'ébène et ivoire, 274, 381.

Tablier d'ivoire, 406.
Tabouret, 48.
— (Couverts de), 209.
Taffetas, 241.
— changeant, 316.
— noir, 30, 390-403.
— rouge, semé d'or, 239.
— rouge, vert et jaune, 180, 184.
— velouté, 622.
— vert, 139, 399, 353.
— violet, 97.
— (Manteaux de), 622, 623, 625.
— (Tapisserie de), 97.
Tapis (Canevas pour), 208.
— de drap d'or, 143.
— de Flandres, 220, 221.
— de Turquie, 32, 35, 78, 79, 80, 81, 82.
— de velours, façon de Turquie, 48.
— de velours vert, 139.
— pour sous-pieds, 82.
Tapisseries, 1, 4, 36, 40-44, 45, 46, 57, 62.
— à personnages, 63, 65, 66, 70, 71, 73, 74, 77, 84, 85.
— d'Auvergne, 67, 84, 85.
— de la *Bergerie*, 147.
— de damas, 95, 96.
— de Flandres, 1, 2, 3, 4.
— de haute lisse, 1, 2, 3.
— de plusieurs couleurs, 40-44.
— de serge, 76.
— de taffetas, 97.
— des *Sept vertus*, 114.
— dite *Odoarde*, 40-44.
— dites *parcs jaunes*, 14-23, 72.
— dites *parcs verts*, 5-13, 14-23, 33, 37, 38, 39, 69.
— en courtepointe de toile, 77.
— pour banchère, 69, 70, 71.
— verdure, 59, 60, 61, 64, 68.
— (Couverte de), 84.
— (Garniments de lit en), 54, 55.
Tasse d'argent, 194.
— de verre, 260.
Témoins (*Traité des*), 453.

Terre (Fruits en), jouet, 321.
— (Gobelets en), 256.
— (Poupées en), 237, 317.
Tête d'âne, sur le corps d'un chameau, broderie, 113.
— de femme, broderie, 169.
— de mastachin, 620.
— de matin, broderie, 178.
— de rois, broderie, 125, 126.
— (Rosettes pour lier la), 225, 270.
— Saint-Jean, 367.
Tillier, 161.
— en ivoire, 366.
— (Bois de), 95.
Timbres d'armoiries, 76, 95.
Titres de famille et de propriété, 473-619.
Toile, 93, 390-403.
— blanche, 90, 249, 322, 383, 384, 390-403.
— d'argent, 243, 308, 346.
— de canevas, 363.
— de gaze, 366, 382.
— de Hollande, 390-403.
— d'or, 97, 242, 346.
— rare, 232, 265, 380.
— verte, 311.
— (Carreaux de), 346, 351, 361, 362, 366.
— (Image de papier, collée sur), 330.
— (Images sur), 267, 272, 339.
— (Peintures sur), 340, 341.
— (Portraits sur), 295.
— (Serpillières de), 91.
— (Surplis de), 249.
— (Tapisserie en), 77.
Toilette de litière, 316.
Toit de berger, broderie, 179.
Trappointe de taffetas, 30.
Traversières de lit, 322, 323.
Trépied d'argent, 198.
— de rosaire, 52.
Tréteaux de table, 49, 50.
Triangle (Astrolabe en), broderie, 159.
— (Diamant en), 621.

Trippés de velours, 210, 211.
TROLLIOUZ (François), secrétaire du duc de Savoie, *préambule*.
— (Nicolas), *préambule*.
Turquie (Tapis de), 32, 35, 78, 79, 80, 81, 82.
— (Tapis velours, façon de), 48.

V

Vaisselle d'argent, 185.
Vases de verre, 260, 368.
— d'ivoire, 261.
Veau (Reliure en), 469.
— noir (Reliure en), 428.
— rouge (Reliure en), 427.
Velours à ramage d'or, 100.
— bleu, 348.
— bleuet, 347.
— cramoisi, 83, 98.
— noir, 138, 210, 247, 300, 372.
— rouge, 100, 146, 297, 344, 345, 349, 355, 389.
— rouge et violet, 346.
— semé de fleurs de lys d'or, 101, 348.
— vert, 86, 139, 227, 377.
— violet, 99, 101.
— en broderie, 86.
— façon de Turquie, 48.
— (Bandes de), 300, 372.
— (Bourses de), 266.
— (Carreaux de), 100, 101, 348, 349.
— (Chape de), 344.
— (Chapeau de), 164.
— (Ciel de), 146.
— (Parement de), 345.
— (Pavillons de), 343, 346.
— (Pointe de), 26.
— (Reliure en), 355.
— (Trippés de), 210.
Velouté noir (Drap d'or), 140.
VELUTIER (Antoine PAVY, dit LE), *préambule*.
Vendôme (L'abbé de), 86.

Venise (Nappes à la petite), 326-329, 390-403.
Verdure (Franges en), 54.
— (Tapisserie en), 59, 60, 61.
Vergettes (Paniers à), 226, 379.
Verre noir, 320.
— violet, 251.
— (Agneau d'or en), 367.
— (Assiettes en), 251.
— (Chaîne en), 320.
— (Écuelles en), 251.
— (Encadrement à), 332.
— (Galère en), 219.
— (Image en), 247.
— (Tasse en), 260.
— (Vases en), 260, 368.

Verts (Parcs), tapisseries, 5-13, 14-23, 33, 37, 38, 39.
Vertus (Tapisserie des Sept), 114.
VILLA (Achilin de), préambule.
VILLON (François). Œuvres, 455.
Vinaigre (Propriété du), 458.
Viret, 293.
Virgo (Signe de), broderie, 173.
Vive Savoie, broderie, 300.
Voile de bergère, 153.
— bandant les yeux, 157.
— de satin, 169.
Voyage du roi Charles (Le), 462.

Y

YSARD (Urbain), préambule.

INVENTAIRE

DES

BIENS MOBILIERS ET IMMOBILIERS

D'UN JURISCONSULTE DE VALENCE

1348

La publication d'un bon nombre d'anciens inventaires, dans le *Bulletin du Comité des travaux historiques*, témoigne assez de l'importance des documents de cette nature, pour que nous nous dispensions d'insister sur ce point. Mais nous ne pouvons nous empêcher de remarquer que l'on n'a guère publié jusqu'à présent, que des inventaires d'églises ou de grands personnages et que, s'il est vrai que, « de quelque époque qu'ils soient et à « quelque classe de la société qu'ils appartiennent, les inventaires « complètent les chroniques et les mémoires et permettent de « connaître, avec quelque précision, les sociétés disparues (1) » ; il ne l'est pas moins, que ce ne sont pas toujours les plus riches et les plus abondants qui sont les plus précieux. Car, par cela même qu'ils se rapportent aux classes les plus apparentes et conséquemment les plus connues de la société, ces inventaires là ne font le plus souvent que fortifier des données acquises, confirmer ce que l'on savait déjà ; tandis que les inventaires de bour-

---

(1) *Rev. des soc. sav.*, 4ᵉ série, X 522, article de M. Alfred Darcel.

geois, particulièrement ceux d'une date ancienne, ont l'incontestable mérite de nous faire pénétrer dans l'intérieur de gens appartenant à une classe non moins intéressante et singulièrement moins connue que les classes aristocratiques. Or, celui que nous donnons ici d'après les minutes du notaire Effréat (1), bien qu'il soit signé d'un autre nom que le sien, est précisément un inventaire de bourgeois de la première moitié du xive siècle, et nous pouvons dire avec cela, que les circonstances dans lesquelles il fut dressé ajoutent à son intérêt.

Jurisconsulte et citoyen de Valence (2), Ponce Clair étant mort après avoir fait un testament, par lequel il instituait son fils, également appelé Ponce Clair (3), et mineur à ce moment là, héritier de tous ses biens, sous certaines conditions, et chargeait, impersonnellement, les quatre curés de l'église cathédrale de Valence de veiller à l'exécution de ses volontés, trois desdits curés firent commencer un inventaire des biens du défunt, le 14 juillet 1348. Seulement, pour une raison ou pour une autre, cet inventaire ne fut pas terminé, et toutes choses en arrivèrent même promptement à ce point que, pour la sauvegarde des intérêts en jeu, l'official du diocèse de Valence (4), ne crut pouvoir moins faire que de placer le jeune Ponce Clair sous la tutelle de Jacques de Crest et du frère de celui-ci, le chanoine François de Crest.

En agissant ainsi, le juge ecclésiastique ne fit-il que suivre l'usage qu'avaient alors, au dire de Pasquier (5), les officiaux, « de prendre toute cour et connoissance des causes qui con-

---

(1) Jean Effréat, de Soyons, qui était encore notaire à Valence, en 1371, et dont un des registres de protocoles forme le numéro 2465 de la série E aux archives de la Drôme. Le petit-fils de ce notaire, François Effréat, s'étant établi orfèvre à Grenoble, devint tailleur de la monnaie de Crémieu en 1419; seulement il fut destitué au bout de quelques années à cause de son insuffisance.
(2) Valence (Drôme).
(3) Consul de Valence en 1388.
(4) Pierre de Bosas, docteur ès lois, sacristain et official de Valence, qui était en même temps professeur de droit.
(5) Livre III, chap. iv.

« cernent les veuves et les orphelins et de celles où le clerc avoit
« tant soit peu d'intérêt des parties fussent laiz, voire ne doutoient
« même de connoitre de laiz à laiz et encore se donnoient loy par-
« ticulière de mettre tout testament à exécution au préjudice de
« tous autres » ; ou bien cette mesure fut-elle prise sur la réqui-
sition de proches parents de l'orphelin? Ce qu'il nous importe
de savoir, c'est qu'ayant été investis de cette tutelle, Jacques et
François de Crest firent faire, le 13 décembre de cette même
année 1348, un inventaire complet et détaillé de tous les biens
mobiliers et immobiliers dépendant de la succession du jurisconsulte valentinois, et que, joint au premier, dans lequel sont
mentionnés quelques objets de valeur qui, ayant été probablement dissipés dans l'intervalle, ne se trouvent pas dans le second,
cet inventaire constitue un ensemble de renseignements aussi
curieux qu'instructifs, tant sur la composition du mobilier et de
la garde-robe d'un bourgeois de province au XIVe siècle, que sur
celle de la bibliothèque d'un jurisconsule de ce milieu et de ce
temps.

On y voit, notamment, que ce bourgeois, dont la femme avait
de nombreuses bagues et des vêtements garnis de vair (1) ou de
soie, agrémentés de boutons d'argent et même de perles et de
broderies d'or, et qui était lui-même richement vêtu, ne laissa
pas de linge de corps et qu'avec une aiguière de vermeil, des cuilliers, des tasses et des gobelets d'argent, il avait, pour le service de
sa table, des écuelles de bois ; le surplus de sa vaisselle se com-
posant de pots en étain et de plats et de bassins ou soupières probablement en terre cuite. Puis, qu'abstraction faite de deux
grands coffrets recouverts d'étoffes et garnis de ferrures, dans
lesquels on tenait les bijoux et autres objets précieux, et d'autres

---

(1) Fourrure blanche et grise, maintenant appelée petit-gris, le vair s'em-
ployait autrefois pour la garniture des vêtements des magistrats, des hérauts
d'armes, des dames et même des princes ; aussi l'ordonnance de 1420, qui
défendait aux ribaudes de porter des ceintures dorées, leur défendait-elle
aussi de porter du vair. Ajoutons que, suivant la grandeur des peaux dont
était formée cette fourrure, on l'appelait petit-vair — *minutum vairum* — ou
gros vair — *grossum vairum*.

coffrets plus petits contenant l'argent monnayé, il ne comprenait guère que l'indispensable. Pour les chambres, des lits, quantité de tables et d'arches ou bahuts en forme de coffre, dans lesquels on tenait le linge, les vêtements et les provisions de bouche, des sièges de bois de différentes formes et une chaufferette de cuivre. Pour la cuisine, un pétrin, un banc et quelques gros ustensiles, tels que marmites, chaudrons, mortiers et broche. Enfin, dans les celliers et dans la cave, en outre de nombreux vases vinaires, cuves ou tonneaux, des mesures pour les grains et pour le vin, ainsi que cela devait être chez un propriétaire de champs et de vignes, comme l'était Ponce Clair.

Cet inventaire nous apprend encore que, indépendamment de ses vêtements de drap garnis de fourrure, qui étaient ceux de sa profession, notre jurisconsulte avait des bacinets, des brassards, des hauberts, des jambières, vêtements de guerre, pour les jours où il lui fallait faire le guet et quelquefois même défendre la ville avec la milice bourgeoise ; mais, fait assez singulier, avec cela, n'avait pas d'autres armes que trois paires d'épées et un glaive florentin, qui figure parmi les bijoux et ne devait être qu'un objet de luxe. Pour ce qui est de sa bibliothèque, une remarque à faire : c'est qu'elle était singulièrement plus importante que celle d'Étienne Aubert, ce professeur de droit à l'Université de Toulouse qui devint pape sous le nom d'Innocent VI (1) ; car, s'il y manque deux des ouvrages mentionnés dans la bulle (1er février 1363) par laquelle le pape Urbain V donna les livres de droit de son prédécesseur au collège de Saint-Martial de Toulouse (2), on y trouve de plus certains ouvrages d'Azon, de Jacques de Révigny, de Dinus, d'Odofred et de Pierre de Belleperche ; ce qui équivaut à dire que notre

---

(1) Ce pape, qui fut élu le 30 décembre 1352 et mourut le 12 septembre 1362, commença, dit-on, par exercer la profession d'avocat. Il professait à Toulouse en 1335.

(2) Marcel Fournier, *Statuts et privilèges des Universités de France*, I, 600-601.

homme était personnage de quelque importance en tant que jurisconsulte.

Constatons avec cela, que ce bourgeois chez qui l'on trouva une somme importante d'argent, n'avait presque pas de titres de créances; puis, qu'en outre des curieux renseignements qu'on y trouve, ce double inventaire permet d'ajouter un certain nombre de mots aux glossaires de la basse latinité. Enfin remerçions, en terminant, mon vieil ami et maître, M. l'archiviste Lacroix, de l'empressement avec lequel il a bien voulu me faciliter les moyens de prendre copie d'un document qui m'avait été signalé par son inventaire et M. Faure-Biguet, conseiller à la Cour de cassation, des utiles indications que je lui dois.

Crest, 6 novembre 1890.

BRUN-DURAND
Correspondant du Ministère.

PREMIER INVENTAIRE

INVENTARIUM BONORUM DOMINI PONCII CLARI, QUONDAM.

In Christi nomine, amen. Per hoc presens publicum instrumentum cunctis appareat evidenter quod venerabili et circonspecto viro domino Poncio Clari, legum doctore, cive Valentinensi, nuper defuncto, ejusque corpore ecclesiastice sepulture tradito, conditoque per eum testamento in quo inter cetera Poncium Clari, filium suum, heredem suum universalem instituit, exequtoresque suos fecit venerabiles viros dominos quatuor curatos ecclesie Valentinensis qui nunc sunt et qui pro tempore fuerint; hinc est quod anno ab incarnatione Domini Mº CCCº XLVIII, indicione prima et die xiiiiª mensis julii, in presencia mei infra nominati publici notarii et testium subscriptorum personaliter constituti, venerabiles viri domini Durantus Rambaudi, P. Beraudi (1) alias de Champis, curati ecclesie Valentinensis de presenti, absentibus dominis Stephano de Chalmeyrac et Johanne Fabri, curatis dicte ecclesie, eorum sociis, negociis officium cure predicte tangentibus occupatis, dicto testamento publicato ex potestate eisdem in dicto testamento per dictum dominum Poncium attributa, volentes quantum est sibi possibile de presenti dictum testamentum exequi, incohaverunt fieri et facere fieri et scribi inventarium de bonis suis mobilibus et inmobilibus ad salvum dicti Poncii heredis et omnium jus habentium in eisdem, et primo de bonis mobilibus, cum majori (2) periculo existant quam imobilia; qui processerunt ad dictum inventarium conficiendum per modum subsequtum.

Pecunia.

1. Et primo dicti domini Durantus et P. de Champis, exequtores predicti, nomine suo et dictorum suorum sociorum et exequtorum nomine quo supra asseruerunt se invenisse in bonis mobilibus dicti domini Poncii, infra unum escufinellum, tam in florenis auri quam in moneta alia auri, et tam videlicet in florenis parvi ponderis quam magni ponderis, et tam de Florencia quam de aliis qui non sunt de Florencia, quingentos et decem florenos auri cum dimidio (3).

---

(1) Peut-être le même que Pierre Béroard, chanoine du Bourg-lès-Valence en 1363.

(2) Le texte portait *majoris*. La correction *majori* a été tracée en interligne par une main contemporaine.

(3) Le florin de Florence ou de grand poids pesait de 3 grains 45 à 3 gr. 51 et celui de petit poids, ou florin delphinal, de 3 gr. 35 à 3 gr. 40; et le premier devait être pris pour 25 sous et le second pour 24 sous aux termes d'une ordonnance du dauphin Humbert II, en date du 23 février 1343; mais le florin de compte n'en valait pas moins que 17 sous tournois. De telle sorte que les 510 florins et demi d'or trouvés chez Ponce Clair représentaient 433 livres, 38 sous et 6 deniers tournois; somme qui équivaudrait à environ 36,000 francs de nos jours, suivant les calculs de Leber. Seulement, je crois qu'il y a exagération dans ces calculs.

Argentum.

2. Item, in meris turonensibus grossis argenti quaterviginti et unum turonenses grossos (1).

3. Item, xiiii parpallolhas (2).

4. Item, tam in parvis turonensibus quam in moneta alba, quam in diversis monetis, unum florenum auri (3)

5. Item, unam aquariam argenti deauratam.

6. Item, unam zonam de argento, vocatam chayna, clavellatam de emautz (4).

7. Item, sex zonas de serico, clavellatas de argento.

8. Item, novem bursas de serico.

9. Item, sex decim parvos cutellos (5).

10. Item, tres cordonos de filo albo (6).

11. Item, unum bonum capelletum frachitum de auro, cum perliis et cum emautz.

12. Item, septem anulos de auro et unum lapidem vocatum jaspis inchastratum et magis quinque parvos anulos auri.

---

(1) Le gros tournois valant le douzième d'un florin d'or, 8 gros équivalaient donc à 6 florins et 9 gros, ou 5 livres, à 14 sous tournois, dont le pouvoir était celui de 470 francs d'aujourd'hui, suivant Leber.

(2) La parpaillole était une monnaie italienne qui devait être reçue pour 15 deniers, suivant une ordonnance delphinale du 23 février 1343. 14 parpailloles représentaient donc environ 72 francs d'aujourd'hui.

(3) Environ 70 francs de nos jours.

(4) Une ceinture en forme de chaîne d'argent, orné d'émaux.

(5) Je ne m'explique pas ce que pouvaient bien être les objets appelés ici *cutellos* et, dans le second inventaire, *scutellos*. Ce dernier mot rapproché du *scutellum* et du *scutetum* qui se trouvent dans Du Cange, peut être traduit par *écussons*; seulement on ne voit pas l'emploi de seize petits écussons chez un bourgeois de province, comme Ponce Clair, et c'est pour cette raison que nous inclinons à croire qu'il s'agit de petits couteaux. Cela d'autant plus, que ces *cutellos* ou *scutellos*, dont il ne restait plus que dix au moment du second inventaire, étaient alors accompagnées d'un *scindipendium*, et que ce mot qui ne se trouve nulle autre part, que je sache, désigne vraisemblablement un instrument tranchant, comme des ciseaux que l'on portait suspendu à la ceinture.

(6) Trois cordons de fil blanc, probablement de fil d'argent, car sans cela on ne s'expliquerait pas cette mention.

13. Item unum alium capelletum cum perliis finum.
14. Item sex cupas seu tassias de argento.
15. Item, sex gobelletos de argento.
16. Item, duodecim coclearia de argento.
17. Item, unum gladium magnum florentinum, cum uno cristallo in manubrio (1).
18. Item, duos magnos escufinellos pilosos (2).

Raube.

19. Item, iiii^{or} garda corsa forrata de variis.
20. Item, unum mantellum forratum de barbaria (3).
21. Item, duo capucia sine forratura.
22. Item, unam forraturam de variis pro capucio.

Sequntur libri.

Et primo dicti domini duo Durantus, P. de Champis et cum ipsis dominus Johannes Fabri, curati, exequtores, asseruerunt se invenisse in dictis bonis, libros civiles infra designatos.
23. Primo, duos Codices cum apparatu (4).
24. Item, unum Digestum vetus (5).

---

(1) Ainsi qu'a bien voulu me le faire remarquer M. Bernard Prost, cet exemple est un nouvel argument contre la théorie de V. Gay (Gloss. archéol. au mot Glaive) que « jusqu'à la fin du xive siècle ce terme « Glaive » est pris dans le sens de lance ou javelot ». A noter aussi le mot mornæ, dans le sens de viroles, qui ne figure pas dans Du Cange, dans le vieux français morne.

(2) Deux coffrets poilus, c'est-à-dire probablement recouverts de peaux de bête avec leurs poils, comme cela se fait encore aujourd'hui pour certaines malles.

(3) Le nom de cette fourrure ne figure pas dans Du Cange.

(4) Deux copies du Code de Justinien, à moins qu'il ne s'agisse des Lecturæ d'Odofred et de Cinus réunies en un volume.

(5) Une copie de ce livre imprimé, pour la première fois, à Pérouse, en 1476, était estimé 25 livres, soit environ 1,375 francs de nos jours, en 1337.

25. Item, Inforciatum (1).
26. Item, Digestum novum (2).
27. Item, Volumen (3).
28. Item, Lectura Jacobi de Revenniaco (4).
29. Item, Lectura domini Dini super Reforciato (5).
30. Item, Speculum juris (6).
31. Item, Dinus de Regulis juris (7).
32. Item, Lectura Petri de Bellapertica (8).

---

(1) La première édition de ce livre est de Rome, 1475, et forme un volume in-folio, demi gothique, de 356 feuillets à deux colonnes, ayant pour titre : *Digestum inforciatum*.

(2) Une copie du nouveau Digeste, qui fut imprimé, pour la première fois, à Venise, en 1477, valait 25 livres en 1337.

(3) On estimait également 25 livres, une copie du *Volumen*, en 1337.

(4) Jacques de Révigny, jurisconsulte lorrain, qui professait le droit à Toulouse en 1250 et à Orléans en 1271, devint ensuite auditeur de Rote, puis évêque de Verdun (1290) et mourut en 1296. Il ne reste de lui, suivant M. Marcel Fournier (*Les statuts et privilèges des Universités françaises*, I, 7), que trois manuscrits : l'un contenant *Lecturæ in Digestum novum* et *Institutionem et codicem*, à la Bibliothèque nationale; un autre contenant sa *Lectura in Digestum vetus*, chez M. d'Ablaing, professeur à l'Université de Leyde, et le troisième contenant *Lectura super librum authenticarum*, à Madrid.

(5) Probablement les *Additiones Dini super Inforciato*, ouvrage dont une copie était estimée 30 livres tournois, soit environ 1,650 francs de nos jours, en 1337. Jurisconsulte né à Mugello en Toscane, Dino de Rossoni ou de Roxoni professait le droit à Pistoie en 1279, à Bologne en 1284, à Rome en 1287, et mourut en 1303.

(6) Imprimé pour la première fois en 1473, sous le titre de *Speculum judiciale*, cet ouvrage est de Guillaume Durand, jurisconsulte et canoniste, né à Puimisson (Hérault), vers 1230, et mort évêque de Mende le 1er novembre 1296. Suivant la remarque de M. le conseiller Albert Faure-Biguet, magistrat des plus versés dans la science du droit, qui a bien voulu faire des recherches pour moi à la bibliothèque de la Cour de cassation, cet ouvrage, qui avait une telle célébrité au moyen âge que son auteur en fut appelé *speculator*, est maintenant oublié à ce point, que Camus et Dupin n'en disent mot dans leur Bibliothèque de droit.

(7) Cet ouvrage de Dinus a été imprimé, pour la première fois, à Rome, en 1472.

(8) Il est d'autant plus difficile de préciser quelle était cette *lectura*, que Pierre de Belleperche en a laissé plusieurs, entre autres une sur les Institutes de Justinien, imprimée à Paris en 1513, sous le titre de : *Lectura aurea..... super librum institutionum;* une autre sur les neuf premiers livres du Code, intitulée : *Lectura insignis et fecunda super prima parte codicis d^{ni} Iustiniani* et formant un in-folio gothique, imprimée également à Paris,

33. Item, Repertorium super Speculo juris (1).

34. Item, Summa Assonis (2).

35. Item, una parva Summula Odofredi super Libro feudorum (3), sine postibus.

36. Item, alia Summula Roffredi de Ordine judiciorum, composita super libellis (4).

---

en 1519; enfin, celle qui figure sous le titre de *Lectura super Digesto novo*, dans le catalogue de la bibliothèque de l'Université d'Orléans, en 1419. Quant à son auteur, jurisconsulte nivernais qui professait le droit à Orléans vers 1280 et qui fut ensuite doyen du chapitre cathédral de Paris, puis évêque d'Auxerre, différents historiens le donnent encore comme ayant été conseiller au Parlement de Paris et comme étant mort chancelier et garde des sceaux de Philippe le Bel en 1307 ou 1308; seulement il est bon de dire que cela est en contradiction avec l'épitaphe qui se lisait autrefois sur le tombeau de Pierre de Belleperche, dans le cœur de l'église Notre-Dame de Paris, où il fut inhumé, et que Terrasson nous a conservée en la reproduisant dans son histoire de la jurisprudence romaine. La voici du reste :

> *Hac jacet in cella Petrus cognomine Bella*
> *Pertica, perplacidus verbis factis quoque fidus,*
> *Mitis, verdicus, prudens humilisque pudicus,*
> *Legalis, planus velut alter Justinianus,*
> *Summus doctorum, certissima regula morum*
> *Parisinorum decanus canonicorum*
> *Altissiodorica digne sumpta sibi sede*
> *Tempora post modica carnis secessit ab aede*
> *Annis sub mille ter c septem simul ille*
> *Sulpitii festo migravit ab orbe molesto*
> *Det sibi solamen Spiritus almus amen.*
> (Voir *Hist. litt. de la Fr.*, t. XXV, p. 363.)

(1) Tout à la fois résumé et complément du *Speculum juris* et, comme celui-ci de Guillaume Durand, cet ouvrage a été imprimé en 1516 et son titre exact est : *Repertorium D. Guillelmi Durandi omnes tam textuum quam glossarum juris canonici materias complectens nec non et quod notatu dignum in apparatu Innoc. IIII continetur*.

(2) Portius Azon était un glossateur bolonais, mort vers 1220 et sa *Somme*, qui fut imprimée pour la première fois à Spire en 1482, était un des ouvrages de droit faisant autorité au moyen âge. On en trouve une version française dans un manuscrit du XIV° siècle, faisant partie de la Bibliothèque Vaticane.

(3) C'est la première fois, à ma connaissance, qu'il est fait mention de cet ouvrage d'Odofred ou Rofred, jurisconsulte de Bénévent, qui professait le droit en France vers 1230 et qui mourut à Bologne, le 3 décembre 1265.

(4) M. le conseiller Faure-Biguet, pense qu'il s'agit ici du traité intitulé *Brevis et utilis judiciorum in causis civilibus*, qui figure sous le nom d'Odofred, dans le tome III, pars I, des *Tractatus illustrium in utraque tum pontificii, tum caesarei juris facultate jurisconsultorum de judiciis* (Venise,

Sequntur libri canonici.

37. Primo, Decretales (1).
38. Item, Decretum (2).
39. Item, Sextus liber Decretalium, sine apparatu (3).
40. Item, Clementine cum apparatu (4).
41. Item, Lectura Johannis Andree super Sexto libro (5).
42. Item, Lectura Archidiachoni (6).
43. Item, Lectura Innocentii (7).

1583, in-folio). Mais tout en reconnaissant que le mot *summula* ne peut s'appliquer qu'à un traité de peu d'étendue, je me demande si cet ouvrage de la bibliothèque de Ponce Clair ne serait pas plutôt celui qui a été imprimé sous le titre : *Roffredi vel Odofredi, Beneventani, tractatus libellorum censura cum questionibus sabbatinis, castigatus a Petro Miloti, Petro Tepe et Joanne Pabeyrani dicto Gandare, scholastico*. (Avenione altera Roma, ultima kalend. marcias, 1500, in-folio.)

(1) Cette compilation, dont une copie, sans commentaire, valait 8 livres ou 440 francs de nos jours, et une copie avec commentaire, 40 livres ou 2,200 francs de nos jours, en 1337, a été imprimée, pour la première fois, à Mayence, en 1473, sous le titre : *Incipit nova compilatio decretalium (cum glossa ordinaria Bernhardi Bottoni), papiensis*. In-folio de 304 ff.

(2) Une copie de cette œuvre du pape Grégoire IX, intitulée par son auteur : *Concordia discordantium canonum*, valait, avec commentaire, de 35 à 40 livres, soit de 1.925 à 2,200 francs de nos jours, en 1337. Il a été imprimé pour la première fois en 1475, avec un commentaire de Raymond de Brixen.

(3) L'œuvre du pape Boniface VIII a été imprimée pour la première fois à Mayence, en 1465.

(4) Vraisemblablement l'ouvrage imprimé en 1463, sous le titre : *Clementis V constitutiones, cum apparatu Joann. Andreæ*, et dont une copie était estimée 5 livres, soit à peu près 275 francs de nos jours, en 1337.

(5) Jurisconsulte toscan né vers 1275 et mort le 7 juillet 1348, Jean d'Andrea est l'auteur de nombreux livres de droit, dont l'un des plus importants est celui-ci, qui fut imprimé, pour la première fois, à Rome, en 1472, et dont une copie valait 7 livres ou 357 francs de nos jours, en 1337.

(6) Parmi les ouvrages de Guy de Baysio, archidiacre de Bologne, décédé à Avignon en 1313 et généralement connu sous le nom de l'Archidiacre, il en est deux qui peuvent se rapporter à cette *lectura*, d'abord son *Apparatus ad decretum*, ensuite son *Apparatus seu glosæ seu commentarium ad Sextum*.

(7) Il s'agit évidemment ici du commentaire des Décrétales, donné de 1243 à 1254, par le pape Innocent IV, et dont une copie valait, en 1337, 45 livres ou 2,475 francs de nos jours.

44. Item, Lectura secunde partis de ordine judiciorum in civilibus causis (1).

Libri gramatice.

45. Primo, in uno volumine, Cato (2), Cartula, Theodolus (3), Thobias.
46. Item, Doctrinale.
47. Item, Matutine Beate Marie.

Asserentes dicti domini curati quod predicta omnia fuerunt reperta in domo Petri de Crista, quondam sita in Basteria Valentie, quam nunc inhabitat Jacobus de Crista.

Sequitur garnimentum penoris et tinalis (4).

Item, asseruerunt se invenisse in dictis bonis dicti domini Poncii, infra domum suam, sitam in Basteria Valentie, quam inhabitare solebat, bona mobilia que sequntur :

48. Et primo, in tinali, duas magnas tinas (5).
49. Item, prope dictum tinale, sex bocias vinaterias, tam magnas quam parvas, tam pravas quam bonas.
50. Item, prope penus, unam parvam tinam.
51. Item, in penore, novem magnas bocias, provino puro reponendo.
52. Item, ibidem, quinque bocias.

---

(1) Ne serait-ce pas l'ouvrage qui figure dans un catalogue de la bibliothèque du collège de Mirepoix, de Toulouse, en 1337, sous le titre : *Libellum Ramfredi juris civilis* et la seconde partie du *Tractatus judiciorum super jure caesarei et pontificii*, ouvrage d'Odofred ou de Rofred, imprimé à Avignon, en 1500 ?

(2) Les distiques de Caton, un des livres dans lesquels on apprit, pendant longtemps, à lire, étaient tellement répandus autrefois, que la première édition qui en a été donnée sous le titre de : *Disticha de moribus*, in-8°, goth. de 4 ff., est, dit-on, plus ancienne que la fameuse bible de 1455.

(3) Le *Liber vel Egloga Theodoli*, le *Cartula* ou *Liber de contemptu mundi* et le *Liber Thobie* ou *Thobias*, poëme attribué à Mathieu de Vendôme, qui fut régent du royaume en 1270, sont des recueils scolastiques fort en usage au moyen âge. Cf. Hain, *Repert. bibliogr.*, au mot : *Auctores octo...*, nos 913-919.

(4) Meubles garnissant les celliers et les caves.

(5) Deux grandes cuves.

53. Item, duo fesclaria (1).
54. Item, unum pravum fesclale.
55. Item, xxii balastas (2).

Bona inventa in dicta domo desupra.

56. Item, invenerunt supra in dicta domo in universo, tam de nuce quam de sap, tam magnas quam parvas et tam bonas quam eciam pravas archas xviii.
57. Item, tam de nuce quam de sap, iiii^{or} mensas, quarum una est magna, de nuce, cum pedibus.
58. Item, scanna, x tam prava quam bona.
59. Item, unum archonum de taberna (3).
60. Item, chabessalia viii, quorum septem sunt sine celo, unum vero cum celo (4).
61. Item, unum magnum archibanc (5) in coquina.
62. Item, unum pistrinum in dicta coquina.
63. Item, de fuste, sex cathedras ad sedendum.
64. Item, octo capras ferri (6), tam magnas quam parvas et tam bonas quam pravas.
65. Item, iiii^{or} ollas de cupro, tam magnas quam parvas.
66. Item, unam saltaginem, unam cassiam de ere (7).
67. Item, unum veru.
68. Item, duas magnas maletas seu malas.

---

(1) Deux entonnoirs. Dans le patois on dit encore *fleïcard*.
(2) Vingt-deux bennes, vaisseaux de bois pour la vendange, appelés encore en patois *balastas*.
(3) La lecture des mots *archonum de taberna* qui se retrouvent dans le second inventaire, n'est pas douteuse. Ce devait être quelque arche ou coffre comme il y en avait dans les tavernes; une huche.
(4) Cf. *Cabessalus* dans Du Cange. Il s'agit des quatre pans d'étoffes ou des rideaux accrochés au ciel de lit. Il y avait huit lits en tout dans la maison (art. 72). — Cf. dans le second inventaire l'art. 53.
(5) Au xviie siècle le mot archibanc était encore usité et servait à désigner un grand banc à dossier, dont le siège formait un coffre.
(6) Huit grands chenets, encore appelés chèvres dans certaines localités.
(7) Une poêle à frire et un poêlon ou casserole de métal.

69. Item, in coquina, duo morteria.
70. Item, duas culcitras et IIII^{or} pulvinaria de pluma.
71. Item, unum almatratz et dua copertoria de esc'hacato (1).
72. Item, VIII cubilia de fusta.

SECOND INVENTAIRE

INVENTARIUM BONORUM PONCII CLARI, QUONDAM.

In nomine Domini, amen. Per hoc presens publicum instrumentum cunctis appareat evidenter quod venerabili et circumspecto viro domino Poncio Clari, legum doctore, cive Valentinensi, nuper deffuncto ejusque corpore tradito ecclesiastice sepulture, conditoque per eum testamento, in quo inter cetera Poncium Clari, filium suum, heredem suum universalem sibi instituit, prout hec et plura alia in dicto testamento latius continetur, hinc est quod venerabilis et circumspectus vir, dominus Franciscus de Crista, canonicus ecclesie Valentinensis, et Jacobus de Crista, sororius dicti domini Poncii, quondam, avunculusque dicti Poncii, heredis universalis, ejusdem tutores dati per venerabilem et circumspectum virum, dominum Petrum de Bosanis, legum doctorem, sacristam et officialem Valentinensem, dicto Poncio heredi universali dicti domini Poncii, quondam patris sui, et tutorio nomine ejusdem Poncii filii in pubertatis etate existentis, in mei notarii publici infrascripti et testium subscriptorum ad hoc specialiter vocatorum et rogatorum presentia, de bonis tam mobilibus quam inmobilibus prefati domini Poncii, quondam, ne valeant deperiri in futurum et ad salvum dicti heredis et eternam memoriam habendam de eisdem

---

(1) Un matelas de laine et deux couvertures d'une étoffe de différentes couleurs. Cf. Du Cange, aux mots *Statatus* et *Scatatus*.

inventarium facere incoharunt et per me infrascriptum notarium in scriptis redigi fecerunt prout inferius continetur, premisso tamen per quemlibet ipsorum tutorum, tutorio nomine quo supra, dictum inventarium sibi facere incohando signo venerabili sancte crucis.

Et primo asseruerunt invenisse dicti tutores, tutorio nomine quo supra, in bonis mobilibus dicti domini Poncii Clari, quondam, infra unum escoffinellum, tam in florenis auri, quam in alia moneta auri et tam in florenis magni ponderis, quam parvi ponderis, et tam de Florencia quam de aliis qui non sunt de Florencia, reducta tamen valore florenorum magni ponderis ad valorem florenornm parvi ponderis, tres centos et quinquaginta tres florenos auri et quatuor turpnenses grossos (1).

2. Item, tam in turonensibus grossis argenti magni ponderis (2), decem cum dimidio pro uno floreno auri computatis, quam in parpalholis et turonensibus parvis et alia moneta alba ix floren. iii grossos (3).

3. Item, unam ydriam argenteam deauratam, ponderis unius marche cum dimidie (*sic*) et unius uncie (4).

4. Item, sex tacias argenti et duodecim cloquearia argenti, que ponderant septem marchas (5).

5. Item, unam zonam vocatam chayna, clavellatam de eymaut, ponderis quinque unciarum (6).

6. Item, sex zonas de serico, clavellatas de argento.

7. Item, sex bursas de serico et unum charnerium de serico (7).

8. Item, decem parvos scutellos et unum scindipendium (8).

---

(1) Environ 25,750 francs de nos jours, d'après les calculs de Leber.

(2) Il s'agit probablement ici de gros à la fleur de lis, qui valaient 20 sous en 1324.

(3) Soit 7 livres, 19 sous et 8 deniers, ou 660 francs de nos jours, suivant Leber.

(4) Soit 336 grammes 21 centigrammes.

(5) Soit 1448 gr. 30 cent.

(6) Soit 129 grammes 31 centigrammes.

(7) Une bourse à fermoir, quelque chose comme une aumônière, que les dames portaient pendue à la ceinture.

(8) Voir la note qui correspond à l'article 7 du premier inventaire.

9. Item, unam zonam de serico pro homine, latam, cum magna fanella et pendenti de argento (1).

10. Item, septem anulos de auro et unum lapidem vocatum jaspi et quinque alios anulos fractos.

11. Item, sex gobellos argenti qui ponderant tres marchas minus uno car uncie (2).

12. Item, unum capellum frachitum de auro qui ponderat sex uncias cum dimidia (3).

13. Item, unum alium capellum, cum decem operibus de perliis albis, et in quolibet opere sunt XVII perlie (4).

14. Item, unum gladium florentinum cum pomello de cristallo et cum duabus mornis argenteis.

15. Item, duos magnos escofinellos pilosos et ferratos.

16. Item, duos Codices cum apparatu.

17. Item, unum Digestum vetus.

18. Item, Infortiatum.

19. Item, Digestum novum.

20. Item, Volumen.

21. Item, Lectura Jacobi de Revenneniaco.

22. Item, Lectura domini Dini super Reforciato.

23. Item, Speculum juris.

24. Item, Dinus de regulis juris.

25. Item, Lectura Petri de Bella pertica.

26. Item, Repertorium super Speculo juris.

27. Item, Clementine (*sic*) cum apparatu.

28. Item, Lectura Johannis Andree super Sexto libro.

29. Item, Lectura Archidiaconi.

30. Item, Lectura Innocentii.

---

(1) Une ceinture de toilette, de soie avec une grande *frange* et un ferret ou bouterolle d'argent.

(2) Soit 614 gr. 24 cent.

(3) Soit 169 gr. 11 cent.

(4) Rappelons qu'à cette époque on faisait des chaperons d'or ornés de perles et même de diamants, ainsi qu'on le voit dans ce passage d'une charte de 1347 : *Capellotum de auro operatum, cum margaritis grossis et viginti adamantibus insutis super capelleto prædicto.* Valbonnais, II, 568.

31. Item, Lectura secunde partis de Ordine judiciorum in civilibus causis.

32. Item, Sum[m]a Assonis.

33. Item, una parva Sum[m]ula Odofredi super Libro feudorum, sine postibus.

34. Item, alia Sum[m]ula Roffredi de ordine judiciorum, composita super libellis.

35. Item, Decretales.

36. Item, Decretum.

37. Item, Sextus liber decretalium, sine apparatu.

38. Item, viginti duo modia vini, que sunt in sex bociis, signatis ad tenorem xxii modiorum, quinque barralium et duorum cartalium vini, que quinque barralia et duo cartalia supra dicto Jacobo pro ipsis adimplendis debebantur (1).

39. Item, xxxv sestarios et tres cartas frumenti, deductis ix sestariis qui fuerunt seminati et duobus sestariis cum emina que comederunt tam bubulci et seminatores quam ligatores doliorum et follatores vini (2).

40. Item, vii culcitras de pluma tam bonas quam pravas et decem pulvinaria de pluma, tam bona quam prava.

41. Item, unum almatratrat.

42. Item, duo quintalia de pluma nova (3).

43. Item, duo coquipendia (4).

---

(1) Le muid de Valence était de douze barraux et le barral de 42 litres 006.

(2) Trente-cinq sètiers et trois quartes de froment, déduction faite de neuf sètiers et demi consommés tant par les laboureurs et semeurs que par ceux qui cerclèrent les tonneaux et foulèrent la vendange dans les cuves. Le sètier de Valence était de 71 litres 7 décilitres.

(3) Deux quintaux, soit 82 kilos 800 de plume neuve.

(4) Le mot *coquipendium* se trouve dans presque tous les inventaires de la région, aux xiv°, xv° et xvi° siècles, comme aussi le mot *coquipedum*. Or, le premier n'est évidemment qu'une forme du mot *cocupendium* donné par Du Cange, avec la signification de grande marmite en fonte de fer, que l'on suspend au-dessus du feu à l'aide d'une crémaillère ; tandis que le *coquipedum* était la cloche ou coquelle, autre ustensile de cuisine en fonte de fer, ayant des pieds, grâce auxquels on peut le placer sur la braise, sans qu'il soit besoin, pour cela, d'un trépier.

44. Item, septem copertoria de panno.
45. Item, tria tralhicia tam bona quam prava (1).
46. Item, tria banchilia (2).
47. Item, tres lodices (3).
48. Item, unum auriculare de serico operatum.
49. Item, tres telas pro cortinis faciendis ante cubilia, tinctis in colore virido.
50. Item, tres vanoas de bocarant et aliam pravam de tela (4).
51. Item, tria parva auricularia.
52. Item, sexdecim mapas et octo manutergia.
53. Item, quinquaginta linteamina tam magna quam parva, et quatuor chabessalia de tela prima (5).
54. Item, xxxiiii^{or} scutellas de palpre (6).
55. Item, xvii platellos tam magnos quam parvos.
56. Item, sex conchias tam magnas quam parvas de here.
57. Item, tria paria platarum ad armandum (7).
58. Item, quasdam mangias de malhia (8).
59. Item, quasdam fautas de malhia (9).
60. Item, duo paria cirothetarum de ferro.
61. Item, unam alberjoneriam pro bacino, de malhia (10).

---

(1) Voy. Du Cange au mot *Tralicium*. Il s'agit de paillasses en treillis.
(2) Lisez *Banchale*. — Tapis de banc (D. C.)
(3) Trois couvertures.
(4) Trois dessus de lit ou couvre-pieds en bougran. On appelle encore aujourd'hui, dans les campagnes, *vanne*, la couverture d'étoffe légère avec laquelle on pare le lit.
(5) Les mots *prin* et *primo* sont restés dans le patois de la contrée pour marquer l'état d'usure, lorsqu'il s'agit surtout du linge.
(6) Trente-quatre écuelles de bois. Au mot *Polpre*, Du Cange dit que c'est là une espèce de bois, sans préciser laquelle. Il s'agit probablement du peuplier, comme a bien voulu me le suggérer M. Darcel.
(7) Trois paires de gantelets recouverts de lames de fer. Il en est souvent question dans les comptes des dauphins au xiv° siècle, *Pro uno paro de platis... unc ii taren.* xii. Valbonnais, II, 326.
(8) Des manches ou brassards en mailles de fer. (D. C.)
(9) Il s'agit des *faudes*, garniture de mailles qui couvrait le haut des cuissarts.
(10) Une sorte de couvre-nuque en mailles de fer, que l'on adaptait au bacinet pour garantir le cou. *Alberjo*, haubergeon (D. C.). D'où le dicton : *Maille à maille se fait l'haubergeon.*

62. Item, quosdam bracellos munito[s], pro toto brachio, de corio (1).

63. Item, quasdam chamberias et trumellerias munitas de corio (2).

64. Item, unum bacinetum alberjonatum (3).

65. Item, alium bacinetum sine alberjoneura (4).

66. Item, alium leve de ferro (5).

67. Item, unum copertorium de panno armeatum.

68. Item magis, alium copertorium de panno eschacatum destinctum (6).

69. Item magis, ii vanoa de bocarant (7).

70. Item magis, unum tralhicium violetum.

71. Item magis, unum magnum lodicem pilosum (8).

72. Item magis, ii banchilia (9).

73. Item magis, i mapam et v manutergia.

74. Item magis, duos escoffinellos ferratos.

75. Item magis, unam telam pictam vocatam esteura (10).

Sequntur raube dominarum.

76. Primo, unum supertunicale de escarlata sanguina, forratum de variis minutis, et tunicam cum capucio ejusdem panni, in quo capucio sunt sex opera perliarum et septem botoni argentei (11).

---

(1) Des brassards de cuir pouvant garantir tout le bras.
(2) Des jambières et des trumelières ou cuissards. *Gamberia* (Du Cange).
(3) Un bacinet muni de son haubergeon.
(4) Un bacinet sans son haubergeon.
(5) Un autre bacinet léger.
(6) Drap échiqueté et déteint.
(7) Deux couvre-lits en bougran.
(8) Une grande couverture pelucheuse.
(9) Voir art. 46.
(10) Une toile peinte, servant probablement de tenture.
(11) Un surcot en écarlate sanguine, fourré de menu vair, avec la cotte en drap et le capuce de même, orné de six troches de perles et de sept boutons d'argent. Observons que dans un compte du tailleur du roi

77. Item, unum capucium mulieris cum brodeura de auro de subtus cum xxi perliis grossis et albis et cum octo botonibus argenteis (1).

78. Item, 1 corsetum curtum mulieris de camelino de Malinas, forratum de grossis variis, et tunicam ejusdem panni (2).

79. Item, 1 corsetum de duobus camelinis partitum, forratum de minutis variis antiquis, cum capucio ejusdem panni (3).

80. Item, 1 corsetum de panno camelino verdeto de Bernay, forratum de variis antiquis, cum capucio ejusdem panni, in quo sunt xi carcanelli argenti (4).

81. Item, unum corsetum de camelino de Malinas, forratum de sandali viridi (5).

82. Item, unam sargiam persam forratam de sandali viridi (6).

83. Item, 1 tunicam de cadit albo (7).

84. Item, gardacorsum et mantellum de camelino de Montevelier, forrata de grossis variis, cum tunica ejusdem panni et capucio (8).

85. Item, unum mantellum de camelino viridi, forratum de variis antiquis (9).

86. Item, 1 gardacorsum de persico, forratum de popelletas (10).

Philippe VI de Valois, en date de 1339, une aune d'*escalatta sanguina* figure au prix de 3 livres 6 sols, soit environ 272 francs de nos jours.

(1) Un capuce de dame, orné d'une broderie d'or, de vingt et une perles blanches et de huit boutons d'argent.

(2) Un corset en camelin de Malines, garni de gros vair avec la jupe de même étoffe.

(3) Un corset de deux sortes de camelin, garni de vieux vair, avec un capuce de drap.

(4) Un corset de camelin vert de Bernay, garni de vieux vair et de onze petits grelots d'argent; à moins que ces *carcanelli* ne soient de petits carcans ou cercles d'orfèvrerie, comme le pense M. Bernard Prost.

(5) Un corset de camelin de Malines, garni de soie verte.

(6) Un vêtement en serge perse, garnie de soie verte.

(7) Une robe ou tunique de cadis blanc, sorte de drap commun.

(8) Un garde-corps ou grand corset et un manteau de camelin de Montivilliers, garni de gros vair, avec la robe et le capuce.

(9) Un manteau de camelin vert, bordé de vieux vair.

(10) Sur cette espèce de fourrure, voir Godefroy (*Dictionn. de l'anc. langue française*), au mot *Porpre*.

87. Item, 1 gardacorsum de camelino, longum, forratum de sandali viridi (1).

88. Item, unum capucium de camelino, forratum de sandali viridi.

89. Item, aliud capucium forratum de penna nigra.

Sequntur raube domini Poncii Clari.

90. Item, iiii^{or} supertunicalia forrata de variis.
91. Item, unum mantellum forratum de barbaria.
92. Item, duo capucia sine forratura.
93. Item, unam forraturam de variis, pro capucio.
94. Item, ii cacobos, unum magnum, alium parvum (2).
95. Item, 1 croteriam ferri (3).
96. Item, 1 lichafrea (4).
97. Item, xiiii palhacias (5).
98. Item, ii bothas de calibe stagnatas (6).
99. Item, ii symaysias cadatras (7).
100. Item, vi carteyronos (8).
101. Item, v ydrias de stagno, que omnia sunt fracta (9).
102. Item, unum parvum eschalfor de cupro (10).
103. Item, tam de nuce quam de sap et tam bonas quam pravas et tam magnas quam parvas archas xvii.

---

(1) Un long garde-corps ou corset en camelin garni de soie verte.
(2) Deux chaudrons, l'un grand et l'autre petit.
(3) Je crois qu'il s'agit ici d'un bassin en fonte de fer, une sorte de baquet.
(4) Une lèche-frite.
(5) Quatorze paillasses, sorte de corbeilles en paille tressée dans lesquelles on met la pâte destinée à faire du pain, pour la porter au four.
(6) *Caliba,* fer (Du Cange). Bouteilles de fer étamé.
(7) Deux cimaises carrées, mesures pour le vin, suivant Du Cange ; seulement un inventaire de 1505 nous apprend que l'on appelait également cimaise une grande urne ou amphore — *due amphore, sive symaisie.*
(8) Six quartes ou mesures en bois contenant le quart d'un setier.
(9) Cinq cruches à vin en étain, toutes rompues.
(10) Je crois qu'il s'agit ici d'un réchaud ou plutôt d'une chaufferette en cuivre.

104. Item, tam de nuce quam de sap, iiii^{or} mensas, quarum una est magna de nuce cum pedibus.

105. Item, tam bona quam prava scanna decem, ad sedendum.

106. Item unum archonum de taberna.

107. Item, viii^{to} chabessalia, quorum septem sunt sine celo, unum vero cum celo.

108. Item, unum magnum archibanc, in coquina.

109. Item, unum pistrinum.

110. Item, sex cathredras (*sic*) ad sedendum de fusta.

111. Item, octo capras ferri, tam magnas quam parvas et tam bonas quam pravas.

112. Item, iiii^{or} ollas de cupro, tam magnas quam parvas.

113. Item, unam sertaginem (1).

114. Item, 1 cassiam de here.

115. Item, 1 veru ferri.

116. Item, duas magnas maletas seu malas.

117. Item, duo morteria de petra.

118. Item, octo cubilia de fusta.

Sequitur garnimentum pennoris.

119. Item, in tinali, duas magnas tinas.

120. Item, prope dictum tinale, sex bocias vinaterias tam magnas quam parvas et tam bonas quam pravas.

121. Item, prope penus, unam parvam tinam.

122. Item, in penore, ix magnas bocias pro vino reponendo.

123. Item, ibidem, alias quinque bocias.

Sequntur debita.

124. Item, asseruerunt se invenisse in debitis que debebantur dicto domino Poncio, quondam, tempore quo vivebat, C flo-

---

(1) Poêle à frire.

renos auri (1) quos sibi debebat dictus Jacobus tutor ab una parte.

125. Item, xxx floreno auri (2) quos sibi debebat idem Jacobus predictus, et sex grossos cum dimidio argenti, ab alia parte, ex fine cujusdam arresti coram dominis Durando Rambaudi, Petro de Champis et Stephano de Chalmeyrac, exequtoribus testamenti dicti domini Poncii, quondam, facti die xi julii proxime preteriti, anno currente M° CCC° XLVIII° (3).

Sequntur bona inmobilia.

126. Et primo, asseruerunt se invenisse in bonis inmobilibus dicti domini Poncii, quondam, hospicium suum situm in Basteria Valentie, juxta domum Johannis de Ponte, quondam civis Valentinensis.

127. Item, aliud hospicium, situm Valencie in carreria dos Bancs (4), juxta domum Jacobi de Preposito, civis Valentinensis.

128. Item, aliud hospicium situm in carreria Oschiarum sancti Felicis Valencie (5), que fuit Penelle Dotachi, quondam.

129. Item, aliud hospicium situm in carreria de Chantaloba (6), justa hospicium Guillelmi de Mabilia, quondam, carreria intermedia.

130. Item, aliud hospicium situm in Burgo Valencie (7), juxta...... (8).

131. Item, quamdam vineam sitam in mandamento Valencie, in territorio appellato en Franconas (9).

---

(1) Soit 85 livres tournois équivalant à 7,000 francs d'aujourd'hui, suivant les calculs de Leber.
(2) Ou 25 livres 10 sous tournois, ou 2,100 francs de nos jours, suivant Leber. Cet article a été bâtonné dans l'inventaire.
(3) Probablement la date à laquelle les exécuteurs testamentaires firent place aux tuteurs nommés par l'official.
(4) A présent la rue du Musée.
(5) A présent la rue Roderie.
(6) A présent la rue Chantelouve.
(7) Le Bourg-lès-Valence, commune limitrophe de celle de Valence.
(8) *Sic.* Laissé en blanc.
(9) Franconnat, quart. de la commune de Valence.

132. Item, aliam vinam, sitam in dicto mandamento, en Vallauria.

133. Item, aliam vineam, sitam in dicto mandamento, in loco dicto en Belver.

134. Item, aliam vineam, sitam in dicto mandamento, in loco dicto in Gageria.

135. Item, aliam vineam, sitam in mandamento Burgi, in loco dicto in Montata (1).

136. Item, aliam vineam sitam in mandamento Valencie, in loco dicto al Cimefier.

137. Item, quodam pratum, situm in mandamento Burgi Valencie.

138. Item, quamdam terram sitam in mandamento Montilisii (2), in territorio appellato in Moreria (3), continentem circa xiii sestariatas terre (4).

139. Item, tres alias pecias terre, sitas in mandamento Valencie, videlicet in Plano.

140. Item, quamdam terram sitam in plano Cruceoli.

141. Item, et quamdam grangiam sitam apud Mayresium (5), in mandamento Cruceoli, cum toto tenemento ibidem sito, quam et quod dictus dominus Poncius, quondam, habuit a domino Cruceoli.

Asserentes supra dicti dominus Franciscus et Jacobus de Crista, tutores et tutorio nomine quo supra, per juramenta sua super sancta Dei euvangelia ab ipsis corporaliter prestita, se nulla alia bona mobilia nec inmobilia que valoris sint quo ad presens invenisse, protestantes sollempniter dicti tutores tutorio nomine quo supra et uterque ipsorum, quod si aliqua bona mobilia vel inmobilia in presenti inventario poni seu scribi

---

(1) Pomaret, quart. de la commune du Bourg-lès-Valence.
(2) Montélier, commune du canton de Chabeuil (Drôme).
(3) Mourières, quart. de la commune de Montélier.
(4) Soit 4 hectares, 89 ares, 84 centiares, la sétérée de Montélier étant de 900 toises.
(5) Mayres ou Mayrès, commune de Guilherand (Ardèche), dans laquelle sont les ruines du château de Crussol.

fecerint que non essent de bonis dicti domini Poncii Clari quondam, quod pro non scripta et pro non posita habeantur et quod propterea nullum eisdem tutoribus vel eorum alteri valeat prejudicium generari, protestantes insuper etiam dicti tutores et uterque eorum pro se, tutorio nomine quo supra, quod si aliqua bona mobilia vel inmobilia dicti domini Poncii quondam in presenti inventario causa ignorancie vel oblivionis poni seu scribi non fecerint, quod ea quamcito ad eorum noticiam pervenerint poni seu scribi facere in dicto presenti inventario sit licitum aut quod aliud novum confici facere (*sic*) inventarium de eisdem. De quibus omnibus universis et singulis supra dictis dicti tutores, tutorio nomine quo supra, sibi fieri petierunt publicum instrumentum per me, notarium publicum infra scriptum ad eternam memoriam habendam de eisdem.

Actum et datum in domo dicti Jacobi de Crista, sita in Basteria Valencie quam inhabitat, videlicet in aula subteriori, die tricesima mensis decembris, anno Domini M° CCC° XLV octavo, indicione secunda, testibus presentibus Stephano de Salliento, Thoma Albi (1) et Petro Cellerarii, civibus Valentinensibus.

Jo. Barberii.

---

(1) Ce Thomas Blanc était le mari d'une Aguessone, à qui feu Ponce Clair, le père, avait constitué en dot une somme de 100 florins, qui lui furent comptés par Jacques et François de Crest, au mois de février suivant, ainsi qu'il résulte d'une quittance inscrite dans le même registre du notaire Effréat.

ERRATA

Par suite d'une erreur dans la transmission des épreuves, les pages 384-400 n'ont été qu'incomplètement corrigées. En dehors des fautes typographiques, telles que : *jurisconsulte* (p. 385), etc., nous nous bornerons à indiquer les corrections suivantes :

P. 384-385. — La citation de Pasquier (*Les Recherches de la France*, liv. III, chap. xxxii) doit être ainsi rétablie : « Prendre toute connaissance des causes .... peu d'intérêt, encore que le demeurant des parties fussent gens lais, voire ..... ».

P. 386, ligne 19. — Lire : D'autres armes qu'un glaive .....

P. 390, note 1. — L'explication du mot *mornæ* vise l'art 14 du deuxième inventaire.

P. 394, art. 51. — Lire : pro vino.

P. 396, note 1. — Lire : Stacatus et Scatatus.

P. 400, note 7. — Lire : Uncias iv tarenos xii.

    »   notes 2, 8 et 10. — Les lettres D. C. sont l'abréviation de Du Cange.

TABLE ALPHABÉTIQUE

Les noms de personnes sont imprimés en petites capitales, les noms de lieux, les titres d'ouvrages et les devises en italiques. Les numéros en chiffres arabes, lorsqu'ils sont précédés d'un p. indiquent la page et, lorsqu'ils sont précédés des chiffres romains I *ou* II, *l'article du premier ou du second inventaire, ou la note qui correspond à cet article.*

A

ABLAING (M.), professeur à l'Université de Leyde, I, 28.
Adamanta, II, 13.
Additiones Dini super Inforciato, I, 29.
AGUESSONE, p. 407.
Aiguière, p. 385. Voy. Aquaria, Ydria.
Alberjo, II, 61.
Alberjonatum (Bacinetum), II, 64.
Alberjoneria de malhia, II, 61.
Alberjoneura, II, 65.
ALBI (Thomas), civis Valentinensis, p. 407.
Almatratrat, II, 41.
Almatratz, I, 71.
Amphoræ sive symaisiæ, II, 99.
ANDRIA (Jean d'), jurisconsulte, I, 40, 41; II, 28.
Anuli auri (Parvi), I, 12.
— de auro, I, 12; II, 10.
— fracti, II, 10.
Apparatus ad Decretum etc., I, 23, 39, 40, 42; II, 16, 27.

Aquaria argenti deaurata, I, 5.
Archabanc, I, 61.
Archæ tam de nuce quam de sap. I, 56; II, 103.
Arches, p. 386; I, 59. Voy. Archæ.
Archibanc, I, 61; II, 108.
ARCHIDIACRE (L'). Voy. GUY DE BAYSIO.
Archives de la Drôme, p. 384.
Archonum de taberna, I, 59; II, 106.
Armeatum (Copertorium), II, 67.
Argent (Vases et objets d'), p. 385, 389-390, 397, 398, 401, 402.
Argent monnayé, p. 386, 387, 389, 397.
ASSONIS (*Summa*), I, 34; II, 32. Voy. Azon.
AUBERT (Étienne), jurisconsulte qui fut pape sous le nom d'Innocent VI, p. 386.
Auctores octo, I, 45.
Aumônière, II, 7.
Auriculare de serico, II, 48.
Auricularia, II, 51.
Auxerre (Évêque d'), I, 32.
Avenio, altera Roma, I, 36.

A

Avignon (Ville d'), I, 36, 42, 44.
Azon, jurisconsulte, p. 386; I, 34.

B

Bacinets, p. 386. Voy. Bacinetum.
Bacinetum alberjonatum, II, 64.
— leve de ferro, II, 66.
— sine alberjoneura, II, 65.
Bacinum, II, 61.
Bagues, p. 385.
Bahuts, p. 386.
Balastæ, I, 55.
Banc, p. 386 ; I, 61.
Banchale, II, 46.
Banchilia, II, 46, 72.
Bancs (Carreria dos), II, 127.
Baquet, II, 95.
Barbaria (Forratura de), I, 20 ; II, 90.
Barberii (Jo.), p. 407.
Barral, II, 38.
Barralia, II, 38.
Bassins, p. 385 ; II, 95. Voy. Croteria.
Basteria Valentie, p. 394 ; II, 126 ; p. 407.
Baysio (Guy de). Voy. Guy de Baysio.
Belleperche (Pierre de), Bellapertica (Petrus de), jurisconsulte, p. 386 ; I, 32 ; II, 25.
Belver, II, 133.
Bénévent (Ville de), I, 35.
Bennes, I, 55.
Beraudi (P.), alias de Champis, curatus ecclesiæ Valentinensis, p. 386, 390.
Bernay (Camelinum verdetum de), II, 80.
Béroard (Pierre), chanoine de Bourg-lès-Valence, p. 388.
Bibliothèque de droit, par Camus et Dupin, I, 30.
Bijoux, p. 385, 386.
Blanc (Thomas), p. 407.
Bocarant, II, 50, 69.
Bociæ, I, 52 ; II, 38, 123.

Bociæ pro vino puro reponendo, I, 51 ; II, 122.
— vinateriæ, I, 49 ; II, 120.
Bologne (Ville de), I, 29, 35, 42.
Bona immobilia, p. 405-406.
Boniface VIII, pape, I, 39.
Bosas (Pierre de), Bosanis (Petrus de), official de Valence, p. 384, 396.
Bothæ de calibe stagnatæ, II, 98.
Bottoni (Bernhardus), Papiensis, I, 37.
Botoni argentei. II, 76, 77.
Bourse, II, 7. Voy. Bursæ.
Bouteilles. Voy. Bothæ.
Bouterolle, II, 9.
Boutons d'argent, p. 385. Voy. Botoni argentei.
Bracelli muniti de corio pro toto brachio, II, 62.
Brassards, p. 386 ; II, 58, 62. Voy. Bracelli.
Brevis et utilis judiciorum in causis civilibus, I, 36.
Brixen (Raymond de). Voy. Raymond de Brixen.
Broche, p. 386. Voy. Veru.
Broderies d'or, p. 385. Voy. Brodeura.
Brodeura de auro cum perliis albis et botonibus argenteis, II, 77.
Bubulci, II, 39.
Burgus Valencie, Bourg-lès-Valence, II, 130, 135, 137.
Bursæ de serico, I, 8 ; II, 7.

C

Cabessalus, I, 60.
Cacobus magnus, II, 94.
— parvus, II, 94.
Cadit, II, 83.
Calibs, Caliba, II, 98.
Camelinum, II, 79, 87, 88.
— de Malinas, II, 78, 81.
— de Montevelier, II, 84.
— verdetum de Bernay, II, 80.

Camelinum viridum, II, 85.
Camus et Dupin, *Bibliothèque de droit*, I, 30.
Capelletus frachitus de auro, I, 11.
— de auro operatus, II, 13.
— cum perliis finus, I, 13.
Capellus frachitus de auro, II, 12.
— cum decem operibus de perliis albis, II, 13.
Capræ ferri, I, 64; II, 111.
Capucium, I, 22; II, 76, 77, 79, 93.
— de panno camelino verdeto de Bernay in quo sunt xi carcanelli argenti, II, 80.
— de camelino de Montevelier, II, 84.
— de camelino forratum de sandali viridi, II, 88.
— forratum de penna nigra, II, 89.
— sine forratura, I, 21; II, 92.
Carcanelli argenti, II, 80.
Cartæ, II, 39.
Cartalia, II, 38.
Carteyroni, II, 100.
Cartula, I, 45.
Casserole. Voy. Cassia.
Cassia de ere, I, 66; II, 114.
Cathedræ ad sedendum de fuste, I, 63; II, 110.
Cato, I, 45.
Cave (Mobilier de), p. 386; I, 48-55; II, 38, 119-123.
Ceinture. Voy Zona.
Cellerarii (Petrus), civis Valentinensis, p. 407.
Cellier, p. 394.
Cercles, II, 80.
Chabessalia de tela prima, II, 53.
— cum celo, sine celo, I, 60; II, 107.
Chalmeyrac (Stephanus de), curatus ecclesiæ Valentinensis, p. 388; II, 125.
Chamberiæ munitæ de corio, II, 63.
Champis (Petrus Beraudi, alias de), curatus ecclesiæ Valentinensis, p. 388, 390; II, 125.
Chantaloba (Carreria de), II, 129.

Chaperons, II, 13.
Charnerium de serico, II, 7.
Chaudrons, p. 386; II, 94. Voy. Cacobus.
Chaufferette, p. 386. Voy. Eschalfor.
Chayna (Zona vocata), I, 6; II, 5.
Chenets, I, 64.
Chèvres, I, 64.
Ciel de lit, I, 60. Voy. Chabessalia.
Cimaises. Voy. Symaysiæ.
Cimefier, II, 136.
Cinus, jurisconsulte, I, 23.
Cirothecæ de ferro, II, 60.
Ciseaux, I, 9.
Clair (Ponce), Clari (Poncius), docteur ès lois, de Valence, p. 384, 386, 387, 388, 394, 396, 397, 403, 404, 405, 406, 407; I, 1, 9, 36; II, 124, 126, 141.
— le fils, p. 384, 387, 388, 396.
Clavellatæ (Zonæ) de argento, de emautz, I, 6, 7; II, 5, 6.
Clementinæ, I, 40; II, 27.
Clementis V constitutiones cum apparatu Joann. Andree, I, 40.
Cloche ou coquelle, II, 43.
Cloquearia argenti, II, 4.
Coclearia de argento, I, 16.
Cocupendium, II, 43.
Code de Justinien, I, 23, 32.
Codices, I, 23; II, 16.
Cœlum. Voy. Chabessalia.
Coffres, p. 386; I, 59, 61.
Coffrets, p. 385, 386; I, 18.
Conchiæ de here, II, 56.
Concordia discordantium canonum, I, 38.
Copertoria, I, 71.
— de panno, II, 44.
Copertorium de panno armeatum, II, 67.
— eschacatum destinctum, II, 68.
Coquelle ou cloche, II, 43.
Coquina, I, 61, 62, 69; II, 108.
Coquipedum, II, 43.
Coquipendium, II, 43.

Corbeilles de paille, II, 97. Voy. Palhaciæ.
Cordoni de filo albo, I, 10.
Corsetus curtus mulieris de camelino de Malinas, forratus de grossis variis, II, 78.
— de camelino de Malinas, forratus de sandali viridi, II, 81.
— de duobus camelinis partitus, forratus de minutis variis antiquis, II, 79.
— de panno camelino verdeto de Bernay, II, 80.
Cotte, II, 76.
Cour de Cassation (Bibliothèque de la), I, 30.
Couteaux. Voy. Cutelli.
Couvertures. Voy. Copertoria, Lodex, Lodices.
Couvre-lit, II, 69.
Couvre-nuque, II, 61.
Couvre-pieds, II, 50.
Crémaillère, II, 43.
Crémieu (monnaie de), p. 384.
CREST (François de), CRISTA (Franciscus de), chanoine de Valence, p. 384, 385, 396, 406.
— (Jacques de), CRISTA (Jacobus de), p. 384, 385, 394, 396, 405, 406, 407.
— (Pierre de), CRISTA (Petrus de), p. 394.
CRISTA. Voy. CREST.
Cristallum, I, 17; II, 14.
Croteria ferri, II, 95.
Cruceoli (Dominus), II, 141.
— (Mandamentum), II, 141.
— (Planum), II, 140.
Cruches à vin, II, 101. Voy. Ydriæ.
Crussol (Ardèche). Voy. Cruceoli.
Cubilia, II, 49.
— de fusta, I, 72 ; II, 118.
Cuillères, p. 585. Voy. Cloquearia, Coclearia.
Cuisine (Ustensiles de), p. 386, 395, 396, 399. Voy. Coquina.

Cuissards, II, 59, 63.
Culcitræ, I, 70.
— de pluma, II, 40.
Cupæ seu taciæ de argento, I, 14.
Cutelli parvi, I, 9.
Cuves, p. 386; I, 48.

D

DARCEL (M. Alfred), p. 383; II, 54.
Dauphins, II, 57.
Debita, p. 404-405.
Decretales, I, 37, 39, 43; II, 35, 37.
Decretum, I, 38; II, 36.
Dessus de lit, II, 50.
Destinctus, déteint, II, 68.
Diamants, II, 13.
Dictionnaire de l'ancienne langue française, par Godefroy, II, 86.
Digestum inforciatum, I, 25.
— novum, I, 26; II, 19.
— vetus, I, 24; II, 17.
DINO, DINUS DE ROSSONI ou de ROXONI, jurisconsulte, p. 386; I, 29, 31; II, 22, 24.
Disticha de Moribus, I, 45.
Doctrinale, I, 46.
DOTACHI (Penella), II, 128.
DU CANGE, I, 9, 17, 20, 60, 71; II, 43, 45, 46, 54, 58, 61, 63, 98, 99.
DUPIN (CAMUS et), Bibliothèque de droit, I, 30.
DURAND (Guillaume), jurisconsulte, I, 30, 33.

E

Échiqueté. Voy. Eschacatus.
Écuelles, p. 385. Voy. Scutellae.
Écussons, I, 9.
EFFRÉAT (Jean), de Soyons, notaire à Valence, p. 384, 407.
— (François), orfèvre, puis tailleur de la monnaie de Crémieu, p. 384.
Egloga (Liber vel) Theodoli, I, 45.

Émaux, émautz, eymauts, I, 6 ; II, 5, 11.
Emina, II, 39.
Entonnoirs, I, 53.
Escalatta sanguina, II, 76.
Escarlata sanguina, II, 76.
Eschacatus, I, 71 ; II, 68.
Eschalfor de cupro, II, 102.
Escoffinelli ferrati, II, 74.
— pilosi et ferrati, II, 15.
Escoffinellus, II, 1. Voy. Scuffinellus.
Escufinelli pilosi, I, 18.
Esteura (Tela picta vocata), II, 75.
Eymaut. Voy. Émaux.

F

FABRI (Johannes), curatus ecclesiæ Valentinensis, p. 388, 390.
Fanella magna, II, 9.
FAURE-BIGUET (M.), p. 387; I, 30, 36.
Faudes. Voy. Fautae.
Fautæ de malhia, II, 59.
Felicis (Carreria oschiarum Sancti), II, 128.
Ferret, II, 9.
Fesclale, I, 54.
Fesclaria, I, 53.
Filum album, I, 10.
Fleïcard, I, 53.
Fleur de lis (Gros à la), II, 2.
Florence (Florins de) I, 1; II, 1.
— (Glaive de), I, 17; II, 14.
Florins, floreni, I, 1, 4; II, 1, 2, 124, 125.
Forratura de Barbaria, I, 20 ; II, 91,
— de variis, I, 22 ; II, 93.
FOURNIER (Marcel), *Statuts et privilèges des Universités de France*, p. 386; I, 28.
Fourrure, p. 386.
Frachitus de auro (Capelletus), I, 11 ; II, 12.
France, I, 35.

Franconnat, Franconas, quartier de Valence, II, 131.
Frange, II, 9.

G

Gageria, II, 134.
Gamberia, II, 63.
Gantelets, II, 57.
Garda corsa forrata de variis, I, 19.
— corsum de camelino longum, forratum de sandali viridi, II, 87.
— — de camelino de Montevelier forratum, II, 84.
— — de persico, forratum de popelletas, II, 86.
GAY (V.), *Glossaire archéologique*, I, 17.
Gladius florentinus cum pomello de cristallo et cum duabus mornis argenteis, I, 17 ; II, 14.
Glaive florentin, p. 386. Voy. Gladius.
Glossaire archéologique, par V. Gay, I, 17.
Gobelets, p. 385.
Gobelleti de argento, I, 15.
Gobelli argenti, II, 11.
GODEFROY, *Dictionnaire de l'ancienne langue française*, II, 86.
GRÉGOIRE IX, pape, I, 38.
Grelots, II, 80.
Grenoble (Ville de), p. 384.
Gros à la fleur de lis, II, 2.
Grossi turonenses argenti, I, 2 ; II, 2.
— argenti, II, 125.
Guilherand (Ardèche), II, 141.
GUY DE BAYSIO, dit l'ARCHIDIACRE, jurisconsulte, I, 42 ; II, 29.

H

HAIN, *Répertoire bibliographique*, I, 45.
Haubergeon. Voy. Alberjo.
Hauberts, p. 386.
Histoire littéraire de la France, I, 32.

Huche, I, 59.
Humbert II, dauphin, p. 382.

I

Inchastratus (Lapis), I, 12.
Incipit nova compilatio decretalium, I, 37.
Inforciatum, I, 25, 29; II, 18.
Innocent IV, pape, I, 33, 43; II, 30.
Innocent VI, pape, p. 386.
Institutes (Les), I, 32.
Institutio et Codex, I, 28.

J

Jacques de Révigny, Jacobus de Revenniaco, jurisconsulte, p. 386; I, 28; II, 21.
Jambières, p. 385; II, 63.
Jaspis (Lapis vocatus), I, 12; II, 10.
Jupe, II, 78.
Justinien, I, 23, 32.

L

Lacroix (M.), archiviste de la Drôme, p. 387.
Lames de fer, II, 57.
Leber, I, 1; II, 1, 2, 124, 125.
Lèche-frite. Voy. Lichafrea.
Lectura Archidiaconi, I, 42; II, 29.
— aurea... super Librum institutionum, I, 32.
— domini Dini super Reforciato, I, 29; II, 20, 22.
— in Digestum vetus, I, 28.
— Innocentii, I, 43; II, 30.
— insignis et fecunda super prima parte Codicis domini Justiniani, I, 32.
— Jacobi de Revenniaco, I, 28; II, 21.
— Johannis Andree super Sexto libro, I, 41; II, 28.
— Petri de Bellapertica, I, 32; II, 21.
— secunde partis de Ordine judicio-

rum in civilibus causis, I, 44; II, 31.
— super Digesto novo, I, 32.
— super librum Authenticarum, I, 28.
— in Digestum novum, I, 28.
Leyde (Université de), I, 28.
Libelli, I, 36; II, 34.
Libellum Ramfredi juris civilis, I, 44.
Liber de contemptu mundi, I, 45.
— feudorum, I, 35; II, 33.
— Thobias ou Thobie, I, 45.
— vel Egloga Theodoli, I, 45.
Libri, p. 390-394, 398-399.
Lichafrea, II, 96.
Linteamina, II, 53.
Lits, p. 386; I, 60.
Lodex pilosus, II, 71.
Lodices, II, 47.

M

Mabilia (Guillelmus de), I, 129.
Madrid (Ville de), I, 28.
Maille à maille se fait l'haubergeon, II, 61.
Mailles de fer. Voy. Maihia.
Malciæ seu malæ (Magnæ), I, 68; II, 116.
Malhia, II, 58, 59, 61.
Malinas (Camelinum de), II, 78, 81.
Manches, II, 58.
Mapæ, II, 52, 73.
Mangiæ de malhia, II, 58.
Mantellus de camelino viridi, forratus de variis antiquis, II, 85.
— de camelino de Montevelier, II, 84.
— forratus de Barbaria, I, 20; II, 91.
Manubrium, I, 17.
Manutergia, II, 52, 73.
Marchæ, II, 3, 4, 11.
Margaritæ grossæ, II, 13.
Marmites, p. 386; II, 43. Voy. Ollæ.
Matelas. Voy. Almatratrat, Almatratz.
Mathieu de Vendome, I, 45.
Matutinæ Beatæ Mariæ, I, 47.
Mayence (Ville de), I, 37, 39.

Mayresium, Mayrès (Ardèche), II, 141.
Mende (Évêque de), I, 30.
Mensa magna de nuce cum pedibus, I, 57; II, 104.
Mensæ tam de nuce quam de sap, I, 57; II, 104.
Miloti (Petrus), scholasticus, I, 36.
Mirepoix (Collège de), à Toulouse, I, 44.
Modia vini, II, 38.
Moneta alba, I, 4; II, 2.
— auri, I, 1; II, 1.
Monetæ divertæ, I, 4.
Montata, II, 135. Voy. *Pomaret.*
Montelier (Drôme). Voy. *Montilisii.*
Montevelier (Camelinum de), *Montivilliers* (Seine-Inférieure), II, 84.
Montilisii (Mandamentum), II, 138.
Moreria, Mourières (Drôme), II, 138.
Mornæ, mornes, I, 17; II, 14.
Morteria de petra, I, 69; II, 117.
Mortiers, p. 386. Voy. *Morteria.*
Mugello, en Toscane, I, 29.
Muid, II, 38. Voy. Modia.

N

Nuce (Archæ et mensæ de), I, 56, 57; II, 103, 104.

O

Odofred ou Rofred, jurisconsulte, p. 386; I, 23, 35, 36, 44; II, 33, 34.
Ollæ de cupro, I, 65; II, 112.
Opera perliarum, II, 13, 76.
Or (Objets d'), I, 11, 12; II, 10, 12, 13.
— monnayé, I, 1, 4; II, 1.
Orléans (Université d'), I, 28, 32.
Oschiarum Sancti Felicis (carreria), II, 128.

P

Pabeyrani (Joannes), scholasticus, I, 36.
Paillasses, II, 45. Voy. Tralhicia.
— II, 97. Voy. Palhaciæ.
Palhaciæ, II, 97,
Palpre, II, 54. Voy. Polpre.
Paris (Chapitre cathédral de), I, 32.
— (Église Notre-Dame de), I, 32.
— (Parlement de), I, 32.
— (Ville de), I, 32.
Parpallolhae, parpailloles, I, 3; II, 2.
Pasquier (Étienne), p. 384.
Pecunia, p. 388.
Pendens de argento, II, 9.
Penna nigra, II, 89.
Penus, pennus, p. 394, 404, I, 50, 51; II, 121, 122.
Perles, p. 385; II, 13.
Perliæ, I, 11, 13; II, 13, 76.
— albæ, II, 13.
— grossæ et albæ, II, 77.
Pérouse (Ville de), I, 24.
Persa (Sargia), II, 82.
Persicum, II, 86.
Pétrin, p. 386. Voy. Pistrinum.
Peuplier, II, 54.
Philippe le Bel, I, 32.
Philippe VI, II, 76.
Pierre de Belleperche, jurisconsulte. Voy. Belleperche.
Pilosi (Escufinelli), I, 18; II, 15.
Pilosus (Lodex), II, 71.
Pistoie (Ville de), I, 29.
Pistrinum, I, 62; II, 109.
Planum, II, 139.
Planum Cruceoli, II, 140.
Platæ ad armandum, II, 57.
Platelli, II, 55.
Plats, p. 385.
Pluma, II, 40.
— nova, II, 42. Voy. *Pulvinaria.*
Poêle. Voy. Saltago et Sertago.
Poêlon. Voy. Cassia.

Polpre, II, 54.
Pomaret, quartier de Bourg-lès-Valence, II, 135.
Pomellus, II, 14.
PONTE (Johannes de), civis Valentinensis, II, 126.
Popelleta, II, 86.
Porpre, II, 86.
Postes, I, 35 ; II, 33.
Pots d'étain, p. 385.
PREPOSITO (Jacobus de), civis Valentinensis, II, 127.
Prima (Tela), II, 53.
Primo, prin. Voy. Prima (tela).
PROST (M. Bernard), I, 17 ; II, 80.
Puimisson (Hérault), I, 30.
Pulvinaria de pluma, I, 70 ; II, 40.

Q

Quartes. Voy. Cartæ, Carteyroni.
Quintalia, quintaux, II, 42.

R

RAMBAUDI (Durandus), curatus ecclesiæ Valentinensis, p. 388, 390 ; II, 125.
RAMFREDI (*Libellum*) *juris civilis*, I, 44.
Raubæ, p. 399, 401-403.
RAYMOND DE BRIXEN, I, 38.
Réchaud. Voy. Eschalfor.
Reforciatum, I, 29 ; II, 22.
Regulis juris (*De*), I, 31 ; II, 24.
Répertoire bibliographique, par Hain, I, 45.
Repertorium super Speculo juris, I, 33 ; II, 26.
Repertorium D. Guillelmi Durandi..., I, 33.
RÉVIGNY (Jacques de), REVENNIACO (Jacobus de), jurisconsulte, p. 386; I, 28 ; II, 21.
Revue des sociétés savantes, p. 383.
Ribaudes, p. 385.

Rideaux de lits, I, 60.
Robe, II, 84. — Voy. Raubæ.
ROFRED, jurisconsulte. Voy. Odofred.
Rome (ville de), I, 25, 29, 31, 41.
ROSSONI ou ROXONI (Dinus de), I, 29.

S

SAINT-MARTIAL DE TOULOUSE (collège), p. 386.
SALLIENTO (Stephanus de), civis Valentinensis, p. 407.
Saltago, I, 66.
Sandalis viridis, II, 81, 82, 87, 88.
Sap (Archæ et mensæ de), I, 56, 57 ; II, 103, 104.
Sargia persa, II, 82.
Scacatus, I, 71.
Scanna ad sedendum, I, 58 ; II, 105.
Scatatus, I, 71.
Scindipendium, I, 9 ; II, 8.
Scufinellus, I, 1. Voy. Escoffinellus.
Scutellæ de palpre, II, 54.
Scutelli (Parvi), II, 8. Voy. Cutelli.
Seminatores, II, 38.
Sericum, I, 7, 8 ; II, 6, 7, 9, 48.
Sertago, II, 113.
Sestariata, II, 138.
Sestarii, II, 39.
Setérée, II, 138.
Setier, II, 39, 100.
Sextus liber Decretalium, I, 39, 41 ; II, 28, 37.
Sièges de bois, p. 386 ; I, 61. Voy. Cathedræ.
Soie, p. 385. Voy. Sericum, Sandalis.
Soupières, p. 385.
Soyons (Ardèche), p. 384.
Speculum judiciale, I, 30.
— *juris*, I, 30, 33 ; II, 23, 26.
Spire (Ville de), I, 34.
Stagnatæ (Bothæ), II, 98.
Statuts et privilèges des Universités de France, par Marcel Fournier, p. 386 ; I, 28.
Summa Assonis, I, 34 ; II, 32.

TABLE ALPHABÉTIQUE 417

Summula Odofredi super Libro feudorum, I, 35 ; II, 33.
— Roffredi de Ordine judiciorum, I, 36; II, 34.
Supertunicale de escarlata sanguine, II, 76.
Supertunicalia forrata de variis, II, 90.
Surcot, II, 76.
Symaysiæ cadratæ, symaisiæ, II, 99.

T

Taberna (Archonum de), I, 59; II, 103.
Tables, p. 386. Voy. Mensa, Mensæ.
Taciæ argenti, II, 4.
Tareni, II, 57.
Tasses, p. 385.
Tassiæ de argento, I, 14.
Tela, II, 50.
— picta vocata esteura, II, 75.
— prima, II, 53.
— pro cortinis faciendis ante cubilia, tinctis in colore virido, II, 49.
Tepe (Petrus), scholasticus, I, 36.
Tenture, II, 75.
Terre (Vases de), p. 385.
Theodolus, I, 45.
Thobias, I, 45.
Tinæ, I, 48, 50; II, 119, 121.
Tinale, p. 394; I, 48, 49; II, 119, 120.
Toile peinte. Voy. Tela picta.
Tonneaux, p. 386.
Toscane (Pays de), I, 29.
Toulouse (Ville de), I, 28, 44.
— (Université de), p. 386.
— (Collège de Mirepoix de), I, 44.
— (Collège Saint-Martial de), p. 386.
Tournois. Voy. Turonenses.
Tractatus judiciorum super jure cæsarei et pontificii, I, 44.
— libellorum censura cum questionibus sabbatinis, I, 36.
— illustrium in utraque tum pontificii tum cæsarei juris facultate jurisconsultorum de judiciis, I, 36.
Tralhicium, II, 45.
— violetum, II, 70.
Tralicium, II, 45.
Treillis, II, 45.
Trépied, II, 43.
Troches de perles. Voy. Opera perliarum.
Trumelières, II, 63.
Trumelleriæ munitæ de corio, II, 63.
Tunica de cadit albo, II, 83.
— de camelino de Malinas, II, 78.
— de camelino de Montevelier, II, 84.
— de escarlata sanguina, forrata de variis, II, 76.
Turonenses grossi, I, 2 ; II, 1, 2.
— parvi, I, 4; II, 2.
— (meri), I, 2.

U

Unciæ, II, 3, 5, 11, 12, 57.
Urbain V, pape, p. 386.
Urne, II, 99.

V

Vair, fourrure, p. 385. Gros vair, menu vair, vieux vair. Voy. Varium.
Valbonnais, Histoire de Dauphiné, II, 13, 57.
Valence, Valencia (Cathédrale de), p. 384, 387, 388, 396.
— (Citoyens de), p. 384, 387, 396, 405, 407.
— (« Mandamentum » de), II, 131, 132, 133, 134, 136, 139.
— (Official de), p. 384, 396.
— (Rues de), II, 127-129.
— (Ville de), p. 384, 407; II, 38, 39, 126, 127, 128.
Vallauria, II, 131.
Vanne, II, 50.
Vanoa de tela, II, 50.

27

Vanoæ de bocarant, II, 50, 69.
Varium, I, 19, 22; II, 90, 93.
— antiquum, II, 76, 79, 80, 86.
— grossum, II, 78, 84.
— minutum, II, 76, 79.
Vaticane (Bibliothèque), I, 34.
VENDÔME (Mathieu de), I, 45.
Venise (Ville de), I, 26, 36.
Verdun (Ville de), I, 28.
Veru ferri, I, 67 ; II, 115.
Vinateriæ (Bociæ), I, 49; II, 120.
Vinum, II, 38.
Volumen, I, 27 ; II, 20.

Y

Ydria argentea deaurata, II, 3.
— de stagno, II, 101.

Z

Zona de argento vocata chayna, clavellata de emautz, I, 6; II, 5.
— de serico pro homine, lata, cum magna fanella et pendenti de argento, II, 9.
Zonæ de serico clavellatæ de argento, I, 7 ; II, 6.

TABLE DES MATIÈRES

	Pages.
I. Inventaires de l'abbaye de Notre-Dame la Royale dite Maubuisson lez Pontoise, publiés par M. A. Dutilleux............	1
Inventaire de 1463............	17
Additions à l'inventaire de 1463, tirées de l'inventaire de 1529.	53
Inventaire de 1768............	57
Table alphabétique............	65
II. Inventaires et documents relatifs aux joyaux et tapisseries des princes d'Orléans-Valois (1389-1463), publiés par M. Joseph Roman............	77
Index des joyaux et tapisseries des princes d'Orléans-Valois..	299
III. Inventaire après décès des biens meubles et des titres de Barbe d'Amboise, comtesse douairière de Seyssel-la-Chambre (1574-1575), publié par le comte Marc de Seyssel-Cressieu............	315
Table de l'inventaire de Barbe d'Amboise............	367
IV. Inventaire des biens mobiliers et immobiliers d'un jurisconsulte de Valence (1348), publié par M. Brun-Durand............	383
Errata de l'inventaire précédent............	408
Table alphabétique............	409

ERNEST LEROUX, ÉDITEUR, RUE BONAPARTE, 28.

COLLECTION D'INVENTAIRES

PUBLIÉS PAR LA SECTION D'ARCHÉOLOGIE DU COMITÉ DES TRAVAUX HISTORIQUES

Bibliographie générale des inventaires imprimés, par FERNAND DE MELY et EDMUND BISHOP. Tome I, France et Angleterre. In-8..... 12 fr.

Tome II. Premier fascicule. — Allemagne, Danemark, Italie, Écosse, Espagne, Hollande, Hongrie, Islande, Italie, Pologne, Suisse. — Supplément. In-8........... 10 fr.

Tome II. Deuxième fascicule. — Tables. In-8............ 10 fr.

Inventaires des Collections de Jean, duc de Berry (1401-1416), publiés et annotés par JULES GUIFFREY, 2 vol. in-8, planches, chaque volume............ 12 fr.

ALBUM ARCHÉOLOGIQUE
DES MUSÉES DE PROVINCE

PUBLIÉ SOUS LES AUSPICES DU MINISTÈRE DE L'INSTRUCTION PUBLIQUE
ET SOUS LA DIRECTION DE
M. ROBERT DE LASTEYRIE
Membre de l'Institut

Cette publication est destinée à faire connaître les trésors que possèdent les Musées archéologiques des départements, les œuvres d'art et les monuments de tout genre qui y sont rassemblés. L'Album paraît en livraisons in-4°. Les planches sont exécutées en héliogravure ou en chromolithographie.

Livraison I, accompagnée de 8 planches.......
Livraisons II, III, accompagnées de 10 planches...... 12 fr.

MUSÉES ET COLLECTIONS ARCHÉOLOGIQUES
DE L'ALGÉRIE ET DE LA TUNISIE

PUBLIÉS SOUS LA DIRECTION DE M. R. DE LA BLANCHÈRE
Inspecteur général des Bibliothèques, Musées et Archives (Algérie et Tunisie)

I. — **Musée d'Alger.** Texte de M. GEORGES DOUBLET. Un volume in-4, avec 17 planches............ 12 fr.

II. — **Musée de Constantine.** Texte par MM. GEORGES DOUBLET et GAUCKLER. In-4, avec 10 planches............

III. — **Musée d'Oran.** Texte par M. R. DE LA BLANCHÈRE. In-4, avec 7 planches............ 10 fr.

IV. — **Musée de Cherchel.** Texte par M. GAUCKLER. In-4, avec planches............

V. — **Musée de Lambèse.** Texte par R. CAGNAT. In-4, avec 7 planches............ 10 fr.

LE PUY-EN-VELAY, IMPRIMERIE R. MARCHESSOU, BOULEVARD CARNOT, 23

www.ingramcontent.com/pod-product-compliance
Lightning Source LLC
Chambersburg PA
CBHW060548230426
43670CB00011B/1739